Jérôme Duhamel

LA PASSION DES LIVRES

Quand les écrivains parlent
de la littérature,
de l'art d'écrire et de la lecture

Albin Michel

L'auteur tient à exprimer sa gratitude
à l'équipe qui a participé à la réalisation de cet ouvrage :

Florence Dugot
Anne-Laure Schneider
Christèle Valin-Colin

© Éditions Albin Michel S.A., 2003
22, rue Huyghens, 75014 Paris
www.albin-michel.fr
ISBN 2-226-14198-7

*En mémoire de François Mauriac et Georges Duhamel,
ces deux amis qui eurent ensemble, voici plus d'un demi-siècle,
la belle idée de concevoir un tel ouvrage...*

L'impossible pari

C'était au lendemain de la guerre, la « dernière », celle du début des années quarante. Deux amis, François et Georges, Mauriac et Duhamel, sont alors — 1946 — solidement installés aux commandes d'un univers littéraire qui n'a encore cédé ni aux coups de boutoir de l'existentialisme naissant, ni succombé aux sirènes des intégristes d'un nouveau roman. Tous deux éditorialistes au *Figaro*, tous deux plantés au cœur de l'Académie française (dont Georges est même l'éphémère secrétaire perpétuel), tous deux régentant en coulisses ou au grand jour distribution de prix, attribution d'honneurs ou remise de hochets. Tous deux hantant les allées d'un pouvoir que leur héros, Charles de Gaulle, n'a pas encore déserté. Tous deux écrivains à succès depuis plus de cinq lustres, hier le Goncourt pour Georges (et contre Proust, s'il vous plaît !), demain le Nobel pour François. Tous deux hommes à la soixantaine aussi active qu'honorée.

C'est à Malagar, au milieu des vignes de François, que les deux hommes évoquent ce jour-là les pages que Voltaire a, deux siècles plus tôt, consacrées à la littérature et aux écrivains. Devant ces lignes lucides et fortes — « exemplaires », diront-ils — l'idée prend soudain forme et vie : quelle belle ambition, quelle utile besogne ce serait de réunir en un ouvrage les plus fortes pensées des écrivains d'hier et d'aujourd'hui sur leur métier, sur leur passion, sur le sel de leur vie : la littérature ! Tenter l'impossible pari de dire la littérature et ses univers infinis !

Aussitôt, les idées se bousculent, qui sont autant de pistes à suivre, de domaines à explorer : parler de la littérature, bien sûr, de ce qu'elle est ou fut, de ses moyens et de ses buts, de ses errances ou de ses fulgurances, mais évoquer aussi les douleurs et joies de l'écriture, mais s'attarder sur les bonheurs de la lecture, mais s'égarer dans la jungle de ce qu'il faut bien appeler les « genres » littéraires (roman, nouvelle, poésie, essai, biographie, histoire, et tant, et tant...), mais raconter la langue et le langage, mais parler des mots, mais commenter le style, mais fouiller les terres arides de l'orthographe ou de la grammaire, mais ne pas oublier d'exciter la curiosité sur tous les métiers de la littérature — éditeurs, libraires, traducteurs, critiques, imprimeurs — ou sur les outils de celle-ci — de l'encre au papier, de la plume au stylo...

Le malheur des ambitions est de souvent mourir du temps qui glisse trop vite, de nos désirs qu'émoussent les affres du quotidien, de la vieillesse qui emporte jusqu'à nos souvenirs : le projet de François et Georges ne vit jamais le jour. Mais les idées, elles, ne meurent pas, puisqu'elles sont semence, et germe, et vie. La graine était plantée et il a suffi, cinquante-sept ans plus tard, de l'arroser pour qu'elle devienne pousse, arbre et fruit.

Sans doute l'ouvrage que voici n'est-il pas précisément celui qu'auraient voulu puis conçu François et Georges... Les sensibilités, les goûts et les préoccupations d'hommes nés à la fin du dix-neuvième siècle (bien avant la mort de Zola...) ne pouvaient être les mêmes que celles de celui qui signe ces pages et dont la cinquantaine a coïncidé avec la naissance du vingt-et-unième siècle (peu après l'avènement de l'internet...). La littérature n'est que le reflet du monde dans lequel tentent de vivre les écrivains, et le visage de ce monde, de soubresauts en violences, s'est profondément modifié durant les cinq dernières décennies. Bien des gloires littéraires d'hier n'ont pas même laissé le souvenir de leurs noms. Bien des gloires littéraires d'aujourd'hui restent plus connues pour les frasques attachées à leurs noms que pour leurs œuvres. Néanmoins, au carrefour de trop d'influences et de trop d'intérêts, ceux qu'on n'ose malheureusement plus appeler « gens de lettres » — bon nombre d'entre eux du moins — s'essayent vaillamment à conserver à la littérature ses lettres de noblesse, fuyant modes et démissions, écrivant pour *dire* plutôt que pour parler. Tous n'ont pas connu François et Georges, mais c'est à eux qu'auraient pensé les deux amis s'ils vivaient encore aujourd'hui pour remplir, avec leurs aînés des siècles passés, les pages d'un tel livre.

La difficulté de l'entreprise n'a pas tant consisté à trouver et à transcrire des textes susceptibles d'y trouver leur place qu'à trier et à choisir parmi eux : plus de vingt mille citations recueillies pour n'en conserver, *in fine*, qu'à peine quatre mille, chaque rejet étant vécu comme une amputation. Deux mille auteurs lus ou relus, fouillés au corps du texte, et seulement neuf cents élus. Autant de regrets que de remords. Autant d'oublis, hélas, que d'omissions. Et un vœu, un seul : puisse l'esprit des « inventeurs » de ce florilège n'avoir pas été trahi...

Jérôme Duhamel

AVERTISSEMENT

Cet ouvrage est divisé en 7 chapitres, eux-mêmes divisés en 35 sous-chapitres. On en trouvera le sommaire en pages 11 et 12.

• Dans chacun des chapitres, les citations sont classées par ordre alphabétique des noms de leurs auteurs.

• Pour retrouver les numéros de pages où apparaissent les textes de chaque écrivain, consulter l'*Index des auteurs cités* (pages 599 à 612).

• Dans un souci de clarté et de lisibilité, les références des ouvrages dont sont extraites les 4 000 citations ont été regroupées dans une rubrique *Bibliographie* (pages 613 à 648).

On y trouvera les titres des œuvres consultées, la date de leur publication et leur éditeur d'origine, ainsi que la véritable identité des auteurs qui ont choisi de publier sous pseudonyme.

Table des chapitres

Préface : *L'impossible pari* 7

I LA LITTÉRATURE 13
    Une définition de la littérature ? 15

II LES LIVRES 41
    Les textes, les ouvrages, l'œuvre 43

III ÉCRIRE 85
    L'écriture 87
    Traduction et traducteurs 151

IV LES ÉCRIVAINS 157
    Qu'est-ce qu'un écrivain ? 159
    Le talent : en avoir ou pas 211
    Imagination, inspiration et idées 245
    Les sujets et les thèmes 257
    Les prix littéraires 265

V LIRE 269
    La lecture 271
    Les lecteurs 295
    Critiques et censeurs 317
    Librairies et bibliothèques 337

VI LES GENRES LITTÉRAIRES 347

Le roman et les romanciers 349
Les personnages du roman........................ 373
Les poètes 383
La poésie 411
Histoire et historiens 449
Biographie et biographes 457
Journaux intimes..................................... 461
Mémoires et autobiographies................... 467
Le théâtre... 475
L'humour.. 483
Les citations 487
Anthologies et florilèges 491
Maximes, sentences et aphorismes 495
Plagiat et imitation.................................. 499

VII LES MOTS & LA LANGUE 503

La langue 505
Le langage 517
Les mots.. 527
La phrase 563
Le style... 569
Orthographe et grammaire 585
L'alphabet et ses lettres 593
Dictionnaires et encyclopédies................. 595

Index des auteurs cités 599

Bibliographie... 613

I

LA LITTÉRATURE

Une définition de la littérature ?

La littérature est une affaire sérieuse pour un pays, elle est, au bout du compte, son visage.

Louis ARAGON

Je ne conçois pas de littérature sans éthique. Aucune doctrine ne peut me satisfaire ; mais l'absence de doctrine n'est pas un tourment. Le premier fondement d'une morale, c'est que nous sommes portés à chercher une morale.

Marcel ARLAND

On devrait pouvoir dire à propos de la littérature ce que la Déclaration des droits a dit de la liberté de l'individu. Quoi de plus simple et de plus logique ? « La liberté de la littérature finit où commence celle des autres activités humaines. »

Marcel AYMÉ

La littérature s'empare du monde humain. Toute pensée humaine doit se plier à la forme littéraire. Elle a d'autant plus d'action sur l'homme qu'elle a plus d'images. Le langage écrit vit et agit par l'image littéraire. L'imagination, en sa forme littéraire, apparaît donc bien comme un des facteurs principaux de l'évolution humaine.

    Gaston Bachelard

Pour l'écrivain, la littérature est cette parole qui dit jusqu'à la mort : je ne commencerai pas à vivre avant de savoir quel est le sens de la vie.

    Roland Barthes

La littérature ne permet pas de marcher, mais elle permet de respirer.

    Roland Barthes

La littérature est l'essentiel, ou n'est rien.

    Georges Bataille

La littérature, je l'ai, lentement, voulu montrer, c'est l'enfance enfin retrouvée. Mais l'enfance qui gouvernerait aurait-elle une vérité ?

    Georges Bataille

Le temps n'est pas loin où l'on comprendra que toute littérature qui se refuse à marcher fraternellement entre la science et la philosophie est une littérature homicide et suicide.

    Charles Baudelaire

Toute littérature dérive du péché.

    Charles Baudelaire

Éternelle querelle ! Le Progrès existe-t-il en art ? Ou bien n'est-ce que le changement ? Pour moi la science seule s'occupe de l'inconnu, le *découvre*. L'Art, la littérature s'occupent du *connu*, le *recouvrent* : d'une forme moins nouvelle que cyclique, donc moins diverse dans le temps que dans l'espace où elle exprime bien plus les civilisations que les générations.

    Hervé Bazin

UNE DÉFINITION DE LA LITTÉRATURE ?

La littérature permet de se venger de la réalité en l'asservissant à la fiction.

Simone DE BEAUVOIR

La littérature n'est pas seulement là pour distraire, mais choisir ce plaisir solitaire, silencieux, c'est répondre à la fugacité de l'image, à la rapidité. Choisir la lecture et l'écriture, c'est résister.

Frédéric BEIGBEDER

Je suis un homme de rêverie, de réflexion... Je crois que la littérature peut parfois jouer le rôle d'un exorcisme. Lorsque je ne peux pas agir sur la réalité, eh bien j'écris, en pensant que les mots peuvent faire bouger les choses.

Tahar BEN JELLOUN

Il suffit d'ouvrir un manuel de littérature grecque ou latine pour constater que les belles époques littéraires sont d'un demi-siècle alors que les littératures dites de décadence durent six cents ans.

Julien BENDA

Peut-être – notre littérature désormais est le nom de la difficulté d'écrire qui nous occupe. En ce sens elle est bien plus sage qu'on ne croit, car elle puise à une source séculaire, à l'exemple de la philosophie qui a entendu, depuis la nuit des temps, que son objet devait être cette difficulté à penser, que c'était là ce qu'il fallait penser.

Mathieu BÉNÉZET

L'idée que je me fais de la littérature comme activité de mort me semble bien plus juste que l'idée de la littérature implicite dans ce jugement rebattu, que l'on entend formuler à propos d'un livre qui plaît : « C'est la vie même. » Et non, ce n'est pas la vie – mais la mort.

Yves BERGER

En littérature, la seule curiosité ne mène à rien.

Georges BERNANOS

La littérature n'a jamais délivré personne. Et personne d'ailleurs, ne réussit à se délivrer de soi-même. Des blagues.

Georges BERNANOS

Je ne me supporte pas moi-même, et, moins encore, une meute de gens comme moi. J'évite la littérature autant que je peux, parce que je m'évite moi-même autant que je peux...

Thomas BERNHARD

La littérature se passe maintenant de l'écrivain : elle n'est plus cette inspiration qui travaille, cette négation qui s'affirme, cet idéal qui s'inscrit dans le monde comme la perspective absolue de la totalité du monde.

Maurice BLANCHOT

L'expérience qu'est la littérature est une expérience totale, une question qui ne supporte pas de limites, n'accepte pas d'être stabilisée ou réduite, par exemple, à une question de langage (à moins que sous ce seul point de vue tout ne s'ébranle). Elle est la passion même de sa propre question et elle force celui qu'elle attire à entrer tout entier dans cette question.

Maurice BLANCHOT

À long terme (pas dans l'immédiat), je crois que la littérature exerce sur l'homme un effet libérateur et cela par la force même de son expression propre : la forme, le style.

Heinrich BÖLL

La littérature est l'expression de la société, comme la parole est l'expression de l'homme.

Louis DE BONALD

J'ai consacré ma vie à la littérature, et je ne suis pas sûr de la connaître. [...] Pour moi elle reste toujours secrète et changeante, dans chacune des lignes que je reçois ou que j'écris. Je la vois comme une série infinie d'impressions sur le langage et, bien entendu, sur l'imagination.

Jorge Luis BORGES

UNE DÉFINITION DE LA LITTÉRATURE ?

Concevoir la littérature comme une religion et une foi est quelque chose de capital.
> Jorge Luis BORGES

La littérature, c'est l'art de faire boiter.
> Jean-Louis BORY

C'est vrai, avec les bons sentiments on ne fait pas de la bonne littérature. On en fait de l'excellente : Balzac et Shakespeare.
> Jacques DE BOURBON BUSSET

Quand on peut se regarder souffrir et raconter ensuite ce qu'on a vu, c'est qu'on est né pour la littérature.
> Édouard BOURDET

Il n'existe au monde que deux professions absolument honorables : la littérature car elle soigne les esprits et la médecine car elle permet de guérir les corps.
> Ray BRADBURY

Le fait qu'une littérature ne mette rien en discussion signifie qu'elle est en train de perdre toute signification.
> Georg BRANDES

Dites-vous bien que la littérature est un des plus tristes chemins qui mènent à tout.
> André BRETON

La littérature peut se faire comme l'amour – à la hussarde. Mais sans ruse. Il ne suffit pas d'arriver au galop ; le plus important est de savoir disparaître aussi vite. À ce prix, on laisse un souvenir fulgurant.
> André BRINCOURT

Le comble de l'art littéraire [...] serait de laisser la littérature se dévorer elle-même pour renaître sans cesse.

André BRINCOURT

Tout individu qui s'intéresse un peu à la littérature sait qu'il est plus ou moins dans l'illégalité.

Joseph BRODSKY

Faire de la peinture ou de la littérature, ce serait donc bien apprendre à mourir, trouver le moyen de ne pas mourir dans la sottise de cette mort que les autres avaient en réserve pour nous et qui ne nous convient nullement.

Michel BUTOR

Le pouvoir de la littérature est indirect sur l'ensemble de la culture, elle est un moyen de façonner le regard et la pensée des hommes.

Italo CALVINO

Littérature. Se méfier de ce mot. Ne pas le prononcer trop vite. Si l'on ôtait la littérature chez les grands écrivains on ôterait ce qui probablement leur est le plus personnel. Littérature = nostalgie.

Albert CAMUS

Une littérature désespérée est une contradiction dans les termes.

Albert CAMUS

La littérature n'est-elle pas au fond la seule manière d'envisager l'avenir de toute mémoire ?

Jean CAYROL

Ils mentent, ceux qui veulent déguiser la vie avec le masque fou de la littérature.

Camilio José CELA

Il n'y a de terrible en nous et sur la terre et dans le ciel peut-être que ce qui n'a pas encore été dit. On ne sera tranquille que lorsque tout aura été dit, une bonne fois pour toutes, alors enfin on fera silence et on n'aura plus peur de se taire. Ça y sera.

Louis-Ferdinand CÉLINE

La littérature n'est pas destinée à beaucoup. Elle n'est pas toujours de saison. C'est un luxe.

Jacques CHARDONNE

La littérature, c'est une religion ; elle a peu de fidèles ; elle n'a que des prêtres.

Jacques CHARDONNE

En littérature, tout ce qui n'est pas impitoyable est ennuyeux.

Emil Michel CIORAN

La littérature française est un discours sur la littérature.

Emil Michel CIORAN

La teneur en réel de la littérature française diminue à vue d'œil. Pourquoi ? Parce qu'un peuple qui ne veut plus jouer aucun rôle, qui se plaît à abdiquer, qui trouve ses délices dans la démission, ne peut être fécond sur le plan spirituel – base de toute conquête, spirituelle ou autre, pour avancer ou se réaliser.

Emil Michel CIORAN

La littérature n'est qu'un long cri poussé devant les tombeaux mal fermés.

Paul CLAUDEL

On parle volontiers d'auteurs qui violent l'Histoire. On n'entend jamais dire que tel ou tel a violé la littérature. Veut-on signifier par là que la littérature est à ce point prostituée que nul n'oserait se ridiculiser à prétendre la violer ?

Claude COURTOT

La littérature, c'est le meilleur moyen d'être un peu moins mal à l'aise dans le monde, d'être soi-même avec plus de joie.
   Jean-Louis CURTIS

Aussi loin que je remonte en arrière, c'est dans la littérature que j'ai pu échapper aux angoisses et aux contradictions. La fiction m'en a plus appris sur la vie, sur ce que je voyais et ressentais que toutes les théories.
   Michel DEL CASTILLO

En littérature, la première impression est la plus forte.
   Eugène DELACROIX

La littérature ne commence que lorsque naît en nous une troisième personne qui nous dessaisit du pouvoir de dire Je...
   Gilles DELEUZE

Ainsi entrai-je en littérature, par une pure joie d'inventer, d'élargir autour de moi [...] un espace de légèreté imaginative un oxygène...
   Assia DJEBAR

J'aimerais pouvoir travailler un livre comme une sculpture, pouvoir en toucher la matière et les formes. [...] D'un point de vue artistique, la littérature est le moyen d'expression le plus éloigné du corps.
   Philippe DJIAN

Car la littérature, qu'est-ce que c'est ? C'est l'affrontement symbolique du réel et du refus du réel. C'est la définition même de la sorcellerie, où l'on oppose aux maléfices la magie du verbe, la puissance des formules et des incantations.
   Philippe DJIAN

Nous sommes intoxiqués par la littérature au point de ne pouvoir vivre par nous-mêmes.
   John DOS PASSOS

UNE DÉFINITION DE LA LITTÉRATURE ?

La littérature, c'est la pensée accédant à la beauté dans la lumière.
Charles Du Bos

Il faut se représenter la littérature française comme une seule personne morale.
Georges Duhamel

La littérature n'est pas une fin, c'est un moyen.
Georges Duhamel

L'amour et la littérature coïncident dans la recherche passionnée – presque toujours désespérée – de la communication.
Jorge Gaitán Durán

Je me suis dit qu'on écrivait toujours sur le corps mort du monde et, de même, sur le corps mort de l'amour. Que c'était dans les états d'absence que l'écrit s'engouffrait pour ne remplacer rien de ce qui avait été vécu ou supposé l'avoir été, mais pour en consigner le désert par lui laissé.
Marguerite Duras

La littérature [...] devance toujours la vie. Elle ne la copie pas, mais la modèle à son gré.
Jean Dutourd

La littérature ne modifie pas l'ordre établi, mais les hommes qui établissent cet ordre.
Ilya Ehrenbourg

Est littéraire une œuvre qui possède une aptitude à la trahison.
Robert Escarpit

Je n'ai jamais mis de frontière entre la vie et la littérature. J'ai toujours pensé qu'il me fallait vivre le plus littérairement possible. Quand je voyage, ou quand je vis une histoire d'amour, je ne fais aucune différence entre la vie et la littérature. Pour moi, la littérature, c'est la vraie vie ! [...] Il m'est arrivé, en pleine aventure amoureuse, de prendre des notes, en sachant parfaitement que j'en ferais un bouquin un jour.

René FALLET

Oui, la littérature mène à tout à condition de pouvoir y rester.

René FALLET

Il faut oser dire que les Lettres ne sont pas encore en période de sénilité ou d'usure. Ce sont les doctrines et les politiques qui vieillissent. Mais jamais les arts. Et particulièrement ceux dont la secrète et dernière fin consiste à étouffer le dragon de la douleur.

Léon-Paul FARGUE

La littérature ? C'est pouvoir dire par quels signes notre réalité vient vers nous.

Jean-Pierre FAYE

Une langue vit par sa littérature. La littérature est le lieu où la langue déploie sa richesse.

Alain FINKIELKRAUT

Le difficile en littérature, c'est de savoir quoi ne pas dire.

Gustave FLAUBERT

La littérature, comme la société, a besoin d'une étincelle pour faire tomber les gales qui la dévorent.

Gustave FLAUBERT

La littérature contemporaine n'est pas dépourvue de beauté, ni de talent, mais elle est trop l'effort commercial et l'orgueil. Nous sommes des orgueilleux ; nous voulons que l'on parle de nous, et ce désir de popularité gâte notre conscience d'artistes. Si nous possédions davantage cet amour désintéressé et divin du beau, que possédèrent les anciens Hellènes, peut-être jaillirait-il de nos œuvres plus de vérité et d'harmonie.

Anatole FRANCE

Ces milliers de livres muets, sourds, paralysés, sans goût, sans yeux, sans rien. Joie, joie, elle est morte enfin cette maudite saveur qui corrompait la littérature.

Bernard FRANK

La littérature est une vitesse, jamais un progrès. Si elle était un progrès, elle ne serait pas un bavardage. Mais elle est seulement une vitesse, donc un bavardage. On ne l'oubliera jamais trop si on veut continuer à faire de la littérature.

Claude FROCHAUX

La littérature est une blessure par où jaillit l'indispensable divorce entre les mots et les choses. Par cette plaie, nous pouvons perdre tout notre sang.

Carlos FUENTES

La littérature est la pensée humaine décrite par la parole.

Paul GAUGUIN

Ne vaut réellement, en littérature, que ce que nous enseigne la vie. Tout ce que l'on n'apprend que par les livres reste abstrait, lettre morte.

André GIDE

J'ai écrit et je suis prêt à récrire encore ceci qui me paraît d'une évidente vérité : « C'est avec les beaux sentiments qu'on fait de la mauvaise littérature. » Je n'ai jamais dit, ni pensé, qu'on ne faisait de la bonne littérature qu'avec les mauvais sentiments. J'aurais aussi bien pu écrire que les meilleures intentions font souvent les pires œuvres d'art et que l'artiste risque de dégrader son art à le vouloir édifiant.

André GIDE

Ce qui compte, c'est le petit coup frappé à la porte d'entrée de la littérature.

Jean GIRAUDOUX

LA LITTÉRATURE

La littérature française est une littérature de ruminement, c'est-à-dire une littérature euphorique. Ses grands moments sont les règnes, les jouissances... Elle a ses grands écrivains aux époques où elle a ses grands tapissiers. Il s'agit en effet de donner à l'esprit le mobilier le plus confortable...

    Jean GIRAUDOUX

La littérature est un refuge. Elle a approfondi ma vision du monde. Les livres m'ont dit des choses que ne me disaient pas les vivants. La littérature a enquêté sur le monde. En ce sens, elle m'a donné une leçon de morale artistique. Je lui dois ça, une conscience morale.

    Jean-Luc GODARD

La littérature est le fragment des fragments. On n'a écrit que la moindre partie de ce qui s'est fait et de ce qui s'est dit, et, de ce qu'on a écrit, il ne nous reste que la moindre partie.
Et cependant, si incomplète que soit la littérature, nous y trouvons mille répétitions, ce qui montre combien l'esprit et la destinée de l'homme sont bornés.

    Johann Wolfgang VON GŒTHE

Ce qui est le commencement et la fin de toute activité littéraire, la reproduction du monde qui m'entoure au moyen du monde qui est en moi, au cours de laquelle tout se trouve saisi, mis en rapports, recréé, pétri et reconstruit sous une forme personnelle, et d'une manière originale, tout cela restera éternellement.

    Johann Wolfgang VON GŒTHE

La littérature, de tous les arts, apparue la dernière. Et un jour, sans doute, la première à s'éclipser.

    Julien GRACQ

La France, qui s'est si longtemps méfiée du billet de banque, est en littérature le pays d'élection des valeurs fiduciaires.

    Julien GRACQ

UNE DÉFINITION DE LA LITTÉRATURE ?

La littérature, chez un peuple qui n'a point de liberté publique, est la seule tribune du haut de laquelle il puisse faire entendre le cri de son indignation et de sa conscience.

Alexandre HERZEN

La littérature est une activité à laquelle l'être humain n'a aucune chance de renoncer. Nous écrivons et nous lisons car nous avons de trop gros cerveaux pour la vie que nous menons et je ne vois aucun intérêt à réduire cet écart. Même en l'absence de tout problème, je pense que les artistes poursuivraient leur activité par désir d'exercer des facultés mal situées dans le cerveau.

Michel HOUELLEBECQ

S'il est vrai, comme on le dit, et comme je le crois, que Dieu et le Peuple soient d'accord, la littérature est le verbe du peuple.

Victor HUGO

En littérature, le plus sûr moyen d'avoir raison, c'est d'être mort.

Victor HUGO

Vraiment, quand j'y songe, la littérature n'a qu'une raison d'être, sauver celui qui la fait du dégoût de vivre !

Joris-Karl HUYSMANS

Je crois ne pas me tromper sur la littérature. Je sais si elle est là ou si elle n'y est pas. Nous ne sommes pas nombreux à le savoir. La littérature a son âme... Il y a des ultrasons que certains seulement perçoivent. Je ne dis pas que la littérature ne peut pas s'apprendre, s'acquérir. Mais je veux dire que l'on est né à la littérature.

Eugène IONESCO

Pourquoi donc me suis-je donné tant de peine si ma propre littérature, c'est-à-dire l'investigation de ce qu'on appelle soi-même et de ce qu'on appelle le réel, ne m'a pas fait avancer d'un pas dans la connaissance, l'illumination ou la sérénité.

Eugène IONESCO

La création littéraire manque d'indépendance, elle dépend de la bonne qui fait du feu, du chat qui se chauffe près du poêle, même de ce pauvre vieux bonhomme qui se réchauffe. Tout cela répond à des fonctions autonomes ayant leurs lois propres, seule la littérature ne puise en elle-même aucun secours, ne loge pas en elle-même, est à la fois jeu et désespoir.

Franz KAFKA

La littérature qui monte autour de nous comme la poix autour des damnés dantesques nie le bonheur, et, peu s'en faut, le condamne.

Robert KEMP

Un des devoirs de la littérature restera toujours de découvrir les erreurs de la sensibilité.

Robert KEMP

La culture, c'est la mémoire du peuple, la conscience collective de la continuité historique, le mode de penser et de vivre. Les livres et les tableaux ne sont que le miroir où cette culture profonde se reflète, se concentre, se conserve.

Milan KUNDERA

Tout est dit, et l'on vient trop tard depuis plus de sept mille ans qu'il y a des hommes et qui pensent.

Jean DE LA BRUYÈRE

La littérature commence là où commence la notation de la personnalité ; au-delà, c'est la science. D'autre part, la personnalité pure, l'émotion pure, ne s'expriment pas avec des mots : les mots sont des signes qui, par fonction, représentent des objets ou des rapports. L'expression de l'émotion pure et de la personnalité pure appartient à la musique. Entre la musique et la science se situe la littérature.

Gustave LANSON

Ma littérature, ma délivrance.

Valery LARBAUD

UNE DÉFINITION DE LA LITTÉRATURE ?

La littérature est une machine à fabriquer des souvenirs et de la mort, une manufacture de testaments. Aucun roman n'a jamais fait de projet d'avenir.
Camille LAURENS

Gide a assuré qu'on ne faisait pas de bonne littérature avec de bons sentiments. Sa formule était incomplète. Les bons sentiments ne font pas les mauvaises œuvres parce qu'ils sont bons, mais parce qu'ils sont trop bons. Parce qu'ils sont massues. Et les mauvais sentiments, pour peu qu'ils soient massues, détruisent une œuvre aussi bien que des bons. Ce n'est pas la nature des sentiments qui importe mais leur intensité. Un livre trop charitable, un livre trop sanguinaire sont de mauvais livres. Il se trouve que le règlement de cette intensité s'appelle le goût.
Jacques LAURENT

Faire de la littérature, c'est embellir les choses. La littérature, c'est l'embellissement de ce qu'on peut avoir exprimé, et c'en est le côté abominable, à mon avis.
Paul LÉAUTAUD

Je suis arrivé à cette opinion que la littérature, comme tous les arts, est une faribole. Il n'y a rien d'admirable. Le mot « admiration » me fait pouffer. Il arrive qu'on intéresse, qu'on distraie, qu'on plaise. Rien de plus.
Paul LÉAUTAUD

Puisque j'écris des livres, je laisse des traces.
J.-M. G. LE CLÉZIO

La littérature, en fin de compte, ça doit être quelque chose comme l'ultime possibilité de jeu offerte, la dernière chance de fuite.
J.-M. G. LE CLÉZIO

La littérature ne peut nous apporter le salut parce qu'elle a besoin elle-même d'être sauvée.
Henri LEFEBVRE

La littérature tout entière s'évertuerait à raturer sa signification en raturant les ratures et les ratures des ratures.
>   Emmanuel LÉVINAS

La littérature est le dernier carré de résistance face aux machines à crétiniser. Elle est le dernier refuge de la pensée libre et la prostituer devrait être considéré comme un crime contre l'humanité.
>   Andreï MAKINE

Oui, que la littérature existe et, si l'on veut, seule, à l'exception de tout.
>   Stéphane MALLARMÉ

Je me figure par un indéracinable sans doute préjugé d'écrivain, que rien ne demeurera sans être proféré.
>   Stéphane MALLARMÉ

Une littérature appelée à durer est généralement prophétique : plus rarement, apologétique ; moins encore, de propagande.
>   Eduardo MALLEA

La littérature, l'art ne sont pas objets d'enseignement : on enseigne sur leur histoire.
>   André MALRAUX

La littérature unit présent et passé littéraire, comme les grandes religions unissent le présent au passé sacré.
>   André MALRAUX

La littérature ayant jusqu'ici magnifié l'immobilité pensive, l'extase et le sommeil, nous voulons exalter le mouvement agressif, l'insomnie fiévreuse, le pas gymnastique, le saut périlleux, la gifle et le coup de poing.
>   Manifeste du futurisme, 1909

UNE DÉFINITION DE LA LITTÉRATURE ?

Une fois que l'on a goûté au charme ensorceleur de la grande littérature et au réconfort qu'elle procure, on voudrait en connaître toujours davantage – d'autres « histoires ridicules », et des paraboles pleines de sagesse, et des contes aux significations multiples, et d'étranges aventures. Et c'est ainsi que l'on commence à lire soi-même...

Klaus MANN

Ce qui a répandu le plus de lumière dans le monde, c'est une couleur noire : l'encre d'imprimerie.

Paul MASSON

Toute entreprise littéraire sérieuse suppose un désespoir absolu.

Renaud MATIGNON

Je suis convaincu que les œuvres qui durent ne durent que par des malentendus, par toute la littérature dont la postérité les entoure, littérature où les intentions véritables des auteurs finissent par être noyées du tout et perdues de vue.

Henry DE MONTHERLANT

Il voudrait écrire une histoire du sentiment : autant dire une Histoire de la littérature.

Paul MORAND

La bonne littérature romanesque est celle des gens en colère. Malheur aux pacifiques, s'il leur prend d'écrire des livres ! Aussi toute œuvre romanesque originale est-elle révoltée, sinon révolutionnaire.

Paul MORAND

Si la littérature est une carrière, la vie en est une autre, au sens étymologique du mot. C'est une route à parcourir, bon gré, mal gré ; au même titre que la politique, le commerce, etc. ; la littérature doit surtout être un moyen de locomotion international, le plus perfectionné, le plus aérien.

Paul MORAND

Jamais je n'ai connu la tour d'ivoire de la littérature.
Comment un homme pourrait-il vivre dans des tours quand quatre-vingt-dix-neuf pour cent des hommes vivent dans des rez-de-chaussée de boue ?

Salamah MUSSA

La littérature est une illusion.

Vladimir NABOKOV

La littérature, le don ultime d'exprimer les aspects les plus subtils de la pensée et des sentiments humains peut ne pas survivre à la persécution : d'abord par la religion, ensuite par la bourgeoisie, puis le marxisme et maintenant le mercantilisme.

Anaïs NIN

Toute littérature est une propagande.

Paul NIZAN

Que notre vie n'ait pas de valeur artistique, c'est très possible. Raison de plus pour que la littérature en ait une.

Amélie NOTHOMB

Quand on me dit que le roman est malade, que la littérature va mourir, je pense : il y a si longtemps qu'elle est moribonde... Ce fatalisme écarte les débats gênants. On n'épouille pas les agonisants.

François NOURISSIER

L'acte littéraire est-il un passe-temps de gentleman ? Bref, la littérature – surtout celle que j'aime, d'aveu et de confidence – a sans doute mauvais genre.

François NOURISSIER

Si les écrivains ne lisaient pas et si les lecteurs n'écrivaient pas, les affaires de la littérature marcheraient infiniment mieux.

Giovanni PAPINI

UNE DÉFINITION DE LA LITTÉRATURE ?

[La littérature] nous offre une machine de langage, où les données élémentaires de l'expression devraient se trouver redoublées, plus évidentes, grossies et comme un langage du langage.

Jean PAULHAN

On voit, à l'entrée du jardin public de Tarbes, cet écriteau :
IL EST DÉFENDU
D'ENTRER DANS LE JARDIN
AVEC DES FLEURS À LA MAIN
On le trouve aussi, de nos jours, à l'entrée de la Littérature. Pourtant, il serait agréable de voir les filles de Tarbes (et les jeunes écrivains) porter une rose, un coquelicot, une gerbe de coquelicots.

Jean PAULHAN

La littérature est une défense contre les offenses de la vie. Elle lui dit : « Tu ne me couillonnes pas ; je sais comment tu te comportes, je te suis et je te prévois, je m'amuse même à te voir faire, et je te vole ton secret en te composant en d'adroites constructions qui arrêtent ton flux... »

Cesare PAVESE

— C'était un bibliophile.
— Un bibliophile ? demanda le Chauve.
— Un type qui préfère les livres à la littérature, expliqua l'enfant.

Daniel PENNAC

Si la littérature crée une œuvre d'art, c'est parce qu'elle ordonne le monde, c'est parce qu'elle le fait apparaître dans sa cohérence, c'est parce qu'elle le dévoile, au-delà de son anarchie quotidienne, en intégrant et en dépassant les contingences qui en forment la trame immédiate, dans sa nécessité et son mouvement.

Georges PEREC

C'est parce que l'homme n'est pas fait pour écrire que la littérature est passionnante.

Georges PERROS

Si la littérature fait des déchets, au moins risque-t-elle d'élever son homme. Il s'agit de s'entendre. Tous les métiers, ou presque, sont métiers de déchets. La littérature est un des rares exercices qui exige de l'homme une volonté singulière, une conduite d'existence qui ralentissent les progrès d'une médiocrité qui nous est naturelle.

Georges PERROS

La littérature est merveilleusement, incroyablement, gratuite. Je parle de la seule qui soit notre amour. Celle qui nous empêche d'y croire, celle qui nous dit la mort en nous donnant à vivre.

Georges PERROS

Si forte est l'évidence que la littérature est avant tout l'objet d'une expérience de sentiment et de jugement que les maîtres de l'histoire littéraire ont souvent admis que leur discipline n'épuisait pas l'œuvre d'art.

Gaétan PICON

Qu'un livre soit autre chose que le lieu de passage d'une action, et déjà il nous apparaît lié aux autres livres, lié à son auteur : la notion de littérature se forme.

Gaétan PICON

En littérature, toujours ce sont des minorités, c'est-à-dire des talents, qui ont exercé une action, laissé une empreinte. Naguère encore, ces minorités étaient en rapport intime, en communion, avec le tempérament général du pays. Aujourd'hui, elles sont en opposition avec ce tempérament, et ne laissent pas, cependant, d'agir sur lui, de le troubler, de le fausser peut-être.

François PORCHÉ

La grande littérature est simplement du langage chargé de sens au plus haut degré possible.

Ezra POUND

Depuis longtemps déjà, les littérateurs, ou tout au moins beaucoup d'entre eux, parlent avec mépris de la « littérature », et le mot littérature dans leur vocabulaire a bien mauvaise tournure.

UNE DÉFINITION DE LA LITTÉRATURE ?

Les films ou la danse ou le récit des songes et tant de choses encore, dont la littérature, passent à la casserole du jugement péremptoire, savant et méprisant : « Tout ça, c'est de la littérature ! »
Les peintres, les bons et les mauvais, les grands et les petits et les vrais et les faux, les vivants et les morts, ne disaient jamais et ne disent pas non plus aujourd'hui du mal de la peinture. De même le jardinier devant un jardin insensé, un jardin ni fait ni à faire, un insolite et mystérieux parterre de lierre et d'orties, ne dit pas : « Tout ça, c'est de l'horticulture ! »

Jacques PRÉVERT

La vraie vie, la vie enfin découverte et éclaircie, la seule vie par conséquent réellement vécue, c'est la littérature.

Marcel PROUST

La littérature est la dernière expression de la vie.

Marcel PROUST

Je date l'invention de la littérature de la première lettre fictive – adressée à personne d'exactement réel. Ce n'est ni tout à fait une pierre, ni un papyrus, ni une écorce d'arbre, ni une peau, ni un os : c'est une motte d'argile.

Pascal QUIGNARD

Un beau texte s'entend avant de sonner. C'est la littérature.

Pascal QUIGNARD

Quelle que soit la littérature, c'est toujours plus beau que la vie.

Jules RENARD

Il ne faudrait pourtant pas laisser passer, sans faire un chef-d'œuvre, le temps où l'on croit à la littérature : il est court.

Jules RENARD

Chaque fois que je veux me mettre au travail, je suis dérangé par la littérature.

Jules RENARD

La chose du monde la moins ressentie par les amateurs de littérature est le besoin d'explorer par eux-mêmes les compartiments délaissés, et surtout mal vus, de la culture.

Jean-François REVEL

J'aimais [...] la littérature démodée, latin d'église, livres érotiques sans orthographe, romans de nos aïeules, contes de fées, petits livres de l'enfance, opéras vieux, refrains niais, rythmes naïfs.

Arthur RIMBAUD

Les écrivains, en définitive, aiment bien la littérature. Ils vont même jusqu'à l'adorer, quand celui qui la représente dans son éclat et sa pureté est quelqu'un dont la gloire ne les a pas gênés.

Angelo RINALDI

Autour de nous, défiant la meute de nos adjectifs animistes ou ménagers, les choses sont là. Leur surface est nette et lisse, intacte, sans éclat louche ni transparence. Toute notre littérature n'a pas encore réussi à en entamer le plus petit coin, à en amollir la moindre courbe.

Alain ROBBE-GRILLET

La littérature expose simplement la situation de l'homme et de l'univers avec lequel il est aux prises.

Alain ROBBE-GRILLET

La littérature, il me semble, est tournée vers ce qui a disparu, ou bien ce qui aurait pu advenir et n'est pas advenu, voilà pourquoi les temps modernes, si épris d'un avenir sans mémoire, lui sont hostiles. Voilà aussi pourquoi on dit désormais qu'elle ne sert à rien. Et en effet : pas plus qu'une défaite, une ruine, un cimetière, un souvenir d'enfance. C'est une grande résonance de passé.

Olivier ROLIN

Toute la littérature a poussé sur la sensibilité de surface comme toute la vie organique sur une mince couche de terre végétale.

Jean ROSTAND

UNE DÉFINITION DE LA LITTÉRATURE ?

Littérature : proclamer devant tous ce qu'on a soin de cacher à son entourage.

Jean ROSTAND

La littérature m'a mis dans le pétrin et il faut qu'elle m'en sorte. Écrire est maintenant tout ce qu'il me reste et, bien que la littérature ne m'ait pas non plus rendu la vie facile dans les années qui suivirent mes débuts prometteurs, elle est vraiment la seule chose en quoi j'ai confiance.

Philip ROTH

La littérature est parfaitement inutile : sa seule utilité est qu'elle aide à vivre.

Claude ROY

Les littératures sont les témoins de l'impatience humaine : elles inventent des lois avant même qu'on ait pu entrevoir les lois de la nature.

Claude ROY

C'est que la littérature n'est pas le journalisme. C'est une dame exigeante. Une emmerderesse. Une femme-poison qui veut tout, exige tout et préfère même la pauvreté à l'aisance.

Jules ROY

Il a dans l'instant un sentiment intense de ce qu'est la littérature. Un monde où les déplacements, les inversions, les rejets, les césures ne signifient ni coups ni blessures mais choix, mais grâce, mais étreinte.

Pascale ROZE

La littérature est en danger lorsque le danger quitte la littérature.

Robert SABATIER

Quand les lettres ne rendent pas ceux qui les cultivent tout à fait meilleurs, elles les rendent pires.

Charles Augustin SAINTE-BEUVE

De doctrine littéraire, je n'en ai point à formuler : je n'ai jamais trouvé mangeable la cuisine des chimistes.

    Saint-John Perse

De la censure des œuvres, on est passé à la persécution des auteurs. Un délit nouveau est arrivé : c'est le délit de littérature.

    Christian Salmon

Rien ne nous assure que la littérature soit immortelle [...]. Le monde peut fort bien se passer de la littérature. Mais il peut se passer de l'homme encore mieux.

    Jean-Paul Sartre

La littérature ne bégaie pas l'existence, elle l'invente, elle la provoque, elle la dépasse.

    Éric-Emmanuel Schmitt

Je n'ai pas voulu dire autre chose que ceci : c'est que la littérature est possible seulement au terme d'une première ascèse et comme résultat de cet exercice par quoi l'individu transforme et assimile ses souvenirs douloureux, en même temps qu'il se construit sa personnalité...

    Jorge Semprun

Une littérature qui n'est pas l'air de la société qui lui est contemporaine, qui n'ose communiquer à la société ses propres souffrances et ses propres aspirations, qui n'est pas capable d'apercevoir à temps les dangers sociaux et moraux qui la concernent, ne mérite même pas le nom de littérature : au plus peut-elle aspirer à celui de cosmétologie.

    Alexandre Soljenitsyne

Pourquoi la littérature me paraît-elle être la voie royale, avec ses airs de rien ? Parce que, justement, vous ne pouvez pas réduire l'œuvre littéraire à un sens métaphysique... Ou alors, ce n'en est pas une. L'œuvre réellement littéraire est un fourmillement d'autonomie, d'individualité, rigoureusement irréductible.

    Philippe Sollers

UNE DÉFINITION DE LA LITTÉRATURE ?

L'ensemble des langues et des littératures est traité comme un fonds commun dans lequel on peut puiser à volonté pour supprimer les lacunes et les erreurs de la réalité.

George STEINER

Dans cette maison qui s'appelle Littérature, je voudrais que les grands toits débordants créent une ombre profonde et que les murs soient sombres ; je voudrais repousser dans l'obscurité tout ce qui ressort clairement ; je voudrais arracher les ornements superflus.

Junichiro TANIZAKI

Tout a été dit et fait, et aucune littérature ne peut dépasser le cynisme de la réalité. On ne soûle pas avec un verre celui qui a déjà bu une barrique.

Anton TCHEKHOV

La littérature oscille entre l'amusement, l'enseignement, la prédication ou propagande, l'exercice de soi-même, l'excitation des autres.

Paul VALÉRY

Je m'accuse – je m'accuse d'avoir compris la littérature comme moyen, non comme illusoire fin.

Paul VALÉRY

En littérature, comme en bien d'autres choses, quand on ne sait pas tout, on ne sait rien.

Eugène VIOLLET LE DUC

La littérature anticipe toujours la vie. Elle ne la copie pas mais la façonne selon le but qu'elle se donne.

Oscar WILDE

Les gouvernements suspectent la littérature parce qu'elle est une force qui leur échappe.

Émile ZOLA

II

LES LIVRES

Les textes, les ouvrages, l'œuvre

Il est chimérique de vouloir former les jeunes esprits autrement que par les anciens livres. Plus les livres sont jeunes et plus on y choisit, plus on y cherche ce qui plaît, et des thèses pour les passions ; ce n'est point discipline...
    Émile Chartier, dit ALAIN

Tout livre est dangereux ; mais le livre le plus dangereux, selon l'Église, est justement celui qui parle à l'intelligence seule. Et s'il y avait encore des bûchers, on n'y brûlerait point quelque barbouilleur en pornographie ; non ; on y brûlerait quelque noble et sage matérialiste, qui serait parvenu à la sagesse en s'efforçant de comprendre le jeu des forces naturelles.
    Émile Chartier, dit ALAIN

Les livres ont toujours plus d'esprit que les hommes qu'on rencontre.
    Comtesse D'ALBANY

Marque d'un signet rouge la première page du livre, car la blessure est invisible à son commencement.
    Reb ALCÉ

L'amour des livres est comme les autres amours, il veut un peu de mystère autour de ses plaisirs.

Roger ALLARD

Il faut beaucoup d'argent pour posséder de beaux livres, beaucoup de philosophie et de sentiment pour aimer ceux que l'on possède, quand on est riche. Enfin, il faut avoir un peu de poésie dans l'esprit pour aimer des livres sans valeur, mais qui ont quelque chose de touchant.
Du reste, on ne sait jamais si l'on aime vraiment un livre, sinon quand on est obligé de le vendre, ou seulement de le prêter.

Roger ALLARD

Les livres font les époques et les nations, comme les époques et les nations font les livres.

Jean-Jacques AMPÈRE

Il n'y a pas de lumière sans ombre. Un livre sans ombre est un non-sens, et ne mérite pas d'être ouvert. Rien n'est dangereux comme les belles images. C'est avec cela qu'on pervertit les esprits.

Louis ARAGON

Il y a des livres qui ferment un monde. Ils sont un point final ; on les laisse ou on s'en va. Plus loin, ailleurs, n'importe. Il en est d'autres qui sont les portes de notre pays.

Louis ARAGON

Nous créerons notre littérature, non pas en parlant continuellement de littérature, mais en écrivant dans une orgueilleuse solitude des livres qui auront la violence d'un « cross » à la mâchoire.

Roberto ARLT

Je voudrais faire un Livre qui dérange les hommes, qui soit comme une porte ouverte et qui les mène où ils n'auraient jamais consenti à aller, une porte simplement abouchée avec la réalité.

Antonin ARTAUD

Ce livre, où l'on retourne la page des cerveaux.

Antonin ARTAUD

Chers Amis,
Ce que vous avez pris pour mes œuvres n'étaient que les déchets de moi-même, ces raclures de l'âme que l'homme normal n'accueille pas.

Antonin ARTAUD

Nous sommes ennuyés de livres qui enseignent, donnez-nous en pour émouvoir.

Agrippa D'AUBIGNÉ

C'est un livre que t'a donné l'amour. Il porte une initiale, une date, rien de plus. À peine choisi : dans le village où coulaient des jours adorables, il n'y en avait pas de moins quelconque chez le marchand de journaux, qui vendait aussi des pipes et des cartes postales. Peut-être même illisible. Mais il conserve la vibration de vos mains jointes, du temps qu'elles étaient devenues si douces à force de s'aimer. Quand le souvenir du village te saute au cœur, prends ton livre, laisse tes doigts en tourner les pages. Un peu, beaucoup, passionnément, à la folie. Il ne peut pas ne pas aboutir : à la folie.

Claude AVELINE

Certains livres sont faits pour être goûtés, d'autres pour être avalés, mais un petit nombre seulement pour être mâché et digéré.

Francis BACON

Plutôt que les hommes, je préfère étudier les livres.

Francis BACON

Les livres doivent suivre les sciences et non le contraire.

Francis BACON

Il est aussi facile de rêver un livre qu'il est difficile de le faire.

Honoré DE BALZAC

Nous sommes étonnés, quand nous lisons les vieux chefs-d'œuvre, de voir que des sentiments subtils, délicats, poétiques, que nous croyons rares aujourd'hui, existaient chez les hommes d'il y a des siècles.
    Maurice BARRÈS

Le texte est un objet fétiche et ce fétiche me désire.
    Roland BARTHES

Texte veut dire *Tissu* ; mais alors que jusqu'ici on a toujours pris ce tissu pour un produit, un voile tout fait, derrière lequel se tient, plus ou moins caché, le sens (la vérité), nous accentuons maintenant, dans le tissu, l'idée générative que le texte se fait, se travaille à travers un entrelacs perpétuel ; perdu dans ce tissu *cette texture* le sujet s'y défait, telle une araignée qui se dissoudrait elle-même dans les sécrétions constructives de sa toile.
    Roland BARTHES

Il n'y a pas de grande œuvre qui soit dogmatique.
    Roland BARTHES

Comment nous attarder à des livres auxquels, sensiblement, l'auteur n'a pas été contraint ?
    Georges BATAILLE

L'apparente immobilité d'un livre nous leurre : chaque livre est aussi la somme des malentendus dont il est l'occasion.
    Georges BATAILLE

Je lui dirais [...] que les sottises imprimées n'ont d'importance qu'aux lieux où l'on en gêne le cours ; que, sans la liberté de blâmer, il n'est point d'éloge flatteur ; et qu'il n'y a que les petits hommes, qui redoutent les petits écrits.
    Pierre Augustin Caron DE BEAUMARCHAIS

La moitié de ce que nous écrivons est nuisible, l'autre moitié est inutile.
    Henry BECQUE

LES TEXTES, LES OUVRAGES, L'ŒUVRE

Il vaut mieux brûler l'écrivain que les livres.

Hilaire BELLOC

Ce qui compte, ce n'est pas ce que tu as mis dans ton livre, mais ce qu'on trouve... On ne monte pas les films avec la totalité des rushes... Démontrer, dans un récit, c'est brouiller ce qu'on a montré...

Nina BERBEROVA

Écoutez, l'artiste est justifié ou pas par l'œuvre d'art. En définitive, il joue sa vie sur l'œuvre d'art qu'il réalise. S'il gagne, il a raison. On ne le sait qu'après. L'artiste serait donc condamnable à tout moment pour les vilaines choses qu'il a faites, et justifié, à la fin, par l'œuvre qu'il aurait accomplie.

Emmanuel BERL

Rien n'était plus irritant que les livres lorsqu'on voulait être seul avec soi-même, lorsqu'on *devait* être seul avec soi-même.

Thomas BERNHARD

En vérité nous n'aimons que les livres qui ne forment pas un tout, qui sont chaotiques, qui sont impuissants. C'est la même chose pour tout, [...] de même nous ne nous attachons tout particulièrement à un être que parce qu'il est impuissant et incomplet, parce qu'il est chaotique et imparfait.

Thomas BERNHARD

À chaque livre, nous découvrons avec horreur un homme imprimé à mort par les imprimeurs, édité à mort par les éditeurs, lu à mort par les lecteurs.

Thomas BERNHARD

Un livre ne remplit ni de près ni de loin les fonctions du curé, du médecin ou du cuistot. Comment ose-t-on parler de roman d'évasion ? Dans une société qui se porte bien, les gens n'ont pas besoin de s'évader. Le livre, c'est l'art. C'est froid, lointain, compliqué, inutile, insupportable...

Patrick BESSON

L'écrivain ne sait jamais si l'œuvre est faite. Ce qu'il a terminé en un livre, il le recommence ou le détruit en un autre.
Maurice BLANCHOT

L'œuvre est solitaire : cela ne signifie pas qu'elle reste incommunicable, que le lecteur lui manque. Mais qui la lit entre dans cette affirmation de la solitude de l'œuvre, comme celui qui l'écrit appartient au risque de cette solitude.
Maurice BLANCHOT

Mes meilleurs livres et mes meilleures joies sont sortis de ma souffrance qui a été grande et qui a beaucoup duré.
Léon BLOY

Les livres sont comme des flaques d'eau. Ce qui se dépose dans les livres n'est qu'une faible partie de l'écriture. L'essentiel ne croupit pas dans les livres mais continue de briller sur le cœur, de rafraîchir un regard.
Christian BOBIN

Peu de livres changent une vie. Quand ils la changent c'est pour toujours, des portes s'ouvrent que l'on ne soupçonnait pas, on entre et on ne reviendra plus en arrière.
Christian BOBIN

Les livres qui échappent à la maîtrise de leur auteur sont les plus beaux des livres.
Christian BOBIN

Les livres sont un contre-bruit au bruit du monde.
Christian BOBIN

Regardez ce livre. La lumière qu'il fait entre vos mains. Je parle ici d'une lumière matérielle, évidente : celle des forêts, des arbres que l'on abat pour obtenir ce papier, des ondées et des éclaircies qui font croître ces arbres, des huiles et des pigments qui donnent à

LES TEXTES, LES OUVRAGES, L'ŒUVRE

l'encre une âme noire, du jour qui entre par la fenêtre et qui surprend parfois, plus que la nuit.

Christian BOBIN

Un livre est grand par la grandeur du désespoir dont il procède, par toute cette nuit qui pèse sur lui et le retient longtemps de naître.

Christian BOBIN

Depuis « L'Évangile » jusqu'au « Contrat social » ce sont les livres qui ont fait les révolutions.

Louis DE BONALD

Je crois que le livre, n'importe quel livre, est en lui-même quelque chose de sacré. Je peux difficilement expliquer la raison mais je sens le livre comme un objet sacré que nous ne devons pas détruire.

Jorge Luis BORGES

Un livre ne doit pas réclamer d'efforts, le bonheur ne doit pas réclamer d'efforts.

Jorge Luis BORGES

Je persiste à réclamer les noms, à ne m'intéresser qu'aux livres qu'on laisse battants comme des portes, et desquels on n'a pas à chercher la clé.

André BRETON

L'œuvre ainsi réalisée doit, en tout état de cause, ne l'oublions pas, être considérée comme produit d'une faculté d'*excrétion* particulière et ce n'est que secondairement qu'il peut s'agir de savoir si cette œuvre est apte à contribuer, par son aspect immédiat, au bonheur des hommes.

André BRETON

La page est un ciel, et le texte, délivré de la pesanteur du langage, devient dispensateur de silences.

André BRINCOURT

LES LIVRES

Tant qu'il existera des hommes pour crier que la vérité est multiple, tant qu'il existera des livres pour rendre compte de la complexité des choses, aussi longtemps qu'un sourire désarmera le fanatisme, la vie vaudra d'être vécue.

André BRINCOURT

Il y a des livres moraux faits pour exaspérer la vertu, des livres amusants qui rabaissent la dignité humaine, des livres gais qui font pleurer par le plus grand soleil, et aussi des livres mélancoliques, qui nous font rire à l'idée que dans cette vie détraquée on puisse gémir sur une injustice de plus ou de moins.

Elisabeth BROWNING

Ce que j'aime de la vraie littérature : le halo brumeux du non-dit plus expressif que ce qui est écrit, ce que j'appelle l'aura d'un livre, faste ou funeste...

Raymond-Léopold BRUCKBERGER

Un livre n'est jamais quelque chose qui tombe du ciel : c'est un produit à l'intérieur d'une certaine société. Et lorsqu'un livre dénonce quelque chose dans une société c'est que cette société est déjà en train de changer et que ce livre participe au changement de façon plus ou moins active.

Michel BUTOR

Mes livres ? Une sorte d'herbier où je place, j'insère des personnages entrevus, séchés... Je suis l'acteur qui vit – qui interprète sa propre pièce. Me suivant à la trace sur le théâtre de mes exploits, je suis à la fois mon héros et mon historien.

Henri CALET

Je crois aux livres qui ouvrent un espace intérieur, où dedans il y a un espace infini mais qui, du dehors, se présentent comme une figure fermée.

Italo CALVINO

Au centre de notre œuvre, fût-elle noire, rayonne un soleil inépuisable, le même qui crie aujourd'hui à travers la plaine et les collines.

Albert CAMUS

LES TEXTES, LES OUVRAGES, L'ŒUVRE

Très peu d'œuvres parlent de vérité, parce que très peu d'hommes aiment la vérité...

Albert CAMUS

Comment fait-on pour rester là quand votre œuvre est partie ? D'autres la manipulent, elle ne vous appartient plus ; sous leurs yeux et sous leurs doigts, elle se transforme. Congédiée, elle devient hors la loi. Son ancien gardien, exsangue, pauvre, n'exécute plus que des mouvements réduits et dépourvus de sens. Lui qui a respiré pour la terre, il ne le fait plus, maintenant, que furtivement et pour soi-même. Lui qui se sentait porté par l'humanité entière marche sur des pieds misérables. Il possédait des bottes-à-enjamber-les-continents, il ne rampe plus que pouce à pouce. Il était généreux comme un dieu, il s'inquiète pour des chiffres. Il élevait tout avec soi, le voilà comme un ballon dégonflé. Il portait tendrement tout l'univers, il le crache à présent comme un noyau de cerise.

Elias CANETTI

Sans les livres, les joies pourrissent.

Elias CANETTI

« À quoi peut servir un livre sans images ni dialogues ? », se demandait Alice.

Lewis CARROL

Le Moyen Âge avait du bon... Une petite complainte vous viviez... Maintenant faut écrire des gros livres...

Louis-Ferdinand CÉLINE

Presque tous les livres sont des corrupteurs, les meilleurs font presque autant de mal que de bien.

Nicolas CHAMFORT

Ce que l'on sait le mieux, c'est : 1° ce qu'on a deviné ; 2° ce qu'on a appris par l'expérience des hommes et des choses ; 3° ce qu'on a appris, non dans les livres, mais par les livres, c'est-à-dire par les

réflexions qu'ils font faire ; 4° ce qu'on a appris dans les livres ou avec des maîtres.
    Nicolas Chamfort

Les meilleurs livres sont ceux que nous choisissons parce que nous avons le sentiment que leur auteur nous a choisis : ils nous parlent à l'oreille.
    Maurice Chapelan

Qu'est-ce qu'un beau texte, sinon la pâte humaine ordonnancée par la raison ?
    Madeleine Chapsal

Livres en mouvement. Mais livres qui s'introduisent avec souplesse dans nos jours, y poussent une plainte, ouvrent des bals.
    René Char

On ne fait rien d'utile pour le prochain, sauf des livres.
    Jacques Chardonne

Mieux vaut un livre qu'un palais bien construit.
    Andrée Chedid

Même au plus fort de leur vogue, les pièces et les romans à thèse ne m'ont jamais impressionné. J'ai toujours soupçonné ceux qui ont du goût pour les problèmes de ne pas aimer les solutions.
    Gilbert Keith Chesterton

Je ne connais rien de plus bête que d'avoir une « œuvre », et de s'en réclamer. Ceux qui n'ont jamais rien écrit ni publié ne connaissent pas leur bonheur, et leur extraordinaire liberté. Une œuvre est une chaîne, peut-être la pire, parce qu'elle ne se *laisse* pas oublier.
    Emil Michel Cioran

LES TEXTES, LES OUVRAGES, L'ŒUVRE

Un livre doit être écrit sous le coup de la fièvre. Autrement il n'est pas *contagieux*.

Emil Michel CIORAN

Il ne faut écrire et surtout publier que des choses qui fassent mal, c'est-à-dire dont on se souvienne. Un livre doit remuer des plaies, en susciter même. Il doit être à l'origine d'un désarroi *fécond* : mais par-dessus tout un livre doit constituer un danger.

Emil Michel CIORAN

On ne devrait écrire des livres que pour y dire des choses qu'on n'oserait confier à personne.

Emil Michel CIORAN

Écrire des livres n'est pas sans avoir quelque rapport avec le péché originel. Car qu'est-ce qu'un livre sinon une perte d'innocence, un acte d'agression, une répétition de notre chute ? Publier ses tares pour amuser ou exaspérer !

Emil Michel CIORAN

Le parole n'est qu'un bruit et les livres ne sont que du papier.

Paul CLAUDEL

Les écrits sont bien peu de choses. Nous écrivons toujours avec l'espoir qu'un livre peut beaucoup. Mais un livre passe et l'écrivain est bien orgueilleux qui ose croire en son pouvoir. En fait, c'est davantage par devoir que pour exercer un pouvoir que j'écris certaines choses. L'essentiel n'est-il pas qu'après chaque page un auteur puisse se regarder dans une glace sans avoir à rougir ?

Bernard CLAVEL

Les écrits sont la descendance de l'âme comme les enfants celles des corps.

CLÉMENT d'ALEXANDRIE

Je tiens le monde en moi des livres que j'ai lus.

Jean COCTEAU

Parfois, un livre se couvre d'ombre dans son pays natal. Il s'illumine dans un autre. Ce qui démontre que, dans une œuvre, l'invisible l'emporte sur le visible.

Jean COCTEAU

Apprenez qu'un livre ne donne jamais ce qu'on en peut attendre. Il ne saurait être une réponse à votre attente. Il doit vous hérisser de points d'interrogation.

Jean COCTEAU

Lorsqu'une œuvre semble en avance sur son époque, c'est simplement que son époque est en retard sur elle.

Jean COCTEAU

Je pense avec mélancolie qu'il est des chefs-d'œuvre perdus, que d'autres le seront encore. Nul n'en connaît, nul n'en connaîtra jamais le nombre. Quelques voix manqueront toujours, celles que personne n'a voulu entendre ou qui n'ont chanté que dans une chambre close ; je rêve à ces manuscrits destinés pour les vers ou la hotte du chiffonnier. Misère de la misère et de la solitude...

José CORTI

Dans tout ce qui s'imprime, il y a du poison plus ou moins délayé selon l'étendue de l'ouvrage, plus ou moins malfaisant, mortel. De l'*acétate de morphine*, un grain dans une cuve se perd, n'est point senti, dans une tasse fait vomir, en une cuillerée tue, et voilà le pamphlet.

Paul-Louis COURIER

Un bon livre, c'est celui qu'on retrouve toujours plein après l'avoir vidé.

Jacques DEVAL

Désormais, oui, je sais que l'œuvre vit entre deux pôles, deux rives ; m'ayant échappé à sa publication, elle circule ailleurs et quelquefois si près, elle cherche son point mouvant, elle n'est ni à moi ni au lecteur, mais entre nous, dans l'échange, dans l'allée et venue des réminiscences.

Assia DJEBAR

Un livre terminé, lorsqu'il se met à circuler, ce n'est pas une malédiction, ni une plaie ouverte, non, plutôt une cuirasse, une armure !

Assia DJEBAR

On dit que les écrits restent, mais j'espère qu'ils s'envolent.

Philippe DJIAN

Chaque livre apporte également sa dose d'accablement, de sentiment d'impuissance et d'inutilité. On aimerait pouvoir les terminer par un grand rire mais la seule vraie question qui se pose est « Combien de temps nous reste-t-il à vivre ? »

Philippe DJIAN

Il y a des livres si audacieux, qu'on ne devrait les publier qu'avec un cache-texte.

Roland DORGELÈS

Romain Gary m'a dit, un jour que, lui, mettait ses manuscrits dans son frigidaire, quand il partait en voyage, parce que c'est le dernier endroit qui brûle dans une maison.

Geneviève DORMANN

Combien d'écrivains ont achevé des milliers de pages pour que reste, ainsi qu'une pierre gravée parmi les ruines d'une cité antique, une page, une phrase dans la mémoire des hommes, parfois seulement leur nom ! Et combien d'œuvres dissoutes dans le temps dont il ne reste rien !

Maurice DRUON

Il faut avoir rêvé de faire des chefs-d'œuvre pour écrire un ou deux volumes pas trop mauvais.

Maxime DU CAMP

C'est beau, un beau livre. Cela a grand air. Qui a dit qu'il faut lire les livres qu'on achète ? Un livre, c'est fait pour être regardé.

    Réjean DUCHARME

Les écrits sont des actes.

    Georges DUHAMEL

J'aime qu'une œuvre croisse comme un arbre plutôt que comme une maison.

    Georges DUHAMEL

Vous allez tout droit à la solitude.
Moi, non, j'ai les livres.

    Marguerite DURAS

Chaque livre est un meurtre de l'auteur par l'auteur.

    Marguerite DURAS

C'est rien de rater un livre. Il y a des livres ratés qui sont sublimes.

    Marguerite DURAS

La vie ressemble à un livre qu'on écrit. Jusqu'à la moitié environ, on porte le livre ; puis c'est lui qui vous porte. [...] D'où souvent, vers cinquante ans, le renoncement, parce que la vie, semblable à un livre raté qui ne porte plus son auteur, ne porte plus son homme.

    Jean DUTOURD

Les peintres ont l'habitude, quand un tableau est fini, de le regarder dans une glace. Ainsi le tableau est inversé et l'on voit tout de suite s'il y a un déséquilibre quelque part. Il faudrait faire la même chose avec toute œuvre, regarder un livre à l'envers, une vie à l'envers.

    Jean DUTOURD

Presque tous les livres ont des centres mous, des concavités de hamac. C'est sans doute le creux qu'on voit dans les lits, les fauteuils qui ont servi trop longtemps. Ressorts à changer.

    Tony DUVERT

LES TEXTES, LES OUVRAGES, L'ŒUVRE

Un titre doit embrouiller les idées, non les embrigader.

Umberto Eco

Libre de tout soupçon, mais pas des échos de l'intertextualité. J'ai redécouvert ainsi ce que les écrivains ont toujours su (et que tant de fois ils nous ont dit) : les livres parlent toujours d'autres livres, et chaque histoire raconte une histoire déjà racontée.

Umberto Eco

Tout livre brûlé illumine le monde.

Ralph Waldo Emerson

Qu'est-ce donc que cette chose que l'on ne détruit pas plus que les nuages ? Les livres sont des tiroirs secrets et pourtant visibles, et sans serrure, où les hommes déposent parfois le meilleur d'eux-mêmes.

Léon-Paul Fargue

Les livres ne sont pas comme les enfants, mais comme les pyramides, avec un dessin prémédité, et en apportant de grands blocs l'un par-dessus l'autre, à force de reins, de temps et de sueur, et ça ne sert à rien ! et ça reste dans le désert ! mais en le dominant prodigieusement. Les chacals pissent au bas et les bourgeois montent dessus, etc., continue la comparaison.

Gustave Flaubert

Mes livres, vous serez de petites armoires
Où, soigneux, je plierai mes robes de pensée
Afin d'en préserver les susceptibles moires
Et la couleur du temps où les aurai tissées.

Fernand Fleuret

Un livre est, selon Littré, la réunion de plusieurs cahiers de pages manuscrites ou imprimées. Cette définition ne me contente pas. Je définirais le livre comme une œuvre de sorcellerie d'où s'échappent toutes sortes d'images qui troublent les esprits et changent les cœurs [...] : un petit appareil magique qui nous transporte au milieu des images du passé ou parmi des ombres surnaturelles.

Anatole France

Le livre est l'opium de l'Occident.

Anatole FRANCE

Le livre, cet ultime asile, ce couvent désormais introuvable. Le livre où l'on se couche, se prélasse, sans demander l'avis de personne, le temps que l'on veut. Le livre où l'on parle et où l'on dort à volonté. Le livre nocif et pur.

Bernard FRANK

Il ne faudrait écrire que des livres [...] qui rassurent l'homme qui sent sa fin venir. Et interdire les autres, ceux qui dérangent. Ceux qui font peur. Ce n'est pas le sexe qui est dangereux, le sexe, c'est de la rigolade, ce sont les mauvaises pensées.

Bernard FRANK

Mon matériel est tellement délicat, et je suis tellement peu sûr de moi qu'en parler réellement pourrait, me semble-t-il, le perturber, le pervertir et l'abîmer à jamais. [...] Sans compter que parler d'un livre c'est à la limite écrire un autre livre, construire le livre du livre.

Gabriel GARCIA MARQUEZ

Je ne possède aucun exemplaire de mes propres livres. [...] Posséder de telles choses ne m'apporte rien. Ce penchant amoureux qu'ont les écrivains pour leur passé me semble absurde ; cela indique l'absence de génie véritable et de cheminement révolutionnaire.

Jean GENET

Pour moi je veux une œuvre d'art où *rien ne soit accordé* par avance, devant laquelle chacun reste libre de protester.

André GIDE

La *préoccupation*. Mot admirable. L'œuvre d'art ne peut germer, croître et s'épanouir que dans un esprit non pré-occupé.

André GIDE

Œuvre d'art. Le grand nombre restera toujours plus sensible à la grosseur d'un diamant qu'à la pureté de son eau.

André GIDE

LES TEXTES, LES OUVRAGES, L'ŒUVRE

Un livre, Hubert, est clos, plein, lisse comme un œuf. On n'y saurait faire entrer rien, pas une épingle, que par force, et sa forme en serait brisée.
André GIDE

Nathanaël ! quand aurons-nous brûlé tous les livres !
André GIDE

Nous n'apprenons véritablement qu'avec les livres que nous ne pouvons juger : l'auteur d'un livre que nous pourrions juger devrait apprendre de nous.
Johann Wolfgang VON GŒTHE

En automne, toutes les feuilles des livres devraient tomber.
Ramon GOMEZ DE LA SERNA

C'est singulier, en littérature, la chose faite ne vous tient plus aux entrailles. L'œuvre que vous ne portez plus, que vous ne nourrissez plus, vous devient pour ainsi dire étrangère. Il vous prend de votre livre une indifférence, un ennui, presque un dégoût.
Edmond et Jules DE GONCOURT

Il y a des livres qui meublent. Ce sont ceux qu'on vend le plus et qu'on lit le moins.
Edmond et Jules DE GONCOURT

Un livre n'est jamais un chef-d'œuvre : il le devient.
Edmond et Jules DE GONCOURT

L'histoire de la littérature, au moins momentanément, s'est ralentie ; l'histoire du livre a pris toute la place.
Julien GRACQ

Le livre ouvre un lointain à la vie, que l'image envoûte et immobilise.
Julien GRACQ

Toute œuvre est un palimpseste – et si l'œuvre est réussie, le texte effacé est toujours un texte magique.
  Julien GRACQ

Dans la conception d'un livre, on trouve d'abord, et on cherche après. [...] Le *pourquoi* n'est jamais un état d'esprit d'écrivain.
  Julien GRACQ

Un livre est une fenêtre par laquelle on s'évade.
  Julien GREEN

Les livres font ceci, ils propagent le silence.
  Julien GREEN

Un livre doit être soluble dans la vie.
  Jean GROSJEAN

Les livres ne font que rendre ce qu'on leur donne.
  Jean GUÉHENNO

Mes paroles ne cherchent pas un écho ; elles cherchent un nid.
  Alberto GUILLEN

On ne *fait* pas de grands livres : *ils se font.*
  Louis GUILLOUX

Avec tout ce que je sais, on pourrait faire un livre... Il est vrai qu'avec tout ce que je ne sais pas, on pourrait faire une bibliothèque.
  Sacha GUITRY

Là où l'on brûle des livres, on brûle des hommes.
  Heinrich HEINE

L'écriture d'un roman doit tuer le romancier. S'il en reste quoi que ce soit, c'est qu'il n'a pas travaillé assez, c'est qu'il ne s'est pas donné assez. L'écrivain lui-même n'a aucune importance. Ce qui importe c'est le livre.

Ernest HEMINGWAY

Un enfant au milieu des livres, c'est Parsifal chez les filles-fleurs ; tentantes à sa naïveté ; à sa pureté dangereuses.

Émile HENRIOT

Pour l'artiste scrupuleux, l'œuvre réalisée, qu'elle qu'en puisse être la valeur, n'est jamais que la scorie de son rêve.

José Maria DE HEREDIA

Un livre, c'est quelqu'un. Ne vous y fiez pas. Un livre est un engrenage. Prenez garde à ces lignes noires sur du papier blanc ; ce sont des forces. [...] Les idées sont un rouage.

Victor HUGO

Les livres sont des amis froids et sûrs.

Victor HUGO

Combien de malheureux, qui auraient pu mieux faire, se sont mis en tête d'écrire, parce qu'en fermant un beau livre, ils s'étaient dit : J'en pourrais faire autant ! et cette réflexion-là ne prouvait rien, sinon que l'ouvrage était inimitable. En littérature comme en morale, plus une chose est belle, plus elle semble facile.

Victor HUGO

Je pense que tous les gens de lettres sont comme moi, que jamais ils ne relisent leurs œuvres lorsqu'elles ont paru. Rien n'est, en effet, plus désenchantant, plus pénible, que de regarder, après des années, ses phrases. Elles sont en quelque sorte décantées et déposent au fond du livre, et, la plupart du temps, les volumes ne sont pas ainsi que les vins qui s'améliorent en vieillissant ; une fois dépouillés par l'âge, les chapitres s'éventent et leur bouquet s'étiole.

Joris-Karl HUYSMANS

Chaque écrivain porte en lui un livre mythique qu'il ne fera jamais, et c'est tant mieux, car l'inachevé, l'inaccompli, c'est la vie.
> Edmond JABÈS

Tout livre digne de ce nom s'ouvre comme une porte, ou une fenêtre.
> Philippe JACCOTTET

Une œuvre sincère est celle qui est douée d'assez de force pour donner de la réalité à une illusion.
> Max JACOB

Le livre est un grand arbre émergé des tombeaux.
> Alfred JARRY

Ma meilleure œuvre, c'est mon constant repentir de mon œuvre.
> Juan Ramon JIMENEZ

Trois choses sont nécessaires pour faire un bon livre : le talent, l'art et le métier, c'est-à-dire la nature, l'industrie et l'habitude.
> Joseph JOUBERT

Le grand inconvénient des livres nouveaux, c'est qu'ils nous empêchent de lire les anciens.
> Joseph JOUBERT

L'édition est l'art de salir avec de l'encre chère un papier coûteux pour le rendre invendable.
> René JULLIARD

Les livres se séparent de l'auteur et durcissent. Le cordon ombilical par lequel on peut encore leur infuser du sang frais ne subsiste qu'un certain temps. Après, ils prennent de l'indépendance et déclenchent des réactions imprévues. Ainsi, un moment existe où l'on perd non seulement le droit juridique de ses œuvres, mais aussi leur contrôle spirituel.

    Ernst JÜNGER

L'œuvre doit atteindre un point où elle devient superflue – où l'éternité transparaît.
Dans la mesure où elle approche de la plus haute beauté, de la plus profonde vérité, elle gagne en invisible supériorité, et nous souffrons de moins en moins, à penser qu'elle périra en tant qu'œuvre d'art, dans ses symboles fugitifs.

    Ernst JÜNGER

Nous avons besoin de livres qui agissent sur nous comme un malheur dont nous souffririons beaucoup, comme la mort de quelqu'un que nous aimerions plus que nous-mêmes, comme si nous étions proscrits, condamnés à vivre dans des forêts loin de tous les hommes, comme un suicide – un livre doit être la hache qui brise la mer gelée en nous.

    Franz KAFKA

J'ai parfois peur de disparaître,
avant que ma plume ait épuisé les richesses de mon cerveau fécond,
avant qu'une haute colonne de livres renferme en son texte,
tels de riches greniers, une moisson bien mûrie.

    John KEATS

— Alors, le contact humain, la chaleur humaine qu'en faites-vous ?
— Ce que les hommes ont à communiquer entre eux, la science et l'art, ils ont bien des moyens d'en faire l'échange. J'ai reçu d'eux plus de choses par le livre que par la poignée de main. Le livre m'a fait connaître le meilleur d'eux-mêmes, ce qui les prolonge à travers l'Histoire, la trace qu'ils laissent derrière eux.

    Henri LABORIT

Les manuscrits pullulent. On ne les voit pas, mais ils circulent autour de nous, ils nous encerclent, nous assiègent discrètement, se déplacent sous des camouflages divers, à l'intérieur des sacs à main Hermès, des besaces de routards ou des mallettes directoriales, des sacs postaux, des wagons de trains à grande vitesse, des camionnettes jaunes qui les emportent à flanc de montagne, des sacoches de préposés sur les trottoirs des villes. Ils s'infiltrent dans les boîtes aux lettres les mieux protégées, parviennent dans les bureaux, dans les cuisines, et jusque dans les chambres. Ils prolifèrent dans la pénombre, se reproduisent entre eux, explosent en silence chez les lecteurs professionnels, parfois sous des titres ou des présentations différents pour donner le change, s'accumulent en famille sur les étagères concaves des victimes expiatoires. Lisez, lisez vite !

    Jean-Marie LACLAVETINE

Un livre n'est jamais achevé, les prolongements qu'il porte en lui sont remis en lumière et précisés par les activités de son auteur et par tout ce qui peut se rapporter à ce dernier.

    René LACÔTE

Mais les ouvrages les plus courts
Sont toujours les meilleurs. En cela, j'ai pour guide
Tous les maîtres de l'art, et tiens qu'il faut laisser
Dans les plus beaux sujets quelque chose à penser...

    Jean DE LA FONTAINE

Oh ! tout apprendre, oh ! tout savoir, toutes les langues !
Avoir lu tous les livres et tous les commentaires ;
Oh, le sanscrit, l'hébreu, le grec et le latin !
Pouvoir se reconnaître dans un texte quelconque
Qu'on voit pour la première fois et dominer le monde
Par la science...

    Valery LARBAUD

Faisons en sorte de n'offrir au public, sous le plus petit volume possible, que ce à quoi nous tenons le plus.

    Valery LARBAUD

J'appelle livre, un ouvrage dont on a l'impression que l'auteur aurait crevé s'il ne l'avait pas publié.

    LAWRENCE D'ARABIE

LES TEXTES, LES OUVRAGES, L'ŒUVRE

Les livres ne sont pas faits pour être lus, ils sont faits pour être écrits.
Lawrence d'Arabie

On ne devrait pas avoir de livres. L'intelligence ne crée pas. Elle se traîne en raisonnements, en analyses et elle use les jardins où elle rôde. Un écrivain ne vaut que s'il crée une génération, c'est-à-dire s'il crée une façon de sentir, et par suite une façon de penser. Qui sait si les grands écrivains ne furent pas un peu des ignorants ?
Paul Léautaud

Ce qui fait le mérite d'un livre, ce ne sont pas ses qualités ou ses défauts. Il tient tout entier en ceci : qu'un autre que son auteur n'aurait pu l'écrire.
Paul Léautaud

Qu'un livre se vende ou ne se vende pas, qu'il plaise ou non, ça n'a pour moi aucune importance. Mais qu'il fasse écho, qu'il suscite des réactions, c'est capital. Pourquoi écrire, sinon ? L'âge, l'expérience n'y changent rien, au contraire : je mets trop de moi-même dans chacune de mes pages pour ne pas vivre dans l'espoir qu'elles toucheront quelqu'un. La preuve : chaque fois que je termine un livre, je suis victime d'une sorte de dépression, je subis le poids de la terrible résonance du silence.
J.-M. G. Le Clézio

Je souffre d'un manque d'appartenance. J'envie les Indiens qui sont accrochés à leur terre comme un minéral ou un végétal. Moi, je ne suis de nulle part. Ma seule solution est d'écrire des livres, qui sont ma seule patrie.
J.-M. G. Le Clézio

J'ai plaisir à ouvrir un livre, à me pencher sur une âme.
Charles Le Quintrec

Il faut donner aux hommes ce beau courage que l'on met dans les livres pour leur apprendre à ne pas mourir.
Charles Le Quintrec

Sitôt terminé, le livre devient un corps étranger, un être mort incapable de fixer mon attention, moins encore mon intérêt. Ce monde où j'ai si ardemment vécu se referme, m'excluant de son intimité. C'est à peine si, parfois, j'arrive à le comprendre.

    Claude Lévi-Strauss

Un livre est un miroir. Si un singe s'y regarde, ce n'est évidemment pas l'image d'un apôtre qui apparaît.

    Georg Christoph Lichtenberg

Guerre aux institutrices, aux professeurs transcendants, à tous ces livres qui élargissent le champ de l'angoisse humaine. Retour à la paix heureuse des aïeules.

    Pierre Loti

Plus la qualité du livre est grande, plus il devance les événements.

    Vladimir Maïakovski

Il y a une règle sûre pour juger les livres comme les hommes, même sans les connaître : il suffit de savoir *par qui ils sont aimés et par qui ils sont haïs.*

    Joseph de Maistre

Mes livres sont une part de moi ou de mon surmoi. Leur fibre, c'est ce que les autres n'expriment pas, un geste accidentel qui devient pour moi essentiel, un instant découpé dans l'uniformité du temps et qui devient un microcosme avec son ciel, son soleil. Concepteur d'instants...

    Andreï Makine

La chair est triste, hélas ! et j'ai lu tous les livres.
Fuir ! là-bas fuir ! Je sens que des oiseaux sont ivres
D'être parmi l'écume inconnue et les cieux !

    Stéphane Mallarmé

Il n'est d'explosion qu'un livre.

    Stéphane Mallarmé

LES TEXTES, LES OUVRAGES, L'ŒUVRE

Le monde est fait pour aboutir à un beau livre.

Stéphane MALLARMÉ

« Comprendre une œuvre » n'est pas une expression moins confuse que « comprendre un homme ».

André MALRAUX

Pour qu'un article soit digne d'être lu, il faut qu'il compte un minimum de quatre cents pages.

André MALRAUX

Pour qu'une œuvre littéraire de quelque importance puisse exercer sur-le-champ une influence étendue et profonde, il faut qu'il y ait une secrète parenté, voire une véritable identité, entre le destin personnel de l'auteur et le destin anonyme de la génération contemporaine.

Thomas MANN

Je crois aussi que les hommes sont bien au-dessus de tous les livres qu'ils font.

Pierre Carlet de Chamblain DE MARIVAUX

Ce qui vieillit une œuvre, ce qui la démonétise, ce que la postérité laisse tomber, c'est justement ce à quoi l'auteur attachait le plus de prix.

Roger MARTIN DU GARD

Toute grande œuvre est un langage codé. Que le message soit clair, et que le sens soit caché.

Thierry MAULNIER

L'Être d'une œuvre tient à une chose particulière, innommée et innommable, qu'on constate et qu'on n'analyse pas, de même que l'électricité. C'est un fluide littéraire qu'on appelle obscurément talent ou génie. Je trouve aussi aveugles ceux qui font *idéal* et qui nient les *naturels,* que ceux qui font naturel et qui nient les autres. Négation de tempéraments opposés, voilà tout. Parce que je ne distingue pas une chose, il ne s'ensuit point nécessairement qu'elle n'existe pas.

Guy DE MAUPASSANT

Chacun de nous est un désert : une œuvre est toujours un cri dans le désert.

François MAURIAC

Faire, c'est agir. C'est parce que nos actes nous suivent, que nos écrits nous suivent.

François MAURIAC

Toute grande œuvre naît du silence et y retourne. Même un vieil écrivain qui se survit et qui n'écrit plus que n'importe quoi, son œuvre, dans la mesure où elle existe, continue de se taire.

François MAURIAC

Une œuvre, tant qu'elle survit, c'est une blessure ouverte par où toute une race continue de saigner.

François MAURIAC

Toute œuvre humaine est menacée, aucune ne subsistera intacte et toutes finalement périront. Mais j'ai vu à Olympie de grandes colonnes couchées dans l'herbe, et elles chantaient encore la gloire de l'inconnu qui, il y a vingt-sept siècles, les avait dressées vers les dieux.

François MAURIAC

Mon livre m'a créé. C'est moi qui fus son œuvre. Ce fils a fait son père.

Jules MICHELET

À quoi servent les livres s'ils ne nous ramènent pas vers la vie, s'ils ne parviennent pas à nous faire boire avec plus d'avidité ?

Henry MILLER

LES TEXTES, LES OUVRAGES, L'ŒUVRE

Celui qui tue un homme ne tue qu'un homme. Celui qui tue un livre tue une idée.

John MILTON

Il y a des livres qu'on voudrait pouvoir envoyer à ceux qui sont morts.

Ernst MOERMAN

Je ne cherche aux livres qu'à m'y donner du plaisir par un honnête amusement ; ou si j'étudie, je n'y cherche que la science qui traite de la connaissance de moi-même, et qui m'instruise à bien mourir et à bien vivre.

Michel Eyquem DE MONTAIGNE

C'est ici un livre de bonne foi, lecteur. Il t'avertit dès l'entrée que je ne m'y suis proposé aucune fin, que domestique et privée. Je n'y ai eu nulle considération de ton service, ni de ma gloire : mes forces ne sont pas capables d'un tel dessein. Je l'ai voué à la commodité particulière de mes parents et amis : à ce que, m'ayant perdu (ce qu'ils ont à faire bientôt), ils y puissent retrouver aucuns traits de mes conditions et humeurs, et que par ce moyen ils nourrissent plus entière et plus vive la connaissance qu'ils ont eue de moi.

Michel Eyquem DE MONTAIGNE

Publier un livre, c'est parler à table devant les domestiques.

Henry DE MONTHERLANT

Je ne sais vraiment pas comment on peut faire une œuvre, sans opposer à tout ce qui n'est pas elle indifférence, mollesse, incompétence et ignorance.

Henry DE MONTHERLANT

La chair n'est pas triste et je n'ai pas lu tous les livres.

Henry DE MONTHERLANT

Les œuvres « de longue haleine ». Je n'aime pas l'haleine des gens.

Paul MORAND

Les livres nous sauvent. Avec eux, le présent existe à volonté.

    Claude MORGAN

Eh ! depuis quand un livre est-il donc autre chose
Que le rêve d'un jour qu'on raconte un instant ;
Un oiseau qui gazouille et s'envole ; – une rose
Qu'on respire et qu'on jette, et qui meurt en tombant ; –
un ami qu'on aborde, avec lequel on cause,
Moitié lui répondant, et moitié l'écoutant ?

    Alfred DE MUSSET

J'ai encore besoin de disciples de mon vivant et si mes livres précédents ne sont pas des hameçons, ils ont raté leur vocation. Le meilleur et l'essentiel ne peuvent se communiquer que d'homme à homme.

    Friedrich NIETZSCHE

Qu'importe un livre qui ne peut une fois nous transporter au-delà de tous les livres.

    Friedrich NIETZSCHE

Dans les écrits du solitaire, se devine toujours quelque chose de l'écho du désert, des chuchotements, des regards ombrageux de la solitude ; ses plus fortes paroles et jusqu'à ses cris évoquent encore une sorte de silence et de discrétion, d'une nature nouvelle et plus dangereuse.

    Friedrich NIETZSCHE

Ton livre *enfle* à l'intérieur de moi, comme si c'était le *mien* – plus joyeusement que si c'était le mien, car *ton* livre est pour moi une fécondation, alors que le mien est un acte de narcissisme. Je dis : laissez la femme écrire des livres, mais laissez-lui la *possibilité d'être fécondée* par d'autres livres !

    Anaïs NIN

Mes livres je les fis pour vous, ô jeunes hommes,
  Et j'ai laissé dedans,

LES TEXTES, LES OUVRAGES, L'ŒUVRE

Comme font les enfants qui mordent dans des pommes,
La marque de mes dents.

Anna DE NOAILLES

Non, croyez-moi, rarissimes sont les bouquins écrits par pure bonté. Ces œuvres-là, on les crée dans l'abjection et la solitude, en sachant bien qu'après les avoir jetées à la face du monde, on sera encore plus seul et plus abject. C'est normal, la principale caractéristique de la gentillesse désintéressée est d'être méconnaissable, inconnaissable, invisible, insoupçonnable – car un bienfait qui dit son nom n'est jamais désintéressé.

Amélie NOTHOMB

Dans l'armoire où restent enfermées les panoplies du combat littéraire, l'avant-garde est rangée avec le même soin que le classique, le baroque, le décadent, le flamboyant. Choisir entre ces styles, c'est substituer, après quelques coups d'éclat, une statue et un statut à la posture. C'est fixer le pastel. Tirer la photo.

François NOURISSIER

C'est un livre où tout est vrai, mais tout ce qui est vrai n'est pas dans le livre.

François NOURISSIER

Un livre, c'est un vrai nid de malentendus. Sans parler du désordre de papiers, de lettres, de mensonges et de ragots que laisse derrière lui le gribouilleur et contre lequel on ne peut rien. Un vrai cancer, qui pourrirait toute vérité.

François NOURISSIER

L'écriture, c'est comme un iceberg, avec un dixième émergé. La partie émergée, c'est le premier roman. Ensuite, il y a le deuxième, le troisième... À chaque roman, on va plus profond. Et à la fin, ce n'est pas du tout que tous les traumas et tous les tourments aient fondu, au contraire. Il faut encore aller chercher la partie de l'iceberg que vous ne trouvez pas. Ça demande de creuser de plus en plus. Écrire, c'est creuser. Je continue à espérer trouver de plus grandes richesses, ce qui implique de plus grands problèmes. C'est le contraire d'une catharsis.

Edna O'BRIEN

Un livre qui n'est pas drôle comme la vie, et sinistre comme la vie, et à la fois achevé et inachevé comme la vie, et absolument tout comme la vie, est un livre inutile. Tous les livres en ce sens sont un peu inutiles, car aucun livre, jamais, ne sera fort comme la vie.

Jean D'ORMESSON

Les livres sont des murailles élevées autour du cœur.

Érik ORSENNA

Les meilleurs livres sont ceux qui racontent ce que l'on sait déjà.

George ORWELL

Qui veut se connaître, qu'il ouvre un livre.

Jean PAULHAN

On désire faire une œuvre qui commence par nous étonner nous-mêmes.

Cesare PAVESE

Un manuscrit n'est point un absolu. Saurons-nous jamais combien de fois et en combien de langages et sous combien de formes l'œuvre s'est jouée avant que de tomber sur le papier.

Charles PÉGUY

C'est extraordinairement compact, un livre. Ça ne se laisse pas entamer. Il paraît, d'ailleurs, que ça brûle difficilement. Même le feu ne peut s'insinuer entre les pages. Manque d'oxygène.

Daniel PENNAC

Le plaisir du livre lu, nous le gardons le plus souvent au secret de notre jalousie. Soit parce que nous n'y voyons pas matière à discours, soit parce que, avant d'en pouvoir dire un mot, il nous faut laisser le temps faire son délicieux travail de distillation. Ce silence-là est le garant de notre intimité. Le livre est lu mais nous y sommes encore. Sa seule évocation ouvre un refuge à nos refus.

Daniel PENNAC

Cette petite marchande de prose qui, depuis les temps immémoriaux de leur enfance, envisageait le livre comme l'indispensable matelas de l'âme.

Daniel PENNAC

— Tu as écrit un livre ?
— J'ai fait mieux que ça, maman.
— Que peut-on faire de mieux qu'écrire un livre ?
— J'ai inventé un genre !

Daniel PENNAC

Un livre est une somme de détails passés sous le contrôle absolu de l'auteur. L'ensemble lui échappe, en fonction même de la réussite. C'est le paradoxe d'une liberté de *ratures* qui diminue au fur et à mesure que se déclare une perfection.

Georges PERROS

L'œuvre est à hue et l'homme à dia
L'homme vous dit je ne suis pas
je ne suis pour rien dans mon œuvre
le « rien » se rebelle et dit bas
le contraire Mes personnages
sont tous fictifs et croyez-m'en
rien n'est vrai dans mon pur roman
On s'en serait douté tout seul.

Georges PERROS

Les livres nous charment jusqu'à la moelle, nous parlent, nous donnent des conseils et sont unis à nous par une sorte de familiarité vivante et harmonieuse.

François PÉTRARQUE

LES LIVRES

L'écrivain pose la plume. Il se regarde. Il regarde l'œuvre interrompue, toujours tenté de la reprendre à la source même, l'œuvre provisoire, toujours tenté de la détruire, l'œuvre achevée, toujours tenté d'en nier l'achèvement. Pour ce démon de la substitution, il n'est guère qu'un seul exorcisme : que l'œuvre devienne à proprement parler une *chose*, extérieure à l'artiste, un livre imprimé qu'ouvrent toutes les mains, une toile exposée à tous les regards.
　　Gaétan PICON

Autrefois, les souris, hardiment, les grignotaient [les livres]. Mais, devant la prolifération des couvertures, elles y ont à peu près toutes renoncé. Les souris sont la preuve qu'une trop grande accumulation d'imprimé peut décourager.
　　Bernard PIVOT

Il n'y a aucun livre dans lequel il n'y ait quelque chose de bon.
　　PLINE l'ANCIEN

Un livre est fait pour communiquer avec autrui, non pour justifier sa vie à ses propres yeux.
　　Bertrand POIROT-DELPECH

Un homme ne comprend pas un livre profond avant d'avoir vu et vécu au moins une partie de ce qu'il contient.
　　Ezra POUND

Tant de forêts arrachées à la terre
et massacrées
achevées
rotativées
Tant de forêts sacrifiées pour la pâte à papier...
　　Jacques PRÉVERT

Ainsi nous arriverons au livre d'un seul et unique lecteur : l'auteur. Nul ne saura le lire que lui et il n'aura pas à le relire ni à le relier. Le livre se reliera lui-même, en peau de chagrin ou de tourment, de toutou, de tintoin, tout aussi bien qu'en peau de vache.

Exemplaire exemplaire, unique et d'une incontestable et délectable morosité.
   Jacques PRÉVERT

Un livre est un grand cimetière où sur la plupart des tombes on ne peut plus lire les noms effacés.
   Marcel PROUST

Les vrais livres doivent être les enfants non du grand jour et de la causerie, mais de l'obscurité et du silence.
   Marcel PROUST

Sans doute mes livres, eux aussi, comme mon être de chair finiraient un jour par mourir. Mais il faut se résigner à mourir. On accepte la pensée que dans dix ans soi-même, dans cent ans ses livres, ne seront plus. La durée éternelle n'est pas plus promise aux œuvres qu'aux hommes.
   Marcel PROUST

Un livre est le produit d'un autre moi que celui que nous manifestons dans nos habitudes, dans la société, dans nos vies.
   Marcel PROUST

Les livres. C'est dans une mer immense et véritable (c'est-à-dire où rien n'est lié à l'écrit) qu'il faut les noyer sans arrêt.
Alors on peut éprouver de l'intérêt en les lisant, parfois même de la stupeur ou de la joie, et les lire à peu près pour ce qu'ils sont.
   Pascal QUIGNARD

Aucun livre que j'ai lu ne soutient l'éclat du jour. Mais les livres valent la chandelle qu'on use en les lisant. Des créatures semi-nocturnes.
   Pascal QUIGNARD

Tomber sur un livre à regards raccourcis.
   Jules RENARD

Des livres disparaissent mystérieusement, comme si l'auteur, nous jugeant indignes, nous les avait repris.

    Jules Renard

Nous sommes tout dans notre premier livre. Nous ne faisons plus tard qu'arracher nos défauts et cultiver nos qualités, quand nous le faisons.
L'avenir n'est peut-être qu'un perfectionnement.
On n'est plein que de promesses déjà tenues. Il ne faut pas compter sur des choses nouvelles.

    Jules Renard

Porter ses livres écrits sur son visage.

    Jules Renard

Il faut que l'œuvre naisse et croisse comme l'arbre. Il n'y a pas, dans l'air, de règles, de lignes invisibles où viendront s'appliquer exactement les branches : l'arbre sort tout entier du germe qui le contenait, et il se développe à l'air libre, librement. C'est le jardinier qui trace les plans, des chemins à suivre, et qui l'abîme.

    Jules Renard

Un livre qu'on voudrait aussitôt avoir essayé de vivre.

    Jules Renard

Une œuvre d'art est bonne si elle est née de la nécessité. C'est dans la nature de son origine que réside sa valeur : il n'en est pas d'autre.

    Rainer Maria Rilke

Tout livre se donne comme une unité et sollicite le jugement dès lors qu'il est édité. Même si l'impression générale naît de l'accumulation, mais après la mort de l'auteur qui fixe la perspective.

    Angelo Rinaldi

Un livre qu'on soutient est un livre qui tombe.

    Antoine de Rivarol

LES TEXTES, LES OUVRAGES, L'ŒUVRE

L'imprimerie est l'artillerie de la pensée.

Antoine DE RIVAROL

Mais les livres ne corrompent que ceux qui sont naturellement préparés à recevoir leur poison.

Jacques RIVIÈRE

L'œuvre doit s'imposer comme nécessaire, mais nécessaire *pour rien* ; son architecture est sans emploi ; sa force est une force inutile.

Alain ROBBE-GRILLET

Loin de respecter des formes immuables, chaque nouveau livre tend à constituer ses lois de fonctionnement en même temps qu'à produire leur destruction.

Alain ROBBE-GRILLET

Dire qu'on a aimé un livre plus que tous les autres, c'est de la foutaise. Parce que, c'est pareil, il n'y a pas UN livre, mais une puissance orageuse des lettres qui vous plante de temps en temps son éclair dans la couenne, et c'est tel ou tel livre, mais tout ce qu'on peut dire après c'est que ça vous a collé une foutue décharge, qu'il y a là une force qui vous la coupe, qui vous dépasse infiniment. Et qui a cette propriété bizarre, comme l'amour, etc., de vous désintégrer mais aussi, et contradictoirement, de vous concentrer, quelques très courts instants, en un point d'intelligence et de sensibilité absolues que vous n'atteindriez jamais sans cela.

Olivier ROLIN

Je demande à un livre de créer en moi le besoin de ce qu'il m'apporte.

Jean ROSTAND

Un beau livre, c'est celui qui, durant qu'on le lit, conjure l'impression d'inanité que donne, dans l'état de calme, toute littérature.

Jean ROSTAND

Toute une œuvre, et, parfois, toute une vie, ne sont pas de trop pour authentifier quelques lignes.
    Jean ROSTAND

Pour moi, le livre qui compte — les miens y compris — est celui où l'écrivain s'incrimine lui-même. Sinon, pourquoi se fatiguer ?
    Philip ROTH

Je hais les livres ; ils n'apprennent qu'à parler de ce qu'on ne sait pas.
    Jean-Jacques ROUSSEAU

C'est ainsi qu'il aime la vie. Sous perfusion de livres.
    Pascale ROZE

On ne respecte un livre qu'en le violant.
    Robert SABATIER

Il dit à son œuvre : « Si tu n'es pas sage, je te donnerai à manger aux professeurs ! »
    Robert SABATIER

Le livre qui hurle et celui qui vous parle à l'oreille. Choisir.
    Robert SABATIER

Tout livre où l'on ne sent pas le legs n'est qu'à moitié écrit.
    Robert SABATIER

Un livre, c'est la mort d'un arbre.
    SAINT-JOHN PERSE

Moi j'ai pris charge de l'écrit, j'honorerai l'écrit. Comme à la fondation d'une grande œuvre votive, celui qui s'est offert à rédiger le

LES TEXTES, LES OUVRAGES, L'ŒUVRE

texte et la notice ; et fut prié par l'Assemblée des Donateurs, y ayant seule vocation.

Saint-John Perse

Nous ne pouvons arracher une seule page de notre vie, mais nous pouvons jeter le livre au feu.

George Sand

Longtemps j'ai pris ma plume pour une épée : à présent je connais notre impuissance. N'importe : je fais, je ferai des livres ; il en faut ; cela sert tout de même. La culture ne sauve rien ni personne, elle ne justifie pas. Mais c'est un produit de l'homme : il s'y projette, s'y reconnaît ; seul, ce miroir critique lui offre son image.

Jean-Paul Sartre

En vrai pays littéraire, cette terre où l'on est exilé de sa langue et de son enfance. Les écrivains sont au sens propre des demeurés. Et les livres, des lettres oubliées en poste restante.

Michel Schneider

Composer un livre, seul moyen de parler de soi sans assister à l'ennui des autres.

Philippe Sollers

Les livres ne ressuscitent pas les morts, ne métamorphosent pas un idiot en homme raisonnable, ni une personne stupide en individu intelligent. Ils aiguisent l'esprit, l'éveillent, l'affinent et étanchent sa soif de connaissances. Quant à celui qui veut tout connaître, il vaut mieux, pour sa famille, le soigner ! Car cela ne peut provenir que d'un trouble psychique quelconque.

Lakhdar Souami

Enfant, lorsque j'écrivis, pour la première fois, mon nom, j'eus conscience de commencer un livre.

Reb Stein

À leur manière, les livres sont assez bien ; mais ce ne sont que des substituts fort anémiques de la vie.

    Robert Louis STEVENSON

Ce qui l'a fait naître, ce livre ?
La juste nécessité de laver mon cadavre avant qu'il soit enfermé pour jamais dans la bière.

    August STRINDBERG

L'oracle qui ordonna de consulter les morts voulait sans doute parler des livres.

    Catherine DE SUÈDE

Voler des livres n'est un crime que si on les vend.

    Gédéon TALLEMENT DES RÉAUX

Tout roman, toute fiction narrative ou dramatique, est destiné plus ou moins à nous faire vivre une autre vie que la nôtre, à nous imposer et à nous suggérer la croyance en le monde créé par l'artiste.

    Albert THIBAUDET

Je crains l'homme d'un seul livre.

    Saint THOMAS D'AQUIN

Personne n'est moins qualifié pour juger une œuvre que son propre auteur. Il est évident que la valeur d'une œuvre – quelle qu'elle soit – se situe quelque part entre le zéro et l'infini. Eh bien, ce n'est justement pas là que son auteur la voit, mais tantôt au niveau zéro, tantôt au niveau infini.

    Michel TOURNIER

Un livre est un être vivant, c'est comme un enfant. On ne lui impose pas sa volonté, on respecte la sienne.

    Michel TOURNIER

LES TEXTES, LES OUVRAGES, L'ŒUVRE

Une œuvre dure en tant qu'elle est capable de paraître tout autre que son auteur l'avait faite.

Paul VALÉRY

Un livre n'est après tout qu'un extrait du monologue de son auteur. L'homme ou l'âme se parle ; l'auteur choisit dans ce discours. Le choix qu'il fait dépend de son amour de soi : il s'aime en telle pensée, il se hait dans telle autre ; son orgueil ou ses intérêts prennent ou laissent ce qui lui vient à l'esprit, et *ce qu'il voudrait être* choisit dans *ce qu'il est*. C'est une loi fatale.

Paul VALÉRY

Les livres ont les mêmes ennemis que l'homme : le feu, l'humidité, les bêtes, le temps ; et leur propre contenu.

Paul VALÉRY

Il n'y a pas de vrai sens d'un texte. Pas d'autorité de l'auteur. Quoi qu'il ait *voulu dire*, il a écrit ce qu'il a écrit. Une fois publié, un texte est comme un appareil dont chacun peut se servir à sa guise et selon ses moyens, il n'est pas sûr que le constructeur en use mieux qu'un autre.

Paul VALÉRY

Sans les livres je n'aurais pas, à l'âge de la crainte, connu le doute, le dégoût, le sarcasme et le scepticisme.

Arthur VAN SCHENDEL

Un livre bien neuf et bien original serait celui qui ferait aimer de vieilles vérités.

Luc de Clapiers, marquis DE VAUVENARGUES

À force d'aimer un livre, on finit par se dire qu'il vous aime.

Nicole VÈDRES

Oh ! Quels tombeaux creusent les livres
Et que de fronts armés y descendent vaincus !

Émile VERHAEREN

Puis ne me fis-tu pas, avec le don de vivre,
Le don aussi, sans quoi je meurs ! de faire un livre,
Une œuvre où s'attestât toute ma quantité,
Toute !

    Paul VERLAINE

Un livre est une bouteille jetée en pleine mer sur laquelle il faut coller cette étiquette : attrape qui peut.

    Alfred DE VIGNY

Il n'y a que deux choses à admirer dans les écrits des hommes : leur poésie ou leur philosophie. Les œuvres de science ne sont qu'une accumulation de faits ou de mots dans la mémoire. Le savoir n'est rien s'il n'est l'ornement ou l'appui, ou le ciment d'un monument philosophique ou poétique.

    Alfred DE VIGNY

Il y a un pistolet sur chaque page d'un livre.

    Roger VITRAC

Un livre n'est excusable qu'autant qu'il apprend quelque chose.

    VOLTAIRE

Il en est des livres comme du feu dans un foyer. On va prendre le feu chez le voisin, on l'allume chez soi, on le communique à d'autres et il appartient à tous.

    VOLTAIRE

Les livres que le monde appelle immoraux sont ceux qui lui montrent sa propre ignominie.

    Oscar WILDE

Il faut laisser les livres se faire lentement eux-mêmes.

    Marguerite YOURCENAR

Je m'accommoderais fort mal d'un monde sans livres, mais la réalité n'est pas là, parce qu'elle n'y tient pas tout entière.

Marguerite YOURCENAR

Ma définition d'une œuvre d'art serait, si je la formulais : « Une œuvre d'art est un coin de la création vu à travers un tempérament ».

Émile ZOLA

III

ÉCRIRE

L'écriture

Le besoin d'écrire est une curiosité de savoir ce qu'on trouvera.
    Émile Chartier, dit ALAIN

Écrire, c'est le bonheur de tourner le dos à la société.
    Jacques-Pierre AMETTE

Écrire, c'est essayer de rendre le mouvement de la parole telle qu'elle pourrait être au moment de sortir.
    Christine ANGOT

C'est très joli, la vie, mais cela n'a pas de forme. L'art a pour objet de lui en donner une précisément et de faire par tous les artifices possibles – plus vrai que le vrai.
    Jean ANOUILH

Ordonner un chaos, voilà la création.
    Guillaume APOLLINAIRE

Je crois encore qu'on pense à partir de ce qu'on écrit et pas le contraire.

    Louis ARAGON

Je raconte ma vie comme on fait les rêves au réveil.

    Louis ARAGON

L'écriture pompe la salive de celui qui ne dit rien...

    Didier ARNAUDET

Lorsque je me mets à écrire, l'encrier s'emplit d'espace, ma plume de temps et ma feuille blanche d'harmonie.

    Fernando ARRABAL

Toute l'écriture est de la cochonnerie. Les gens qui sortent du vague pour essayer de préciser quoi que ce soit de ce qui se passe dans leur pensée, sont des cochons. Toute la gent littéraire est cochonne, et spécialement celle de ce temps-ci.

    Antonin ARTAUD

Nul n'a jamais écrit ou peint, sculpté, modelé, construit, inventé, que pour sortir en fait de l'enfer.

    Antonin ARTAUD

L'échéance de la mort nous pousse à trois choses : éliminer l'inutile dans la vie, vouloir la liberté parce que au-delà de la mort il n'y a rien, donc la liberté est la seule façon de se réaliser, troisièmement, trouver des formes d'éternité quelque part. Moi, ceci m'amène à l'écriture.

    Jacques ATTALI

Ce que j'écris [...] est une végétation aveugle dont le secret ne m'est pas donné.

    Jacques AUDIBERTI

L'ÉCRITURE

En France, on accorde généralement beaucoup moins d'importance à ce que dit un auteur qu'à la façon dont il le dit. Ce qui compte, c'est un certain ton, un parfum, un je ne sais quoi de vague et de léger qui suffit pourtant à établir ou à confirmer une sorte de connivence entre les gens à la page.

Marcel AYMÉ

Penser, rêver, concevoir de belles œuvres, est une occupation délicieuse. C'est fumer des cigares enchantés, c'est mener la vie de la courtisane occupée à sa fantaisie. [...] Mais produire ! mais accoucher ! mais élever laborieusement l'enfant [...] et en faire le chef-d'œuvre animé qui parle à tous les regards en sculpture, à toutes les intelligences en littérature, à tous les souvenirs en peinture, à tous les cœurs en musique...

Honoré DE BALZAC

Vous savez que ce que j'écris ne prend sa valeur à mes yeux que quand je m'en suis séparé pendant quelque temps, et que je le retrouve, oublié et nouveau, comme si j'étais un autre *moi* que *moi*.

Jules BARBEY D'AUREVILLY

C'est la justesse de l'esprit et la réflexion forte qui donnent le bien écrire.

Maurice BARRÈS

Écrire c'est ébranler le sens du monde, y disposer une interrogation indirecte, à laquelle l'écrivain, par un dernier suspens, s'abstient de répondre. La réponse, c'est chacun de nous qui la donne, y apportant son histoire, son langage, sa liberté.

Roland BARTHES

Pour l'écrivain, écrire est un verbe intransitif.

Roland BARTHES

Le plaisir du texte est semblable à cet instant intenable, impossible, purement romanesque, que le libertin goûte au terme d'une machination hardie, faisant couper la corde qui le pend, du moment où il jouit.

    Roland BARTHES

L'écriture n'est jamais que le reste souvent assez pauvre et assez mince de choses merveilleuses que tout le monde a en soi. Ce qui vient à l'écriture ce sont de petits blocs erratiques ou des ruines par rapport à un ensemble compliqué et touffu. Et le problème de l'écriture, il est là : comment supporter que ce flot qu'il y a en moi aboutisse dans le meilleur des cas à un filet d'écriture ?

    Roland BARTHES

Écrire n'est jamais plus qu'un jeu joué avec l'insaisissable réalité : ce que personne n'a jamais pu, enfermer l'univers dans des propositions satisfaisantes, je ne voudrais pas l'avoir tenté. Ce que j'ai voulu : rendre accessible aux *vivants* [...] les transports qui semblaient le plus loin d'eux...

    Georges BATAILLE

Le seul moyen de racheter la faute d'écrire est d'anéantir ce qui est écrit.

    Georges BATAILLE

Si écrire c'est le « moyen de ne pas être interrompu quand on parle », c'est aussi la seule façon d'être son propre psychanalyste en se couchant sur un divan de papier.

    Hervé BAZIN

La Plume rend-elle moins heureux que le pinceau ? [...] J'ai essayé de sortir de ma spécialité, grognant qu'il faut trop de pages blanches là où une toile suffit et qu'il y a une sorte d'orgasme polychrome à vider des tubes dessus. Illusion ! On se révèle très vite impuissant. *Peindre* n'a rien à voir avec *dépeindre* : si les formes et les couleurs sont apparemment les mêmes pour quiconque, le regard dans le premier cas est en prise directe avec ce qu'il recrée ; dans l'autre, il énumère ; il se raccorde à un contexte étranger. Il ne s'agit pas pour l'œil de la même fonction.

    Hervé BAZIN

L'ÉCRITURE

Rien à faire : l'écriture organise même quand elle se contente d'énumérer, d'enregistrer, pour la bonne raison que toute écoute, tout regard sont des choix.

Hervé BAZIN

On ne peut rien écrire dans l'indifférence.

Simone DE BEAUVOIR

Si j'écrivais, ce serait pour dire les choses dans leur insignifiance.

Simone DE BEAUVOIR

Je ne peux que dire ce que j'ai à dire de la manière la plus directe et la plus nue.

Simone DE BEAUVOIR

J'écris pour agir. Je ne suis pas bien préparé pour vivre dans les conflits, et c'est pour cela que j'écris. Pour faire face. Autrement... Pour me débarrasser de mon fardeau. Comme dans *Les mille et une nuits*, je raconte des histoires pour ne pas être miné jusqu'à en crever.

Tahar BEN JELLOUN

Un jour, j'arrêterai de raconter des histoires pour vivre, [...] j'arriverai à quelque chose comme le bonheur et je cesserai d'écrire parce que le bonheur n'est pas littéraire.

Tahar BEN JELLOUN

J'ai toujours écrit pour essayer de mettre un peu d'ordre dans l'extrême confusion de mes idées. J'ai dit que j'écrivais non pas pour dire ce que je pense, mais pour le savoir.

Emmanuel BERL

J'ignore pour qui j'écris, mais je sais pourquoi j'écris. J'écris pour me justifier. – Aux yeux de qui ? – Je vous l'ai déjà dit, je brave le ridicule de vous le redire. Aux yeux de l'enfant que je fus.

Georges BERNANOS

Je n'aime plus mon livre quand je commence à l'écrire, mais je le veux d'une volonté invincible, et s'il m'était permis sans ridicule d'employer une telle expression à propos d'œuvres aussi modestes que les miennes, d'une volonté tragique, d'une volonté nue, réduite à l'essentiel, ainsi qu'un paysage dévoré par le soleil. Oui, lorsque je commence d'écrire un livre, il y a déjà longtemps que j'en suis détaché, mais je l'écris précisément pour retrouver coûte que coûte la source perdue, le mouvement de l'âme dont il est né.

Georges BERNANOS

J'écris comme je souffre ou comme j'espère, et si je ne suis pas forcément bon juge de mes écritures, je connais bien mon espérance et ma souffrance, la matière en est solide et commune, on peut se la procurer partout.

Georges BERNANOS

Je ne suis pas un écrivain. La seule vue d'une feuille de papier blanc me harasse l'âme. L'espèce de recueillement physique qu'impose un tel travail m'est si odieux que je l'évite tant que je puis. J'écris dans les cafés, au risque de passer pour un ivrogne (et peut-être le serais-je en effet, si les puissantes républiques ne frappaient de droits impitoyables les alcools consolateurs). À leur défaut, j'avale à longueur d'année des cafés crème douceâtres avec une mouche dedans ; j'écris sur les tables de café, parce que je ne saurai me passer longtemps du visage et de la voix humaine dont je crois avoir essayé de parler noblement. Libre aux malins de prétendre dans leur langage de pédants que j'observe. J'écris dans les salles de café, ainsi que jadis j'écrivais dans les wagons de chemin de fer, pour ne pas être dupe de créatures imaginaires, pour retrouver, d'un regard jeté sur l'inconnu qui passe, la juste mesure de la joie et de la douleur...

Georges BERNANOS

Ne vous amusez pas à écrire un livre, écrivez-le. Quand vous aurez pris beaucoup de peine, sué sang et eau, désespéré de vous-même, trouvé chaque page exécrable, et résisté cent fois à la tentation de tout flanquer au feu, apportez-nous le manuscrit, ce sera le bon. Il vous faut sortir de vous : c'est un déchirement. Impossible de vivre sans se déchirer. Rien à faire. J'ai essayé.

Georges BERNANOS

L'ÉCRITURE

Personne n'écrit un écrit pour soi-même, c'est un mensonge si quelqu'un dit qu'il n'écrit ses écrits que pour lui-même, mais vous savez aussi bien que moi que personne n'est plus menteur que les gens qui écrivent, le monde, depuis qu'il existe, ne connaît pas plus menteur que celui qui écrit, pas de plus vaniteux et pas de plus menteur...

Thomas BERNHARD

Car enfin, que sert-il d'écrire ?
N'est-ce pas assez de penser ?

Cardinal DE BERNIS

Écrire est un acte qui se joue dans le moment, comme la prise de parole, le direct. J'écris comme on dévoile une statue, comme un archéologue exhume. Je creuse. Si je ne trouve rien, je déchire. Si cela résiste, j'y vais. Le livre est en dessous, il préexiste.

Patrick BESSON

Ce qui est écrit n'est ni bien ni mal écrit, ni important ni vain, ni mémorable ni digne d'oubli : c'est le mouvement parfait par lequel ce qui est au-dedans n'était rien est venu dans la réalité monumentale du dehors comme quelque chose de nécessairement vrai...

Maurice BLANCHOT

Nous savons que nous n'écrivons que lorsque le saut est accompli, mais pour l'accomplir, il faut d'abord écrire, écrire sans fin, écrire à partir de l'infini.

Maurice BLANCHOT

Écrire, serait-ce devenir lisible pour chacun et, pour soi-même, indéchiffrable ?

Maurice BLANCHOT

L'écriture retenait l'attention de nos maîtres. Ils nous apprenaient l'anglaise ou cursive, la fine, bien sûr, la moyenne et la grosse, la ronde, la bâtarde et même la gothique. Ils voulaient que nous eussions d'abord une écriture régulière et lisible, puis belle et élégante sans fioritures. Nous avions tout un jeu de plumes dans un petit

étui. Je n'y insisterai jamais assez, leur art atteignait à la perfection ; pour certains c'était plus que de l'écriture, c'était de la gravure, ce qui avait pour effet de rendre clair, dans nos esprits, ce qu'ils écrivaient et de nous inciter à bien présenter notre travail. Aussi avions-nous des cahiers bien tenus. La présentation d'un travail ne fait-elle pas partie d'un ensemble ?
L'écriture était fort prisée, en ce temps-là, où l'usage de la machine à écrire était ignoré ou peu répandu. Celui qui avait conscience d'avoir « une bonne et belle main », complétée par une orthographe correcte, avait des atouts majeurs dans son jeu et était assuré de trouver une situation convenable.

    Édouard BLED

Écrire, c'est se découvrir hémophile, saigner de l'encre à la première écorchure, perdre ce qu'on est au profit de ce qu'on voit.

    Christian BOBIN

Ma façon de rejoindre le monde, c'est de m'en séparer pour lui écrire.

    Christian BOBIN

Il y a très peu de différence entre mourir et écrire. Il y a si peu de différence que, pendant un instant, vous n'en découvrez plus aucune. L'écrivain c'est l'état indifférencié de la personne, la nudité indifférente de l'âme. De l'âme comme regard. De l'âme comme absence. Celui qui écrit s'en va plus loin que soi.

    Christian BOBIN

Le travail c'est du temps transmué en argent, l'écriture c'est le même temps changé en or.

    Christian BOBIN

Entre le monde et moi une vitre. Écrire est une façon de la traverser sans la briser.

    Christian BOBIN

L'ÉCRITURE

J'écris avec une balance minuscule comme celles qu'utilisent les bijoutiers. Sur un plateau je dépose l'ombre et sur l'autre la lumière. Un gramme de lumière fait contrepoids à plusieurs kilos d'ombre.
   Christian BOBIN

C'est peu qu'en un ouvrage où les fautes fourmillent,
Des traits d'esprit, semés de temps en temps, pétillent.
Il faut que chaque chose y soit mise en son lieu ;
Que le début, la fin répondent au milieu ;
Que d'un art délicat les pièces assorties
N'y forment qu'un seul tout de diverses parties,
Que jamais du sujet le discours s'écartant
N'aille chercher trop loin quelque mot éclatant.
   Nicolas BOILEAU

Écrive qui voudra : chacun à ce métier
Peut perdre impunément de l'encre et du papier.
   Nicolas BOILEAU

Il écrivait peu, ce qui veut dire que ses brouillons étaient oraux.
   Jorge Luis BORGES

Tout est brouillon en effet, l'idée de texte définitif ne relevant que de la religion ou de la fatigue.
   Jorge Luis BORGES

Nous passons notre vie à attendre notre livre, et il ne vient pas.
   Jorge Luis BORGES

Écrire, c'est penser contre soi.
   Alain BOSQUET

— Pourquoi écrivez-vous ?
— Je suis un spécialiste des abîmes.
   Alain BOSQUET

— Le verbe est-il un défi, une gageure, une inadvertance, un besoin, un enfantillage ?
— Un alcool.

Alain Bosquet

Écrire, c'est faire le funambule entre le silence et la banalité.

François Bott

L'écriture, c'est la charpente, le squelette, la colonne vertébrale qui me tient.

Daniel Boulanger

Il faut que nous nous déchirions le cœur pour écrire nos livres, comme le pélican se déchire les entrailles pour nourrir ses petits. Nous sommes les pélicans de l'art, voilà !

Édouard Bourdet

La vie est autre que ce qu'on écrit.

André Breton

Écrire, je veux dire écrire si difficilement, et non pour séduire, et non, au sens où on l'entend d'ordinaire, pour vivre, mais, semble-t-il, tout au plus pour se suffire moralement, et faute de pouvoir rester sourd à un appel singulier et inlassable, écrire ainsi n'est jouer ni tricher, que je sache.

André Breton

Je crois écrire aussi pour allonger le temps.

André Breton

L'écriture comme aventure, c'est l'engagement le plus formel, l'engagement à la vie.

André Brincourt

Quand j'écris je me fais une âme.

Jean-Claude Brisville

L'écriture est un usurier. Le compagnon de route devient un garde-chiourme. Ce n'est plus l'auteur qui établit son horaire, pas plus que son cahier des charges. Un écrivain n'a jamais de véritable querelle qu'avec lui-même, avec ce maître inflexible qu'il se donne et n'existe pas en dehors de lui : l'œuvre à faire.
  Raymond-Léopold BRUCKBERGER

Bien écrire, c'est tout à la fois bien penser, bien sentir et bien rendre ; c'est avoir en même temps de l'esprit, de l'âme et du goût.
  Georges Louis Leclerc, comte DE BUFFON

Ceux qui écrivent comme ils parlent, quoiqu'ils parlent très bien, écrivent mal.
  Georges Louis Leclerc, comte DE BUFFON

J'aurais de loin préféré un peu de bonheur, s'il fallait pour cela n'avoir rien écrit. Écrire n'est pas si important.
  Charles BUKOWSKI

En écrivant, j'agis à l'instar d'un cartographe, d'un explorateur des zones psychiques [...], tel un cosmonaute de l'espace intérieur.
  William BURROUGHS

Écrire est une espèce de folie. Si l'on fait ce travail c'est que, grâce à l'écriture, on essaie de changer quelque chose autour de soi et en soi ; et si l'on va jusqu'à la publication c'est parce qu'on sent très bien qu'il faut que les autres nous aident, qu'on n'arrivera pas à sortir de ses problèmes tout seul.
  Michel BUTOR

Je n'écris pas des romans pour les vendre, mais pour obtenir une unité dans ma vie ; l'écriture est pour moi une colonne vertébrale.
  Michel BUTOR

Il y a dans l'écriture tout un aspect corporel. Il y a de la danse et beaucoup plus de travail manuel qu'on n'imagine ordinairement.
  Michel BUTOR

Sainte écriture ! Il n'est endroit de la planète où des signes gravés dans le marbre, coulés dans le bronze, creusés dans chaque matière résistante ou précieuse ne lui aient conféré une pérennité solennelle.
  Roger CAILLOIS

Ce n'est pas ma faute si, en écrivant, mon stylo se transforme en scalpel.
  Henri CALET

Je n'aurais pas dû écrire : si le monde était clair, l'art ne serait pas – mais si le monde me paraissait avoir un sens je n'écrirais pas.
  Albert CAMUS

Écrire, c'est mettre en œuvre ses obsessions.
  Albert CAMUS

Tout ce qu'on *prend en note*, tout ce qu'on *met par écrit* contient encore un petit grain d'espoir, quand bien même il ne serait venu que du seul désespoir.
  Elias CANETTI

En littérature et dans la vie, il faut être clair, mais il ne faut pas être transparent.
  Alfred CAPUS

J'écris pour ne pas m'ennuyer, et je me réjouis, et me félicite de ce que je m'en complais ; si je déraisonne, je ne m'en soucie pas, il me suffit d'être convaincu que je m'amuse.
  Giovanni Giacomo CASANOVA DE SEINGALT

L'écriture est pour moi une forme de prière très intense. Écrire, c'est toucher souvent le fond de l'humanité, c'est aborder des rivages nécessairement tragiques, durs. Je ne peux pas écrire sans d'abord descendre au tombeau, rejoindre l'homme dans sa passion la plus douloureuse, en ce lieu précis où il est le plus proche de Dieu.
  Michel DEL CASTILLO

L'ÉCRITURE

L'écriture est le point culminant de la solitude. Du plaisir de la solitude fructueuse. On est seul mais avec ce monde intérieur immense qui s'agite. On voit les personnages. Ils sont là, sur la table ; ils courent, ils se battent ; les montagnes se dressent, l'océan rugit. Un monde entier est là qui gigote en vous.
François CAVANNA

Écrire c'est aussi inspirer autrui, le pousser vers sa ressemblance, vers sa préférence.
Jean CAYROL

Je pense que l'écriture c'est le refus du temps.
Jean CAYROL

La plupart des écrivains se supposent des dons et des vocations... Narcissisme fait le reste ! Oui j'ai horreur d'écrire comme les médiums ont presque toujours horreur de faire tourner les tables. Cela m'éreinte de même et m'écœure, mais je sais les faire tourner... Les autres trichent.
Louis-Ferdinand CÉLINE

Pour faire un roman, j'écris dix mille pages et j'en tire huit cents. Céline qui parle avec les mots de tous les jours... Tu rigoles ? C'est du travail, c'est un métier, la transposition.
Louis-Ferdinand CÉLINE

D'abord, c'est dégoûtant d'écrire, c'est une sécrétion.
Louis-Ferdinand CÉLINE

J'ai voilé le miroir de l'armoire à glace pour ne pas me voir écrire...
Blaise CENDRARS

Écrire est une vue de l'esprit. C'est un travail ingrat qui mène à la solitude.
Blaise CENDRARS

Je ne trempe pas ma plume dans un encrier, mais dans la vie.
   Blaise Cendrars

Écrire, c'est brûler vif, mais c'est aussi renaître des cendres.
   Blaise Cendrars

La plume est la langue de l'âme.
   Miguel de Cervantès

Tant qu'on ne renonce pas à écrire, quel que soit le pessimisme qu'on y affiche, on n'a pas désespéré du reste.
   Maurice Chapelan

Je crois que le bonheur d'écrire tient presque tout entier dans l'acte de faire du présent avec le passé, qu'il soit remords ou regret, et avec l'espoir et la crainte, ces deux visages de l'avenir : la plume, en courant, nous verse l'illusion de retenir ce qui par nature nous échappe.
   Maurice Chapelan

Écrire, c'est pour moi comme chantonner. Une activité intime et détachée : on fredonne, on se fait la voix, et puis ça y est, c'est écrit. Écrire est une façon de charmer la personne qui nous est la plus étrangère : nous.
   Madeleine Chapsal

L'acte poignant et si grave d'écrire quand l'angoisse se soulève sur un coude pour observer et que notre bonheur s'engage nu dans le vent du chemin.
   René Char

Ce qui importe, et plus que les dons, ce sont les manques : comment on ruse avec ce qui nous manque ; au fond de toute originalité, il y a un défaut.
   Jacques Chardonne

L'ÉCRITURE

Je dis aux jeunes écrivains : écrivez le moins possible. Écrire trop, se produire de toute manière, avilit. Restreindre ses besoins. [...] Seul luxe désirable : le loisir et le silence. L'avenir est à ceux qui se contenteront de peu.

Jacques CHARDONNE

Quelle responsabilité que d'écrire ! Donner de l'espoir sans motif, décourager sans raison.

Jacques CHARDONNE

J'écris comme les derniers Romains, au bruit de l'invasion des Barbares.

François-René DE CHATEAUBRIAND

Mon but est d'écrire au-delà des mots.

Malcolm DE CHAZAL

Je ne me relis presque jamais. Cela me donnerait l'impression de piétiner. Non que je renie ces livres, mais parce qu'il me faut poursuivre. Jusqu'à quand ? Jusqu'où ? Là est la question... Tant que le chemin reste visible...

Andrée CHEDID

Sur terre, seule l'écriture permet de tendre vers le tout de son vivant.

François CHENG

L'écriture est un art d'oiseleur, et les mots sont en cage avec des ouvertures sur l'infini.

Charles Albert CINGRIA

Ne rien écrire qui ne soit arraché à ton être – ne rien écrire en vue d'une œuvre, mais de la vérité.

Emil Michel CIORAN

Il faut écrire en ne pensant ni au passé ni au futur, ni même au présent ; il faut écrire pour celui qui, *sachant* qu'il va mourir, tout

ÉCRIRE

est suspendu pour lui, sauf le *temps* où se déroule la pensée de sa mort. Et c'est à ce *temps-là* qu'il faut s'adresser. Écrire pour des *gladiateurs*...

    Emil Michel CIORAN

Il cessa d'écrire : il n'avait plus rien à cacher.

    Emil Michel CIORAN

C'est en détruisant ce qu'il a fait, c'est en jetant au feu les textes dont il n'est pas content qu'un écrivain fait preuve de force. *Publier aussi peu que possible,* telle devrait être sa devise.

    Emil Michel CIORAN

On n'écrit pas parce qu'on a quelque chose à dire mais parce qu'on a *envie* de dire quelque chose.

    Emil Michel CIORAN

Vos doigts s'en vont !
Alors prenez la plume
Et chargez-la, chargez-la d'encre.
Assis, tout armés,
Sans hésiter,
Faites feu de votre plume.

    I.W.W. CITASHE

Écris ! En plus net, plus visible, plus sonore, c'est la clé de l'autre musique ! Prends des notes destinées à toi seule. Écris. Comme à une autre personne, pour qui tu n'existes pas. Pour qui tu vis. Pour ne pas mourir.

    Hélène CIXOUS

L'écriture a ceci de mystérieux qu'elle parle

    Paul CLAUDEL

Écrire est mettre quelque chose de très noir au bout de quelque chose de très aigu. Plus la matière est noire, plus l'écriture est claire.

    Paul CLAUDEL

L'ÉCRITURE

Quand Saint François d'Assise trouva dans la boue d'un sentier un morceau de parchemin piétiné, pieusement il le ramassa, le prit dans sa main, le soigna, parce qu'il y avait vu dessus de l'écriture – de l'*écriture*, cette chose sacrée – et nous ! ce que nous en faisons aujourd'hui ! C'est pour moi une véritable souffrance de songer à cette masse énorme de papier qui se couvre d'imprimerie pour un jour, qu'on jette ensuite dans la poubelle... Non seulement nous n'avons plus le respect de l'écriture des autres, mais même de notre propre écriture...
   Paul CLAUDEL

Écris avec de l'encre bouillante.
   Paul CLAUDEL

On se consume à mesure que l'on écrit. C'est un lent suicide. Beaucoup d'auteurs ont mis fin à leurs jours ! On se vide de sa substance à petit feu. Chaque page que j'écris pourrait être la dernière, je pourrais ne plus rien avoir à dire ou ne plus parvenir à écrire.
   Bernard CLAVEL

Nous écrivons parce que nous savons que nous allons mourir et pour nous justifier d'attendre la mort.
   Claude-Michel CLUNY

Écrire est un acte d'amour. S'il ne l'est pas, il n'est qu'écriture.
   Jean COCTEAU

Qui sait écrire ? C'est se battre avec l'encre pour tâcher de se faire entendre.
   Jean COCTEAU

Écrire, c'est tuer du vide, tuer de la mort. Tuer la chance d'une des innombrables combinaisons qui se cachent. Et, en outre, c'est marcher sans recul possible à travers les caves de ce faux sommeil où le travail nous enferme.
   Jean COCTEAU

Écrire, surtout des poèmes, égale transpirer. L'œuvre est une sueur.

    Jean COCTEAU

Tout ce que j'écris, ça vient comme ça, sans que je le veuille, ça ne vient qu'issu de l'âme... Il faut bien que je dise âme... Je pourrais dire inconscient, tempérament, je ne sais vraiment pas ce que c'est, ça vient...

    Albert COHEN

Somptueuse, toi, ma plume d'or, va sur la feuille, va au hasard tandis que j'ai quelque jeunesse encore, va ton lent cheminement irrégulier, hésitant comme en rêve, cheminement gauche mais commandé. Va, je t'aime, ma seule consolation, va sur les pages où tristement je me complais et dont le strabisme morosement me délecte. Oui, les mots, ma patrie, les mots, ça console et ça venge.

    Albert COHEN

Je ne corrige pas, j'ajoute. C'est mon délice.

    Albert COHEN

Écrire ! pouvoir écrire ! cela signifie la longue rêverie devant la feuille blanche, le griffonnage inconscient, les jeux de la plume qui tourne en rond autour d'une tâche d'encre, qui mordille le mot imparfait, le griffe, le hérisse de fléchettes, l'orne d'antennes, de pattes, jusqu'à ce qu'il perde sa figure lisible de mot, mué en insecte fantastique, envolé en papillon-fée...

    Sidonie Gabrielle COLETTE

Écrire ! verser avec rage toute la sincérité de soi sur le papier tentateur, si vite, si vite que parfois la main lutte et renâcle, surmenée par le dieu impatient qui la guide... et retrouver, le lendemain, à la place du rameau d'or, miraculeusement éclos en une heure flamboyante, une ronce sèche, une fleur avortée...

    Sidonie Gabrielle COLETTE

Partir, c'est mourir un peu. Écrire, c'est vivre davantage.

    André COMTE-SPONVILLE

L'ÉCRITURE

J'ai dit [...] que je suis poussé à écrire pour, peut-être, laisser quelque trace de moi après moi. Hypothèse assez bouffonne : la forêt ne porte pas le deuil de l'arbre mort ; elle ne se souvient pas qu'il a vécu.

José Corti

Si je n'avais écrit que pour écrire, je suis convaincu qu'on ne m'aurait jamais lu.

Claude Courtot

Chercher la révélation dans le verbe est du délire, toute écriture redoute l'instant.

Pierre Dalle Nogare

Pourquoi est-ce que j'écris ? Parce que j'écris ! Autant demander à un escargot pourquoi il fait de la bave. C'est dans sa nature de laisser un sillage argenté derrière lui, voilà tout.

Frédéric Dard (San-Antonio)

Toute écriture est politique puisque toute écriture est une vision du monde.

Marie Darrieussecq

La générosité de l'écrivain n'est pas morale, ni psychologique : elle découle du mouvement de l'écriture. En ce sens, la haine devient généreuse, parce qu'elle dit l'insatisfaction, la rage, la fureur, parce qu'elle exprime la révolte contre l'état du monde et contre l'homme tel qu'il est.

Michel Del Castillo

La honte d'être un homme, y a-t-il une meilleure raison d'écrire ?

Gilles Deleuze

L'écriture est inséparable du devenir : en écrivant, on devient-femme, on devient-animal, on devient-molécule jusqu'à devenir imperceptible.

Gilles Deleuze

On n'écrit pas avec ses névroses.
    Gilles DELEUZE

La parole a beaucoup plus de force pour persuader que l'écriture.
    René DESCARTES

Si je pense à moi, je me dis que j'aimerais creuser un trou profond, me mettre dedans et m'endormir. Mais si je pense au monde, je me dis que j'aimerais écrire des livres.
    Marie DESPLECHIN

On serre toujours contre son sein celui qu'on aime et l'art d'écrire n'est que l'art d'allonger ses bras.
    Denis DIDEROT

Quand on écrit, faut-il tout écrire ? Quand on peint, faut-il tout peindre ? De grâce, laissez quelque chose à suppléer par mon imagination.
    Denis DIDEROT

L'écriture serait, dès son surgissement, une parole silencieuse en mouvement, qui prolongerait un corps, visible autant à autrui qu'à soi-même.
    Assia DJEBAR

Écrire suppose immanquablement « se poser », s'arrêter pour chercher souffle, pour commencer à regarder tantôt derrière son épaule, tantôt au-devant de soi...
    Assia DJEBAR

Parfois, les mots fusent, s'imposent, font voler en poussière d'or toute immobilité : par surcroît soudain de vie, en dépit ou à cause d'un malheur trop fort, par excès aussi, et soudain, d'allégresse... Parfois, par bonheur, l'on écrit comme l'on danse : gratuitement.
    Assia DJEBAR

Si on savait où l'écriture vous mène, d'où elle vient, si on était maître de ça, il n'y aurait plus ni grands ni petits écrivains, il n'y aurait plus qu'un savoir codifié, une technique à reproduire indéfiniment. Il n'y aurait plus de fatigue, plus de mystère, plus de travail, plus rien.
Philippe DJIAN

J'écris pour être seul. J'écris pour dissiper la présence des choses réelles, pour écarter les événements, pour franchir l'épaisseur, pour déjouer l'invivable. En somme, oui, c'est bien ça, j'écris pour qu'on me foute la paix.
Philippe DJIAN

Écrire, pour moi, c'est remettre de l'harmonie là où elle fait défaut.
Philippe DJIAN

Chez moi, une page en cache toujours une autre, celle qui la suit. C'est même pour savoir quel roman j'écris, que je l'écris. Les histoires, je m'en fous un peu.
Philippe DJIAN

Mais on écrit de bons livres avec de la colère, pas avec de la bile, mon garçon.
Philippe DJIAN

« Gouverner, c'est faire croire », a dit Napoléon. Écrire, c'est aussi faire croire. L'écrivain partage avec le politicien cet ignoble secret : on peut faire n'importe quoi avec des mots.
Jean-Marie DOMENACH

Si j'avais dit à mon père, sévère ingénieur, que je voulais écrire, il m'aurait demandé : à qui ?
Maurice DONNAY

L'important c'est de savoir ce qui nous donne envie d'écrire. J'ai l'idée d'une transmission, d'une envie à l'autre, quelque chose chez un écrivain a donné à un autre l'envie d'écrire.
Christophe DONNER

Le piège c'est d'écrire trop bien : on ne vous entend plus.
　　Christophe DONNER

L'écrivain qui écrit droit est l'architecte de l'histoire.
　　John DOS PASSOS

Pardonnez-moi d'écrire.
　　Pierre DRIEU LA ROCHELLE

Tantôt je voulais écrire, tantôt je voulais vivre.
　　Pierre DRIEU LA ROCHELLE

Entreprendre un nouveau livre ressemble à un combat avec un iceberg dont une faible partie seulement est émergée et dont le reste, caché sous les eaux sans transparence de l'inconscience et du labeur à accomplir, peut à tout moment se retourner sur nous.
　　Maurice DRUON

Qui veut voler par les mains et les bouches des hommes doit longuement demeurer en sa chambre ; et qui désire vivre en la mémoire de la postérité, doit comme mort en soi-même suer et trembler maintes fois, et autant que nos poètes courtisans boivent, mangent et dorment à leur aise, endurer faim, soif et longues vigiles. Ce sont les ailes dont les écrits des hommes volent au ciel.
　　Joachim DU BELLAY

L'homme écrit sur le sable. Moi, ça me convient bien ainsi ; l'effacement ne me contrarie pas ; à marée descendante, je recommence.
　　Jean DUBUFFET

Il se pourrait qu'écrire, à cause de la mise en forme que cela implique, entraîne, bien plus que l'expression orale (qui l'entraîne elle-même déjà), un alourdissement, un empêtrement de la pensée, et, en tout cas, une inclination pour celle-ci à entrer dans des moules traditionnels qui l'altèrent.
　　Jean DUBUFFET

L'ÉCRITURE

Je demande que le verbe *corriger* cesse d'être employé comme verbe transitif et que, pour les hommes de sang-froid, il reste un verbe réfléchi.

Georges Duhamel

Contempler le monde et les hommes, imiter ensuite les objets de la contemplation, mettre en relief les linéaments et les rapports susceptibles d'éclairer ce qu'il y a de plus secret, de plus caractéristique dans ces objets, voilà le but, voilà la raison même de l'écriture.

Georges Duhamel

Ne rien écrire qui n'ait été prononcé ; ne rien prononcer qui ne soit destiné à être écrit.

Georges Dumézil

[Écrire] c'est être seule dans un abri pendant la guerre.

Marguerite Duras

Écrire c'est aussi ne pas parler. C'est se taire. C'est hurler sans bruit.

Marguerite Duras

La plus forte histoire de toutes celles qui peuvent vous arriver c'est d'écrire. Je n'en ai jamais eues d'aussi violentes – sauf, si, mon enfant. D'ailleurs je ne fais pas la différence. C'est complètement l'équivalent de la vie. Quelquefois ça se produit au-dehors d'écrire, quelquefois ça se produit au-dedans d'écrire.

Marguerite Duras

Ça rend sauvage l'écriture. On rejoint une sauvagerie d'avant la vie. Et on la reconnaît toujours, c'est celle des forêts, ancienne comme le temps.

Marguerite Duras

L'écriture est le moyen pour moi d'être pur. Quand je n'écris plus je suis impur.

Jean Dutourd

Écrire avec fureur, comme si on allait mourir demain et qu'on craignait de n'avoir pas fini à temps. Voilà la seule façon d'écrire.

    Jean DUTOURD

Écrire c'est construire, à travers le texte, son propre modèle de lecteur.

    Umberto ECO

L'auteur devrait mourir après avoir écrit. Pour ne pas gêner le cheminement du texte.

    Umberto ECO

Quelle fierté d'écrire, sans savoir ce que sont langue, verbe, comparaisons, changements d'idée, de ton ; ni concevoir la *structure* de la durée de l'œuvre, ni les conditions de sa fin ; pas du tout le pourquoi, pas du tout le comment !

    Paul ÉLUARD

Il ne faut, à aucun prix, renoncer à l'écriture, ne serait-ce que parce que dans toutes les grandes civilisations l'écriture est liée à la calligraphie, c'est-à-dire à la beauté.

    René ÉTIEMBLE

La paix du cœur, voilà ce qu'il faut pour écrire :
Je n'attends rien de bon d'un auteur qui soupire.

    Charles-Guillaume ÉTIENNE

Écrire, c'est savoir dérober des secrets qu'il faut encore savoir transformer en diamants.

    Léon-Paul FARGUE

J'écris pour mettre de l'ordre dans ma sensualité.

    Léon-Paul FARGUE

L'ÉCRITURE

Ceux qui peuvent agissent et ceux qui ne peuvent pas, et souffrent assez de ne pas pouvoir, écrivent.
>William FAULKNER

Un ouvrage n'a une véritable unité que quand on ne peut en rien ôter sans couper dans le vif.
>François de Salignac de La Mothe-FÉNELON

Je suis un homme-plume. Je sens par elle, à cause d'elle, par rapport à elle et beaucoup plus avec elle.
>Gustave FLAUBERT

Il faut écrire pour soi avant tout. C'est la seule chance de faire beau.
>Gustave FLAUBERT

Pour écrire, il faut se monter le bourrichon.
>Gustave FLAUBERT

Il faut s'enfoncer de plus en plus profondément dans l'œuvre, comme une taupe dans le sol.
>Gustave FLAUBERT

Notre plume qui écrit est le chien qui conduit l'aveugle ; et nos mots, la corde entre nous et le chien.
>Xavier FORNERET

Écrire, ce n'est pas commenter ce que l'on croit savoir, mais chercher ce qu'on ne sait pas encore et ce que parler veut dire.
>Viviane FORRESTER

La plume cause, le crayon chuchote.
>Paul FORT

Plus d'un, comme moi sans doute, écrit pour n'avoir plus de visage.
>Michel FOUCAULT

Il n'y a que les fous qui parlent tout seuls, et c'est une espèce de monomanie que d'écrire tout seul ; je veux dire pour soi et sans espoir d'agir sur des âmes.

    Anatole FRANCE

Vous trempez le doigt dans l'eau bénite, monsieur l'abbé. Croyez-vous donc que je ne me mette pas, moi aussi, en sécurité quand je trempe ma plume dans l'encrier ?

    Anatole FRANCE

Gardons-nous d'écrire trop bien. C'est la pire manière qu'il y ait d'écrire. Les langues sont des créations spontanées ; elles sont l'œuvre des peuples. Il ne faut pas les employer avec trop de raffinement. Elles ont par elles-mêmes un goût robuste de terroir ; on ne gagne rien à les musquer...

    Anatole FRANCE

Il faut être un solide paranoïaque pour écrire, et la mort apparaît à l'écrivain comme une offense personnelle.

    Bernard FRANK

On a oublié que le verbe écrire était un verbe transitif, on n'écrit pas un roman, un poème, une pièce de théâtre, on écrit.

    Pierre FURLAN

Il y a dans l'écriture une espèce de vertige contradictoire : d'un côté, une fascination pour la satisfaction que peut donner le résultat du travail, de l'autre, une intense résistance physique à ce travail. Et même si je finis par les vaincre, je ne cesse d'inventer des prétextes. J'ai besoin de ma machine à écrire, dans ma maison, à tel endroit, à telle heure, avec un papier d'un grammage donné, etc.

    Gabriel GARCIA MARQUEZ

Mon métier d'orfèvre, mon souci de l'art, s'est à chaque instant glissé et son expression littéraire, entre la réalité et l'œuvre qui s'en réclamait. Sous la plume, sous le pinceau, sous le burin, toute vérité se réduit seulement à une vérité artistique.

    Romain GARY

L'ÉCRITURE

La seule chose qui m'intéresse, c'est l'écriture. Et, derrière cette écriture : le goût de l'effort.
> Armand GATTI

Écrire permet d'oublier la meute.
> Charles DE GAULLE

Écrire, c'est tout ce qui vous reste quand on est chassé du domaine de la parole donnée.
> Jean GENET

Tout acte d'écriture me procurait un plaisir personnel. Tout acte d'écriture ne faisait qu'assouvir ce plaisir. Il ne me serait jamais venu à l'idée de penser aux autres... Je n'aurais jamais toléré que leurs exigences, leurs intérêts pussent interférer dans ce rapport intime. J'écrivais pour l'ivresse, pour l'extase, pour couper toujours plus profondément les liens qui me rattachaient encore à ce monde qui me rejetait et que je rejetais.
> Jean GENET

Écrire, c'est le dernier recours quand on a trahi.
> Jean GENET

C'est quand le cœur se remplit que l'encrier se vide.
> Maurice GENEVOIX

Si tu éprouves le désir d'écrire, et nul autre que l'esprit n'en détient le secret, tu dois maîtriser connaissance, art et magie :
la connaissance des mots et leur mélodie,
l'art d'être sans fard,
et la magie d'aimer ceux qui te liront.
> Khalil GIBRAN

Les choses les plus belles sont celles que souffle la folie et qu'écrit la raison. Il faut demeurer entre les deux, tout près de la folie quand on rêve, tout près de la raison quand on écrit.
> André GIDE

Pour bien décrire quelque chose, il ne faut pas avoir le nez dessus.

    André GIDE

Chaque progrès dans l'art d'écrire ne s'achète que par l'abandon d'une complaisance.

    André GIDE

Ce n'est pas toujours en s'obstinant sur une difficulté et en s'y achoppant, qu'on en triomphe ; mais bien parfois en travaillant celle d'à-côté. Certains êtres et certaines choses demandent à être abordés de biais.

    André GIDE

Si je ne déchire pas cette page, c'est pour la mortification de la relire un jour.

    André GIDE

Le musicien peut faire entendre simultanément un très grand nombre de timbres. Il y a évidemment une limite qu'il ne peut pas dépasser, mais nous, avec l'écriture, nous serions même bien contents de l'atteindre, cette limite. Car nous sommes obligés de raconter à la queue leu leu ; les mots s'écrivent les uns à la suite des autres, et les histoires, tout ce qu'on peut faire c'est de les faire enchaîner.

    Jean GIONO

Je ne fais effort ni pour qu'on m'aime ni pour qu'on me suive, j'écris pour que chacun fasse son compte.

    Jean GIONO

Si j'étais riche, j'écrirais quand même, sans rien faire paraître. En publiant, on donne de l'importance à ce qu'on écrit ; or, je n'y attache que mon propre plaisir. Gide, qui habitait chez moi au moment où il terminait *Les Nouvelles Nourritures*, me demanda, un soir : « Souffrez-vous pour écrire ? Moi, oui. » Je lui ai répondu : « Si je souffrais, je n'écrirais pas. Je ne suis pas Job. » Pour moi, tout consiste à faire la chasse au bonheur. Ce serait affreux de mourir avant la mort.

    Jean GIONO

L'ÉCRITURE

Si je souffrais en écrivant, je chercherais autre chose, je ferais du jardinage ou je ferais, je ne sais pas, de la pêche en mer ou le jeu de boules ou de la belote. Je trouverais quelque chose qui me plaise, qui m'amuse. Souffrir toute sa vie pour écrire ? Ah, non !

Jean GIONO

Écrire, c'est se condamner à vivre découragé.

Françoise GIROUD

Ne pas oublier que l'écriture est comme la danse, il ne faut jamais arrêter les exercices à la barre.

Françoise GIROUD

Écrire est une maladie incurable, on fait donc bien de s'y résigner.

Johann Wolfgang VON GŒTHE

Jamais on ne devrait songer à l'instant où on mettra le point final, pas plus qu'on ne voyage pour arriver quelque part, mais bien pour voyager.

Johann Wolfgang VON GŒTHE

C'est singulier : en littérature, quand la forme n'est pas nouvelle, le fond ne l'est pas non plus.

Remy DE GOURMONT

Redire les choses déjà dites et faire qu'on croie les entendre pour la première fois, c'est tout l'art d'écrire comme tout l'art de vivre est de revivre, comme tout l'art d'aimer est d'aimer encore.

Remy DE GOURMONT

Quand j'ai commencé à écrire, il me semble que ce que je cherchais, c'était à matérialiser l'espace, la profondeur d'une certaine effervescence imaginative débordante, un peu comme on crie dans l'obscurité d'une caverne pour en mesurer les dimensions d'après l'écho. Le temps vient sans doute sur le tard où on ne cherche plus guère dans l'écriture qu'une vérification de pouvoirs, par laquelle on lutte pied à pied avec le déclin physiologique.

    Julien GRACQ

Pourquoi se refuser à admettre qu'écrire se rattache rarement à une impulsion pleinement autonome ? On écrit d'abord parce que d'autres avant vous ont écrit, ensuite, parce qu'on a déjà commencé à écrire...

    Julien GRACQ

Un livre naît d'une insatisfaction, d'un vide dont les contours ne se révèleront précis qu'au cours du travail, et qui demande à être comblé par l'écriture.

    Julien GRACQ

Écrire, c'est se mettre dans un état d'hypnose et mettre les choses dans un langage hypnotique : on pense dans une cinquième dimension.

    Robert GRAVES

L'enfant dicte et l'homme écrit.

    Julien GREEN

On ne peut pas écrire quand on a la crainte perpétuelle de pécher en écrivant.

    Julien GREEN

L'écriture est une forme de thérapie ; je me demande parfois comment tous ceux qui n'écrivent pas, ne composent ni ne peignent, parviennent à échapper à la folie, à la mélancolie et à la peur panique qui sont inhérentes à la condition humaine.

    Graham GREENE

Écrire, c'est mettre en ordre ses obsessions.

    Jean GRENIER

Pourquoi écrivez-vous ? – La grenade finit par éclater l'écorce.
> Jean Grenier

Écrivons sans grâce, mais avec notre sang.
> Jan Greshoff

Mais il n'y a pas de pure écriture, c'est aussi vrai en poésie et en littérature qu'en mathématiques. Écrire l'« impossible », c'est oser se poser la question de son existence, en autorisant les tentatives de le légitimer.
> Denis Guedj

Il faut écrire comme on parle, ou à peu près.
> Louis Guilloux

Il ne faut jamais perdre de vue, quand on écrit, qu'il ne s'agit point de penser pour la beauté du fait, mais pour s'éclairer soi-même, se guider, se tirer d'affaire.
> Louis Guilloux

Finalement, on n'écrit pas pour dire, mais pour *ne pas dire*.
> Louis Guilloux

Lorsque j'étais professeur, j'aimais cet exercice devenu absurde : la dictée. [...]
J'observais de ne dicter que les plus beaux textes, ou bien des pensées qui s'échappaient de mes lèvres avec leur forme et tout armées, comme Minerve de Jupiter. Ainsi, les élèves savaient que ce qu'ils copiaient serait bon à serrer dans leur mémoire. [...]
La dictée oblige à un ton quasi liturgique, à des élévations et des reprises de voix. On y redit plusieurs fois la même chose, ce qui est une manière de la bien enfoncer en soi, de la présenter sous diverses perspectives à son propre esprit. [...] Les textes dictés étaient autant que possible mis à part sur un cahier spécial, de papier plus robuste, de couverture plus propre et plus seyante. Ce cahier devenait le symbole de ce qui devait être conservé malgré les vicissitudes et passer comme un testament à d'autres fils d'hommes.
> Jean Guitton

J'écris pour abréger le temps.

Knut HAMSUN

Chacun lutte comme il peut contre l'angoisse de la mort et la solitude ; tracer des mots pour les écarter ne constitue pas l'un des plus mauvais moyens inventés par l'Homme.

André HARDELLET

La seule écriture valable, c'est celle qu'on invente. C'est ça qui rend les choses réelles.

Ernest HEMINGWAY

Quand je travaille à un livre ou à une nouvelle, j'écris tous les matins aussi tôt que possible après l'aube. Il n'y a personne pour vous déranger... Vous lisez ce que vous avez déjà écrit et, comme vous vous arrêtez toujours à un moment où vous savez ce qui va arriver ensuite, vous continuez à partir de là. Vous écrivez jusqu'à ce que vous arriviez à un endroit où vous avez encore du jus et savez ce qui va arriver ensuite et vous vous arrêtez là et essayez tant bien que mal de vivre jusqu'au lendemain et alors vous remettez ça. Vous avez commencé, mettons, à six heures du matin et vous continuez jusqu'à midi peut-être ou bien vous finissez avant cela... Rien ne peut vous toucher, rien ne peut vous arriver, rien ne signifie quoi que ce soit pour vous jusqu'au lendemain quand vous recommencez. C'est l'attente du lendemain qui est dure à supporter.

Ernest HEMINGWAY

Ce qui est écrit trop facilement, se lit difficilement.

Ernest HEMINGWAY

Le soir est lourd, la vie est lente,
J'écris pour ne pas avoir peur.

Robert HONNERT

Le bon sens, c'est le principe et la source du bien écrire.

HORACE

L'ÉCRITURE

L'écriture ne soulage guère. Elle retrace, elle délimite. Elle introduit un soupçon de cohérence, l'idée d'un réalisme. On patauge toujours dans un brouillard sanglant, mais il y a quelques repères.
Michel HOUELLEBECQ

Lorsque vous susciterez chez les autres un mélange de pitié effrayée et de mépris, vous saurez que vous êtes sur la bonne voie. Vous pourrez commencer à écrire.
Michel HOUELLEBECQ

Celui-là seul sait écrire qui écrit de telle sorte qu'une fois la chose faite, on n'y peut changer un mot.
Victor HUGO

Les gens croient que c'est facile d'écrire... Comme s'il ne s'agissait que de coucher par écrit ce que l'on vit !
Nancy HUSTON

Vivre, c'est lutter contre les démons du cœur et du cerveau. Écrire, c'est prononcer sur soi le jugement dernier.
Henrik IBSEN

Écrire, ce n'est pas être en train de penser ; c'est en partie avoir pensé – et relater ce que l'on a, de tout temps, pensé. Écrire, c'est se répéter, on répète ce que l'on sait. Ne pas écrire pour penser.
Eugène IONESCO

Comme je n'ai rien à écrire, j'écris...
Eugène IONESCO

Si écrire, agir, c'est une manifestation de l'orgueil, ne pas vouloir écrire, agir, faire, ce peut être encore de l'orgueil.
Eugène IONESCO

Écrivains, il faut écrire non avec l'encre, mais avec le sang. Mais pas avec celui des autres.
   Jaroslaw IWASZKIEWICZ

Pratiquer l'écriture, c'est pratiquer sur sa vie une ouverture par laquelle la vie se fera texte.
   Edmond JABÈS

Une page blanche est un fourmillement de pas sur le point de retrouver leurs traces. Une existence est une interrogation de signes.
   Edmond JABÈS

Écrire, c'est affronter un visage inconnu.
   Edmond JABÈS

On reconnaît le goût d'un littérateur à l'importance de ses ratures.
   Max JACOB

L'habitude d'écrire pour le public est en moi si invétérée qu'elle a fini par devenir un vice et par empêcher toute éclosion spontanée, sinon même par tuer la réflexion, etc.
   Max JACOB

Il est bon, il est beau que les pensées rayonnent, mais il ne faut pas qu'elles étincellent.
   Joseph JOUBERT

Quand un ouvrage sent la lime, c'est qu'il n'est pas assez poli ; s'il sent l'huile, c'est qu'on a trop peu veillé.
   Joseph JOUBERT

Souviens-toi de cuver ton encre.
   Joseph JOUBERT

L'ÉCRITURE

On a le droit, quand on écrit, de faire descendre son verbe jusqu'à un invraisemblable degré de dérision, mais sans bassesse, du moment qu'on n'attente à la dignité de personne, du moment qu'on ne dénature pas les faits, qu'on ne fait fi de rien qui vaille la peine d'être dit et qu'on évite ce qui ne mérite pas d'être retenu.
Marcel JOUHANDEAU

Chaque page qu'écrit un écrivain est une nouvelle leçon dans l'art d'écrire.
Marcel JOUHANDEAU

Pour moi, écrire est une occupation gratuite qui a toujours fait la joie de mes loisirs. J'écris comme je respire, nécessairement, irrésistiblement. À mon avis, on ne se connaît soi-même que si l'on s'examine une plume à la main. On ne connaît les gens qu'en faisant leur portrait. Les rapports mêmes que l'on entretient avec Dieu ne deviennent précis que si on les soumet à l'écriture.
Marcel JOUHANDEAU

Celui qui est condamné au tourment de l'écriture, échappe peut-être au malheur de vivre.
Charles JULIET

La parole insulte au silence. L'écriture y achemine.
Charles JULIET

Pour écrire, j'ai besoin de vivre à l'écart, non pas comme un ermite, ce ne serait pas assez, mais comme un mort. Écrire en ce sens, c'est dormir d'un sommeil plus profond, donc être mort...
Franz KAFKA

J'écris autrement que je ne pense, je pense autrement que je ne devrais penser et ainsi de suite jusqu'au fin fond de l'obscurité.
Franz KAFKA

Écrire, c'est faire un bond hors du rang des meurtriers.
Franz KAFKA

Très tôt dans ma jeunesse, je ne pouvais comprendre comment on s'y prenait pour écrire un livre, ce que je saisis très bien à présent ; par contre, je ne conçois pas maintenant qu'on puisse en avoir envie.

Sören KIERKEGAARD

Lorsque je commence à écrire, je suis saisi d'angoisse, j'ai l'impression d'être vide, de n'avoir plus aucun appui. [...] En proie à cette solitude chargée d'angoisse, je ne puis tenir en place. J'attends que vienne un ami. Mais l'ami ne vient pas. Du plus profond de mon cœur, je maudis ces bras faits pour enlacer. Je voudrais me débarrasser de mes mains. Abolir le toucher.

Hiraoka KIMITAKE

Écrire ou dessiner sont identiques en leur fond.

Paul KLEE

Ce qui entre facilement dans l'oreille en sort facilement. Ce qui entre difficilement dans l'oreille en sort difficilement. Cela vaut pour l'écriture encore plus que pour la musique.

Karl KRAUS

On doit à chaque fois écrire comme si l'on écrivait pour la première et la dernière fois. Dire autant de choses que si l'on faisait ses adieux, et les dire aussi bien que si l'on faisait ses débuts.

Karl KRAUS

Tout l'esprit d'un auteur consiste à bien définir et à bien peindre. [...] Il faut exprimer le vrai pour écrire naturellement, fortement, délicatement.

Jean DE LA BRUYÈRE

On ne doit parler, on ne doit écrire que pour l'instruction ; et s'il arrive que l'on plaise, il ne faut pas néanmoins s'en repentir, si cela sert à insinuer et à faire recevoir les vérités qui doivent instruire.

Jean DE LA BRUYÈRE

L'ÉCRITURE

Errance et écriture ont été et sont toujours pour moi les deux voies de la rencontre avec les autres et de la connaissance de soi-même.

Jacques Lacarrière

L'écriture, c'est comme l'armée : on y retrouve tout le monde. Des avocats, des secrétaires, des maçons, des boulangères, des critiques littéraires, des énarques, des politiciens, des ingénieurs agronomes, des fils de famille, des vagabonds, et même quelques écrivains. Tous avec une montagne sur le cœur, un secret précieux, un vague à l'âme couleur perle, une vérité infime ou majuscule, une petite apocalypse, qui sait, dans la vie d'un lecteur futur. Mais plus probablement rien.

Jean-Marie Laclavetine

La fatalité n'existe pas. Personne n'est condamné au bagne de l'écrit.

Jean-Marie Laclavetine

Je n'écris pas pour ouvrir une porte sur un domaine inconnu. Sur les lieux communs que je hante, je recherche un contact humain.

René Lacôte

Une vocation littéraire, c'est, chez un être, un rapt secret et continu d'émotions. Rapt si violent, si obsédant qu'un beau jour le voleur n'en peut plus et avoue. Je veux dire qu'il se met à écrire.

Jacques de Lacretelle

Un auteur gâte tout quand il veut trop bien faire.

Jean de La Fontaine

Je préfère pour ma part passer des mois sans une ligne et, quand une idée se fait courte, la raccourcir encore, et si elle est longue, la pousser dans les raccourcis. Au besoin saisir si mal ma propre démarche que le texte reste longtemps confus, quitte à le remettre en cause jusqu'à ce qu'il s'éclaire. Obtenir ainsi par un abominable effort la phrase la plus plate, enrichie cependant du passage mystérieux à travers l'inconscience.

Jean Lagrolet

J'écris de la main gauche
la plus gauche des deux
parce que ma main gauche
ne sait pas ce que sait
ma main droite et que
ma main droite en avait
assez d'aller aux écoles.

    Jean L'Anselme

J'étais bien resté trois ans sans lire ni écrire et je me rendais compte que l'écriture, c'est pas comme faire du vélo. Ça s'oublie.

    Jacques Lanzmann

C'est si beau ce qu'écrivent les autres !

    Valery Larbaud

Écrire, c'est s'exiler. En écrivant, vous n'avez plus de toit, juste le ciel comme abri et c'est cette nudité devant les choses que vous aimez. Un écrivain ne peut écrire qu'en se sentant un enfant trouvé, un bâtard. Être le fils de personne, d'aucune patrie, c'est pour moi la seule attitude possible.

    Linda Lê

Il serait temps d'écrire sans s'occuper des autres livres. Après tant de réflexions, d'essais, je dois posséder ma manière, ou bien je ne la posséderai jamais. Il serait temps d'écrire tranquillement, librement, comme si j'étais seul vivant. Quittons le souci des livres, des maîtres... Soyons nous-mêmes, si c'est possible, si c'est possible...

    Paul Léautaud

Un homme sain, à l'esprit sain, solidement posé, solide dans la vie, n'écrit pas, ne penserait même pas à écrire. À y regarder d'encore plus près, la littérature, écrire, sont de purs enfantillages. Il n'y a qu'un genre de vie humaine qui se tienne, s'explique, se justifie, vaille et rime à quelque chose : la vie paysanne.

    Paul Léautaud

L'ÉCRITURE

Les beaux livres, décourager d'écrire ? C'est comme si vous disiez qu'une jolie femme décourage de faire l'amour.
   Paul LÉAUTAUD

Écrire, c'est quelque chose de merveilleux. Deux individus associés en un seul, l'un dont la plume court au gré de son esprit, l'autre en même temps qui surveille, juge, pèse, décide.
   Paul LÉAUTAUD

Écrire, c'est toujours peu ou prou parier sur l'éternité et cette dimension d'éternité en nous.
   Michel LE BRIS

Tu cherches à te libérer par l'écriture. Quelle erreur ! Chaque vocable est le voile soulevé d'un nouveau lien.
   Reb LÉCA

L'important, c'est de toujours parler de façon à être écrit ; comme ça, on sent qu'on n'est pas libre. On n'est pas libre de parler comme si on était soi.
   J.-M. G. LE CLÉZIO

L'écriture est la seule forme parfaite du temps.
   J.-M. G. LE CLÉZIO

Des poèmes, des récits, pour quoi faire ? L'écriture, il ne reste plus que l'écriture, l'écriture seule, qui tâtonne avec ses mots, qui cherche et décrit, avec minutie, avec profondeur, qui s'agrippe, qui travaille la réalité sans complaisance.
   J.-M. G. LE CLÉZIO

Écrire, c'est mettre à jour les sensations acquises au cours de l'enfance.
   J.-M. G. LE CLÉZIO

Ce qui se passe dans le domaine de l'écriture n'est-il pas dénué de valeur si cela reste « esthétique », anodin, dépourvu de sanction, s'il n'y a rien, dans le fait d'écrire une œuvre, qui soit un équivalent (et ici intervient l'une des images les plus chères à l'auteur) de ce qu'est pour le torero la corne acérée du taureau, qui seule – en raison de la menace matérielle qu'elle recèle – confère une réalité humaine à son art, l'empêche d'être autre chose que grâces vaines de ballerine ?

    Michel LEIRIS

L'écriture elle-même, c'est comme une voix qui se pose, qui doit se situer dans un paysage où, à un moment, les éléments entrent en résonance.

    Jean-Pierre LEMAIRE

J'écris au coin, au bas de la vie ;
sur l'écorce du monde,
à genoux, à chevilles ;
je fais de chaque mur un Lascaux du Verbe ;
mais je ne touche pas au visage des choses ;
je leur vise le ventre.

    Philippe LÉOTARD

La fonction primaire de la communication est de faciliter l'asservissement. L'emploi de l'écriture à des fins désintéressées, en vue de tirer des satisfactions intellectuelles et esthétiques, est un résultat secondaire, si même il ne se réduit pas le plus souvent à un moyen pour renforcer, justifier ou dissimuler l'autre.

    Claude LÉVI-STRAUSS

La possession de l'écriture multiplie prodigieusement l'aptitude des hommes à préserver les connaissances. On la concevrait volontiers comme une mémoire artificielle, dont le développement devrait s'accompagner d'une meilleure conscience du passé, donc d'une plus grande capacité à organiser le présent et l'avenir.

    Claude LÉVI-STRAUSS

Écrire *pour* ne pas être entendu c'est non seulement dérisoire et vain mais aussi, par certains côtés, totalement irresponsable.

    Bernard-Henri LÉVY

L'ÉCRITURE

Dans mainte œuvre d'un écrivain célèbre, j'aimerais voir ce qu'il a supprimé plutôt que ce qu'il a conservé.

Georg Christoph LICHTENBERG

Écrire des romans, c'est comme de glisser des messages dans une série de bouteilles qu'on jette à la mer au jusant, sans avoir la moindre idée du lieu où les vagues les porteront ni même savoir s'il y aura quelqu'un pour regarder dedans.

David LODGE

En avançant dans la vie, j'en viendrai peut-être à écrire d'encore plus intimes choses qu'à présent on ne m'arracherait pas – et cela pour essayer de prolonger, au-delà de ma propre durée, tout ce que j'ai été, tout ce que j'ai pleuré, tout ce que j'ai aimé.

Pierre LOTI

J'écris pour compenser ce que je n'ai pas dit, révéler certaines choses, en camoufler d'autres. Mais dans tous les cas, j'écris à corps perdu, totalement, tout le temps.

Amin MAALOUF

Écrire un roman, c'est à chaque fois explorer un nouveau territoire.

Norman MAILER

Écrire, c'est un choix métaphysique, une transfiguration, un investissement total. On devient autre et si ce n'est pas vécu ainsi vous n'êtes qu'un bon faiseur de romans. Il faut une sacrée foi pour écrire tout seul dans son coin sans être certain d'être publié. Il faut une sacrée foi aussi pour croire que l'on peut transfigurer le monde.

Andreï MAKINE

Sait-on ce que c'est qu'écrire ? Une ancienne et très vague mais jalouse pratique, dont gît le sens au mystère du cœur.

Stéphane MALLARMÉ

Écrire, c'est déjà mettre du noir sur du blanc.

Stéphane MALLARMÉ

Je suis très fatigué de travail et les plumes nocturnes que je m'arrache chaque matin pour écrire mes poèmes ne sont pas encore repoussées dans l'après-midi.

Stéphane MALLARMÉ

Une des raisons pour lesquelles on écrit : il faut qu'on déclare son amour.

Katherine MANSFIELD

J'ai fait une découverte : je ne puis pas brûler la chandelle par un bout et écrire un livre à l'aide de l'autre bout.

Katherine MANSFIELD

Écrire est une maladie dont on ne guérit qu'en écrivant...

Félicien MARCEAU

[L'écriture :] l'un de mes deux remèdes contre la tentation du désespoir et du suicide... Au bord de l'abîme, je me raccroche au point-virgule.

Gabriel MATZNEFF

L'écriture est une délivrance : si, de ses tourments, de ses malheurs et de ses échecs, on parvient à faire une belle œuvre, voici ces tourments et ces naufrages justifiés, transfigurés.

Gabriel MATZNEFF

L'écrivain. – Il ne s'agit pas tant pour lui d'écrire ce qui n'a pas été écrit avant lui que de réécrire ce qui a été écrit avant lui en l'écrivant différemment.

Thierry MAULNIER

La vie est composée de choses les plus différentes, les plus imprévues, les plus contraires, les plus disparates ; elle est brutale, sans suite, sans chaîne, pleine de catastrophes inexplicables, illogiques et contradictoires qui doivent être classées au chapitre des faits divers. [...] Faire vrai consiste à donner l'illusion complète du vrai, suivant

L'ÉCRITURE

la logique ordinaire des faits, et non à les transcrire servilement dans le pêle-mêle de leur succession.

Guy DE MAUPASSANT

Un auteur possède une demi-conscience de ce qu'il dissimule : il a des secrets, des ruses, des subterfuges qu'il s'avoue plus ou moins ; il pousse loin l'instinct du travestissement ; il est partout et nulle part dans son œuvre ; mais il ignore que, du dehors, tels traits qu'il croit insignifiants deviennent révélateurs.

François MAURIAC

J'entre en écriture comme dans les Ordres...

François MAURIAC

Nos ancêtres, nos lointains ancêtres pour écrire, il a fallu qu'ils se dressent debout, qu'ils libèrent leurs mains et, une fois qu'ils ont libéré leurs mains, ils ont façonné la pensée, le langage. Donc écrire, c'est toujours un petit peu une dette que le cerveau paie à la main.

Jacques MEUNIER

Savez-vous que lorsqu'on écrit − cela a été vérifié expérimentalement − la température du corps baisse... Et moi je me dis, de temps en temps, j'écris comme les chauve-souris voyagent : pour équilibrer ma température interne.

Jacques MEUNIER

J'écris pour me parcourir. Peindre, composer, écrire : me parcourir. Là est l'aventure d'être en vie.

Henri MICHAUX

On n'écrit que par nécessité, pour se libérer un moment. Au fond, écrire est une faiblesse car aussitôt on trahit ce qu'on a de meilleur en soi. Il faudrait tout garder.

Henri MICHAUX

Naître est un péché, être est une expiation, écrire est un tissu d'excuses.

Henri MICHAUX

Si, comme vous le dites, vous ne pouvez pas ÉCRIRE DE VRAIS LIVRES tout le temps, c'est simple : n'écrivez pas. N'écrivez rien. Ne bougez pas. Gardez tout pour vous. Constituez-vous un trésor. Attendez que cela explose en vous...
   Henry MILLER

C'est la difficulté d'élocution qui fait qu'on se rabat sur l'écriture.
   Patrick MODIANO

C'est horrible. Je n'ai aucune facilité. Je suis complètement anachronique. Il y a un travail manuel qui n'est plus du tout dans le ton de l'époque. C'est là aussi que je suis plus vieux que mon âge et peut-être que mon temps. Cette espèce de souci des adjectifs, ou de raccourcir la phrase, comme un écrivain de 1920. Le bonheur d'écriture, ce n'est pas le bonheur d'écrire.
   Patrick MODIANO

Étrange chose que la création littéraire : cette grossesse que l'on ne dirige pas. Mais dirige-t-on même la création des enfants nés de la chair ? Ne sont-ils pas subtils ou idiots contre toute préméditation des parents...
   Thyde MONNIER

Je parle au papier comme je parle au premier que je rencontre.
   Michel Eyquem DE MONTAIGNE

Pour écrire bien, il faut sauter les idées intermédiaires, assez pour n'être pas ennuyeux ; pas trop, de peur de n'être pas entendu.
   Charles de Secondat, baron DE MONTESQUIEU

Il ne faut pas mettre du vinaigre dans ses écrits, il faut y mettre du sel.
   Charles de Secondat, baron DE MONTESQUIEU

Au fond du désespoir, quelle fermeté de l'écriture ! Comme lorsqu'on est saoul.
   Henry DE MONTHERLANT

L'ÉCRITURE

Dans des époques comme la nôtre, un écrivain, à chaque phrase qu'il écrit, doit se demander en la relisant : « Est-ce qu'elle paraîtra ridicule dans dix ans ? » Il le fait, se jure que ça va, – et se trouve ridicule un an après.
Pouvoir se retrouver devant la page qu'on a écrite hier sans rougir...
    Henry DE MONTHERLANT

Le public serait effaré s'il savait dans quelle marmite de sorcière a bouilli une œuvre littéraire avant de lui être présentée.
    Henry DE MONTHERLANT

Un puriste n'est presque jamais un bon écrivain, il faut écrire comme ça vous sort.
    Henry DE MONTHERLANT

Si vous n'avez pas mal quelque part, inutile d'écrire.
    Paul MORAND

Mets-toi bien dans la tête qu'on écrit d'abord avec son caractère ; ensuite avec son foie, ses rhumatismes, ses yeux (bons ou mauvais), son nez, etc., mais jamais avec son intelligence.
    Paul MORAND

Écrire, c'est se nettoyer.
    Paul MORAND

Faut-il écrire pour se connaître ? Ou, quand on se connaît, est-ce trop tard ?
    Paul MORAND

Qu'est-ce que l'essentiel ? C'est d'écrire ce que l'on sent véritablement, à chaque instant de l'existence. Je ne crois pas à un système poétique, à une organisation poétique. [...] J'aime les produits, pas les étiquettes.
    Pablo NERUDA

Mon pauvre oncle disait souvent : « Il faut toujours tourner sa langue sept fois dans sa bouche avant de parler... »
Que devrait-on faire avant d'écrire ?

Gérard de Nerval

Le fait d'écrire devrait toujours annoncer une victoire, une victoire remportée *sur soi-même*, dont il faut faire part aux autres pour leur enseignement. Mais il y a des auteurs dyspeptiques qui n'écrivent précisément que lorsqu'ils ne peuvent pas digérer quelque chose, ils commencent même parfois à écrire quand ils ont encore la nourriture dans les dents : ils cherchent involontairement à communiquer leur mauvaise humeur au lecteur, pour lui donner du dépit et exercer ainsi un pouvoir sur lui, c'est-à-dire qu'eux aussi veulent vaincre, mais les autres.

Friedrich Nietzsche

De tout ce qui est écrit, je n'aime que ce qu'un homme écrit avec son sang.

Friedrich Nietzsche

Je ne sais parler qu'en écrivant. Je suis muette dans la vie. Il faut que j'écrive. Dans mes écrits je parle avec les autres, je les touche. Que l'on me publie. En ne me publiant pas on me clôt les lèvres, on m'enterre, on nie mon existence.

Anaïs Nin

Cette passion au bout des doigts : écrire, former des mots, des lignes, cette espèce de fanatisme de l'écriture qui est mon bâton de route et sans lequel, pris de vertige, je m'écroulerais purement et simplement. Ni thème de vie, ni thème littéraire, matière seulement qu'il me faut, par le moyen de l'écriture, consolider afin qu'il existe quelque chose sur quoi je puisse poser les pieds.

Paul Nizon

Écrire – non pas pour restituer quelque chose, mais pour passer à l'attaque.

Paul Nizon

L'ÉCRITURE

L'écriture commence là où s'arrête la parole, et c'est un grand mystère que ce passage de l'indicible au dicible. La parole et l'écrit se relaient et ne se recoupent jamais.
   Amélie Nothomb

La main, c'est pour jouir. C'est atrocement important. Si un écrivain ne jouit pas, alors il doit s'arrêter à l'instant. Écrire sans jouir, c'est immoral. L'écriture porte déjà en elle tous les germes de l'immoralité. La seule excuse de l'écrivain, c'est sa jouissance.
   Amélie Nothomb

L'écriture fout la merde à tous les niveaux : pensez aux arbres qu'il a fallu abattre pour le papier, aux emplacements qu'il a fallu trouver pour stocker les livres, au fric que leur impression a coûté, au fric que ça coûtera aux éventuels lecteurs, à l'ennui que ces malheureux éprouveront à les lire, à la mauvaise conscience des misérables qui les achèteront et n'auront pas le courage de les lire, à la tristesse des gentils imbéciles qui les liront sans les comprendre, enfin et surtout à la fatuité des conversations qui feront suite à leur lecture ou à leur non-lecture. Et j'en passe ! Alors n'allez pas me dire que l'écriture n'est pas nocive.
   Amélie Nothomb

Car l'aventure d'écrire, sur quoi nous avons fondé l'essentiel de notre vie, qui nous sauvera ou nous condamnera, se dérobe à nous, ou nous à elle, plus malignement au long des années. On pourrait espérer que le savoir-faire et le sentiment d'être *attendu* par quelques lecteurs se substitueront, en cas de besoin, à l'élan défaillant. Il n'en est rien.
   François Nourissier

Quand la vraie vie a commencé de perdre de sa séduction, la vie rêvée, la vie recréée, la vie écrite prend le relais.
   François Nourissier

Si l'on peut appeler « travail » cet état de vigilance, d'attente, d'ouverture où l'on est avant un livre, et où l'on reste, en partie, tout le temps que durera sa rédaction, l'essentiel du travail se fait dans le silence, dans la solitude.

François NOURISSIER

L'écriture, c'est comme la culture physique. Lorsque je m'arrête plus d'une semaine, j'ai du mal à me remettre en route, comme si l'encre s'était épaissie.

François NOURISSIER

La nature de l'écriture fait que le destin de l'écrivain est un destin de pénitence. Et il doit l'être. Ce n'est pas du masochisme, c'est un fait. Se torturer, peiner sur son travail, se lever la nuit pour changer un mot et, quand on a changé le mot, s'apercevoir qu'il faut changer tout le paragraphe. Ce n'est pas une occupation raisonnable. [...] Les gens heureux n'écrivent pas. Ou s'ils le font, ils écrivent, je ne sais pas, des livres de recettes.

Edna O'BRIEN

J'écris parce que... je veux être aimé.

Jean D'ORMESSON

Je crois qu'on écrit parce qu'on est malheureux, parce qu'il y a quelque chose qui cloche. La mère de la littérature, c'est l'insatisfaction. Si tout baignait, on n'écrirait pas.

Jean D'ORMESSON

Ah, que feraient les auteurs-escargots sans le secours de la maladie de Dupuytren, cette crispation rhumatismale de la main qui, comme par hasard, empêche d'écrire ?

Érik ORSENNA

Que je ne rougisse pas des ratures. Celui qui les verra s'apercevra qu'elles sont faites de mes larmes.

OVIDE

Savoir bien écrire, c'est savoir bien penser.

Blaise PASCAL

L'ÉCRITURE

La dernière chose qu'on trouve en faisant un ouvrage est de savoir celle qu'il faut mettre la première.

Blaise PASCAL

Le bon écrivain est celui qui évite de trop bien écrire ; qui sait à tout moment suivre, ou du moins rétablir le premier mouvement, le mouvement naturel. Celui qui pourrait dire (comme le romancier) : « Ce sont les mots qui écrivent, ce n'est pas moi. »

Jean PAULHAN

Beaucoup d'écrivains sont des mimes. Mais le métier ne pardonne pas : ce qu'on écrit à côté de soi tombe à côté.

Louis PAUWELS

Si tu réussissais à écrire sans une rature, sans une retouche – y prendrais-tu encore plaisir ? Ce qui est beau c'est de se polir et de se préparer dans le calme à être un cristal.

Cesare PAVESE

Dans l'inquiétude et dans l'effort d'écrire, ce qui soutient, c'est la certitude qu'il reste quelque chose de non-dit dans la page.

Cesare PAVESE

Il est beau d'écrire parce que cela réunit les deux joies : parler tout seul et parler à une foule.

Cesare PAVESE

J'écris pour prolonger le vécu, non pour l'éterniser, mais pour l'intensifier et rendre plus lucide cet instant qu'est l'instant vécu.

Octavio PAZ

Il faut qu'un grand écrivain donne l'impression qu'il peut écrire ce qu'il veut, quand il veut... Mais ce sont des efforts qui épuisent.

Charles PÉGUY

Écrire est le seul moyen de me réconcilier avec moi et avec le monde...
    Georges PEREC

Tout le travail d'écriture se fait toujours par rapport à une chose qui n'est plus, qui peut se figer un instant dans l'écriture, comme une trace, mais qui a disparu.
    Georges PEREC

Un homme qui écrit est toujours inquiet, préoccupé. Il a laissé le gaz ouvert. Mais où ?
    Georges PERROS

L'écriture a cette vertu de nous faire exister quand nous n'existons plus pour personne. De là sa magie, sa divine hérédité. Au comble du malheur de n'être plus aimé, sans qu'il y ait faute de part et d'autre, le seul acte d'écrire qu'on n'est plus aimé soulage un peu, comme si ces lignes, peut-être publiées un jour, si on ne prend pas garde, seraient lues par un ami inconnaissable. Pourquoi cette solitude ?
    Georges PERROS

Écrire, c'est renoncer au monde en implorant le monde de ne pas renoncer à nous.
    Georges PERROS

Écrire c'est toujours être le nègre de quelqu'un qu'on ne rencontrera jamais.
    Georges PERROS

On n'écrit pas pour être admiré, ni pour être lu : on écrit pour écrire, et pour avoir écrit.
    Gaétan PICON

L'écrivain n'écrit pas pour publier ; il écrit pour détacher de lui une chose : et ne peut le faire qu'en se dépossédant au profit d'autrui.
    Gaétan PICON

L'ÉCRITURE

Écrire n'étant rien d'autre qu'avoir le temps de dire : je meurs.
Gaëtan Picon

Je souhaite plus que toute autre chose au monde pouvoir de nouveau remplir une page blanche et sentir arriver cette chose étrange, cet accouchement au bout de mes doigts. Quand on se sent incapable d'écrire, on se sent exilé de soi-même.
Harold Pinter

« N'écrivez jamais ! » conseillent les habiles. Il y a de la beauté à suivre le précepte inverse, au risque de tomber sous les balles ou sous les risées futures.
Bertrand Poirot-Delpech

Écrire, c'est pour moi aligner les voyelles et les consonnes dans un certain ordre pour en faire des corbeilles de beauté.
Maurice Pons

Écrire de temps en temps des choses agréables, en lire et d'agréables et de sérieuses, mais surtout ne pas trop écrire, cultiver ses amis, garder de son esprit pour les relations de chaque jour et savoir en dépenser sans y regarder, donner plus à l'intimité qu'au public, réserver la part la plus fine et la plus tendre, la fleur de soi-même pour le dedans, pour user avec modération, dans un doux commerce d'intelligence et de sentiment, [...] ainsi se dessinait pour moi le rêve du galant homme littéraire, qui sait le prix des choses vraies et qui ne laisse pas trop le métier et la besogne empiéter sur l'essentiel de son âme et de ses pensées.
Marcel Proust

Chez un écrivain, quand on tient l'air les paroles viennent bien vite.
Marcel Proust

Ce travail de l'artiste, de chercher à apercevoir sous la matière, sous de l'expérience, sous des mots quelque chose de différent, c'est exactement le travail inverse de celui que, à chaque minute, quand nous vivons détourné de nous-même, l'amour-propre, la passion, l'intelligence, et l'habitude aussi accomplissent en nous, quand elles

amassent au-dessus de nos impressions vraies, pour nous les cacher entièrement, les nomenclatures, les buts pratiques que nous appelons faussement la vie.
    Marcel PROUST

J'écris pour annoncer
J'écris pour délivrer
J'écris pour célébrer...
    Yann QUEFFÉLEC

C'est en forgeant qu'on devient forgeron, c'est en écrivant qu'on devient écriveron.
    Raymond QUENEAU

J'ai écrit parce que c'était la seule façon de parler en se taisant.
    Pascal QUIGNARD

Écrire, c'est entendre la voix perdue.
    Pascal QUIGNARD

Je n'ai d'amis que celles ou ceux qui s'oublient en parlant. Ils pensent à nu.
C'est pourquoi la meilleure façon de penser est d'écrire.
    Pascal QUIGNARD

Parler, c'est faire figure. Écrire, c'est disparaître.
    Pascal QUIGNARD

Tout le secret de l'art est peut-être de savoir ordonner des émotions désordonnées, mais de les ordonner de telle façon qu'on en fasse sentir encore mieux le désordre.
    Charles-Ferdinand RAMUZ

On ne doit jamais écrire que de ce qu'on aime. L'oubli et le silence sont la punition qu'on inflige à ce qu'on a trouvé laid ou commun, dans la promenade à travers la vie.
    Ernest RENAN

L'ÉCRITURE

N'écris que par lassitude de regarder.
>   Jules RENARD

On ne peut guérir du mal d'écrire que pour tomber réellement, mortellement malade, et mourir.
>   Jules RENARD

Écrire, c'est une façon de parler sans être interrompu.
>   Jules RENARD

Ces notes que je prends chaque jour, c'est un avortement heureux des mauvaises choses que je pourrais écrire.
>   Jules RENARD

Il faut écrire comme on parle, si on parle bien.
>   Jules RENARD

J'arrive à la sécheresse idéale. Je n'ai plus besoin de décrire un arbre : il me suffit d'écrire son nom.
>   Jules RENARD

Je vais essayer d'écrire
Déjà je sais ce que je voudrais dire
Il me manque les mots que les autres ont pris
Comment faut-il qu'on me comprenne
Je demande à chacun qu'il y mette sa peine
Et beaucoup d'indulgence
Pour pardonner mon ignorance.
>   Pierre REVERDY

L'écriture n'est pas une fin en soi, elle est la nostalgie d'un ravissement.
>   Yasmina REZA

C'est exactement ça écrire, aller quelque part où on ne va pas... Et quoi qu'on fasse déjà, sur la page vide déjà, il y a le retour et la fin de l'aventure...

Yasmina REZA

Écrire n'est sans doute que le courage des faibles. Parlez-moi de la paresse des forts ; ils attendent d'être en prison pour faire un roman.

Jacques RIGAUT

Cherchez en vous-même. Explorez la raison qui vous commande d'écrire ; examinez si elle plonge ses racines au plus profond de votre cœur ; faites-vous cet aveu : devriez-vous mourir s'il vous était interdit d'écrire. Ceci surtout : demandez-vous à l'heure la plus silencieuse de votre nuit : me faut-il écrire ? Creusez en vous-même à la recherche d'une réponse profonde. Et si celle-ci devait être affirmative, s'il vous était donné d'aller à la rencontre de cette grave question avec un fort simple « Il le faut », alors bâtissez votre vie selon cette nécessité ; votre vie, jusqu'en son heure la plus indifférente et la plus infime, doit être le signe et le témoignage de cette impulsion.

Rainer Maria RILKE

D'une manière générale, je crois que l'on pourrait étudier les styles en fonction de l'attitude du « scripteur ». Il n'est pas insignifiant de se rappeler que Hugo écrivait face à un lutrin. On pourrait en déduire que sa phrase lyrique, ample, faite pour être dite est liée à ce fait : le lutrin et l'écriture debout. Je ne sais plus où j'ai lu récemment que quelqu'un avait tenté, le malheureux, d'écrire couché. Cette personne tout d'un coup s'est aperçue qu'elle faisait du Proust.

Angelo RINALDI

Il n'y a pas, pour un écrivain, deux manières possibles pour écrire un même livre. Quand il pense à un roman futur, c'est toujours une écriture qui d'abord lui occupe l'esprit, et réclame sa main. [...]
Ce qui se passera dans le livre vient après, comme sécrété par l'écriture elle-même.

Alain ROBBE-GRILLET

L'ÉCRITURE

Il faut que je trouve un moyen de m'adresser aux âmes inconnues, et c'est pour cela que j'écris ; c'est tout l'objet de ma vie.
>Romain ROLLAND

Ne jamais dire ou écrire un mot de plus ou de moins que ce qu'on croit vrai...
>Romain ROLLAND

On ne doit écrire que quand on y est forcé, quand il faut créer ou crever.
>Romain ROLLAND

Écrire avec son sang, disait Nietzsche. C'est-à-dire avec ses chromosomes.
>Jean ROSTAND

Il y a temps pour écrire, et temps pour devenir celui qui écrira.
>Jean ROSTAND

Si l'on savait pourquoi l'on écrit, on saurait, du même coup, pourquoi l'on vit. Écrire est une fonction biologique, où participent toutes les composantes instinctuelles de l'être.
>Jean ROSTAND

Écrire : la seule façon d'émouvoir autrui sans être gêné par un visage.
>Jean ROSTAND

Mes manuscrits raturés, barbouillés, mêlés, indéchiffrables, attestent la peine qu'ils m'ont coûté. Il n'y en a pas un qu'il ne m'ait fallu transcrire quatre ou cinq fois avant de le donner à la presse. Je n'ai jamais pu rien faire la plume à la main vis-à-vis d'une table et de mon papier. C'est à la promenade, au milieu des rochers et des bois, c'est la nuit dans mon lit et durant mes insomnies, que j'écris dans mon cerveau : l'on peut juger avec quelle lenteur, surtout pour un homme absolument dépourvu de mémoire verbale, et qui de sa vie n'a pu retenir six vers par cœur. Il y a telle de mes périodes que j'ai tournée et retournée cinq ou six nuits dans ma tête avant qu'elle fût en état d'être mise sur le papier. De là vient encore que je réussis mieux aux ouvrages qui demandent du travail qu'à ceux qui veulent être faits avec une certaine légèreté, comme les lettres.

    Jean-Jacques ROUSSEAU

Écrire pour démontrer est ennuyeux, écrire pour se montrer est dérisoire : il faudrait n'écrire que pour *dire*.

    Claude ROY

L'écriture, quand on corrige, pas plus drôle que de bâtir un mur quand on est maçon. Rien de plus décourageant, mais pourquoi admirerait-on les écrivains s'ils ne faisaient un métier hors du commun et harassant ?

    Jules ROY

Constaté que mon cycle de travail s'est tout naturellement adapté à celui de la terre en Europe : automne, semaille et germination ; hiver, travail secret dans les profondeurs ; printemps, éclosion des fleurs et formation des fruits ; été, moisson, récolte et repos. Comme la terre, je ne peux produire qu'au moment voulu.

    Jules ROY

Écrire moins pour laisser des traces que pour en retrouver.

    Robert SABATIER

Écrire, c'est lire en soi pour écrire en l'autre.

    Robert SABATIER

Il faut écrire le plus possible comme on parle, et ne pas trop parler comme on écrit.

    Charles Augustin SAINTE-BEUVE

Il faut me chercher tel que je suis dans ce que j'écris et qui est le résultat scrupuleux et réfléchi de ce que je pense et vois.

    Antoine DE SAINT-EXUPÉRY

L'ÉCRITURE

À la question toujours posée : « Pourquoi écrivez-vous ? », la réponse du Poète sera toujours la plus brève : « Pour mieux vivre. »
SAINT-JOHN PERSE

Moi, j'ai pris charge de l'écrit, j'honorerai l'écrit.
SAINT-JOHN PERSE

L'Écriture est l'enregistrement silencieux du Verbe.
SAINT-POL ROUX

Dans les divers arts, et principalement dans l'art d'écrire, le meilleur chemin entre deux points même proches n'a jamais été, ne sera jamais, et n'est pas la ligne droite.
José SARAMAGO

Chacun est enfermé dans son univers, et s'il ne considère pas qu'il est un absolu, il ne peut pas écrire. Il est impossible d'écrire en se disant : « Je suis moins bon qu'un tel. »
Nathalie SARRAUTE

Je compose dans la folie, et je relis dans la raison.
Nathalie SARRAUTE

Je n'ai pas besoin de faire des phrases. J'écris pour tirer au clair certaines circonstances. Se méfier de la littérature. Il faut tout écrire au courant de la plume sans chercher les mots.
Jean-Paul SARTRE

L'appétit d'écrire enveloppe un refus de vivre.
Jean-Paul SARTRE

Comme c'est en écrivant que l'auteur se forge ses idées sur l'art d'écrire, la collectivité vit sur les conceptions littéraires de la génération précédente...
Jean-Paul SARTRE

J'écris pour des raisons qui poussent les autres à dévaliser un bureau de poste, abattre le gendarme ou son maître, détruire un ordre social. Parce que me gêne quelque chose : un dégoût ou un désir.

Louis SCUTENAIRE

L'écriture, si elle prétend être davantage qu'un jeu, ou un enjeu, n'est qu'un long, interminable travail d'ascèse, une façon de se déprendre de soi en prenant sur soi : en devenant soi-même parce qu'on aura reconnu, mis au monde l'autre qu'on est toujours.

Jorge SEMPRUN

Ce n'est pas parce qu'écrire est difficile que nous n'osons pas. C'est parce que nous n'osons pas qu'écrire est difficile.

SÉNÈQUE

Celui qui parle, celui qui écrit est essentiellement un homme qui parle pour tous ceux qui sont sans voix.

Victor SERGE

J'écris pour qu'on m'aime un peu. C'est déjà beaucoup demander.

Pascal SEVRAN

Banni du royaume de l'enfance, j'ai utilisé le moyen de l'écriture pour me l'approprier définitivement.

Christian SIGNOL

Comme écrivain, vous avez gagné si tout le monde considère que tout ce que vous avez écrit est vrai, donc que rien n'a été écrit.

Philippe SOLLERS

Toute écriture, qu'elle le veuille ou non, est politique. L'écriture est la continuation de la politique par d'autres moyens.

Philippe SOLLERS

Malgré les souffrances qu'elle engendre, je trouve l'écriture plus excitante qu'angoissante. [...] Il serait enfin grand temps de faire l'apologie de la facilité, qui est souvent la vraie profondeur.

Philippe SOLLERS

Je fais tous les efforts possibles pour être *sec*. Je veux imposer silence à mon cœur qui croit avoir beaucoup à dire. Je tremble toujours de n'avoir écrit qu'un soupir, quand je crois avoir noté une vérité.

STENDHAL

En composant *La Chartreuse*, pour prendre le ton je lisais chaque matin deux ou trois pages du Code civil, afin d'être toujours naturel.

STENDHAL

Écrire m'est très difficile, c'est une lutte, les mots ne me viennent pas tout seuls, et la composition ne se fait pas seule non plus. Je n'ai aucune facilité. Je rassemble les morceaux à travers un processus très, très lent. Les pensées me viennent, comment dire, avec précaution.

William STYRON

Le devoir aide à vivre, parce qu'il divise le temps et ordonne le travail. Ce qui me manque peut-être, c'est l'absolue nécessité d'agir. La composition est, de sa nature, capricieuse, *journalière*, comme on dit, de là mille sophismes de la paresse pour différer, ajourner la besogne. On ne peut pas considérer comme un devoir de créer du beau, mais c'en est un de s'y essayer chaque jour et de ne point se rendre trop vite aux résistances et aux inerties de l'esprit.
Il me manque surtout une assistance, un appui, un vivant et actuel encouragement. Seul, seul, seul !

SULLY PRUDHOMME

N'aie crainte de paraître sot ; il faut avant tout avoir l'esprit libre ; et a l'esprit libre celui qui ne craint pas d'écrire des sottises.

Anton TCHEKHOV

La littérature a cela de bien qu'on peut être assis, la plume à la main, des journées entières et ne pas remarquer comme le temps passe et sentir, en même temps, quelque chose de semblable à la vie.

    Anton TCHEKHOV

Écrire comme si nous ne devions jamais mourir.

    Anton TCHEKHOV

Tout le monde est écrivain dès qu'il y a quelque chose à dire. Écrire, ce n'est rien ; le rare, le difficile, c'est d'avoir dans l'esprit des histoires, des pensées qui soient dignes d'être rapportées.

    Jérôme THARAUD

L'écriture qui ne prend pas de près contact avec la parole se dessèche comme la plante sans eau.

    Albert THIBAUDET

Vous n'écrivez pas mieux que vous ne valez. Chaque phrase est le résultat d'une longue probation. Le caractère de l'écrivain se lit depuis le titre jusqu'à la dernière ligne.

    Henry David THOREAU

Il ne faut écrire qu'au moment où chaque fois que tu trempes ta plume dans l'encre un morceau de ta chair reste dans l'encrier.

    Léon TOLSTOÏ

Le premier mouvement du *Quatrième Concerto pour piano* de Beethoven me revient avec une insistance lancinante, et toujours avec la même surprise émerveillée. Je ne peux m'habituer à la beauté de cette musique. En même temps, elle se donne comme l'équivalent sonore de mon prochain roman. En l'écoutant, je me dis : « Mais bien sûr, mais voilà, c'est comme cela qu'il faut écrire ! » Il me semble que le roman est là tout entier et que je n'ai qu'à traduire cette musique en mots, comme d'une langue étrangère parfaitement maîtrisée.

    Michel TOURNIER

L'ÉCRITURE

L'écriture, c'est comme les palpitations du cœur, cela se produit.
   Elsa TRIOLET

Ah ! Le repos d'écrire totalement en dehors de soi ! Même si, dans l'écriture, on s'évite difficilement, si c'est encore votre visage que vous renvoie la structure d'une phrase, le choix des mots, si on n'arrive pas à se rendre vraiment méconnaissable, et que moi, petite et blonde – blanche à l'heure qu'il est – ne me réveillerai jamais un beau matin, grande et brune...
   Elsa TRIOLET

Il y a une originalité chez l'écrivain qui consiste à ne pas essayer d'être original. [...] Je crois qu'il faut écrire selon son tempérament, selon le battement de ses tempes et la musculation de ses poignets, dire ce que l'on a envie de dire et ne pas se plier à des règles élaborées dans l'espoir d'être original à tout prix.
   Henri TROYAT

S'il fallait graver sur pierre dure au lieu d'écrire au vol, la littérature serait tout autre.
   Paul VALÉRY

Je trouve contre moi, en tant qu'écrivain, qu'il ne m'importe pas, et même qu'il m'excède, d'écrire ce que j'ai vu, ou senti, ou saisi. Cela est fini pour moi. – Je prends la plume pour l'avenir de ma pensée – non pour son passé. – Pour m'avancer et non pour revenir.
   Paul VALÉRY

Écrire en Moi-naturel. Tels écrivent en Moi-dièse.
   Paul VALÉRY

Que si je devais écrire, j'aimerais infiniment mieux écrire en toute conscience et dans une entière lucidité quelque chose de faible, que d'enfanter à la faveur d'une transe et hors de moi-même un chef-d'œuvre d'entre les plus beaux.
   Paul VALÉRY

L'enthousiasme n'est pas un état d'âme d'écrivain.
　Paul VALÉRY

Écrire enchaîne. Garde ta liberté.
　Paul VALÉRY

On sait qu'il faut écrire simplement ; mais on ne pense pas des choses assez solides pour soutenir la simplicité.
　Luc de Clapiers, marquis DE VAUVENARGUES

Écrivez pour votre plaisir ; vous aurez ainsi quelque chance de rencontrer le plaisir des autres.
　Pierre VEBER

Ce n'est pas pour survivre que l'on écrit – sauf dans les illusions de l'adolescence. Ce dont je parle en vérité, c'est des conditions nécessaires pour qu'une œuvre, parfois même sans éclat, nous paraisse telle qu'elle manquerait au monde si elle et son auteur n'avaient pas existé.
　VERCORS

Souvenez-vous, avant d'écrire, de la beauté du papier blanc.
　Louis VEUILLOT

Écrire n'est intéressant que lorsque l'œuvre collabore avec l'auteur, quand ils enfantent ensemble, quand il sort quelque chose qu'on n'attendait pas.
　Alexandre VIALATTE

Je n'ai pas
Assez de goût pour les livres
Et je songe trop à vivre
Et je pense trop aux gens
Pour être toujours content
De n'écrire que du vent.
　Boris VIAN

L'ÉCRITURE

À mon avis, pour décrire quelque chose de bizarre, il ne convient pas du tout de dire que c'est bizarre, ce qui rompt l'enchantement, mais au contraire de le décrire avec des mots simples et des phrases claires [...]. Quand on décrit de façon très précise une chose qui n'existe pas, ça lui donne une existence bien plus grande...
> Boris VIAN

La règle me déplaît, j'écris confusément :
Jamais un bon esprit ne fait rien qu'aisément.
> Théophile DE VIAU

Je ne me sens pas maître de ne point écrire. Nuit et jour, même à travers le sommeil, j'écris un livre intérieur. Le tracer sur le papier est un repos, quelque chose comme une saignée.
> Alfred DE VIGNY

En poésie, en philosophie et en toute littérature, quand on n'a que le temps de penser et d'écrire, on est perdu. Il faut avoir le temps de rêver.
> Alfred DE VIGNY

Le seul beau moment d'un ouvrage est celui où on écrit.
> Alfred DE VIGNY

On écrit comme on accouche ; on ne peut pas s'empêcher de faire l'effort suprême.
> Simone WEIL

Ce n'est pas *écrire* qui est le besoin, c'est vouloir écrire, sortir de la maison, manger, boire [...]. De même peut-être aimer n'est-il pas du tout un besoin mais *vouloir* aimer...
> Wim WENDERS

Dès qu'il y a écriture, tout est biaisé, truqué – un écrivain devrait savoir ça. Jamais le moi réel ni le moi authentique ne sont fournis dans un livre. Quand je vois certains jeunes confrères dire en gros

« je vide mes tripes dans mon roman », eh bien, je me dis qu'il y a d'autres endroits pour ça.

François WEYERGANS

Dire d'un livre qu'il est moral ou immoral n'a pas de sens. Un livre est bien ou mal écrit – c'est tout.

Oscar WILDE

L'écriture est un outil. Elle peut être utilisée pour représenter le monde ou pour le questionner sous de nombreuses formes. Certains – et j'en suis – pensent que l'achèvement d'un texte, sa portée, sont aussi profondément liés à la forme qu'au contenu. La forme ne fait pas le texte. Des idées creuses restent creuses quel que soit le vocabulaire ou la syntaxe. Mais les idées les plus puissantes paraissent futiles si le spectateur n'est pas happé dans le texte. Si le texte n'est pas travaillé pour, en retour, travailler le lecteur.

Martin WINCKLER

Traduction
et traducteurs

Je traduirai tout avec cette liberté sans laquelle aucune traduction ne s'élève au-dessus du mot à mot.

    Samuel Butler.

Le traducteur pénètre dans une sphère connue. Tout est parfaitement cultivé autour de lui et jamais il n'est seul. Il évolue comme dans un paysage couvert de parcs ou parmi des champs clairement délimités. Des mots l'accostent, semblables à des personnes, et lui souhaitent le bonjour. On lui a tracé le chemin, il risque peu de se perdre.

    Elias Canetti

Toutes les fois que je lis mes textes en traduction, ravalés à l'intelligible, dégradés par l'usage de tout le monde, je tombe dans la désolation et le doute. Tout ce que j'écris ne tiendrait qu'aux mots ? Le *brillant* ne passe pas dans une autre langue ; il y passe encore moins que la poésie. Quelle leçon de modestie et de découragement que de se lire dans un style de procès-verbal, après qu'on a peiné des heures sur chaque vocable ! Je ne veux plus qu'on me traduise, qu'on me déshonore à mes propres yeux.

    Emil Michel Cioran

Un auteur n'est pas tenu à la rigueur ; un traducteur l'est, il est même *responsable* des insuffisances de l'auteur.
Je mets un bon traducteur au-dessus d'un bon auteur.

    Emil Michel Cioran

Une traduction est mauvaise quand elle est plus claire, plus intelligible que l'original. Cela prouve qu'elle n'a pas su en conserver les ambiguïtés, et que le traducteur a *tranché* : ce qui est un crime.

    Emil Michel Cioran

Il ne s'agit pas de traduire, il s'agit de transsubstantier.

    Paul Claudel

La traduction ne se contente pas d'être un mariage. Elle doit être un mariage d'amour.

    Jean Cocteau

Le voyage des œuvres traduites ne concorde pas avec la peine que nous eûmes à les écrire. C'est justice. Elles sont en voyage. Elles se délassent de notre odieuse surveillance.

    Jean Cocteau

La traduction a cela de bon, c'est que si un ouvrage ne nous semble pas à la hauteur de sa réputation, on a toujours la consolation de se dire que ça doit être magnifique dans l'original.

    Octave Crémazie

J'espère avoir traduit comme un voleur plutôt que comme un serrurier.

    Jacques Demarcq

Il n'y a donc qu'un moyen de rendre fidèlement un auteur, d'une langue étrangère dans la nôtre : c'est d'avoir l'âme bien pénétrée des impressions qu'on en a reçues, et de n'être satisfait de sa traduction que quand elle réveillera les mêmes impressions dans l'âme du lecteur. Alors l'effet de l'original et celui de la copie sont les mêmes ; mais cela se peut-il toujours ?

Denis DIDEROT

Traduire, c'est lent et c'est toujours raté. Il faut choisir entre le sens et l'élégance de la langue et, quelle que soit la décision qu'on prenne, on n'arrête pas de compter ce qu'on perd.

Jean GROSJEAN

Je ne sais rien de plus émouvant que cette jeunesse éternelle d'un chef-d'œuvre qui voit mourir ses traductions l'une après l'autre, de vieillesse.

Sacha GUITRY

On n'est traduit en toutes langues que si l'on est de son pays, absolument.

Sacha GUITRY

Traduire, c'est transvaser une liqueur d'un vase à col large dans un vase à col étroit. Il s'en perd beaucoup. (On met de l'eau.)

Victor HUGO

Une œuvre de la langue traduite dans une autre langue : quelqu'un passe la frontière en y laissant sa peau, pour revêtir le costume local.

Karl KRAUS

Traduire un ouvrage qui nous a plu [...], c'est le posséder plus complètement, c'est en quelque sorte nous l'approprier. Or, c'est à cela que nous tendons toujours, plagiaires que nous sommes tous, à l'origine.

Valery LARBAUD

Traduire, c'est avoir l'honnêteté de s'en tenir à une imperfection allusive.

Pierre LEYRIS

La langue d'un écrivain véritable faisant trop corps avec le génie national, et les traducteurs en outre étant ce qu'ils sont (un écrivain véritable ne peut être traduit que par un écrivain véritable), je dirai que mes ouvrages ne sont pas faits pour les étrangers, et que, si j'allais au bout de ce que je pense, je refuserais qu'ils fussent traduits.

    Henry DE MONTHERLANT

La traduction ? Sur un plat
La tête pâle et grimaçante d'un poète,
Cri d'ara, jacassement de singe,
Profanation des morts.

    Vladimir NABOKOV

Traduire, comme voyager, exige qu'on soit tout yeux, perméable jusqu'à l'illusion de se perdre dans l'objet – mais en allant chercher au fond de soi le visage fantastique du récit.

    Michel ORCEL

Fuyant sa langue sans répit, sans cesse y faisant retour, le traducteur, désespéré, cherche une demeure.

    Michel ORCEL

Le lecteur avance la main dans celle de l'auteur. Il marche à ses côtés. Il peut faire une pause, observer son guide, l'interroger – mais, coûte que coûte, il devra suivre.
Le traducteur met ses pas dans les pas d'un marcheur absent. Un étranger, un mort, une ombre. Il refait, à sa propre allure, le même chemin.

    Michel ORCEL

Quel est le travail du corsaire ? Quand un bateau étranger lui plaît, il l'arraisonne. Jette l'équipage à la mer et le remplace par des amis. Puis hisse les couleurs nationales au sommet du plus haut mât. Ainsi fait le traducteur. Il capture un livre, en change tout le langage et le baptise français. Vous n'avez jamais pensé que les livres étaient des bateaux et les mots leur équipage ?

    Érik ORSENNA

Lorsqu'on dit qu'une traduction n'a pas saisi le sens de l'original, il faut comprendre qu'une meilleure traduction était possible ; mais il est illusoire de croire qu'aucune traduction possible ne parviendra à saisir le sens ou la référence « réels » de l'original.
Hilary PUTNAM

Traduire enfin, c'est lire en deux langues mais ne lire aucune. C'est affronter en le lisant, en le traduisant, en ne l'épuisant pas, en l'écrivant, cet intervalle physique et erratique qui se trouve tout à coup situé entre deux langues mais qui non seulement est au bord mais se révèle peu à peu au cœur de chacune d'elles.
Pascal QUIGNARD

Traduction, ce crime des gens malhonnêtes qui, ne connaissant ni l'une ni l'autre des langues, entreprennent avec audace de remplacer l'une par l'autre.
Jules RENARD

Un auteur peut éprouver une certaine jouissance à se savoir intraduisible.
Robert SABATIER

Et un mot de Gide, à propos d'un écrivain qu'il n'aimait pas : « Il gagne beaucoup à être traduit. »
Philippe SOLLERS

Traduire, c'est descendre sous les disparités extérieures de deux langues données pour ramener au jour leurs principes analogues et, en dernier ressort, communs.
George STEINER

La traduction récompense dans la mesure où elle apporte à l'original une espérance de vie et une zone géographique et culturelle où il peut se maintenir et qui lui manquerait sans elle. La culture moderne étant ce qu'elle est, les classiques grecs et latins sont redevables au traducteur d'avoir, en partie, échappé au silence.
George STEINER

La bonne traduction est « une espèce de dessin d'après nature ».
George STEINER

Malheur aux faiseurs de traductions littérales, qui en traduisant chaque parole énervent le sens ! C'est bien là qu'on peut dire que la lettre tue, et que l'esprit vivifie.
VOLTAIRE

Quant à la traduction, elle est le vaste champ si peu connu, si mal défriché, de l'expansion de notre littérature, dans l'univers entier, par les langues étrangères.
Émile ZOLA

IV

LES ÉCRIVAINS

Qu'est-ce qu'un écrivain ?

La vie d'un écrivain prend son sens à travers ce qu'il énonce, écrit et qui peut être transmis de génération en génération.
Et ce qui est retenu se résume, quelquefois, à une phrase, à un vers. Là est la vérité.

    Reb AB

Quand je considère attentivement l'empire littéraire, je crois voir une place publique, où une foule d'empiriques, montés sur des tréteaux, appelle les passants, et en impose au peuple qui commence par en rire, et qui finit par être dupe.

    Jean Lerond D'ALEMBERT

À un écrivain, le papier devrait lui être donné toute sa vie gratuitement !

    Jacques-Pierre AMETTE

L'interview littéraire ne vous dira pas à quoi ressemble un écrivain. Elle vous dira seulement à quoi cela ressemble d'interviewer un écrivain.

    Martin AMIS

C'est par le travail que l'homme se transforme... Je suis un homme donné et non un autre. J'ai mon métier, je suis défini socialement par là. Et à ceux qui me demandent : « À la fin qu'êtes-vous, communiste ou écrivain ? » je réponds toujours : je suis d'abord écrivain et c'est pourquoi je suis communiste. Les choses pour moi ont pris ce tour logique. C'est parce que dans mon métier, là où je sais mieux qu'un autre, j'ai touché les limites imposées, que je suis devenu ce que je suis.

    Louis Aragon

Chaque fois que je m'assois pour écrire, je vois sur la feuille de papier blanc trois grandes lettres :
M O I.

    Fernando Arrabal

L'écrivain devrait être non plus le témoin, mais la conscience de son temps.

    Marcel Aymé

C'est la faiblesse de presque tous les écrivains qu'ils donneraient le meilleur d'eux-mêmes et ce qu'ils ont écrit de plus propre pour obtenir un emploi de cireur de bottes dans la politique.

    Marcel Aymé

Tout écrivain, s'il veut être pris au sérieux, [...] se doit d'avoir la fibre révolutionnaire. Soit qu'il l'écrive expressément, soit qu'il le donne à penser par le désordre de ses idées, la violence de l'expression, l'anarchie de la syntaxe ou tout autre singularité, il faut d'abord que le lecteur puisse flairer dans son œuvre un penchant certain pour le chambardement social.

    Marcel Aymé

Les littérateurs, il faut s'y résigner, ne sont pas faits pour dire la vérité, surtout si elle est ennuyeuse, je veux dire par là contrariante. Ils ont un tout autre rôle, hautement honorable d'ailleurs, qui consiste à refléter leur époque, à en faire du frisson, que ce soit en prose ou en vers et à offrir généreusement ce qui est le plus demandé. Chacun d'eux doit s'efforcer d'être plus original que ses

confrères, c'est-à-dire de se conformer aux usages du moment et de proposer la marchandise en vogue sous l'aspect le plus surprenant.
>   Marcel AYMÉ

Les littérateurs ont pris, aux yeux des bourgeois cultivés, beaucoup plus d'importance que leurs productions.
>   Marcel AYMÉ

Les écrivains feraient mieux de ne pas écrire. Qu'ils s'avisent d'entendre ce qu'on dit à leur sujet, et ils seront guéris de l'écriture. Persévérer dans cette « profession délirante », c'est être fou, ou en passe de le devenir.
>   Frédéric BADRÉ

Un grand écrivain est un martyr qui ne mourra pas...
>   Honoré DE BALZAC

La loi de l'écrivain, ce qui le fait tel, ce qui, je ne crains pas de le dire, le rend égal et peut-être supérieur à l'homme d'État, est une décision quelconque sur les choses humaines, un dévouement absolu à des principes.
>   Honoré DE BALZAC

Les succès littéraires ne se conquièrent que dans la solitude et par d'obstinés travaux.
>   Honoré DE BALZAC

L'écrivain doit avoir analysé tous les caractères, épousé toutes les mœurs, parcouru le globe entier, ressenti toutes les passions, avant d'écrire un livre. [...] Il a réellement vu le monde, ou son âme le lui a révélé intuitivement.
>   Honoré DE BALZAC

L'écrivain doit être familiarisé avec tous les effets, toutes les natures. Il est obligé d'avoir en lui je ne sais quel miroir concentrique où, suivant sa fantaisie, l'univers vient se réfléchir.
>   Honoré DE BALZAC

Le fou et l'écrivain sont des hommes qui voient un abîme, et y tombent...

Honoré DE BALZAC

Les textes qui sont écrits contre la névrose, du sein de la folie, ont en eux, *s'ils veulent être lus*, ce peu de névrose nécessaire à la séduction de leurs lecteurs : ces textes terribles sont *tout de même* des textes coquets.
Tout écrivain dira donc : *fou ne puis, sain ne daigne, névrosé je suis.*

Roland BARTHES

L'écrivain, aujourd'hui, est fondamentalement et transcendentalement seul. Bien sûr, il a accès à des appareils de presse et d'édition. Mais cela n'élimine pas sa solitude de créateur qui est très grande. L'écrivain aujourd'hui n'est soutenu par aucune classe sociale repérable, ni par la grande bourgeoisie (à supposer qu'elle existe encore), ni par la petite bourgeoisie, ni par le prolétariat qui, culturellement, est petit-bourgeois. L'écrivain est dans une marginalité si extrême qu'il ne peut même pas bénéficier de l'espèce de solidarité existant entre certains types de marginaux ou de minorités.

Roland BARTHES

Il y a dans la jeunesse littéraire, comme dans la jeunesse physique, une certaine beauté du diable qui fait pardonner bien des imperfections.

Charles BAUDELAIRE

Le jour où le jeune écrivain corrige sa première épreuve, il est fier comme un écolier qui vient de gagner sa première vérole.

Charles BAUDELAIRE

Écrivain. Terme noble dont la première syllabe est bellement conjonctive, dont la seconde est conforme à la définition sartrienne (on écrit pour alerter), mais dont la dernière fait beaucoup de tort aux précédentes.

Hervé BAZIN

QU'EST-CE QU'UN ÉCRIVAIN ?

Je passe mon existence devant mes livres et devant ma table de travail, pur cerveau... l'essentiel est de me présenter comme une anormale... le fait est que je suis écrivain... une femme « écrivain » ce n'est pas une femme d'intérieur qui écrit mais quelqu'un dont toute l'existence est commandée par l'écriture. Cette vie en vaut bien une autre. Elle a ses raisons, son ordre, ses fins auxquels il ne faut rien comprendre pour la juger extravagante.

Simone DE BEAUVOIR

L'écrivain original, tant qu'il n'est pas mort, est toujours scandaleux.

Simone DE BEAUVOIR

La vie est un halo lumineux, une enveloppe semi-transparente qui nous entoure du commencement à la fin de notre état semiconscient. N'est-ce pas la tâche de l'écrivain de nous rendre sensible ce fluide élément changeant, inconnu et sans limites précises, si aberrant et si complexe qu'il puisse se montrer, en y mêlant aussi peu que possible l'étrange et l'extérieur.

Simone DE BEAUVOIR

Je me laisse envahir, déposséder, diriger. Par le rêve, par la méditation. Je suis une terre d'asile... Mais suis-je un écrivain ?

Nina BERBEROVA

Qu'il choisisse l'imaginaire ou que l'imaginaire le choisisse, c'est toujours contre le réel que l'écrivain travaille et de façon à l'oublier.

Yves BERGER

Il faudra violenter les mots, forcer les éléments. Encore le succès ne sera-t-il jamais assuré ; l'écrivain se demande à chaque instant s'il lui sera bien donné d'aller jusqu'au bout ; de chaque réussite partielle il rend grâce au hasard, comme un faiseur de calembours pourrait remercier des mots placés sur sa route de s'être prêtés à son jeu.

Henri BERGSON

Je ne repousse pas ce nom d'écrivain par une sorte de snobisme à rebours. J'honore mon métier auquel ma femme et mes gosses doivent, après Dieu, de ne pas mourir de faim. J'endure même humblement le ridicule de n'avoir encore que barbouillé d'encre cette face de l'Injustice, dont l'incessant outrage est le sel de ma vie.

Georges BERNANOS

Cette rage d'être compris, par quoi seulement nous héritons (hélas ! hélas !), vous et moi, le nom d'hommes de lettres, je pense que nous en emporterons la démangeaison dans le purgatoire, pour l'expiation de nos péchés.

Georges BERNANOS

La condition en ce monde de véritable homme de lettres ressemble beaucoup à celle du touriste, la passion qui les anime est celle de la curiosité. L'homme de lettres va d'idée en idée comme l'autre de paysage en paysage.

Georges BERNANOS

Le premier devoir d'un écrivain est d'écrire ce qu'il pense, coûte que coûte. Ceux qui préfèrent mentir n'ont qu'à choisir un autre métier – celui de politicien, par exemple.

Georges BERNANOS

Travaillez... Si le bon Dieu veut vraiment de vous un témoignage, il faut vous attendre à beaucoup travailler, à beaucoup souffrir, à douter de vous sans cesse, dans le succès comme dans l'insuccès. Car pris ainsi, le métier d'écrivain n'est plus un métier, c'est une aventure, et d'abord une aventure spirituelle. Toutes les aventures spirituelles sont des Calvaires.

Georges BERNANOS

Le métier d'écrivain ne consiste pas à scruter l'opinion, mais à essayer de la former.

Tristan BERNARD

Un bon écrivain c'est comme une pute parce qu'il se met tout nu devant quelqu'un qu'il ne connaît pas pour lui donner du plaisir moyennant finances.

Patrick BESSON

QU'EST-CE QU'UN ÉCRIVAIN ?

Beaucoup d'écrivains ne peuvent pas, ou ne veulent pas, ou ne se sentent pas capables d'écrire ce qu'ils pensent, ce qu'ils ressentent au quotidien. Ils craignent que cela nuise à leur œuvre. Pourtant, si vous discutez un peu avec eux, vous vous rendez compte qu'ils ont des idées délirantes. En ne s'exprimant pas ils deviennent bilieux, bourrés d'humeurs et tentés, souvent, d'instiller de façon sournoise de l'idéologie dans leur œuvre.

Patrick BESSON

Ne rien écrire et ne rien faire qui ne marque une défaite du hasard et, par là aussi, sa victoire, c'est la première pensée que doit avoir un écrivain, s'il veut vraiment être auteur.

Maurice BLANCHOT

L'écrivain qu'on appelle classique – du moins en France – sacrifie en lui la parole qui lui est propre, mais pour donner voix à l'universel.

Maurice BLANCHOT

L'écrivain ne lit jamais son œuvre. Elle est, pour lui, l'illisible, un secret en face de quoi il ne demeure pas.

Maurice BLANCHOT

Se tromper en trompant les autres, c'est le lot de l'écrivain...

Maurice BLANCHOT

Seuls l'écrivain, le savant, l'inventeur, doivent leur gain au travail personnel, sans la plus légère souillure d'exploitation.

Auguste BLANQUI

Un conseil à destination des jeunes écrivains : si vous voulez exister, commencez par mourir.

Antoine BLONDIN

Tout écrivain doit porter ses livres sur sa figure.

Léon BLOY

Un écrivain, un penseur ne doit jamais avoir d'influence personnelle. Sinon il cesse d'être un penseur ou un artiste ; il est un apôtre.

Léon BLUM

L'enfance continuée longtemps après l'enfance : c'est ce que vivent les amoureux, les écrivains et les funambules.

Christian BOBIN

Une obsession, une seule obsession, tenace, infatigable, une obsession profonde, insistante, incurable : c'est avec ça qu'on fait un écrivain – ou un fou.

Christian BOBIN

Ce n'est pas pour devenir écrivain qu'on écrit. C'est pour rejoindre en silence cet amour qui manque à tout amour. C'est pour rejoindre le sauvage, l'écorché, le limpide.

Christian BOBIN

Soyez plutôt maçon, si c'est votre talent,
Ouvrier estimé dans un art nécessaire,
Qu'écrivain du commun, et poète vulgaire.

Nicolas BOILEAU

Travaillez, pour la gloire, et qu'un sordide gain
Ne soit jamais l'objet d'un illustre écrivain.

Nicolas BOILEAU

Un auteur ne vit pas au sommet d'un phare qui fait rayonner la pureté, qui découvre la boue à l'entour puis, avec l'éclat de toute sa pureté, commence à couvrir cette boue d'invectives. Mon auteur est sur terre, sur cette terre dont il est fait, et son amertume est l'amertume de cette terre dont il est fait.

Heinrich BÖLL

Je ne crois pas plus à la république des lettres qu'à toute autre république ; le monde littéraire est divisé, comme le monde politique, en États particuliers qui ont chacun leurs fondateurs, leurs législa-

teurs, leur succession légitime de monarques, et qui ont aussi leurs révolutions et leurs usurpateurs.
Louis de Bonald

L'erreur des jeunes écrivains est de croire que la littérature est un métier.
Henry Bordeaux

Chaque écrivain crée ses précurseurs.
Jorge Luis Borges

Les meilleurs écrivains n'emploient pas d'artifices ; en tous cas, leurs artifices sont secrets.
Jorge Luis Borges

Si un écrivain est conscient de tout ce qu'il y a dans son œuvre, il ne vaut rien ! Il faut qu'il soit un peu innocent. Un poète ne doit pas être intelligent. La création doit avoir lieu comme en rêve.
Jorge Luis Borges

Je suis un simple passager de mes pages, ou leur intrus.
Alain Bosquet

[L'écrivain] passe sa vie à essayer de découvrir qui il est. Cette recherche incessante constitue la substantifique moelle de son œuvre. Et plus il est honnête avec lui-même, plus il va pouvoir aider les autres.
Ray Bradbury

J'envie tout homme qui a le temps de préparer quelque chose comme un livre, qui, en étant venu à bout, trouve le moyen de s'intéresser au sort de cette chose ou au sort qu'après tout cette chose lui fait.
André Breton

Je n'ai pas et n'ai jamais écrit en « professionnel ». Je ne me crois pas tenu à annoncer livre sur livre, et ma conception de la vie n'est pas telle qu'on ait chance de me trouver [...] la plume à la main à mon heure dernière.

André BRETON

Je ne connais pas d'écrivain, digne de ce nom, ni d'artiste, qui n'ait lucidement assumé [le] rôle de bourreau de soi-même pour tirer de lui des aveux qui le déchirent et presque toujours le condamnent. Tout combat pour l'expression est un combat contre le Diable, qui vous porte à falsifier vos aveux, à vous trouver des justifications qui s'opposent à ce plus haut vers lequel s'efforce tout artiste authentique, dans l'expression la plus achevée de son œuvre.

Raymond-Léopold BRUCKBERGER

C'était un écrivain, ce genre d'hommes dont il faut se méfier parce qu'ils ne sont enfermés dans aucune scolastique, ce sont des esprits libres : quand ils se mettent à comprendre les choses, on ne sait jamais jusqu'où ils peuvent aller et nous mener derrière eux.

Raymond-Léopold BRUCKBERGER

Si l'on se consacre entièrement à son métier d'écrivain, on ne vit plus, on ne goûte plus la vie.

Anthony BURGESS

Les écrivains, on les connaît ; d'une aventure, d'une personne, d'une scène, ils retiennent un trait, parce qu'il fait bien, et passent sur tout le reste qui n'en a pas moins existé.

José CABANIS

[Certains] penseront qu'il n'y a pas plus menteurs que les écrivains, au moins par omissions, je préfère admettre que se sont des artistes qui composent un tableau où il n'y a pas toute la nature, bien entendu : on sélectionne, et les couleurs, et les traits.

José CABANIS

Je me suis toujours étonné que les écrivains les plus sincères, les plus cyniques, qui vous racontent impudemment leurs aventures

sexuelles ou leurs bassesses, ne publient jamais leurs livres de comptes. C'est le domaine interdit. Les revenus, on n'en parle que si l'on n'en a pas.
    Roland CAILLEUX

Il a écrit pour vous. Pour vous tous. Parce qu'il est venu au monde avec ce besoin de vider son sac qui le reprend périodiquement. Parce qu'il a vécu ce que nous vivons tous, qu'il a fait dans ses langes et bu au sein, il y a trente ou cinquante ans, a épousé et trompé sa femme, a eu son compte d'emmerdements, a peiné et rigolé de bons coups dans sa vie, parce qu'il a eu faim de corps jeunes et de plats savoureux, et aussi de Dieu de temps à autre et qu'il n'a pas su concilier le tout de manière à être en règle avec lui-même.
    Louis CALAFERTE

Les auteurs, il vaut mieux ne jamais les connaître parce que leur personne réelle ne correspond jamais à l'image qu'on se fait en les lisant.
    Italo CALVINO

Ce que j'ai à dire est plus important que ce que je suis. S'effacer – et *effacer*.
    Albert CAMUS

Un écrivain ne doit pas parler de ses doutes en face de sa création. Il serait trop facile de lui répondre : « Qui vous force à créer si c'est une angoisse si continue, pourquoi la supportez-vous ? » Les doutes, c'est ce que nous avons de plus intime. Ne jamais parler de ses doutes – *quels qu'ils soient*.
    Albert CAMUS

Parfois, je trouve ce métier dérisoire. Nous prenons la parole ; mais personne ne nous l'a donnée...
    Albert CAMUS

Souvent, la gloire littéraire n'est que l'anesthésie dorée de la faim.
    Camilio José CELA

LES ÉCRIVAINS

Moi vous savez le grrrand écrivain me fait bien chier, le brasseur de fresques !... Je trouve ces gens impuissants à barrir, agaçants, irritants, rabâchants à l'infini des topos archifatigués, des bouts d'Évangile en somme, jazzés un peu... à peine et mal.

    Louis-Ferdinand CÉLINE

Je m'intéresse peu aux hommes, à leur opinion. C'est leur trognon qui m'intéresse. Pas ce qu'ils disent, mais ce qu'ils sont.

    Louis-Ferdinand CÉLINE

Ces gens écrivains ne marchent pas sur terre... Ils évoluent dans les nuées des mots. Et ils ne savent rien faire à mon sens avec les mots, ressassant les clichés. Ils sont ivres de vanité, et ivrognes sans fantaisie.

    Louis-Ferdinand CÉLINE

Moi [...], devenu écrivain, un comble ! Car écrire, c'est peut-être abdiquer...

    Blaise CENDRARS

S'il te parle de ton livre, c'est pour que tu lui parles du sien, naïf !

    Gilbert CESBRON

Je suis étonné du nombre de gens qui ont écrit, écrivent ou que démange l'envie d'écrire un roman. Qu'espèrent-ils ? Paraître pour paraître ? C'est un sot qu'on paraît, la plupart du temps.

    Maurice CHAPELAN

Un écrivain ne lit pas ses confrères, il les surveille.

    Maurice CHAPELAN

J'attends d'un auteur qu'il me parle de lui, c'est-à-dire de moi : qu'il augmente la conscience que j'ai de moi-même par identification ou par opposition avec la sienne.

    Maurice CHAPELAN

QU'EST-CE QU'UN ÉCRIVAIN ?

Un écrivain, un poète en particulier, est quelqu'un qui travaille toute sa vie à faire de soi un être sans défense.
Madeleine CHAPSAL

C'est pour faire exister ce qui n'existe pas qu'il faut sans cesse de nouveaux écrivains !
Madeleine CHAPSAL

Un auteur est original, ou bien il passera vite. Il est un créateur, ou bien il n'est rien. Comment définir le créateur ? C'est un auteur qui existe.
Jacques CHARDONNE

Nous sommes persuadés que les grands écrivains ont mis leur histoire dans leurs ouvrages. On ne peint bien que son propre cœur, en l'attribuant à un autre.
François-René DE CHATEAUBRIAND

L'écrivain original n'est pas celui qui n'imite personne, mais celui que personne ne peut imiter.
François-René DE CHATEAUBRIAND

Tel est l'embarras que cause à l'écrivain impartial une éclatante renommée ; il l'écarte autant qu'il peut, afin de mettre le vrai à nu ; mais la gloire revient comme une vapeur radieuse et couvre à l'instant le tableau.
François-René DE CHATEAUBRIAND

Plus un écrivain est *original*, plus il risque de dater et d'ennuyer : dès qu'on s'habitue à ses trucs, il est fini. La vraie originalité est inconsciente de ses moyens et il faut qu'un auteur soit porté par son talent ; au lieu de le diriger et de l'exploiter.
Emil Michel CIORAN

Toute œuvre est tributaire d'un désarroi. L'écrivain est le parasite de ses souffrances.
Emil Michel CIORAN

LES ÉCRIVAINS

Le patrimoine d'un écrivain, ce sont ses secrets, ses défaites cuisantes et inavouées ; et c'est la fermentation de ses hontes qui est le gage de sa fécondité.

Emil Michel Cioran

Un écrivain compris est un écrivain surfait.

Emil Michel Cioran

Qu'est-ce qu'un écrivain, sinon quelqu'un qui grossit tout par tempérament, qui accorde une importance indue à tout ce qui lui arrive, qui par *instinct* exaspère ses sensations ? S'il ressentait les choses telles qu'elles sont, et ne réagissait à leur égard qu'en proportion de leur valeur... « objective », il ne pourrait rien préférer, donc, rien approfondir.

Emil Michel Cioran

Car à quoi sert l'écrivain, si ce n'est à tenir des comptes ?
Que ce soit les siens, ou d'un magasin de chaussures, ou de l'humanité entière ?

Paul Claudel

Pour célébrer la mémoire de tous les écrivains passés je propose un siècle de silence.

Paul Claudel

N'invitez pas plusieurs hommes de lettres à la fois : un bossu préférera toujours la compagnie d'un aveugle à celle d'un autre bossu.

Paul Claudel

L'œuvre n'est pas le produit de l'artiste, l'artiste est l'instrument de l'œuvre.

Paul Claudel

Je crois que la principale qualité d'un écrivain est la sincérité. Un écrivain ne doit pas avoir peur d'aller puiser ses réserves au fond de lui, même si cela est douloureux. Il doit mettre dans ses livres ce

QU'EST-CE QU'UN ÉCRIVAIN ?

qu'il a de meilleur en faisant abstraction de la souffrance qu'il doit endurer.
    Bernard CLAVEL

Un romancier n'est pas un fabricant. Je n'ai jamais rien calculé dans ma vie. J'ai toujours fait les choses avec les couilles.
    Bernard CLAVEL

Le métier d'écrivain est d'abord un métier de solitaire. Dès qu'un authentique écrivain s'écarte de cette vérité fondamentale et de la règle qu'elle lui dicte, il est fatalement puni. Il va inévitablement rencontrer des médiocres venus brouter à son râtelier et leur vue va le blesser.
    Bernard CLAVEL

Le don d'écrivain n'est autre qu'une mise en œuvre très humble des forces du schizophrène qui se cache en chacun de nous. Il en résulte ces monstres merveilleux qui naissent des noces nocturnes du conscient et de l'inconscient.
    Jean COCTEAU

Un écrivain engagé est un moucheron qui croit pousser et culbuter une pyramide qui ne bouge pas, ne bougera pas, tandis que le moucheron continuera de bourdonner autour de la lourde pyramide et s'époumonera et se cambrera, athlète de l'inutile pensée et poussée.
    Albert COHEN

Née d'une famille sans aucune fortune, je n'avais appris aucun métier. Je savais grimper, siffler, courir – mais personne ne m'a proposé une carrière d'écureuil, d'oiseau ou de biche. Vint un jour où la nécessité me mit une plume en main, où, en échange de pages que j'avais écrites, on me remit un peu d'indispensable, d'urgent argent. Alors je compris qu'il me faudrait chaque jour écrire, lentement, patiemment, docilement écrire.
    Sidonie Gabrielle COLETTE

Il est terrible pour une famille de compter un écrivain dans ses rangs. Soit il est considéré comme un appareil enregistreur qui révèle des secrets de famille et leur donne un sens erroné. Soit comme un affabulateur.

Paule CONSTANT

La rage d'écrire est une terrible maladie, et qui frappe à tort et à travers. Passe pour ces petits notaires de province en mal de succès littéraires ; ils sont riches de temps et d'argent. Mais combien d'autres, moins bien pourvus, tueraient, comme on dit, père et mère pour se voir enfin imprimés ; et ne se feraient pas scrupule de les mettre bien gentiment sur la paille avec toute la parenté en mesure de souscrire pour, en fin de compte, lui offrir un livre qui ne sera jamais lu.

José CORTI

La petite troupe des femmes auteurs se faisant de plus en plus nombreuse, verrons-nous quelque jour s'instaurer l'élection d'une Miss littérature ?

José CORTI

Il y a pour les gens très bêtes un spectacle très récréatif : c'est celui d'un homme de lettres dans l'exercice de ses fonctions.
Je ne crois pas qu'il soit un champ où fleurisse, s'épanouisse, prospère, de plus luxuriante façon, l'observation narquoise des niais et leur ineffable goguenarderie.

Georges COURTELINE

Si j'écris, c'est pour faire enrager mes confrères ; pour faire parler de moi et tenter de me faire un nom. Avec un nom on réussit avec les femmes et dans les affaires.

Arthur CRAVAN

Les yeux d'un écrivain, pour être clairs, doivent être secs.

Georges DARIEN

En unissant l'ange à la bête, Dieu a créé l'écrivain.

Robert DEBRÉ

Il faut être écrivain de profession pour écrire sur ce qu'on ne sait qu'à moitié, ou sur ce qu'on ne sait pas du tout.

>   Eugène DELACROIX

À côté de la vie intérieure, de la vie psychologique, où se complaisent la plupart des romanciers, il y a tout de même la vie du corps, la vie des cinq sens. Il y a, certes, ce qui touche à l'âme de l'homme ; mais aussi ce qui affecte ses yeux, sa bouche, son nez, ses oreilles, ses organes génitaux. Quel incroyable renversement des rôles que de mettre la raison au-dessus des yeux ! J'ai essayé de dire que devant l'univers, l'homme est d'abord un corps sensible. Une cathédrale est avant tout pierre. Un homme est avant tout chair.

>   Joseph DELTEIL

Menacé par sa réussite comme par son échec, tout écrivain est en état d'insécurité permanente.

>   Louis-René DES FORÊTS

Qu'un auteur intelligent fasse entrer dans son ouvrage des traits que le spectateur s'applique, j'y consens ; qu'il y rappelle des ridicules en vogue, des vices dominants, des événements publics ; qu'il instruise et qu'il plaise, mais que ce soit sans y penser. Si l'on remarque son but, il le manque ; il cesse de dialoguer, il prêche.

>   Denis DIDEROT

La liberté d'écrire et de parler impunément, marque ou l'extrême bonté du principe, ou le profond esclavage du peuple ; on ne permet de dire qu'à celui qui ne peut rien.

>   Denis DIDEROT

L'écrivain idéal serait un muet qui écrit ; les lecteurs à venir vont parler devant, autour et à travers son texte lancé. Sur quoi, le dialogue établi lui permet de reconquérir sa voix.

>   Assia DJEBAR

Les mots sont des silex, et les écrivains des voleurs de feu, des incendiaires dans le meilleur des cas. Ils sentent le soufre.

>   Philippe DJIAN

Je me souviens qu'à l'église lorsque j'entendais : « Prenez, car ceci est mon corps. Buvez, car ceci est mon sang », j'éprouvais un étrange malaise. Je sais qu'il y a des auteurs qui ont un peu cette conception de la création, qui seraient prêts à se tailler en morceaux, à s'arracher par petits bouts pour distribuer un peu de leur substance à chacun de leurs admirateurs.

Philippe DJIAN

On est écrivain par moments, par petits bouts. Je crois que c'est comparable à un état de conscience différent de l'ordinaire. Avec l'expérience, on peut se maintenir dans cet état un peu plus longtemps, mais jamais de façon continue.

Philippe DJIAN

En France, on ne voit jamais les écrivains prendre le frais sur le pas de leur porte. [...] Ils passent leur vie derrière des murs de pierres, derrière des piles de livres, derrière des montagnes de papier. Derrière la vie. De quasi-ectoplasmes. Il faut faire du chemin pour les rencontrer, ou seulement les voir. C'est toute une initiation, pleine de ruses et de patience. L'écrivain français ne se montre pas, en règle générale. Ou alors, c'est qu'il s'affiche, qu'il s'exhibe. Et c'est comme s'il n'y avait pas de moyen terme entre la pudeur et l'arrogance.

Philippe DJIAN

Les grands écrivains, immédiatement après leur mort, montent en loge pour l'immortalité à peu près comme les élèves des Beaux-Arts pour le prix de Rome. Ils y demeurent entre dix et cinquante ans et l'on ne peut juger de leur gloire définitive que lorsque les adolescents qui furent contemporains de leur vieillesse sont eux-mêmes disparus.

Maurice DRUON

Je compte les écrivains qui sont capables de me donner faim.

Georges DUHAMEL

L'écrivain digne de ce nom n'est pas seulement l'homme qui nous apporte des idées, des formules, des mots, des images, c'est, d'abord, celui qui nous aide à penser nos propres pensées, celui

dont l'assistance et l'intervention nous permettent de prendre complètement possession de notre âme.
Georges Duhamel

Le premier devoir d'un homme qui parle ou qui écrit, c'est d'être libre.
Georges Duhamel

Pour tout homme qui tient une plume, le dessein fondamental est de transcender l'anecdotique dans le dessein d'atteindre à l'essentiel.
Georges Duhamel

Les gens de ma sorte semblent défendus contre certains rêves. Ils savent, ils sentent, avec une force désespérée, qu'un jour futur, l'homme, le mot d'homme, l'idée et le souvenir de l'homme, tout cela ne signifiera plus rien dans un monde à jamais déserté par les esprits de notre essence. Ces courageux n'en inventent pas moins chaque jour de nouvelles façons et de nouvelles raisons de se priver de tout, de se sacrifier pour des principes et des lois, de construire des monuments et des doctrines, de laisser, à l'avenir sans issue, des témoignages pathétiques de notre grandeur et de notre misère.
Georges Duhamel

Pourquoi écrit-on sur les écrivains ? Leurs livres devraient suffire.
Marguerite Duras

Je crois que les hommes m'ont aimée parce que j'écrivais. Un écrivain c'est la terre étrangère, l'écrivain appelle le viol. Il l'appelle vraiment comme on appelle la mort.
Marguerite Duras

Tout le monde éprouve l'envie d'écrire, non ? La seule difficulté entre les écrivains et les autres est que les premiers écrivent, publient, et que les seconds ne font qu'y penser. C'est même la seule définition dialectiquement juste de l'écrivain : un homme qui publie. Mais il y a des tas de gens qui passent leur vie à entretenir leur envie de faire un roman sans aller plus loin.

    Marguerite Duras

Il y a le suicide dans la solitude d'un écrivain.

    Marguerite Duras

La mission de l'écrivain, c'est de troubler les agonies.

    Jean Dutourd

Je pense que l'écrivain n'a pas de mission précise ou un message particulier à transmettre ; il doit simplement un certain respect à l'écriture elle-même, à la fiction. L'écrivain doit offrir le témoignage d'amour de la prose et de la littérature le meilleur possible, le plus vrai, le plus passionné.

    Jean Echenoz

C'est parfois la seule chose qui pousse un philosophe à philosopher, un écrivain à écrire : laisser un message dans une bouteille, pour que, peu ou prou, les choses auxquelles on croyait ou qui nous semblaient bonnes puissent être encore crues ou paraître bonnes à ceux qui viendront.

    Umberto Eco

L'écrivain peut être comparé au témoin de l'accusation ou de la défense, parce que, tout comme le témoin au tribunal, il a aperçu quelque chose qui a échappé aux autres.

    Ilya Ehrenbourg

Un auteur, de nos jours, est un moine qui écrit pour son couvent, isolé dans un petit monde isolé. La littérature est devenue conventuelle.

    Émile Faguet

C'est Ernest Hemingway qui disait : « À chaque fois, je remets mon titre en jeu. » Là est l'angoisse de la profession : est-ce que je vais pouvoir écrire un nouveau livre ? Car l'écrivain est une source qui

se tarit peu à peu, inéluctablement. C'est épouvantable, comme dans un autre métier, ni plus ni moins : le jardinier sait qu'un jour, faute de moyens physiques, il ne pourra plus planter sa bêche, l'écrivain sait, son talent épuisé, qu'il devra un jour s'arrêter d'écrire.
>> René FALLET

Afin qu'un ouvrage soit véritablement beau, il faut que l'auteur s'y oublie, et me permette de l'oublier.
>> François de Salignac de La Mothe-FÉNELON

Le travail de tout bon écrivain : nager sous l'eau en retenant son souffle.
>> Francis Scott FITZGERALD

L'auteur, dans son œuvre, doit être comme Dieu dans l'univers, présent partout et visible nulle part.
>> Gustave FLAUBERT

Il y a en moi, littérairement parlant, deux bonshommes distincts : un qui est épris de gueulades, de lyrisme, de grands vols d'aigle, de toutes les sonorités de la phrase et des sommets de l'idée ; un autre qui creuse et qui fouille le vrai tant qu'il peut, qui aime à accuser le petit fait aussi puissamment que le grand, qui voudrait vous faire sentir presque matériellement les choses qu'il reproduit.
>> Gustave FLAUBERT

Écrire, ce n'est pas un métier, c'est tout simplement une condamnation.
>> Roger FOURNIER

On ne prend pas assez garde qu'un écrivain, fût-il très original, emprunte plus qu'il n'invente. La langue qu'il parle ne lui appartient pas ; la forme dans laquelle il coule sa pensée, ode, comédie, conte, n'a pas été créée par lui ; il ne possède en propre ni sa syntaxe ni sa prosodie. Sa pensée même lui est soufflée de toutes parts. Il a reçu les couleurs ; il n'apporte que les nuances, qui parfois, je le sais,

sont infiniment précieuses. Soyons assez sages pour le reconnaître : nos œuvres sont loin d'être toutes à nous.
    Anatole FRANCE

Chaque écrivain tente seulement de jouer le rôle qui convient à son physique verbal.
    Bernard FRANK

J'ai en méfiance ces écrivains aux rares livres, qui vous forcent à vous attabler un temps abominable devant leur première ligne venue, sous prétexte qu'il y a festin sous roche.
    Bernard FRANK

C'est très différent d'écrire des livres pour rire, pour soi, pour épater à la rigueur deux, trois personnes, et des livres pour gagner sa vie. Se convertir à l'usine, transformer ses dons en métier, ce n'est pas donné à tout le monde, c'est peut-être ce qu'il y a de plus difficile. Encore heureux qu'il y ait des écrivains qui essaient de gagner leur vie par leurs livres, sinon la littérature ne serait plus qu'un grand parc d'enfants. D'enfants rageurs. Vous imaginez ce qu'elle serait, la malheureuse, si elle n'était plus composée que de Rimbaud ?
    Bernard FRANK

L'écrivain ne se retire pas dans une tour d'ivoire, mais dans une fabrique de dynamite.
    Max FRISCH

Nombre de femmes d'écrivains se voudraient leur étoile : elles n'en sont que les veilleuses.
    Gaston GALLIMARD

Je ne veux pas me plaindre mais j'ai l'impression que ceux qui n'écrivent pas ne se rendent pas compte du drame que cela représente. Ce n'est pas de la démagogie de dire que c'est un travail d'ouvrier, un travail artisanal très dur. D'ailleurs, pour écrire, je m'habille avec une salopette de mécanicien.
    Gabriel GARCIA MARQUEZ

QU'EST-CE QU'UN ÉCRIVAIN ?

Je suis absolument opposé à l'idée romantique selon laquelle plus l'écrivain est contraint, mieux il écrit. Pour un véritable écrivain, c'est tout le contraire qui se passe.

Gabriel García Márquez

Que l'écrivain ne reste pas trop seul, isolé, qu'il aille à la rencontre du monde, qu'il s'éclabousse de la vie des autres : chez lui, comme chez les plantes, l'ombre rend stérile.

Charles de Gaulle

Tout homme qu'une idée, si subtile et si imprévue qu'on la suppose, prend en défaut, n'est pas un écrivain. L'inexprimable n'existe pas.

Théophile Gautier

Tout écrivain devient l'espion de lui-même.

Théophile Gautier

Êtes-vous cet écrivain aux yeux fureteurs qui marche la tête haute dominant la foule alors qu'en deçà de ses yeux ses pensées s'égarent dans le gouffre des temps reculés, gouffre souillé par les haillons et les scories amassés à travers les âges ? Si oui, vous êtes une sottise brodée sur du papier avec quelques lettres de l'alphabet. Ou bien êtes-vous une pensée limpide qui sonde son être intime pour lui apprendre l'art de discerner et qui dépense sa vie à ériger l'utile et à démolir le néfaste ? Si oui, vous êtes de la manne pour les affamés et de l'eau fraîche pour les assoiffés.

Khalil Gibran

Qui dit littérature dit communion. Tout écrivain est un homme qui cherche à communier, à exprimer et à donner au plus grand nombre ce qu'il a de plus intime.

André Gide

Malheur aux auteurs dont on ne peut réduire la pensée en une formule ! Le gros public ne peut les adopter.

André Gide

Un grand écrivain satisfait à plus d'une exigence, répond à plus d'un doute, nourrit des appétits divers. Je n'admire que médiocrement ceux qui ne supportent point qu'on les contourne, ceux qu'on déforme à les regarder de biais.
    André GIDE

[Certaines] œuvres puent le confort dans lequel elles furent écrites, la table, le bon fauteuil, le coin du feu. Combien me touchent, par contre, certaines qui se ressentent de la détresse matérielle de leur auteur, de tout ce qui retient de trop bien écrire.
    André GIDE

Je me suis efforcé de décrire le monde, non pas comme il est mais comme il est quand je m'y ajoute, ce qui, évidemment, ne le simplifie pas.
    Jean GIONO

Heureux écrivains qui, le matin, au réveil – salutaire exercice ! – faites des haltères avec *l'Iliade* et *l'Odyssée*.
    Jean GIRAUDOUX

Nous sommes les termites de notre propre condition humaine. Mais c'est justement ce que nos écrivains n'admettent pas.
    Jean GIRAUDOUX

Un auteur doit être dans son livre comme la police dans une ville : partout et nulle part.
    Edmond et Jules DE GONCOURT

Un écrivain, c'est l'œil, l'ouïe et la voix de sa classe. Il peut ne pas en avoir conscience, le nier, mais il est toujours et inévitablement le témoin de sa classe, son porte-parole.
    Maxime GORKI

Les écrivains bâtissent des châteaux en Espagne ; les lecteurs les habitent ; et les éditeurs en encaissent le loyer.
    Maxime GORKI

Nous n'avons plus de principes et il n'y a plus de modèles ; un écrivain crée son esthétique en créant son œuvre : nous en sommes réduits à faire appel à la sensation bien plus qu'au jugement.
Remy DE GOURMONT

Les débutants dans les lettres ont un grave défaut. Ils ne savent pas distinguer le principal de l'accessoire. C'est ce qui donne à leurs premières pages, même quand on y devine le talent, tant de puérilité, et tant de lourdeur.
Remy DE GOURMONT

Le crime capital, pour un écrivain, c'est le conformisme.
Remy DE GOURMONT

Nombre d'écrivains, dès leur premier livre, écrivent déjà comme ils écriront toute leur vie. C'est dans leurs travaux et leurs essais d'écoliers, de lycéens, puis d'étudiants qu'il faudrait chercher la maturation progressive, restée privée, qui les a mis dès leurs débuts publics en possession d'un instrument achevé. Mais il existe aussi toute une catégorie d'écrivains, encore immatures, et dont la formation, parfois assez longuement, se parachève sous les yeux même des lecteurs, comme se termine à l'air libre et dans la poche ventrale la gestation des marsupiaux.
Julien GRACQ

Il n'y a pas de saints en littérature : rien d'autre, même avec le long recul de la gloire et de la mort, que des hérétiques enfermés chacun dans leur hérésie singulière, et qui ne veulent pas de la communion des saints.
Julien GRACQ

Pas d'écrivains sans insertion dans une *chaîne* d'écrivains ininterrompue.
Julien GRACQ

Écrivain : quelqu'un qui croit sentir quelque chose, par moments, demande à acquérir par son entremise le genre d'existence que donne le langage. Genre d'existence dont le public est le vérificateur capricieux, intermittent, et peu sûr, et l'auteur le seul garant fiable.

Julien GRACQ

Il faut sortir, c'est ce qu'il y a de mieux, parce que lorsqu'on sort, on revient avec les poches bourrées d'idées et la tête pleine d'images. Alors que lorsqu'on reste trop longtemps à sa table, on a tendance à oublier tout ça, et on devient un écrivain... ce qui n'est pas la meilleure façon de réussir un livre.

Gérard GUÉGAN

Les vrais écrivains, tous, écrivent pour notre salut... L'un sauve en nous l'esprit de légèreté. L'autre nous enseigne l'insécurité et le risque nécessaires. Un autre la loyauté difficile...

Jean GUÉHENNO

Le meilleur cadeau à faire à un bon écrivain est un détecteur à merde qui résiste aux chocs. C'est le radar de l'écrivain et tous les grands écrivains en ont été munis.

Ernest HEMINGWAY

Dix conseils aux jeunes écrivains :

1) Soyez amoureux.
2) Crevez-vous à écrire.
3) Regardez le monde.
4) Fréquentez les écrivains du « bâtiment ».
5) Ne perdez pas votre temps.
6) Écoutez la musique et regardez la peinture.
7) Lisez sans cesse.
8) Ne cherchez pas à vous expliquer.
9) Écoutez votre bon plaisir.
10) Taisez-vous.

Ernest HEMINGWAY

Je m'essayais au métier d'écrivain en commençant par les choses les plus simples, et l'une des choses les plus simples de toutes et des plus fondamentales est la mort violente.

Ernest HEMINGWAY

QU'EST-CE QU'UN ÉCRIVAIN ?

Le degré de fidélité à la vérité (dont fait preuve un écrivain) doit être si élevé que ce qu'il invente à partir de ce qu'il connaît doit former un récit plus vrai que ne le seraient des faits exacts.
Ernest HEMINGWAY

Il y a, pour les écrivains français, une qualité plus belle que la couleur : la lumière.
Édouard HERRIOT

Tout grand écrivain frappe la prose à son effigie.
Victor HUGO

La seule excuse de l'écrivain c'est de se rendre compte qu'il joue, que la littérature est un jeu. Le pire pour un écrivain, c'est, au contraire, de se prendre au sérieux, et surtout, de se prendre pour un homme délivrant des messages.
Eugène IONESCO

Chaque auteur dit objectif, ou juste, plein de raison, réaliste, a un méchant à châtier, un bon à récompenser. C'est pour cela que toute œuvre réaliste ou engagée n'est qu'un mélodrame.
Eugène IONESCO

L'Auteur n'enseigne pas ; il invente.
Eugène IONESCO

Être écrivain, qu'est-ce que c'est ? Interroger le langage, c'est s'interroger soi-même.
Edmond JABÈS

Gens de lettres, simplifiez-vous et ne pensez pas au peuple. Le peuple pensera peut-être alors à vous.
Max JACOB

Les romanciers [...] n'ont pas d'autre but (avec plus ou moins de nuance, d'art, de réalisme, de fantaisie) que d'étudier l'humanité.

Le mot est bien gros mais la chose est vraie. D'ailleurs il n'y a jamais eu d'autre école que celle-là, l'art n'a jamais eu d'autre but que la vérité.

    Edmond JALOUX

La vérité est pourtant simple, abrupte : il y a des livres qui ressemblent à des pages blanches, tant il est clair que l'auteur a cessé de s'inventer et de se provoquer lui-même depuis longtemps.

    Alexandre JARDIN

L'énergie gâte la plume des jeunes gens, comme le haut chant gâte leur voix.

    Joseph JOUBERT

Mon activité d'écrivain m'est si essentielle qu'elle s'exerce encore dans mes rêves. Souvent, je me réveille au milieu d'un récit dont la composition me préoccupe ou en brandissant un lambeau de phrase qui me déçoit ou m'enchante.

    Marcel JOUHANDEAU

À quelles humiliations ne vous expose pas la notoriété ! N'importe qui est autorisé à vous traiter de tu à toi, vous malmène, vous bouscule. Je me meurs de n'être pas inconnu.

    Marcel JOUHANDEAU

Créer demande de l'opiniâtreté, du courage, de l'énergie – toutes choses que le désespoir exclut.

    Charles JULIET

À cet instant, intense et terrible, où l'enfant aux yeux tristes que vous avez parfois été vous regarde et vous quémande, un écrivain, même féroce, même orgueilleux, même excessif, voit juste. Il est recours, main robuste et volontiers compagnon des plongées salvatrices qui permettent de remonter du fond des gouffres.

    Marcel JULLIAN

QU'EST-CE QU'UN ÉCRIVAIN ?

Vous pouvez devenir écrivain. Mais il faut être auteur.

    Ernst JÜNGER

Un puissant talent de conteur n'est pas sans nuire légèrement à un écrivain, car il est comme un fleuve rapide où le délicat plancton de l'esprit ne peut se développer. La raison en est que le talent de conteur ressortit, originairement, au don rhétorique, autrement dit s'accommode mal de l'écriture : il oblige la plume à courir trop vite. Sans doute, il est le plus souvent indice de santé, mais c'est aussi pourquoi il s'accompagne d'un optimisme qui explore les hommes et les choses de façon par trop superficielle.

    Ernst JÜNGER

Tout écrivain cherche à créer un univers, une globalité, qui repose sur une harmonie intérieure. Il y a quelque chose qui ressemble à la création du monde dans l'élaboration de cet univers littéraire.

    Ismail KADARÉ

Un écrivain qui n'écrit pas est un non-sens, une provocation à la folie.

    Franz KAFKA

Les écrivains vivants restent en rapport vivant avec leurs ouvrages. Ils combattent pour ou contre, du seul fait qu'ils sont là. La vraie vie autonome du livre commence seulement à leur mort, ou plus exactement un certain temps après leur mort, car ces hommes zélés continuent à se battre pour leur ouvrage quelque temps encore après leur mort. Mais ensuite l'ouvrage est seul et ne peut plus compter que sur la force de sa propre vitalité.

    Franz KAFKA

Le nombre des écrivains est déjà innombrable et ira toujours croissant, parce que c'est le seul métier, avec l'art de gouverner, qu'on ose faire sans l'avoir appris.

    Alphonse KARR

L'homme qui écrit n'est plus qu'un appareil de transmission.

    Joseph KESSEL

Le romancier n'est ni historien ni prophète : il est explorateur de l'existence.
    Milan Kundera

Bien sûr, tout ce que vous écrivez est lié à votre vie. Le roman naît de vos passions personnelles mais il ne peut réellement prendre son essor que lorsque vous avez coupé le cordon ombilical avec votre vie et que vous commencez à interroger non pas votre vie mais la vie même.
    Milan Kundera

Les grands romans sont toujours un peu plus intelligents que leurs auteurs.
    Milan Kundera

Car chacun souffre à l'idée de disparaître, non entendu et non aperçu, dans un univers indifférent, et de ce fait il veut, pendant qu'il est encore temps, se changer lui-même en son propre univers de mots.
Quand un jour (et cela sera bientôt) tout homme s'éveillera écrivain, le temps sera venu de la surdité et de l'incompréhension universelles.
    Milan Kundera

C'est un métier que de faire un livre, comme de faire une pendule : il faut plus que de l'esprit pour être auteur.
    Jean de La Bruyère

L'écrivain est un géant aveugle qui ouvre des routes. Il faut le tenir par la manche, le guider, lui parler, le nourrir, s'inquiéter de sa santé, préserver sa solitude, le protéger des bruits du monde...
    Jean-Marie Laclavetine

Le plus grand drame, qu'il s'agisse d'individus, de familles ou de peuples, est de ne pas se comprendre, et si les romanciers font quelque chose pour persuader aux méchants qu'ils ne sont pas d'une

QU'EST-CE QU'UN ÉCRIVAIN ?

autre race que les bons, et inversement... eh bien ! ils feront mieux que de la littérature.

Jacques DE LACRETELLE

Vers la soixantaine, deux écueils pour l'écrivain : ou bien il ne croit plus en lui et signe n'importe quoi, ou bien il ne croit plus qu'en lui et signe aussi n'importe quoi.

Jacques DE LACRETELLE

Rien n'est plus pernicieux pour un écrivain que de travailler tous les jours. Il n'acquiert par ce moyen que de l'aisance. Il ne faut s'asseoir que lorsqu'on a une chose à dire (rarement) et résister à la tentation de faire des phrases la tête vide. Il est souvent très difficile, si on a un système, d'arrêter une plume délirante. Alors le style, dans sa majesté, fume dans le ciel calme. Se garder des systèmes.

Jean LAGROLET

Le romancier est un créateur, il a la manie de généraliser, c'est-à-dire qu'il court le risque d'ouvrir la porte à l'erreur par le truchement flatteur de l'universel.

René LAPORTE

L'homme qui entreprend d'écrire un livre est comme un explorateur qui s'est avancé seul dans le désert, ou comme un naufragé sur une île déserte : il faut qu'il subvienne lui-même à ses besoins, et qu'il bâtisse son livre comme il bâtirait une maison, sans autres matériaux que ceux que ses propres mains peuvent saisir et mettre en œuvre.

Valery LARBAUD

On est, en général, très injuste envers les écrivains qui meurent jeunes. On est injuste en leur accordant un trop grand crédit pour le temps où ils auraient pu vivre. On se fait des œuvres qu'ils auraient pu donner une idée si haute qu'auprès de ces œuvres imaginaires, les œuvres tangibles qu'ils nous ont données perdent de leur mérite.

Valery LARBAUD

Le devoir de l'écrivain est sans doute de n'en pas avoir.

Jacques LAURENT

Un écrivain dit populaire qui est vraiment un romancier, qui arrive à créer et animer un univers, il est pour moi très grand, il n'est point méprisable, et je le situe bien évidemment très au-dessus d'un petit écrivain intellectuel.

Jacques LAURENT

Je n'ai jamais écrit par obligation. Je tiens la littérature alimentaire pour méprisable. C'est pourquoi, toute ma vie, j'ai été employé, pour assurer ma matérielle, tant bien que mal, pour assurer ma liberté et écrire lorsque j'y avais plaisir.

Paul LÉAUTAUD

Être un grand écrivain, n'est-ce pas créer ou avoir créé une façon de sentir, et, par suite, une façon de penser ?

Paul LÉAUTAUD

Homme de lettres : ce n'est pas loin aujourd'hui de homme de peine.

Paul LÉAUTAUD

Écrire n'est pas un métier. Tout art doit rester aristocrate. La littérature métier est déshonorante.

Paul LÉAUTAUD

Croyez-en l'expérience des ornithologues. Pour que les écrivains puissent déployer leurs ailes, il faut qu'ils aient toute liberté pour utiliser leurs plumes.

Stanislaw Jerzy LEC

Être appelé un écrivain, cela ne me dérange pas si on le considère un peu comme les écrivains publics d'autrefois, qui non seulement écrivaient sous la dictée, mais aussi sur commande. Les gens venaient les voir et leur disaient : « Voilà, j'ai perdu un oncle et je dois écrire. Qu'est-ce que je vais mettre ? » Alors l'écrivain public composait une lettre de condoléances... J'ai l'impression qu'être écrivain, c'est cela : écrire à la place des gens.

J.-M. G. Le Clézio

Un écrivain est sans doute quelqu'un d'imparfait, qui n'est pas terminé, et qui écrit, justement en vue de cette terminaison ; qui recherche inlassablement cette perfection. Quelquefois, c'est rare, mais cela arrive, les écrivains atteignent cette perfection du premier coup et cessent alors d'écrire...

J.-M. G. Le Clézio

Le culte angoissé que l'artiste voue à sa carcasse est peut-être la cause véritable des faiblesses de ses œuvres dernières. Le *moi* de l'écrivain, à partir du moment où sa mission d'écrivain touche à sa fin, devient tentaculaire [...]. Hélas, la marée créatrice, en se retirant, découvre un fond de vase et non des sables d'or.

Henri-René Lenormand

Le plus dur, parce qu'il a si peu de temps, est que l'écrivain survive et que s'accomplisse son œuvre.

Malcolm Lowry

La profession d'écrivain devient, à certaines heures, une des formes les plus nécessaires de l'autorité sociale. Chacun accepte cette autorité parce qu'elle s'accommode de toutes les révoltes.

Pierre Mac Orlan

Toi, par le fait que tu es un écrivain ou un peintre, tu es un mystère social.

Pierre Mac Orlan

Je réprouve les confrères qui, sitôt frappé le mot « fin » au bas d'un manuscrit, glissent une nouvelle feuille blanche dans leur machine. D'un art d'agrément, ils font un boulot de forçats.

Léo Malet

La littérature est pleine d'âmes sensibles dont les prolétaires sont les bons sauvages.

    André MALRAUX

Ceux qui ont parcouru mes écrits auront remarqué la défiance extrême que je n'ai cessé d'y témoigner à la vie d'artiste, d'écrivain. À vrai dire, les honneurs que la société rend à cette espèce me causent une surprise dont je ne reviens pas.

    Thomas MANN

Pour se rendre digne d'être écrivain, il faut se purifier, se détacher.

    Katherine MANSFIELD

Eh bien, vous savez, quand les gens ne sont bons à rien d'autre, ils deviennent écrivains.

    William Somerset MAUGHAM

Il est pour l'écrivain nihiliste, s'il ne veut pas mentir, une forme de suicide d'autant plus recommandable qu'elle demande, somme toute, moins de courage que le suicide véritable : c'est le silence.

    Thierry MAULNIER

— Si tu nous conseilles la mort, pourquoi écris-tu ?
— Il faut bien que je gagne ma vie.

    Thierry MAULNIER

Chacun de nous se fait [...] simplement une illusion du monde, illusion poétique, sentimentale, joyeuse, mélancolique, sale ou lugubre suivant sa nature. Et l'écrivain n'a d'autre mission que de reproduire fidèlement cette illusion avec tous les procédés d'art qu'il a appris et dont il peut disposer.

    Guy DE MAUPASSANT

Soyons des originaux, quel que soit le caractère de notre talent (ne pas confondre originaux avec bizarres), soyons *l'Origine* de quelque chose. Quoi ? Peu m'importe, pourvu que ce soit beau et que cela ne se rattache point à une tradition finie.

Guy de Maupassant

Ce n'est pas qu'un jeune auteur doute de la matière de ses livres. Mais il croit que le propre de l'art est d'inventer avec cette terre et ce ciel intérieurs de nouveaux cieux et de nouvelles terres dont la substance originelle demeure inconnaissable. Il imagine l'écrivain immanent à son œuvre.

François Mauriac

Une littérature est une collection de types ; un seul livre exprime une sensibilité autonome. Comment, depuis qu'il y a des hommes qui écrivent, ne trouverais-je pas dans cette foule le demi-frère, le presque semblable ?

François Mauriac

Un écrivain est essentiellement un homme qui ne se résigne pas à la solitude. Chacun de nous est un désert : une œuvre est toujours un cri dans le désert...

François Mauriac

Être écrivain, ce n'est plus tant créer des personnages ou raconter des histoires que traquer une vérité insaisissable à travers ce que d'autres ont raconté d'eux-mêmes pour le confronter à ce que nous croyons savoir de nous.

François Mauriac

La maîtrise : c'est la même loi qui s'impose à l'artiste et à l'homme. Tu domineras ton œuvre dans la mesure où tu auras dominé ta vie.

François Mauriac

Cette marée de lettres, de manuscrits, qui déferle chaque jour à l'heure du courrier sur la table d'un écrivain, nous apprenons très tôt à n'en rien attendre. Est-il jamais arrivé qu'une bouteille jetée à la mer nous ait apporté le message d'un naufragé de génie ? Pourtant il n'est guère douteux que les grands esprits qui se taisent sont plus nombreux de par le monde que ceux qui s'expriment.

François MAURIAC

L'écrivain moderne n'atteint pas les profondes masses populaires parce qu'il ne connaît plus assez la misère. La douleur du pauvre, voilà la grande tragédie...

André MAUROIS

Presque toutes les vies sont ratées [...] et c'est pourquoi, vous autres écrivains, vous formez des destins imaginaires. Vous avez bien raison.

André MAUROIS

Un écrivain est un homme qui sait garder le contact, qui reste joint à son trouble, à sa région vicieuse jamais apaisée. *Elle* le porte.

Henri MICHAUX

Quelques femmes – exceptions très rares – ont pu donner soit dans l'art, soit dans la littérature, l'illusion d'une force créatrice. Mais ce sont ou des êtres anormaux, en état de révolte contre la nature, ou de simples reflets du mâle dont elles ont gardé, par le sexe, l'empreinte. Et j'aime mieux ce qu'on appelle les prostituées, car elles sont, celles-là, dans l'harmonie de l'univers.

Octave MIRBEAU

Les premiers écrivains de toutes les nations, bons et mauvais, ont toujours eu une réputation infinie, par la raison qu'ils ont toujours été, pendant un temps, supérieurs à tous ceux qui les lisaient.

Charles de Secondat, baron DE MONTESQUIEU

N'est-ce pas une vie bien ordonnée, que celle où l'on a consacré sa jeunesse à b..., son âge mûr à écrire, et sa vieillesse à dire la vérité ?

Henry DE MONTHERLANT

L'écrivain et le valet de chambre sont suspects s'ils sont intelligents.

Henry DE MONTHERLANT

QU'EST-CE QU'UN ÉCRIVAIN ?

Ces gens qui ne vivent que pour la littérature. Ils font des articles sur les livres, des enquêtes, fondent des revues, se réunissent pour causer de choses littéraires, baignent et barbotent avec ivresse dans ce jus horrible. Moi, je vis, et puis je fais mes livres, c'est tout. Et faire mes livres m'est encore trop.
Henry DE MONTHERLANT

Les classiques sont des écrivains que l'on croit connaître avant même de les avoir lus.
Paul MORAND

Les jeunes romanciers d'aujourd'hui : Je bande, je jouis, j'éjacule. Comme c'est nouveau !
Paul MORAND

Le succès d'un écrivain est le poison des autres.
Paul MORAND

On peut considérer l'écrivain selon trois points de vue différents : on peut le considérer comme un conteur, comme un pédagogue, et comme un enchanteur. Un grand écrivain combine les trois : conteur, pédagogue, enchanteur – mais chez lui, c'est l'enchanteur qui prédomine et fait de lui un grand écrivain.
Vladimir NABOKOV

L'auteur doit se taire lorsque son œuvre se met à parler.
Friedrich NIETZSCHE

Ce qu'un écrivain doit se demander aujourd'hui c'est pour lequel des deux rôles il est le mieux fait. Est-il un révolutionnaire qui gagne son pain dans le monde de l'action, ou un révolutionnaire qui gagne son pain dans le monde de l'esprit ? L'homme spirituel est indispensable pour recréer en termes d'art un univers bâti par les matérialistes.
Anaïs NIN

Modifier le regard : c'est ça, notre grand-œuvre [d'écrivain].

Amélie Nothomb

Comment voulez-vous qu'un écrivain soit pudique ? C'est le métier le plus impudique du monde : à travers le style, les idées, l'histoire, les recherches, les écrivains ne parlent jamais que d'eux-mêmes, et en plus avec des mots. Les peintres et les musiciens aussi parlent d'eux-mêmes, mais avec un langage tellement moins cru que le nôtre. Non, monsieur, les écrivains sont obscènes ; s'ils ne l'étaient pas, ils seraient comptables, conducteurs de train, téléphonistes, ils seraient respectables.

Amélie Nothomb

Chaque peuple brandit son écrivain ou ses écrivains comme des canons.

Amélie Nothomb

Apprenez, mademoiselle, que les grands écrivains ont un accès direct et surnaturel à la vie des autres. Ils n'ont pas besoin de faire de la lévitation, ni de fouiller dans des archives, pour pénétrer l'univers mental des individus. Il leur suffit de prendre un papier et un stylo pour décalquer les pensées d'autrui.

Amélie Nothomb

Le nécessaire narcissisme de l'écrivain, sa hantise du temps dispersé, du silence, d'une relative solitude : tout cela va contre les usages et la disponibilité que requièrent la maternité, la paternité.

François Nourissier

Être écrivain, c'est un plaisir, une volonté, un travail, ce n'est pas une fonction.

François Nourissier

Je me méfie des auteurs outrageusement modestes : la personne, bien sûr, ne compte pas ; mais ce qu'on écrit devrait compter. Il ne faut pas se prendre au sérieux. Il faut prendre au sérieux ce qu'on fait.

Jean d'Ormesson

QU'EST-CE QU'UN ÉCRIVAIN ?

Un écrivain a pour métier la vérité. Laquelle a pour meilleure amie la liberté. L'animal par nature étant plus libre que l'humain, nul ne prête plus attention à ses propos que l'écrivain.

Érik ORSENNA

S'imaginer qu'on réformera les mœurs en condamnant les romanciers, c'est comme si l'on croyait, en supprimant les glaces, supprimer la laideur.

Édouard PAILLERON.

La solitude est l'outil principal de l'écrivain.

Louis PAUWELS

S'apercevoir que la vie est plus importante que la pensée, cela signifie être un homme de lettres, un intellectuel ; cela signifie que sa pensée n'est pas devenue vie.

Cesare PAVESE

Tentation de l'écrivain...
Avoir écrit quelque chose qui te laisse comme un fusil qui vient de tirer, encore ébranlé et brûlant, vidé de tout toi, où non seulement tu as déchargé tout ce que tu sais de toi-même mais ce que tu soupçonnes et supposes, et les sursauts, les fantômes, l'inconscient – avoir cela au prix d'une longue fatigue et d'une longue tension, avec une prudence faite de jours, de tremblements, de brusques découvertes et d'échecs, et en fixant toute sa vie sur ce point – s'apercevoir que tout cela est comme rien si un signe humain, un mot, une présence ne l'accueille pas, ne le réchauffe pas – et mourir de froid – parler dans le désert – être seul nuit et jour comme un mort.

Cesare PAVESE

Malheur à l'auteur dont le champ du regard a reçu trop d'injures, a enregistré trop d'essais, a eu à publier trop d'amnisties, est écrasé de trop d'habitude.

Charles PÉGUY

Est écrivain tout individu que la vie, c'est-à-dire les autres et lui-même, le ciel, les événements, ne finissent pas. Est écrivain tout individu qui n'ose pas vivre franchement. Tout écrivain valable est en mauvaise santé. (Rien à voir avec la santé physique.) Si cet homme dangereux ne s'en réfère ni aux autres, ni au ciel, ni aux événements, ni à lui-même, on dira qu'il est poète. Si, enfin, il est à tel point détaché que l'alternative n'a lieu que sous lui, on pourra parler d'esprit.

    Georges Perros

Je me demande toujours de qui et pour qui parlent les intellectuels, les artistes, les poètes. Leur ambition est claire. Ils veulent toucher ceux qui sont incapables de les comprendre. Ils veulent se faire lire par qui ne lit que le journal.

    Georges Perros

Aucun écrivain ne se dérobe à la logique du mouvement qui fait de lui un écrivain. Celui qui croit écrire pour détruire tous les livres écrit encore pour être lu.

    Gaétan Picon

L'écrivain est une sorte de voyant émerveillé. Qu'il émerveille (au moins lui-même). Alors le cycle se referme et le monde s'ouvre comme une fleur énorme.

    André Pieyre de Mandiargues

Il y a les auteurs intarissables, et finalement modestes, dont on dirait qu'ils ont parié sur la quantité de titres publiés faute de croire en leur qualité, ou comme on joue à la loterie ; d'autres, au contraire, qu'on aurait aimés plus prolixes, et qui ont peu écrit ou se sont tus, par discrétion, perfectionnisme ou espoir qu'ainsi on les écouterait davantage, plus longtemps.

    Bertrand Poirot-Delpech

Tous ont parié sur un peu de survie, sinon ils n'auraient pas passé tant de milliers d'heures dans les huis clos des pages grattées. Tous ont rêvé, à défaut d'atteindre le siècle prochain, de figurer en bonne place dans les bilans de celui-ci. Et moi ! Et moi ! Les mains se lèvent entre les vagues de papier ; des plaintes d'agonisants montent des rayonnages, comme de cloisons d'hôpital. Bouteilles à la mer, bouteilles à l'encre ! La mort se rit de ces utopies.

Bertrand POIROT-DELPECH

Si cordonnier pas plus haut que la chaussure, astronome pas plus loin que la lorgnette et écrivain pas plus haut que la littérature !

Jacques PRÉVERT

L'écrivain est un luxe dans toutes les sociétés, ce luxe fut-il indispensable.

Victor Sawdon PRITCHETT

Les grands littérateurs n'ont jamais fait qu'une seule œuvre ou plutôt n'ont jamais que réfracté à travers des milieux divers une même beauté qu'ils apportent au monde.

Marcel PROUST

Le moi de l'écrivain ne se montre que dans ses livres.

Marcel PROUST

Pour écrire ce livre essentiel, le seul livre vrai, un grand écrivain n'a pas, dans le sens courant, à l'inventer, puisqu'il existe déjà en chacun de nous, mais à le traduire. Le devoir et la tâche d'un écrivain sont ceux d'un traducteur.

Marcel PROUST

Un écrivain est un homme qui n'arrête pas de vouloir se défaire de l'obscurité, qui n'arrive jamais à sortir tout à fait de l'obscurité...

Pascal QUIGNARD

Ce que l'on appelle ridiculement le « travail de l'écrivain » est une oisiveté qui confine à la misère. Il n'a pas de bout de couverture, de tricot, à peine d'agitation manuelle. Ce travail n'apaise pas, il ne dirige pas la pensée hors de soi, il ne fournit pas de dérivation à l'animation propre à un corps. Il n'a pas de corps sous la main sur lequel faire passer l'intensivité vide qui monte en lui, et qui alors n'a pas d'issue. Le bouc émissaire c'est sa tête même.

Pascal QUIGNARD

Il n'est pas de menteur qui ne taise le fait qu'il ment.
Le romancier est le seul menteur qui ne tait pas le fait qu'il ment.

Pascal QUIGNARD

L'écrivain est toujours à la recherche d'un ordre nouveau qui puisse exprimer l'homme qui le précède au dedans de lui-même, l'impression étant nécessairement chez lui en avance – et quelquefois de beaucoup – sur l'expression.

Charles-Ferdinand RAMUZ

Très jeune, on a de l'originalité, mais pas de talent.

Jules RENARD

Comme homme, accepter tous les devoirs, comme écrivain, s'accorder tous les droits, et même celui de se moquer de ses devoirs.

Jules RENARD

Il y a les bons écrivains, et les grands. Soyons les bons.

Jules RENARD

Ah ! faire des choses que les petits enfants copieraient sur leurs cahiers ! C'est ça, être classique.

Jules RENARD

Le métier d'un écrivain, c'est d'apprendre à écrire.

Jules RENARD

J'ai horreur de tous les métiers. Maîtres et ouvriers, tous paysans, ignobles. La main à plume vaut la main à charrue.

Arthur RIMBAUD

QU'EST-CE QU'UN ÉCRIVAIN ?

Bien sûr, dans l'absolu nous aimerions connaître l'avis des grands écrivains, disposer des clefs fournies par eux-mêmes. Ce serait passionnant ! Mais un grand écrivain, justement, reste dans le train. Il ne veut pas tirer la sonnette, descendre sur la voie et remonter le long du convoi. Pour un auteur, cet être obsessionnel, ce qui compte c'est de poursuivre le voyage.

Angelo RINALDI

Un écrivain, jusqu'à sa mort, n'a jamais dit le dernier mot. Il peut toujours y avoir la surprise.

Angelo RINALDI

Tout ce qui risque d'obscurcir le jugement de l'écrivain est plus ou moins admis comme favorisant l'éclosion de son œuvre. L'alcoolisme, le malheur, la drogue, la passion mystique, la folie, ont tellement encombré les biographies plus ou moins romancées des artistes qu'il semble désormais tout naturel de voir là des nécessités essentielles de leur triste condition, de voir en tout cas une antinomie entre création et conscience.

Alain ROBBE-GRILLET

Le rôle de l'écrivain consistait traditionnellement à creuser dans la Nature, à l'approfondir, pour atteindre des couches de plus en plus intimes et finir par mettre au jour quelques bribes d'un secret troublant.

Alain ROBBE-GRILLET

On ne peut jamais dire qu'on est écrivain : c'est une chose très dérisoire et très grande, ça n'est pas un métier. Le jour où écrire sera un métier, la littérature sera une Église.

Olivier ROLIN

Non, ce n'est pas une joie qu'il faille souhaiter à tous, cette vie de la création ; car elle procède d'une souffrance inextinguible, que peut-être les autres hommes ne connaissent point : – le désir d'être – et d'être – et d'être...

Romain ROLLAND

Il n'est point mauvais que l'écrivain qui débute n'exhibe pas trop tôt son fruit au jour : le jour brûle et vieillit les jeunes pousses; l'ombre est propice à la sévère formation de l'artiste.

    Romain ROLLAND

L'écrivain, de sa flamme, fait du papier.

    Jean ROSTAND

Comme la plupart des animaux venimeux, l'écrivain est réfractaire à ses propres poisons.

    Jean ROSTAND

Un grand écrivain est un homme qui sait nous surprendre en nous disant ce que nous savions depuis toujours.

    Jean ROSTAND

L'important pour un écrivain, c'est de s'y connaître en soi.

    Jean ROSTAND

Ce qui parfois manque à un auteur pour s'élever, c'est de savoir partir d'assez bas.

    Jean ROSTAND

Non, non : j'ai toujours senti que l'état d'auteur n'était, ne pouvait être illustre et respectable qu'autant qu'il n'était pas un métier. Il est trop difficile de penser noblement quand on ne pense que pour vivre. Pour pouvoir, pour oser dire de grandes vérités, il ne faut pas dépendre de son succès.

    Jean-Jacques ROUSSEAU

Il y a des hommes dont le métier est de répondre aux questions, de résoudre les problèmes. L'homme politique et le mathématicien, l'ingénieur et l'arpenteur, leur métier c'est d'avoir réponse à tout. Le romancier, le poète, le critique, etc., leur métier est d'avoir question à tout, c'est de s'interroger et d'interroger, c'est de mettre en question.

    Claude ROY

QU'EST-CE QU'UN ÉCRIVAIN ?

Dans des draps blancs, je vois encore un homme
qui dans un lit use de l'encrier.
Ce qu'il fait vivre : un temps de sa mémoire
ressuscitée en voyant un gâteau
que sa parente en sa tisane trempe.
Il en naîtra cet univers tout proche
et qui paraît lointain ou hors du temps
et ce sera tout le suc d'une époque
hors de l'oubli perdue et retrouvée.

    Robert SABATIER

Ces écrivains pervers, dont la corruption est si dangereuse, si active qu'ils n'ont pour but, en imprimant leurs affreux systèmes, que d'étendre au-delà de leur vie la somme de leurs crimes ; ils n'en peuvent plus faire, mais leurs maudits écrits en feront commettre, et cette douce idée, qu'ils emportent au tombeau, les console de l'obligation où les met la mort de renoncer au mal.

    Marquis DE SADE

Un vrai classique, c'est un auteur qui a enrichi l'esprit humain, qui en a réellement augmenté le trésor, qui lui a fait faire un pas de plus, qui a découvert quelque vérité morale non équivoque, ou ressaisi quelque passion éternelle dans ce cœur où tout semblait connu et exploré ; qui a rendu sa pensée, son observation ou son invention, sous une forme n'importe laquelle, mais large et grande, fine et sensée, saine et belle en soi ; qui a parlé à tous dans un style à lui et qui se trouve aussi celui de tout le monde, dans un style nouveau sans néologisme, nouveau et antique, aisément contemporain de tous les âges.

    Charles Augustin SAINTE-BEUVE

Qu'on s'en prenne à la société pour ses inégalités, à la destinée pour ses caprices ! L'écrivain n'est qu'un miroir qui les reflète, une machine qui les décalque...

    George SAND

Je suis auteur d'abord par mon libre projet d'écrire. Mais tout aussitôt vient ceci : c'est que je deviens un homme que les autres hommes considèrent comme écrivain, c'est-à-dire qui doit répondre à une certaine demande et que l'on pourvoit [...] d'une certaine fonction sociale...

    Jean-Paul SARTRE

L'écrivain est en situation dans une époque : chaque parole a des retentissements, chaque silence aussi.

    Jean-Paul SARTRE

Nous écrivons pour nos contemporains, nous ne voulons pas regarder notre monde avec des yeux futurs... mais avec nos yeux de chair, avec nos vrais yeux périssables. Nous ne souhaitons pas gagner notre procès en appel, et nous n'avons que faire d'une réhabilitation posthume : c'est ici même et de notre vivant que les procès se gagnent et se perdent.

    Jean-Paul SARTRE

Il n'aimait pas les auteurs intelligents, il aimait les auteurs contagieux.

    Éric-Emmanuel SCHMITT

Je crois que je ne me suis inventé le culte de la littérature que pour m'épargner la peine de vivre, tant j'avais peur. Sur le papier, j'ai été héroïque et dans la réalité je ne sais même pas si j'ai jamais délivré un lapin de son piège. Moi, la vie, je ne voulais pas la vivre, je voulais l'écrire, la composer, la dominer, là, assis au milieu de mon île, dans le nombril du monde. Je ne voulais pas vivre dans le temps qui m'était donné, trop orgueilleux, et je ne voulais pas vivre non plus dans le temps des autres, non, moi, j'inventais le temps, d'autres temps, je les réglais avec le sablier de mon écriture. Vanité.

    Éric-Emmanuel SCHMITT

On pourrait ranger les écrivains en deux catégories. Ceux pour qui écrire va de soi, pour qui l'écriture coule de source et constitue en somme leur état naturel. Et ceux pour qui c'est un accident. Je suis un écrivain par accident. Il y a un proverbe bantou qui dit : « Le fusil fait pousser un cri d'homme à l'éléphant. » C'est ce qui s'est passé pour moi.

    André SCHWARZ-BART

QU'EST-CE QU'UN ÉCRIVAIN ?

On ne devient pas écrivain, on naît écrivain. On ne devient pas peintre, on naît peintre. C'est un besoin. Cela ne s'apprend dans aucune école. Quand mon médecin, qui me connaît bien, me sentait un peu mal dans ma peau, il me demandait : « Depuis quand n'avez-vous pas écrit ? » Et la seule ordonnance qu'il me donnait, c'était d'écrire un roman.
> Georges SIMENON

L'écrivain est à la fois spectateur, lecteur, acteur. Il détourne et déchiffre la Machination, a pour lui la clé magique de toute la bibliothèque, agit en écrivant, se cache en se montrant, se crée, à mesure, un autre corps dans le temps.
> Philippe SOLLERS

La société aboie, l'écrivain passe.
> Philippe SOLLERS

L'écrivain est une sorte de mémorialiste de la vérité irréductible, laquelle se tient dans les détails. Il est le greffier de cette vérité qui fait qu'une vie n'est pas une autre vie, que jamais deux personnes ne connaîtront la même expérience, que l'oiseau vu au printemps n'est pas l'oiseau de l'automne...
> Philippe SOLLERS

Un auteur qui a su recréer un monde, faire vivre dans son œuvre un milieu et fixer pour longtemps le tableau des mœurs d'une catégorie d'individus, mérite d'être considéré comme un écrivain.
> Philippe SOUPAULT

Avez-vous jamais vu, lecteur bénévole, un ver à soie qui a mangé assez de feuille de mûrier ? La comparaison n'est pas noble, mais elle est si juste ! Cette laide bête ne veut plus manger, elle a besoin de grimper et de faire sa prison de soie.
Tel est l'animal nommé écrivain. Pour qui a goûté de la profonde occupation d'écrire, lire n'est plus qu'un plaisir secondaire. Tant de fois je croyais être à deux heures, je regardais ma pendule : il était six heures et demie. Voilà ma seule excuse pour avoir noirci tant de papier.
> STENDHAL

Je suis profondément convaincu que le seul antidote qui puisse faire oublier au lecteur les éternels *Je* que l'auteur va écrire, c'est une parfaite sincérité.
   Stendhal

Je voulais être écrivain. Mais, pour être écrivain, il faut devenir écrivain. C'est un travail, un effort si considérable... Oui, écrire a été un combat, le plus dur de ma vie.
   William Styron

Plus j'avance en âge, plus je trouve que le pire des blasphèmes, pour un écrivain, est de ne pas dire tout ce qu'on pense, de ne pas publier tout ce qu'on a envie de dire.
   Jules Supervielle

Un écrivain devrait avoir l'objectivité du chimiste [...] et savoir que même les tas de fumier jouent un rôle appréciable dans le paysage.
   Anton Tchekhov

Ce foyer d'impossibles, un écrivain.
   Henri Thomas

Un écrivain, un homme en train d'écrire, est le scribe de toute la Nature ; il est le blé et l'herbe et l'atmosphère en train d'écrire.
   Henry David Thoreau

L'homme tout entier durcit en vieillissant, et la vieillesse est un racornissement général. Chez les ouvriers, les parties qui travaillent deviennent calleuses. Chez les gens de lettres, c'est le cerveau même ; et souvent il deviennent incapables de lier des idées, et vieillissent longtemps avant le temps.
   Samuel Tissot

Si l'on demandait à quelqu'un : « Jouez-vous du violon ? » et s'il répondait : « Je ne sais pas, je ne l'ai jamais essayé, peut-être, oui » tout le monde se moquerait d'une pareille réponse. Pourtant, en parlant de littérature, on dit toujours la même chose : « Je ne sais pas, je n'ai pas essayé » comme s'il suffisait d'essayer pour devenir écrivain.

Léon TOLSTOÏ

Le but de l'écrivain ne consiste pas à résoudre les questions posées, mais à faire aimer la vie dans toutes ses innombrables et intarissables manifestations. Si l'on me disait que je puis écrire un roman où j'exposerais sur toutes les questions sociales un point de vue que je crois juste, je n'y consacrerais pas deux heures de travail. Mais si l'on me disait que ce que je suis en train d'écrire sera lu dans vingt ans par les enfants d'aujourd'hui et que ces enfants, en le lisant, riront, pleureront et apprendront à aimer la vie, j'y consacrerais toute ma vie et toutes mes forces.

Léon TOLSTOÏ

Où est le risque d'en appeler à la postérité ? On n'y est jugé que par contumace.

Paul-Jean TOULET

Le prurit littéraire, le bavardage de l'égoïsme qui s'étudie et s'admire soi-même, voilà la plaie de notre temps. Nous sommes comme les chiens qui retournent à leurs vomissements.

Ivan TOURGUENIEV

Si tu prétends être écrivain – et cela seulement –, tu n'écriras rien.

Michel TOURNIER

Dialogue avec des lycéens. L'un d'eux me demande : « Êtes-vous homosexuel ? » Je réponds : « Oui bien sûr, puisqu'il y a au moins deux homosexuels dans mes romans, l'Alexandre des *Météores* et M. Achille de *La Goutte d'or*. Mais je suis aussi fétichiste (pour avoir écrit *Le Fétichiste*), vieille grand-mère, petit chien, curé, etc., tous les personnages, tous les êtres vivants de mes histoires. C'est cela être romancier. Quant à savoir ce que je suis par moi-même quand j'ai fini d'écrire, je n'en sais trop rien et cela m'importe assez peu. Je ressemble au comédien qui a été Hamlet, Néron, Alceste, Don Juan et Faust, et qui déshabillé et démaquillé n'est plus personne. »

Michel TOURNIER

Il ne faut surtout pas que l'auteur ait l'air de dire les choses lui-même, qu'il nous dérange avec sa personnalité, avec son moi satanique. Bien que tout ce que disent mes personnages, c'est évidemment moi qui le dis.

    Miguel DE UNAMUNO

J'aime croire que je vois des choses que personne n'a vues dans celles que tout le monde voit...

    Paul VALÉRY

Considérée dans la personne de l'auteur la littérature est une profession singulière. Le matériel est réduit à une plume et à quelques feuilles de papier ; l'apprentissage, le métier est ce que l'on veut : de durée nulle ou infinie. La matière première est aussi tout ce que l'on veut, elle se trouve partout ; dans la rue, dans le cœur, dans le bien et dans le mal. Et quant au travail lui-même, il est indéfinissable, car chacun peut dire qu'il appartient à cette profession et qu'il prétend d'y être maître.

    Paul VALÉRY

Mais je trouvais indigne, et je le trouve encore, d'écrire par le seul enthousiasme. L'enthousiasme n'est pas un état d'âme d'écrivain.

    Paul VALÉRY

Moi qui me croyais à mes débuts un écrivain d'avant-garde, à partir du moment où sont devenus à la mode le nouveau roman, le structuralisme, la sémiologie, toutes ces extraordinaires constructions intellectuelles artificielles, qui ont fini par régimenter la création littéraire, eh bien, j'ai découvert que je ne voulais pas être un moderne.

    Mario VARGAS LLOSA

L'écrivain est dans la situation d'un muet pieds et poings liés qui ferait marcher un phonographe en poussant la manivelle avec son nez.

    Boris VIAN

QU'EST-CE QU'UN ÉCRIVAIN ?

Il y avait une fois un jeune écrivain. « Je travaille pour l'avenir », dit-il. Et il se tira une balle dans la tête car il voulait faire œuvre utile.

Boris VIAN

Les écrivains sont toujours à la maison, ils ont du temps pour espionner.

Enrique VILA-MATAS

J'ai vu tant de gens de lettres pauvres et méprisés, que j'ai conclu dès longtemps que je ne devais pas en augmenter le nombre.

VOLTAIRE

Les gens de lettres qui ont rendu le plus de services au petit nombre d'êtres pensants répandus dans le monde sont les lettrés isolés, les vrais savants renfermés dans leur cabinet, qui n'ont ni argumenté sur les bancs des universités, ni dit les choses à moitié dans les académies ; et ceux-là ont presque tous été persécutés.

VOLTAIRE

Mais malheur à l'auteur qui veut toujours instruire !
Le secret d'ennuyer est celui de tout dire.

VOLTAIRE

En somme l'écrivain est le secrétaire de soi-même.

Marguerite YOURCENAR

Tout est danger pour l'écrivain qui vieillit. L'obscurité et la solitude sont dangereuses, la popularité l'est aussi. Il est dangereux de s'enfoncer sans retour dans son monde intérieur ; également dangereux de se dissiper en travaux et en occupations d'un autre ordre.

Marguerite YOURCENAR

Pour moi, le solitaire est l'écrivain qui s'est enfermé dans son œuvre, dans sa volonté de la faire aussi haute, aussi puissante qu'il en aura le souffle, et qui la réalise, malgré tout. Il peut se mêler aux hommes, vivre leur vie ordinaire, accepter les mœurs sociales, être d'apparence tel que les autres. Il n'en est pas moins le solitaire, s'il a réservé le champ de sa volonté, libre de toute influence, s'il ne fait littérairement que ce qu'il veut et comme il le veut, inébranlable sous les injures, seul et debout.

 Émile Zola

Le talent : en avoir ou pas...

Le respect de la vérité impose la parfaite exactitude du langage... Que diriez-vous d'un négociant dont les comptes seraient confus jusqu'à l'erreur et les balances incertaines ? Un écrivailleur n'est pas autre chose.

    Henri-Frédéric AMIEL

On sait que le propre du génie est de fournir des idées aux crétins une vingtaine d'années plus tard.

    Louis ARAGON

Vous êtes du parti des littérateurs, vous croyez que tout ce qui est étrange, original, singulier, violent, mystérieux, troublant, est une bonne pâture pour les hommes et que toute acquisition de la sensibilité constitue un enrichissement. C'est une extraordinaire naïveté.

    Marcel AYMÉ

Au début du siècle passé, les romantiques se frappaient le cœur où ils voyaient le siège du génie. Maintenant, ils se frappent les parties. On se demande jusqu'où et à quelle bassesse descendra le génie.

    Marcel AYMÉ

LES ÉCRIVAINS

Quand il s'agit d'écrire des sottises, il serait vraiment trop facile d'écrire un gros livre.

    Gaston BACHELARD

Ainsi va le monde littéraire. On n'y aime que ses inférieurs. Chacun est l'ennemi de quiconque tend à s'élever. Cette envie générale décuple les chances des gens médiocres, qui n'excitent ni l'envie, ni le soupçon, font leur chemin à la manière des taupes, et, quelque sots qu'ils soient, se trouvent casés au Monsieur dans trois ou quatre places au moment où les gens de talent se battent encore à la porte pour s'empêcher d'entrer.

    Honoré DE BALZAC

Ne croyez pas le monde politique beaucoup plus beau que ce monde littéraire : tout dans ces deux mondes est corruption, chaque homme y est ou corrupteur ou corrompu.

    Honoré DE BALZAC

Ces montagnes d'écriture accablent les têtes et n'édifient point les esprits. Les monosyllabes des sages valent bien mieux que tant de chapitres et de paragraphes, que tant de distinctions, tant de divisions et de subdivisions.

    Jean-Louis Guez DE BALZAC

Beaucoup de littérateurs ne sont même pas des lettrés et ne savent rien. Il arrive au surplus qu'ils s'en vantent et considèrent cette ignorance comme la condition de l'originalité. En réalité, ils ont simplement un don particulier, agréable et lucratif, mais qui n'a pas plus de rapports avec la véritable intelligence que celui du clown ou du champion de tennis.

    Maurice BARRÈS

Tout livre qui ne s'adresse pas à la majorité, – nombre et intelligence, – est un sot livre.

    Charles BAUDELAIRE

Le génie n'est peut-être que l'enfance retrouvée à volonté, l'enfance douée maintenant, pour s'exprimer, d'organes virils et de l'esprit

analytique qui lui permet d'ordonner la somme de matériaux involontairement amassés.
Charles BAUDELAIRE

Beau tableau à faire : La Canaille littéraire.
Charles BAUDELAIRE

Crescendo, on a du savoir-faire, on a du trait, on a des idées, on a du souffle, on a une voix. Il arrive même qu'on ait du génie : cinq ou six fois par siècle.
Hervé BAZIN

Hermétisme. Un des fléaux actuels... Que de précieux ridicules, à matière grise d'ultra-langage ! C'est la capacité dans le chiffrage comme dans le décryptage de l'abscons qui sélectionne aujourd'hui la fleur des pois. Peu importe la foule ! [...] Le souci de communiquer est devenu mineur, attentatoire à la liberté de l'artiste, voire à sa dignité...
Hervé BAZIN

La littérature contemporaine comprend trop de chiens qui, pour le bénéfice d'une pâtée régulière et solide, font au public toutes les concessions, accordent à la bêtise et aux vices humains tous les sourires...
BELVAL-DELAHAYE

Autrefois, les écrivains dénués de métier voulaient passer pour en avoir ; aujourd'hui, ceux qui en sont farcis veulent nous faire croire qu'ils ne savent même pas ce que c'est. Tel est le progrès.
Julien BENDA

L'intelligence, c'est ne pas savoir faire ce que font les autres. L'intelligence, c'est de ne pas être doué. Les dons servent à quelque chose tandis que l'intelligence, ça ne sert à rien.
Emmanuel BERL

Le don littéraire n'est rien, ou peu de chose. Nous sommes étouffés par trop de gens qui savent écrire, et n'ont pourtant rien à apprendre à personne.

Georges BERNANOS

D'abord n'épouse jamais un homme de lettres. Tu risquerais de devenir la maman d'autres hommes de lettres, et de retarder ainsi la disparition d'une espèce intermédiaire entre le paon et le dindon.

Georges BERNANOS

Il y a cent écrivains verveux dont on peut vanter l'inspiration, mais il n'y en a pas beaucoup qui aient la puissance.

Georges BERNANOS

Le public est toujours prêt à pardonner à un écrivain un mauvais livre, mais il ne lui pardonnera jamais un livre pernicieux.

Vissarion BIELINSKI

Ce n'est pas d'hier qu'on abuse de la parole ou de l'écriture pour l'extermination de la pensée.

Léon BLOY

L'homme de lettres sans principes ou sans art et l'empoisonneur sont identiques. Or, presque tous les gens de lettres sont dans une indigence absolue d'art et de principes. Il leur est tout à fait égal d'être vrais ou de ne l'être pas, d'écrire avec éloquence ou de paraître simplement idiots.

Léon BLOY

Quelle misère d'écrire des livres *définitifs*, quand on n'a pas d'expérience !

Léon BLOY

Sans la langue, en un mot, l'auteur le plus divin
Est toujours, quoi qu'il fasse, un méchant écrivain.
Et ne vous piquez point d'une folle vitesse :

LE TALENT : EN AVOIR OU PAS...

Un style si rapide, et qui court en rimant,
Marque moins trop d'esprit que peu de jugement.

Nicolas BOILEAU

Quand un artiste ou un auteur se vante de gagner de l'argent, il nous avertit sans y prendre garde qu'il a changé de métier.

Abel BONNARD

Les meilleurs écrivains n'emploient pas d'artifices ; en tout cas, leurs artifices sont secrets.

Jorge Luis BORGES

Les bons ouvrages ne sont pas nécessairement subversifs, mais, tous, ils remuent l'esprit et réveillent les pensées.

François BOTT

Les écrivains se ruent vers la polémique. Penser contre a toujours été la façon la moins difficile de penser.

Jacques DE BOURBON BUSSET

Chercher l'originalité dans la nouveauté est une preuve d'absence d'originalité.

Jacques DE BOURBON BUSSET

Ne crayonnez pas dans les marges d'un livre les bêtises que l'auteur a oubliées dans le texte.

Léonce BOURLIAGUET

Je pense que de nombreux romans sortant actuellement en librairie auraient pu être écrits par des ordinateurs. Et je pense d'ailleurs que, s'ils avaient été écrits par un ordinateur, sans doute auraient-ils été meilleurs.

Italo CALVINO

La première chose à apprendre pour un écrivain c'est l'art de transposer ce qu'il sent dans ce qu'il veut faire sentir. Les premières fois

c'est par hasard qu'il réussit. Mais ensuite il faut que le talent vienne remplacer le hasard. Il y a ainsi une part de chance à la racine du génie.
　　Albert CAMUS

Petite race d'écrivains parisiens qui cultivent ce qu'ils croient être l'insolence. Les valets qui, en même temps, singent les grands et les raillent à l'office.
　　Albert CAMUS

J'aime mieux les hommes engagés que les littératures engagées. Du courage dans sa vie et du talent dans ses œuvres, ce n'est déjà pas si mal. Et puis l'écrivain est engagé quand il veut. Son mérite c'est son mouvement. Et si ça doit devenir une loi, un métier ou une terreur, où est le mérite justement ?
　　Albert CAMUS

Il pond des phrases comme des œufs, mais il oublie de les couver.
　　Elias CANETTI

Combien de lectures ne s'épargnerait-on pas, si l'on connaissait plus tôt leurs auteurs ! Peut-être *toute* lecture ?
　　Elias CANETTI

Gens de plume... Je dois être l'un des derniers sur terre à employer encore cette expression, avec autant d'ironie que de tristesse, d'ailleurs. Ils n'écrivent plus, ils saisissent. Au bout de dix pages, je sais si un roman a été fabriqué sur écran. On ne sent pas la rature, la surcharge, le rajout dans les marges, l'oreille qui cherche, la main qui hésite, la vie. Ils vont plus vite, disent-ils. Pressés de finir, de toucher le reliquat de leur à-valoir, d'acquitter leur tiers provisionnel et de composer un nouveau manuscrit – qu'il devrait avoir l'honnêteté d'appeler manu-script.
　　Didier van CAUWELAERT

La postérité ? Vous rigolez ! Faut commencer d'abord par mourir. Après on verra. Vivant vous ne valez rien. C'est quand vous êtes bouffé par les vers que l'on commence à vous déguster.
　　Louis-Ferdinand CÉLINE

Et un jour – miracle ! – le piètre écrivain est touché par la grâce et produit le beau, le grand livre que personne n'espérait plus.
Cette grâce porte le nom de souffrance.
> Romano Celli

Un homme de lettres raté peut toujours, comme juge au tribunal révolutionnaire, satisfait de pouvoir tuer des innocents dans un grand apparat de motifs futiles, connaître une grande réussite.
> Guido Ceronetti

Ce qui fait le succès de quantité d'ouvrages est le rapport qui se trouve entre la médiocrité des idées de l'auteur et la médiocrité des idées du public.
> Nicolas Chamfort

Plusieurs gens de lettres croient aimer la gloire et n'aiment que la vanité. Ce sont deux choses bien différentes et même opposées ; car l'une est une petite passion, l'autre en est une grande. Il y a entre la vanité et la gloire la différence qu'il y a entre un fat et un amant.
> Nicolas Chamfort

Le blanc, dans une page imprimée, a tant d'éloquence, que certains auteurs n'hésitent pas à en abuser, pour compenser chez eux l'insignifiance des parties noires.
> Maurice Chapelan

L'auteur que nous aimons, nous ne pouvons lire une ligne de lui, voire un mot, sans que cela propage en nous une série de vibrations qui vont éveiller de proche en proche tout ce que nous savons de l'homme et de l'œuvre. Ainsi les banalités ou les sottises qu'il a pu écrire ne sauraient l'être à nos yeux, et le culte que nous lui portons nous aveugle sur ses faiblesses, s'il ne va pas jusqu'à nous les faire revêtir d'une sorte de caractère sacré.
> Maurice Chapelan

Lus, combien de livres nous permettent-ils de dire : j'ai été nourri ?
> Maurice Chapelan

Tel est le danger des lettres : le désir de faire du bruit l'emporte sur les sentiments généreux.

François-René DE CHATEAUBRIAND

J'ai souvent imaginé qu'au moment de la mort, s'il a la chance d'être lucide, un écrivain doit épouvantablement regretter de ne pouvoir dicter la seule page ou le seul poème qui valût d'être encore donné. Comme si tout ce qui avait été pensé, écrit, raturé toutes ces années aboutissait enfin à la perfection impossible à saisir à cet instant. Les oreilles du condamné s'emplissent de mots si justes à dire enfin, la phrase s'écrit seule, d'un trait éblouissant sur l'air blanc, non, c'est le glas, efface tout, frère, il faut mourir.

Jacques CHESSEX

Un grand classique, c'est un homme dont on peut faire l'éloge sans l'avoir lu.

Gilbert Keith CHESTERTON

Cet amoncellement de banalités ! Ce qui n'est pas frappant n'existe pas. *Écrire* devrait être synonyme de *graver*.

Emil Michel CIORAN

Seuls les écrivains mineurs s'interrogent tout le temps sur le destin de leur œuvre. Tout livre est périssable ; seule la poursuite de l'essentiel ne l'est pas.

Emil Michel CIORAN

Si on veut connaître un pays, il faut lire ses écrivains médiocres, qui seuls en reflètent véritablement les défauts, les tics, les vertus et les vices. Les autres écrivains, les bons, réagissent d'habitude contre leur patrie, ils sont honteux d'en faire partie. Aussi en expriment-ils imparfaitement l'essence, j'entends la nullité quotidienne.

Emil Michel CIORAN

Règle générale : un auteur commence à être reconnu et fêté au moment où il n'a plus rien à dire. L'avènement de la gloire coïncide avec celui de la stérilité.

Emil Michel CIORAN

L'écrivain indifférent à tout, incurieux et épuisé finit en grammairien. Dénouement insignifiant et honorable ; la médiocrité après l'excès et les cris.

Emil Michel CIORAN

Les premiers romans sont légion qui ne sont jamais suivis du second. Ces auteurs-là sont des plombiers qui ont installé une baignoire ; comme elle fuyait, on ne leur a rien demandé d'autre. Parce que le succès n'est pas venu, ils n'ont pas persisté. Sans doute n'avaient-ils pas grand-chose à dire.

Bernard CLAVEL

Un chef-d'œuvre est une bataille gagnée contre la mort.

Jean COCTEAU

Le bon écrivain frappe toujours à la même place, avec des marteaux de matière, de taille différentes. Le son change. Il ménage le clou. Le même marteau finirait par écraser la tête du clou, par ne plus enfoncer rien, par faire un bruit de bois sec. C'est le bruit de nos grands hommes.

Jean COCTEAU

Les vrais fous littéraires sont ces détraqués, ou doux ou forcenés, qui croient avoir découvert un nouveau continent et brûlent d'en révéler le langage inouï. Leur continent n'est jamais qu'un pauvre petit champ pierreux qu'ils binent avec amour, obstination et frénésie ; y trouvent-ils un caillou de forme singulière, ils s'extasient ; mais quelques cailloux ne s'assemblent pas d'eux-mêmes. Les mots ne sont que pierres.

José CORTI

À voir ce qui s'imprime tous les jours, on dirait que chacun se croit obligé de faire preuve d'ignorance.

Paul-Louis COURIER

À voir l'importance que ces messieurs attachent à leurs manuscrits, ne dirait-on pas qu'ils les lisent ?

Paul-Louis COURIER

Le chef-d'œuvre est, comme tout le reste, relatif et conventionnel. On entend par « Chef-d'œuvre », en matière littéraire, un ensemble de vers ou de lignes dont on ne conçoit pas qu'un seul mot puisse être remplacé par un autre.
    Georges COURTELINE

Il est certain qu'il doit y avoir une bonne et une mauvaise littérature. En ce cas, la mauvaise littérature est-elle de la littérature ?
    Frédéric DARD (SAN-ANTONIO)

L'événement ne fait pas la littérature ; c'est elle, la littérature, qui crée l'événement. D'un événement minime, il peut naître un chef-d'œuvre, quand mille événements dramatiques feront, au mieux, un témoignage.
    Michel DEL CASTILLO

Le talent est moyen seulement et passage.
    Lanza DEL VASTO

De certains écrivains, tout est célèbre, sauf les œuvres.
    Jacques DEVAL

De quelque côté que vous vous tourniez, vous avez tort. Si mon ouvrage est bon, il vous fera plaisir ; s'il est mauvais, il ne fera point de mal. Point de livre plus innocent qu'un mauvais livre.
    Denis DIDEROT

Personne n'a autant d'humeur, pas même une jolie femme qui se lève avec un bouton sur le nez, qu'un auteur menacé de survivre à sa réputation.
    Denis DIDEROT

Un artisan ne se regarde pas faire. Il fait. Beaucoup d'écrivains se regardent écrire. Ils s'intéressent plus à leur image qu'à la matière qu'ils manipulent.
    Philippe DJIAN

LE TALENT : EN AVOIR OU PAS...

Écoutez, excusez-moi, mais je crois que le génie en littérature n'existe pas. Il m'est arrivé de passer une nuit chez Gallimard. Croyez-le ou non, il n'y avait pas de fantômes...
    Philippe Djian

J'essaie de tendre vers la simplicité. Il est plus difficile d'écrire simple. Ils sont nombreux à confondre l'écriture avec l'exécution d'un numéro de cirque. Toutes ces choses me fatiguent. Je n'attends pas d'un écrivain qu'il vienne prendre des poses sous mon nez, qu'il vienne me montrer ses muscles ou le galbe de sa jambe.
    Philippe Djian

L'écrivain a ce singulier pouvoir de créer de la réalité avec des sornettes, de faire passer pour rouge ce qui est bleu, de transformer les vessies en lanternes. Qu'il ait du talent, et ses mensonges, lancés dans l'univers, deviennent plus vrais que des certitudes.
    Roland Dorgelès

Qu'est-ce que le talent ? Le talent littéraire, par exemple c'est la capacité de bien dire ou de bien exprimer ce que l'absence de talent dira ou exprimera mal.
    Fedor Dostoïevski

Vivre faux ne prédestine pas à écrire juste.
    Pierre Drachline

Un littérateur exploite presque toujours quelque chose. Sauf les très grands.
    Pierre Drieu La Rochelle

Si l'écrivain n'est pas capable de donner à ceux qui l'écoutent une raison de vivre et d'espérer, quel que soit son talent, nous dirons qu'il est sans message, et nous ne l'écouterons pas.
    Georges Duhamel

Pour moi, écrivain, la chose est claire ; je dis qu'un confrère me porte tort, quand il publie un mauvais ouvrage.
    Georges Duhamel

Il y a souvent des récits et très peu souvent de l'écriture.

Marguerite Duras

On m'avait annoncé un chef-d'œuvre. Je commence à lire. Tout de suite, je suis rassuré : c'est aussi mauvais que les autres nouveautés.

Jean Dutourd

— Et pourrait-on savoir qui trouve grâce à tes yeux ?
— Les gens sérieux et honnêtes. Pas les commerçants en littérature, ni les cuistres, ni les farceurs, ni les coquins. [...] On ne saurait comparer un honnête homme à un fripon des lettres. J'entends par fripon des lettres un homme qui n'est pas sincère. [...] Puisqu'il y a des hommes de génie, et mon Dieu, en assez grand nombre depuis que le monde est monde, pourquoi se contraindre à lire des niaiseries et des stupidités ?

Jean Dutourd

Le talent seul ne suffit pas pour faire un écrivain. Derrière un livre, il doit y avoir un homme.

Ralph Waldo Emerson

J'ai horreur des écrivains neutres, des petits vieux bien propres de l'écriture, même quand ils sont jeunes.

René Fallet

Il faut [...] que l'un de nous se décide à écrire ce que l'on n'écrit pas. Car, en somme, en dehors de certains chefs-d'œuvre, aussi nécessaires au rythme universel que les sept merveilles du monde, et qui finissent par se confondre avec la nature, avec les arbres, avec les visages, avec les maisons, l'on n'écrit rien.

Léon-Paul Fargue

Les grands raseurs travaillent dans l'in-folio, comme il est convenu que les architectes prix de Rome ne construisent que des bâtiments officiels et des palais nationaux.

Léon-Paul Fargue

On dit d'une mauvaise étoffe, pour en indiquer les défauts, qu'on y voit tout au travers. Selon moi, on peut dire la même chose de quelques livres dont le lecteur peut, dès la première page, deviner la fin.

Henry FIELDING

Il est facile, avec un jargon convenu, avec deux ou trois idées qui sont de cours, de se faire passer pour un écrivain socialiste, humanitaire, rénovateur et précurseur de cet avenir évangélique rêvé par les pauvres et par les fous. C'est là la manie actuelle ; on rougit de son métier. Faire tout bonnement des vers, écrire un roman, creuser du marbre, ah ! fi donc ! C'était bon autrefois quand on n'avait pas la *mission sociale* du poète.

Gustave FLAUBERT

Publier un livre original, c'est courir un terrible péril. Crois-moi, mon ami : cache ton esprit. N'écris pas. Si tu publies un livre trop faible pour être remarqué et te tirer de l'obscurité, ce qui est le plus probable, car le talent est très rare, rends grâces aux dieux : tu évites ton malheur, tu risques tout au plus de te rendre ridicule dans l'intimité. Ce n'est pas terrible. Mais si, par impossible, tu as assez de talent pour être remarqué, pour acquérir la célébrité (je ne parle pas de la gloire), si on te renomme, adieu tranquillité, quiétude, paix, adieu repos, le plus cher des biens. La meute des envieux ne cessera d'aboyer à tes chausses.

Anatole FRANCE

Ceux-là furent des cuistres qui prétendirent donner des règles pour écrire, comme s'il y avait d'autres règles pour cela que l'usage, le goût et les passions, nos vertus et nos vices, toutes nos faiblesses, toutes nos forces.

Anatole FRANCE

C'est la faute aux manuels de littérature si les écrivains qui semblaient supporter le moins les familiarités sont pelotés par n'importe qui.

Bernard FRANK

On a l'impression que beaucoup de livres n'ont été écrits que pour donner à cet écrivain le droit d'écrire enfin son *bon* livre.

Bernard FRANK

Dans les lettres, comme en tout, le talent est un titre de responsabilité.

Charles DE GAULLE

L'œuvre d'art, c'est une idée qu'on exagère.

André GIDE

Le jour où l'on a commencé d'écrire *Intelligence* avec un I majuscule, on a été foutu. Il n'y a pas l'Intelligence ; on a l'intelligence de ceci, de cela. Il ne faut avoir d'intelligence que pour ce qu'on fait.

André GIDE

La fatuité s'accompagne toujours d'un peu de sottise. Ce qui permet la suffisance de certains auteurs d'aujourd'hui, c'est leur incapacité de comprendre ce qui les dépasse, de jauger à leur juste valeur les grands écrivains du passé.

André GIDE

Les chefs-d'œuvre sont les statues de la littérature et en encombrent les voies, surtout quand leurs auteurs y sont présents.

Jean GIRAUDOUX

Les littérateurs, binocle au nez, qui s'occupent à assembler en un roman, comme en un jeu de patience, mille pensées qu'ils n'ont eues que séparément.

Jean GIRAUDOUX

Un livre n'est jamais un chef-d'œuvre : il le devient. Le génie est le talent de l'homme mort.

Edmond et Jules DE GONCOURT

LE TALENT : EN AVOIR OU PAS...

Jamais un auteur ne s'avoue que plus sa célébrité grossit, plus son talent compte d'admirateurs incapables de l'apprécier.

Edmond et Jules DE GONCOURT

Peut-être dit-on moins de sottises qu'on n'en imprime.

Edmond et Jules DE GONCOURT

Certains livres ressemblent à la cuisine italienne : ils bourrent mais ne remplissent pas.

Edmond et Jules DE GONCOURT

Une pensée fausse n'est jamais bien écrite, ni mal écrite une pensée juste. Il y a là quelque chose d'inséparable.

Remy DE GOURMONT

L'art qui ne sait pas évoquer en un vers, en une phrase, en une mélodie, d'un coup de pinceau, tout un moment de la vie, peut bien être de l'orfèvrerie, ce n'est pas de l'art.

Remy DE GOURMONT

Il y a des écrivains chez lesquels la pensée semble une moisissure du cerveau.

Remy DE GOURMONT

La littérature hermétique.
C'est ce que j'en saisis justement qui m'échappe.

Sacha GUITRY

C'est curieux : je soupçonne que les littérateurs écrivent souvent des choses qui ne les intéressent pas du tout. Pourquoi donc ?

Louis GUILLOUX

Il est des écrivains que l'on connaissait mal, sur lesquels on se jette, et qui vous ensorcellent – et qui, pendant un mois, vous dispensent des autres.
Ce sont ordinairement des écrivains de second ordre.

Sacha GUITRY

Comment expliquer l'apparition du génie littéraire, je ne sais. Il arrive dans l'histoire des périodes où il naît des êtres de génie. C'est inexplicable. C'est lié au conseil éternel de l'Être qui dirige l'Histoire et qui s'appelle Dieu.

    Jean Guitton

D'après mon expérience personnelle, l'art, c'est d'écouter en soi-même et de rendre par la peinture, par la plume, par la musique, ce qui continuellement s'exhale de notre propre conscience, de notre conscience nourrie par nos regards, par nos études, par notre vie. Mais votre idée de *vieux*, de *neuf*, je ne sais pas ce que cela veut dire.

    Kleber Haedens

Tous ces romans qui se ressemblent, tous ces écrivains sans style, persuadés qu'ils ont composé une œuvre unique, plats, ennuyeux, corrects comme le square de Charleville où passait Arthur Rimbaud...

    Kleber Haedens

Il y a bien des livres qu'on lit avec le sentiment de faire une aumône à l'auteur.

    Friedrich Hebbel

Dès que meurt un bon écrivain, les professeurs s'y mettent comme des vers.

    Émile Henriot

Quand on n'est pas intelligible, c'est qu'on n'est pas intelligent.

    Victor Hugo

Il faut autant de travail pour écrire un mauvais livre qu'un bon ; il sort avec la même sincérité de l'âme de l'auteur.

    Aldous Huxley

On naît avec un chef-d'œuvre en soi ; on le manque pour l'avoir voulu.

    Max Jacob

LE TALENT : EN AVOIR OU PAS...

En littérature aujourd'hui on fait bien la maçonnerie, mais on fait mal l'architecture.

Joseph JOUBERT

Que de gens, en littérature, ont l'oreille juste et chantent faux !

Joseph JOUBERT

Il y a des livres plus utiles par l'idée qu'on s'en fait que par la connaissance qu'on en prend.

Joseph JOUBERT

Tout bon livre est un attentat et appelle au moins le martyre de celui qui le commet.

Marcel JOUHANDEAU

Un [critique] me traite d'écrivain mineur. Voilà qui ne me fâche pas. J'ai toujours eu du goût pour les minorités et rien ne m'est plus antipathique et ne me semble plus galvaudé que l'épithète *grand*, appliqué aux écrivains. Des grands écrivains de mon enfance on ne sait plus seulement le nom aujourd'hui.

Marcel JOUHANDEAU

Que d'écrivains ne sont immortels qu'avant leur mort !

Roger JUDRIN

Le trou que l'œuvre géniale a creusé par le feu dans ce qui nous entoure nous offre une bonne place où poser notre petit flambeau. C'est pourquoi l'œuvre de génie est une source d'encouragement, d'un encouragement qui s'exerce d'une manière générale et ne pousse pas seulement à l'imitation.

Franz KAFKA

On peut facilement tirer tant de livres de la vie et l'on peut tirer si peu, si peu des livres.

Franz KAFKA

Pourquoi écrit-il ? Parce qu'il n'a pas assez de caractère pour ne pas écrire.
Karl KRAUS

On doit lire tous les écrivains deux fois, les bons et les mauvais. Les uns, on les reconnaîtra ; les autres, on les démasquera.
Karl KRAUS

Il n'est pas si aisé de se faire un nom par un ouvrage parfait, que d'en faire valoir un médiocre par le nom qu'on s'est déjà acquis.
Jean DE LA BRUYÈRE

La gloire ou le mérite de certains hommes est de bien écrire ; et de quelques autres, c'est de n'écrire point.
Jean DE LA BRUYÈRE

Il ne suffit pas de distinguer, dans la marée des manuscrits, ceux qui méritent d'être défendus, publiés. Il faut aussi repêcher, à l'autre extrême, ceux dont les auteurs sont en danger, les intoxiqués du Waterman, les aliénés du clavier, aveuglés par leurs propres jets d'encre, ceux qui creusent d'infimes et d'insalubres galeries souterraines à coups de stylo-plume, sans comprendre qu'elles ne déboucheront jamais à l'air libre, que la lumière dont ils rêvent d'inonder l'univers n'est qu'une loupiote anémique tout juste susceptible d'enflammer le grisou qui les ratatinera.
Jean-Marie LACLAVETINE

La basse littérature se soutient par les hauts tirages et la haute littérature par la basse intrigue.
Jean LAGROLET

La gloire n'est qu'une des formes de l'indifférence humaine. Et pourtant il n'y a pas d'autre mot pour exprimer ce fait qu'une certaine œuvre demeure vivante, que certains livres auront toujours des lecteurs, que ces livres s'ajoutent au nombre des livres auxquels les bons esprits iront toujours.
Valery LARBAUD

LE TALENT : EN AVOIR OU PAS...

Il y a des écrivains ravalés, dangereux loustics, farceurs au quarteron, sombres mystificateurs, véritables aliénés, qui mériteraient de peupler Bicêtre. Leurs têtes crétinisantes, d'où une tuile a été enlevée, créent des fantômes gigantesques, qui descendent au lieu de monter.
    Lautréamont

Les livres que j'ai lus m'ont donné une culture littéraire mais ce sont les mauvais écrivains qui m'ont appris à écrire en me donnant le dégoût de leur style.
    Paul Léautaud

En toutes choses ce qu'on appelle la perfection est sans intérêt. La perfection n'a pas de personnalité. En littérature, la perfection est toujours, plus ou moins, de la fabrication et facilement reconnaissable.
    Paul Léautaud

Quant aux gens qui ont le souci de la postérité, je les tiens pour des sots – et j'emploie un mot poli. Je me demande ce que peut faire à Racine, dans sa poussière, d'être considéré comme le premier tragique français.
    Paul Léautaud

Tout livre qu'un autre que son auteur aurait pu écrire est bon à mettre au panier.
    Paul Léautaud

Que d'ouvrages pour rien ! Que d'âmes couleur d'encre !
    Charles Le Quintrec

Ce livre avait l'effet qu'ont habituellement presque tous les bons livres : il rendait les niais plus niais encore, les gens intelligents plus intelligents, et les milliers d'autres restaient inchangés.
    Georg Christoph Lichtenberg

Un écrivain qui doit l'immortalité à une statue est indigne, même d'une statue.
	Georg Christoph LICHTENBERG

Le seul défaut des œuvres de réelle valeur, c'est qu'elles en suscitent ordinairement beaucoup d'autres mauvaises ou simplement médiocres.
	Georg Christoph LICHTENBERG

La boue est un déchet de purification : elle contient, parfois, des parcelles de lumière précieuse, dans le genre du diamant. Mais le fait est exceptionnel. Des écrivains sont doués pour retrouver ces paillettes souvent inestimables. Ils possèdent les dons des chercheurs d'or et leurs mains peuvent tamiser la boue sans se souiller.
	Pierre MAC ORLAN

À Paris, tous les écrivains semblent avoir du talent ; en réalité, ils n'ont jamais eu le loisir d'en acquérir un : ils n'ont qu'une sorte d'habileté qu'ils s'empruntent l'un l'autre, trésor commun où s'éparpillent les valeurs individuelles.
	Roger MARTIN DU GARD

Les médiocres sont très utiles pourvu qu'ils sachent se tenir dans l'ombre ; tels les zéros placés derrière les vrais chiffres.
	Paul MASSON

Le génie chez l'écrivain, ou le peintre, est ce je ne sais quoi qui ne peut suffire à tout, mais peut tenir lieu de tout le reste.
	Thierry MAULNIER

Dans tout le livre de ce philosophe, dans toute la suite des livres qu'il écrit au cours de sa vie, il n'y a guère qu'une page, une phrase, une pensée qui soit réellement importante. Tout le reste n'est qu'emballage autour du cadeau, garniture autour du plat, pour faire prendre cette pensée au sérieux.
	Thierry MAULNIER

LE TALENT : EN AVOIR OU PAS...

Tout peut être dit clairement, l'obscurité dans l'écriture est marque non d'impuissance, mais de prétention.
Thierry MAULNIER

La réelle puissance littéraire, le talent, le génie sont dans l'interprétation. La chose vue passe par l'écrivain, elle y prendra sa couleur particulière, sa forme, son élargissement, ses conséquences, suivant la fécondation de son esprit. [...] Tout peut être beau quels que soient le temps, le pays, l'école, etc., parce qu'il est des écrivains de tous les tempéraments.
Guy DE MAUPASSANT

Je vais vous dire quelque chose de tout simple : lorsqu'on ne veut plus parler le langage des honnêtes gens il n'y a plus de littérature. Il y a des idées, des systèmes qui s'entrechoquent à travers des mots et des passions. Lorsqu'un écrivain de génie réussit à se saisir du tout et à en faire un chant, cela peut devenir admirable.
François MAURIAC

Un « polémiste né » est un homme qui, presque toujours, a échoué dans le roman ou au théâtre. Il est ce personnage dont Forain disait : « Il se vomit lui-même, mais sur les autres. »
François MAURIAC

Trop d'ouvrages ressemblent à ces mets tout en sauce où l'on a toutes les peines du monde à trouver un peu de viande fraîche.
Michel Eyquem DE MONTAIGNE

Il devrait y avoir quelque coercition des lois contre les écrivains ineptes et inutiles, comme il y en a contre les vagabonds et fainéants.
Michel Eyquem DE MONTAIGNE

La fureur de la plupart des Français, c'est d'avoir de l'esprit, et la fureur de ceux qui veulent avoir de l'esprit, c'est de faire des livres. Cependant, il n'y a rien de si mal imaginé : la Nature semblait avoir sagement pourvu à ce que les sottises des hommes fussent passagères, et les livres les immortalisent.
Charles de Secondat, baron DE MONTESQUIEU

Il y a des littérateurs qui ne « pensent » que la plume à la main. Mettez-les dans la conversation sur tel sujet sur lequel ils ont écrit avec brio, ils restent cois, s'ils ne se souviennent de ce qu'ils ont écrit, pour le répéter, ou bien ils émettent une opinion contraire à celle qu'ils ont émise par écrit. Car sur ce sujet ils ne pensent rien, ce qui s'appelle rien ; s'ils ont pensé quelque chose, cela a duré le temps d'en faire une phrase, comme il y a des amours qui durent le temps d'en faire un roman.

Henry de Montherlant

Le talent ne manque pas, dans les milieux littéraires français, ni l'intelligence, ni même le courage. Ce qui me paraît manquer au plus haut point, c'est la générosité. En langage plus simple, c'est qu'on y ait *bon cœur*.

Henry de Montherlant

Ce que nous applaudissons le plus dans un auteur, est cela où nous nous reconnaissons nous-même. De là que, très souvent, c'est par leur part la moins originale que survivent les génies.

Henry de Montherlant

Et la Femme, ayant trop parlé, se mit à écrire...

Henry de Montherlant

Bien écrire, c'est le contraire d'écrire bien.

Paul Morand

Mort, si on n'a pas de génie, il ne reste rien de votre œuvre ; on s'en va avec sa génération. Restent quelques débris pour les chiffonniers amateurs ou universitaires américains.

Paul Morand

Les auteurs à succès mondain disparaissent avec leur cénacle. Certains survivent, non parce qu'ils sont admirés, mais parce qu'ils sont détestés.

Paul Morand

LE TALENT : EN AVOIR OU PAS...

Il est dangereux de passer trop tôt pour un écrivain de bon sens : c'est le privilège des médiocrités mûres.
　Gérard de Nerval

Les bons écrivains ont deux choses en commun : ils préfèrent être compris que regardés avec étonnement ; et ils n'écrivent pas pour les lecteurs aigres et subtils.
　Friedrich Nietzsche

Tous les poètes et écrivains qui sont amoureux du superlatif veulent plus qu'ils ne peuvent.
　Friedrich Nietzsche

Il y a un temps où la force créatrice, la violence du jeune génie emporte tout.
Mais le talent mal mûri le trahit par défaut.
Puis un temps où le génie se tempère et où le talent assuré le maîtrise dans la joie. C'est l'heure, non plus du désir, non plus de la conception, mais de l'enfantement, du fils, de l'Œuvre.
Puis un dernier temps d'expérience où le talent peut tout ce qu'il veut. Mais le génie ne lui fait plus d'enfant.
　Marie Noël

Un écrivain qui hait les métaphores, c'est aussi absurde qu'un banquier qui haïrait l'argent.
　Amélie Nothomb

La légende du génie méconnu a été créée et soigneusement entretenue par les écrivains médiocres qui, de tous temps, ont langui dans l'ombre et dans la pauvreté.
　Marcel Pagnol

Quand un écrivain commence à négocier son talent, il ne tarde pas à suspendre les paiements.
　Armando Palacio Valdes

Les meilleurs livres sont ceux que ceux qui les lisent croient qu'ils auraient pu faire.
   Blaise Pascal

Les couloirs des Éditions [...] sont encombrés de premières personnes du singulier qui n'écrivent que pour devenir des troisièmes personnes publiques. Leur plume se fane et leur encre sèche dans le temps qu'ils perdent à courir les critiques et les maquilleuses. Ils sont gendelettres dès le premier éclair du premier flash et chopent des tics à force de poser de trois quarts pour la postérité. Ceux-là n'écrivent pas pour écrire, mais pour avoir écrit – et qu'on se le dise.
   Daniel Pennac

Certains hommes « pèsent » plus que d'autres. Il y a de bons, d'excellents écrivains. Tant mieux pour eux. Puis ceux qui ne seraient pas d'excellents écrivains, s'ils s'y essayaient, mais risquent, grâce à vingt pages difficiles, d'ébranler le bloc mental.
   Georges Perros

Les éditeurs fabriquent des génies comme les marchands de la rue Saint-Sulpice fabriquent des Vierges, des Saints ou des Dieux en plâtre peint !
   Francis Picabia

J'y pense, j'y pense, un livre quelle prétention dans un sens, mais quelle extraordinaire merveille s'il est raté dans les grandes largeurs.
   Robert Pinget

Aujourd'hui, les auteurs croient malicieux d'aligner leur comportement sur ceux des politiciens les plus vils, en refusant de reconnaître leurs reniements, en les troquant contre des avantages divers, ou en en faisant commerce. Pas étonnant, dès lors, que les serviteurs de l'esprit cessent d'apparaître dans l'opinion comme des recours d'une autre espèce, dans le même temps où certains ralliés au pouvoir jouent les penseurs indépendants, grâce aux moyens modernes de mystification.
   Bertrand Poirot-Delpech

LE TALENT : EN AVOIR OU PAS...

Il suffit d'obscurcir un livre par des notes et des remarques pour acquérir le titre d'homme de lettres.

Alexander POPE

Beaucoup de livres d'aujourd'hui, quand on les ouvre comme une huître, on trouve seulement des perles de culture.

Jacques PRÉVERT

Tous les goûts sont dans la littérature, et aussi tous les dégoûts. Dans les recettes de cuisine littéraire, il y a toujours la goutte de vase qui fait déborder l'eau de la bouche.

Jacques PRÉVERT

Une œuvre où il y a des théories est comme un objet sur lequel on laisse la marque du prix.

Marcel PROUST

La littérature qui se contente de « décrire les choses », d'en donner seulement un misérable relevé de lignes et de surfaces, est celle qui, tout en s'appelant réaliste, est la plus éloignée de la réalité.

Marcel PROUST

Les génies ne sont que les rédacteurs des inspirations de la foule.

Ernest RENAN

L'immortalité, c'est de travailler à une œuvre éternelle.

Ernest RENAN

Le talent est une question de quantité. Le talent, ce n'est pas d'écrire une page : c'est d'en écrire trois cents. Il n'est pas de roman qu'une intelligence ordinaire ne puisse concevoir, pas de phrase si belle qu'elle soit qu'un débutant ne puisse construire. Reste la plume à soulever, l'action de régler son papier, de patiemment l'emplir. Les forts n'hésitent pas. Ils s'attablent, ils sueront. Ils iront au bout. Ils épuiseront l'encre, ils useront le papier. Cela seul les différencie, les hommes de talent, des lâches qui ne commenceront jamais. En littérature, il n'y a que des bœufs. Les génies sont les plus gros, ceux qui peinent dix-huit heures par jour d'une manière infatigable. La gloire est un effort constant.

    Jules RENARD

Il faut feuilleter les mauvais livres, éplucher les bons.

    Jules RENARD

L'haleine du livre qu'on ouvre. Oh ! que celui-là pue de la gueule !

    Jules RENARD

Rien que des succès, pas une œuvre.

    Jules RENARD

Ce vice littéraire qui consiste à se forcer à aimer ce qu'on se croit obligé d'admirer.

    Jules RENARD

On entend souvent des lamentations au sujet du grand nombre de stupidités qui ont été écrites depuis qu'il y a des livres : or, j'avoue que ce qui me frappe, au contraire, c'est le très grand nombre de choses intelligentes, définitives, qui ont été écrites. Mais c'est chez les auteurs les plus classiques, et auxquels on recourt le moins, qu'il faut aller les trouver, et non dans quantité de publications pénibles et médiocres, qui se prétendent les plus actuelles sous prétexte qu'elles sont les dernières en date.

    Jean-François REVEL

Les premiers sont souvent les derniers. La médiocrité reconnaît toujours les siens.

    Pierre REVERDY

La carrière des lettres et des arts est plus que décevante ; le moment où l'on arrive est souvent celui où on ferait mieux de s'en aller.

    Pierre REVERDY

LE TALENT : EN AVOIR OU PAS...

Ce livre est non seulement un mauvais livre, mais une mauvaise action.

Jean RICHEPIN

Toutes les époques se sont trompées sur elles-mêmes et un bon roman est toujours un accident. De temps en temps les rails se croisent entre le succès public et la postérité, mais en général cela relève du hasard, du malentendu. La reconnaissance est une longue navigation après la mort, tant la nouveauté commence par être invisible.

Angelo RINALDI

Sa gloire passera, les navets resteront.

Antoine DE RIVAROL

Ils veulent être neufs et ne sont que bizarres ; ils tourmentent leur langue pour que l'expression leur donne la pensée, et c'est pourtant celle-ci qui doit toujours amener l'autre.

Antoine DE RIVAROL

Le génie égorge ceux qu'il pille.

Antoine DE RIVAROL

L'écrivain doit accepter avec orgueil de porter sa propre date, sachant qu'il n'y a pas de chef-d'œuvre dans l'éternité, mais seulement des œuvres dans l'histoire ; et qu'elles ne se survivent que dans la mesure où elles ont laissé derrière elles le passé et annoncé l'avenir.

Alain ROBBE-GRILLET

On ne saurait nier qu'il existe un certain degré de liaison entre le talent littéraire et l'état de névrose : combien peu de voix saines l'homme aura-t-il entendues ?

Jean ROSTAND

Il y a des chefs-d'œuvre si fastidieux qu'on admire qu'il se soit trouvé quelqu'un pour les écrire.

Jean ROSTAND

Je ne pourrais avoir pleine confiance dans un homme qui écrit trop bien. Le talent, on ne sait jamais de quoi c'est fait.

Jean ROSTAND

Certains écrivains bénéficient de tout ce qu'il y a de mauvais goût dans le bon goût.

Jean ROSTAND

Certains écrivains ont pris le mauvais goût de leur époque, comme ces poissons qui ont le goût de vase.

Jean ROSTAND

L'œuvre d'un auteur qui sait trop bien ce que doit être la littérature fait penser à l'écriture d'un homme qui connaît la graphologie.

Jean ROSTAND

Professeurs de mensonge, c'est pour abuser le peuple que vous feignez de l'instruire, et, comme ces brigands qui mettent des fanaux sur des écueils, vous l'éclairez pour le perdre.

Jean-Jacques ROUSSEAU

En littérature comme dans l'armée, il y a des grades : on est général ou officier subalterne, les plus intelligents ne sont pas forcément les généraux, mais les généraux disposent du pouvoir et du commandement. Aux ganaches dorées d'étoiles, les honneurs et les places, aux autres les os.

Jules ROY

Ces écrivains qui gardent la copie de toutes les lettres qu'ils envoient, hé tiens, ça finit par devenir de la littérature ! Léautaud était ainsi, et combien d'autres ! Brauquier se servait aussi de papier carbone. De nos jours la photocopie facilite tout. Moi jamais – sauf cas précis et important – parce que j'aurais l'impression de garder ce que je devrais donner.

Jules ROY

Le fameux « vide de la page blanche », et s'il était celui que l'auteur y projette ?

    Robert SABATIER

Le mot génie ne désigne aujourd'hui que le savoir-faire.

    Robert SABATIER

Parmi les contemporains, les uns s'exprimaient fort honnêtement sans rien avoir à transmettre, les autres offraient un enseignement détruit par la redondance, la plupart projetaient leur vide intérieur sur la page blanche. Combien, oublieux de laisser reposer leur langage sur un nid de silence, ne prenaient jamais l'envol !

    Robert SABATIER

Les livres sont trop chers – surtout les mauvais.

    Robert SABATIER

Un écrivain reconnu est un homme qui fait couler plus d'encre qu'il n'en utilise.

    Robert SABATIER

Le point essentiel dans une vie de grand écrivain, de grand poète, est celui-ci : saisir, embrasser et analyser tout l'homme au moment où, par un concours plus ou moins lent ou facile, son génie, son éducation et les circonstances se sont accordés de telle sorte qu'il ait enfanté son premier chef-d'œuvre.

    Charles Augustin SAINTE-BEUVE

Je déteste les gens qui écrivent pour s'amuser, qui cherchent des effets.

    Antoine DE SAINT-EXUPÉRY

Écrivez, pendant que vous avez du génie, pendant que c'est le dieu qui vous dicte, et non la mémoire.

    George SAND

Les chefs-d'œuvre ne sont jamais que des tentatives heureuses.

George SAND

Est-ce que le talent de romancier n'est pas justement d'inventer des détails qui ne s'inventent pas, qui ont l'air vrai ? Quand une page sonne authentiquement, elle ne le doit pas à la vie mais au talent de son auteur. La littérature ne bégaie pas l'existence, elle l'invente, elle la provoque, elle la dépasse...

Éric-Emmanuel SCHMITT

Il fut un temps où les bêtes parlaient ; aujourd'hui elles écrivent.

Aurélien SCHOLL

Pour peu qu'un écrivain soit bon, la postérité, à la longue, finit par lui pardonner.

Charles Percy SNOW

Nulle part, aucun régime n'a jamais aimé ses grands écrivains, seulement les petits.

Alexandre SOLJENITSYNE

À quoi bon reprocher à ceux qui publient à tour de bras de la mauvaise littérature de publier de la mauvaise littérature puisqu'ils n'ont aucune chance de s'apercevoir que c'est de la mauvaise littérature ?

Philippe SOLLERS

Le mal que peuvent faire les mauvais livres n'est corrigé que par les bons ; les inconvénients des lumières ne sont évités que par un plus haut degré de lumières.

Madame DE STAËL

Mon talent, s'il y a talent, est celui d'*improvisateur*.

STENDHAL

Si j'eusse parlé vers 1795 de mon projet d'écrire, quelque homme sensé m'eût dit : « Écrivez tous les jours pendant deux heures, génie ou non. »

LE TALENT : EN AVOIR OU PAS...

Ce mot m'eût fait employer dix ans de ma vie dépensés niaisement à attendre le *génie*.
Stendhal

La brièveté est sœur du talent.
Anton **Tchekhov**

Le public moderne semble avoir un faible pour les écrivains confus qui ne livrent jamais leur dernier secret et qui, peut-être, dans leurs désordres, n'en cachent aucun.
André **Thérive**

Guerre aux écrivains sans érudition qui n'ont pas su voir, et aux écrivains sans imagination qui n'ont pas su peindre.
Augustin **Thierry**

Il est plus difficile et plus important aujourd'hui de se dégager des mots qui sonnent faux, des idées creuses et des organisations étouffantes que de composer de nouveaux hymnes.
Alain **Touraine**

Un grand auteur est celui dont on entend et reconnaît la voix dès qu'on ouvre l'un de ses livres. Il a réussi à fondre la parole et l'écriture.
Michel **Tournier**

Quant à être un grand écrivain, cela est l'affaire des autres, et pas de son entourage, ni même de ses contemporains.
Michel **Tournier**

L'hermétisme, né de l'avance prise par le créateur sur son époque, est temporaire ; l'hermétisme bon teint restera piste d'envol, copistes et faussaires iront au rebut.
Elsa **Triolet**

L'homme de génie est celui qui m'en donne.

Paul VALÉRY

« Confier sa peine au papier. »
Drôle d'idée. Origine de plus d'un livre, et de tous les plus mauvais.

Paul VALÉRY

Le public n'est pas obligé de tenir compte aux gens sans talent de la très grande peine qu'ils ont à écrire.

Luc de Clapiers, marquis DE VAUVENARGUES

Et je sais bien [...] qu'il est très difficile de faire deux choses à la fois, d'écrire et de penser en même temps ; que la plupart des ouvrages qui paraissent en sont l'éclatant témoignage, et qu'au contraire de ce qu'affirme un proverbe composé par un monsieur qui n'avait jamais lu, il y a beaucoup de fumées sans feu, et que les plus petits feux font les plus grosses fumées ; que la plupart des livres courants sont remplis d'un grand vide, comme l'ampoule électrique – mais sans filament lumineux – à moins de vouloir nommer pensées je ne sais quels résidus spongieux ou grumeleux, un peu gluants sur le pourtour, qu'un chien normal refuserait dans sa soupe...

Alexandre VIALATTE

Je me méfie beaucoup de ceux qui, décrétant une fois pour toutes que rien n'est plus conformiste que le non-conformisme, en tirent argument pour stabiliser leur prose au niveau d'une indigence ronronnante et d'une platitude sans danger.

Boris VIAN

Laisser la littérature aux mains des imbéciles [...], c'est laisser la science aux mains des militaires.

Boris VIAN

Le vulgaire n'est pas le laboureur penché sur sa charrue, n'est pas le maçon et le serrurier. Le vulgaire, c'est le grand monde illettré qui croit en sa fatuité et dédaigne les lettres.

Alfred DE VIGNY

LE TALENT : EN AVOIR OU PAS...

En lisant un ouvrage de quelque étendue marqué du sceau d'un grand talent, on lit jusque dans le cœur de son auteur. L'œuvre d'un homme de génie le représente tel qu'il est dans la solitude en face de lui-même, se sentant assez fort contre son siècle pour ne pas se déguiser avec lui...

Alfred DE VIGNY

Les infamies de tant de gens de lettres ne m'empêchent point du tout d'aimer la littérature ; je suis comme les vrais dévots qui aiment toujours la religion, malgré les crimes des hypocrites.

VOLTAIRE

Ci-gît qui toujours babilla,
Sans avoir jamais rien à dire,
Dans tous les livres farfouilla,
Sans avoir jamais pu s'instruire,
Et beaucoup d'écrits barbouilla
Sans qu'on ait jamais pu les lire.

VOLTAIRE

J'ai reçu, monsieur, votre nouveau livre contre le genre humain [...]. On n'a jamais employé tant d'esprit à vouloir nous rendre bêtes ; il prend envie de marcher à quatre pattes, quand on lit votre ouvrage.

VOLTAIRE

Le public est prodigieusement tolérant : il pardonne tout, sauf le génie.

Oscar WILDE

Il est facile de dire que ce n'est pas un grand livre. Mais quelles qualités lui manque-t-il ? Celle de ne rien ajouter à notre vision de la vie, peut-être.

Virginia WOOLF

Le prix modeste du papier est la raison pour laquelle les femmes commencèrent par réussir en littérature avant de le faire dans d'autres professions.

Virginia WOOLF

Tout chef-d'œuvre contient un cri d'orgueil : l'affirmation d'un homme.

Marguerite YOURCENAR

Les mouvements, les groupes littéraires ne peuvent jamais rien apporter que du vent, et encore ! Du vent chargé de scories et de poussière.

Marguerite YOURCENAR

Je ne sais pas ce qu'on entend par un écrivain moral et un écrivain immoral. Mais je sais très bien ce que c'est qu'un auteur qui a du talent et qu'un auteur qui n'en a pas. Et dès qu'un auteur a du talent, j'estime que tout lui est permis. [...] Une page bien écrite a sa moralité propre qui est dans sa beauté, dans l'intensité de sa vie et de son talent.

Émile ZOLA

Imagination, inspiration et idées

L'inspiration ne se dit point ; c'est l'œuvre qui la dit.

Émile Chartier, dit ALAIN

L'écrivain qui se promène un carnet à la main est toujours un mauvais ouvrier, c'est un homme qui se défie de son imagination.

Sherwood ANDERSON

Il arrive qu'un charbon ardent touche ce crâne [de l'artiste], ces mains, cette langue ; tout à coup, un mot réveille les idées ; elles naissent, grandissent, fermentent. [...] C'est une vision, aussi passagère, aussi brève que la vie et la mort ; c'est profond comme un précipice, sublime comme un bruissement de la mer [...]. Enfin, c'est l'extase de la conception voilant les déchirantes douleurs de l'enfantement.

Honoré DE BALZAC

Les pensées *enchaînées* d'un livre, celles qui font la trame de ce livre, c'est le carquois plein, c'est tout le carquois.

Mais la pensée *détachée*, c'est la flèche qui vole. Elle est isolée, elle a, comme la flèche dans les airs, du vide au-dessus et du vide au-dessous d'elle. Mais elle vibre, elle traverse, elle va frapper.
Eh bien, voyons : celles-ci frapperont-elles ?

Jules Barbey d'Aurevilly

Le plaisir du texte, c'est ce moment où mon corps va suivre ses propres idées – car mon corps n'a pas les mêmes idées que moi.

Roland Barthes

Pour ma part, je ne me sens pas tributaire de l'exact : je l'utilise s'il m'arrange ; je l'élague s'il le faut ; je l'enrichis d'imaginaire dans la mesure où celui-ci invente ou reconstitue du vraisemblable (qui en définitive l'emporte sur le vrai). Résumons la chose : entre la glaise et le pot il y a l'intervention du tour et le coup de pouce du potier.

Hervé Bazin

Il faut noter vite, au réveil, ce qui nous a bouleversés dans le sommeil. Et vite aussi les impressions fugitives des songes éveillés, durant le jour. Sans quoi elles disparaissent. J'ai toujours été traqué par la hantise de cet oubli, par la perte des idées qui surgissent en nous.

Marcel Béalu

Moi, je n'ai jamais voulu faire des œuvres d'art. J'ai voulu couper mes morceaux dans un magma de pensées qui tournent dans ma tête depuis que je suis petit jusqu'à maintenant.

Emmanuel Berl

Les amateurs de littérature croient volontiers qu'un écrivain fait ce qu'il veut de son imagination. Hélas l'autorité de l'écrivain sur son imagination d'écrivain est à peu près celle que le Code civil nous garantit vis-à-vis de nos charmantes et pacifiques compagnes, vous voyez d'ici ce que je veux dire ?

Georges Bernanos

J'ai toujours constaté que les idées les plus parfaites où les mots semblent parfaitement assemblés, ce sont celles qui fuient le plus

IMAGINATION, INSPIRATION ET IDÉES

vite. Ce sont comme des flèches. Donc il faut les arrêter en plein vol.

Hector BIANCIOTTI

Il y a des envies d'écrire, c'est comme une maladie. Un matin, on se réveille, on a le stylo qui coule. C'est du pus, c'est du pas beau, c'est de l'infection qui a gagné la tête. Elle est partie de l'urètre, ça part toujours de là, et puis elle est remontée, en escaladant les vertèbres, jusqu'à cette zone encore mal explorée du cerveau où se terrent les voyous de la chose écrite.
Elle aurait pas le droit d'avoir ses règles, elle aussi, l'imagination ?

Bertrand BLIER

Qu'est-ce qu'une pensée neuve, brillante, extraordinaire ? Ce n'est point, comme se le persuadent les ignorants, une pensée que personne n'a jamais eue, ni dû avoir. C'est au contraire une pensée qui a dû venir à tout le monde, et que quelqu'un s'avise le premier d'exprimer. Un bon mot n'est un bon mot qu'en ce qu'il dit une chose que chacun pensait, et qu'il la dit d'une manière vive, fine et nouvelle.

Nicolas BOILEAU

Quand fera-t-on à l'arbitraire la place qui lui revient dans la formation des œuvres ou des idées ? Ce qui nous touche est généralement moins voulu qu'on ne croit. Une formule heureuse, une découverte sensationnelle s'annoncent de façon misérable. Presque rien n'atteint son but, si par exception quelque chose le dépasse...

André BRETON

Chère imagination, ce que j'aime surtout en toi, c'est que tu ne pardonnes pas.

André BRETON

Ce n'est pas la crainte de la folie qui nous forcera à laisser en berne le drapeau de l'imagination.

André BRETON

Plus que la myopie, ce qui m'aveugle, c'est la candeur : dans mes romans j'invente le noir, dans la vie je ne vois que le blanc.

Françoise Chandernagor

La pensée vous fuit-elle, ce peut être un moyen de la rattraper que d'écrire n'importe quoi, comme on saute de flaque en flaque, à marée basse, pour rejoindre la mer.

Maurice Chapelan

Il me semble que toute œuvre de moi, ou la moindre page, a pour origine une émotion à peine distincte, léger tressaillement dans la chair pareil au frémissement de la baguette du sourcier : là il y a une source. Alors, on creuse. Chacun a ses propres sources, singularité essentielle. Ce qui appartient à la réalité ou à l'imagination, on n'a jamais pu le savoir.

Jacques Chardonne

Je vis dans une éternelle fausse inspiration : comment s'étonner que rien n'en sorte ? Mais n'est-ce pas là le secret de ma stérilité ?

Emil Michel Cioran

Je déteste l'originalité. Je l'évite le plus possible. Il faut employer une idée originale avec les plus grandes précautions pour n'avoir pas l'air de mettre un costume neuf.

Jean Cocteau

L'idée naît de la phrase comme le rêve dévie selon les poses d'un dormeur qui se retourne.

Jean Cocteau

Choisir, noter ce qui fut marquant, garder l'insolite, éliminer le banal, ce n'est pas mon affaire, puisque la plupart du temps, c'est l'ordinaire qui me pique et me vivifie.

Sidonie Gabrielle Colette

Celui qui a vraiment de l'imagination, ce n'est pas celui qui en manifeste, mais bien celui qui m'en donne.

Georges Duhamel

IMAGINATION, INSPIRATION ET IDÉES

Un écrivain se sert de son héritage littéraire comme de sa propre vie, ce sont des matériaux qu'il n'emploie pas à l'état brut, mais qu'il transforme et modèle selon sa propre imagination.
René FALLET

Dans un livre, les idées découlent d'elles-mêmes, par une pente fatale et naturelle.
Gustave FLAUBERT

Savoir n'est rien, imaginer est tout. Rien n'existe que ce qu'on imagine.
Anatole FRANCE

L'artiste travaille seul, n'emploie personne et n'a pas de profession. Peindre ou écrire ne relève pas d'une question de métier ; il s'agit d'une respiration. L'outil lui-même est incertain. Si l'idée meurt, ou l'imagination, si la tête est en panne, rien ni personne ne sauvera l'homme asphyxié par le néant. Et nul ne le remplacera : l'œuvre d'art est unique, tout comme celui qui la produit.
Dan FRANCK

Ils trempent leurs plumes dans nos cœurs et prétendent qu'ils sont inspirés.
Khalil GIBRAN

L'imagination (chez moi) précède rarement l'idée ; c'est celle-ci, non point du tout celle-là, qui m'échauffe ; mais celle-ci sans celle-là ne produit rien encore ; c'est une fièvre sans vertu. L'idée de l'œuvre c'est sa composition. C'est pour imaginer trop vite, que tant d'artistes d'aujourd'hui font des œuvres caduques et de composition détestable. Pour moi, l'idée d'une œuvre précède souvent de plusieurs années son *imagination*.
André GIDE

Le difficile est d'inventer, là où le souvenir vous revient.
André GIDE

Prendre l'habitude de cueillir, aussitôt qu'elle se forme, l'idée ; et de ne plus la laisser mûrir trop longtemps sur la branche. Certaines, à ce régime, sont devenues blettes. Quand le cerveau qui les porte est mûr lui-même, tous ses fruits sont bons à cueillir.

André GIDE

Imaginer c'est choisir.

Jean GIONO

La réalité est pour moi sans aucun intérêt. Je l'utilise dans ma vie quotidienne, mais pour mon écriture, j'ai besoin d'autre chose. J'ai besoin d'inventer absolument tout, en partant de choses existantes, car seul Dieu peut inventer à partir de rien. On est forcé d'inventer à partir de quelque chose qui existe déjà.

Jean GIONO

Il ne s'agit plus d'exciter par l'intrigue et l'imagination une société repue ; mais de recréer, dans tous ces alvéoles taris que sont nos cœurs, la sève où s'élaborera l'imagination de demain.

Jean GIRAUDOUX

Au début je voulais écrire sans m'occuper de savoir si je serais lu ou pas. Je ne m'en suis jamais préoccupé.[...] Ce que j'écrivais je ne le savais pas, j'attendais chaque fois l'inspiration, je dirais plutôt la grâce.

Julien GREEN

Plus j'avance et plus je me confirme dans ma conviction qu'en toutes choses, dans la peinture des scènes extérieures du monde et de la vie intérieure de l'âme, l'imagination des hommes est toujours restée au-dessous de la réalité.

François GUIZOT

La raison, c'est l'intelligence en exercice ; l'imagination, c'est l'intelligence en érection.

Victor HUGO

IMAGINATION, INSPIRATION ET IDÉES

Deux démarches possibles : imaginer parce que imaginer c'est prévoir. Ce qu'on imagine sera réalisé. La littérature de la science-fiction devient ou est déjà devenue réaliste.

Eugène IONESCO

Une idée en littérature doit se faire excuser, fût-elle fausse, fût-elle vraie.

Max JACOB

Je voudrais que les pensées se succédassent dans un livre comme les astres dans le ciel, avec ordre, avec harmonie, mais à l'aise et à intervalles, sans se toucher, sans se confondre ; et non pas pourtant sans se suivre, sans s'accorder, sans s'assortir. Oui, je voudrais qu'elles roulassent sans s'accrocher et se tenir, en sorte que chacune d'elles pût subsister indépendante. Point de cohésion trop stricte ; mais aussi point d'incohérences : la plus légère est monstrueuse.

Joseph JOUBERT

Le cerveau de l'écrivain est traversé comme dans un état second par des flèches de la pensée, des visions éclairs dont il renvoie la plupart après les avoir triées.

Ismail KADARÉ

Par l'expérience des romanciers qui m'ont précédé, je sais que tout se passe comme si un auteur dramatique, un philosophe, pouvait continuer très longtemps son œuvre, alors que chez les romanciers l'inspiration paraît branchée sur je ne sais quelle partie créatrice du cerveau qui s'altère avec l'âge.

Jacques LAURENT

Il y a d'étranges écrivains – et non des pires – chez qui la réflexion improvise et l'inspiration corrige.

Antonio MACHADO

Un auteur doit être si pénétré de certains sujets ou d'impressions provenant de son imagination, qu'il soit *presque forcé par sa nature*

de rechercher de la sympathie – sans doute avec ce désir honorable d'exercer une influence, qui caractérise le génie.
   Katherine MANSFIELD

Hélas ! certains romanciers ont cette malchance que l'inspiration, que le don créateur en eux prend sa source dans la part la moins noble, la moins purifiée de leur être.
   François MAURIAC

Gardons-nous de suivre la pensée d'un auteur... D'ailleurs, qu'en sait-il de sa pensée ?
   Henri MICHAUX

Se méfier des idées ; les idées font vieillir les livres, comme les passions font vieillir les corps.
   Paul MORAND

Qu'êtes-vous donc, hélas, vous mes pensées écrites et colorées ! Il y a si peu de temps, vous étiez encore bigarrées, jeunes et méchantes, si pleines d'épines et de secrètes épices : vous me faisiez éternuer et rire – et maintenant ? Vous avez déjà dépouillé votre nouveauté ; telles d'entre vous, j'en ai peur, sont prêtes à devenir des vérités...
   Friedrich NIETZSCHE

Un livre peut naître d'un sentiment de manque, de l'envie d'*envelopper* une intuition fragile.
   François NOURISSIER

Imagination : c'est cette partie décevante dans l'homme, cette maîtresse d'erreur et de fausseté, et d'autant plus fourbe qu'elle ne l'est pas toujours.
   Blaise PASCAL

Qu'est-ce que l'inspiration ? C'est d'avoir une seule chose à dire, que l'on n'est jamais fatigué de dire.
   Jean PAULHAN

IMAGINATION, INSPIRATION ET IDÉES

Un auteur digne de ce nom vit dans un perpétuel affleurement. Une masse énorme (et non pas seulement de pensées) : des mondes veulent à chaque instant passer par la pointe de sa plume. C'est un océan qui doit, qui veut s'écouler par une pointe. Or il ne peut passer à la fois que l'épaisseur, que la largeur d'une pointe. Comment s'étonner que les vagues se pressent.

Charles PÉGUY

Vivre, c'est enregistrer. Ce qu'on appelle l'inspiration, ce ne sont que les moments privilégiés où la cire humaine trouve aiguille adéquate.

Georges PERROS

Une idée est intéressante si elle n'est pas imprimée.

Francis PICABIA

L'impression est pour l'écrivain ce qu'est l'expérimentation pour le savant, avec cette différence que chez le savant le travail de l'intelligence précède et chez l'écrivain vient après.

Marcel PROUST

L'inspiration, ce n'est peut-être que la joie d'écrire : elle ne la précède pas.

Jules RENARD

— Qu'est-ce qu'il fait donc, Jules ?
— Il travaille.
— Oui, il travaille. À quoi donc ?
— Je vous l'ai dit : à son livre.
— Faut donc si longtemps que ça, pour copier un livre ?
— Il ne le copie pas : il l'invente.
— Il l'invente ! Alors, c'est donc pas vrai, ce qu'on met dans les livres ?

Jules RENARD

Prendre par le cou l'idée fuyante et lui écraser le nez sur le papier.

Jules RENARD

Je ramasse tout ce que les hommes de lettres laissent perdre de la vie, et ça fait de la beauté.
    Jules RENARD

Puis-je noter toutes mes pensées ? Les plus essentielles sont probablement absentes de mes cahiers. Les unes me traversent au cours de mon action journalière, et je les perds. Les autres, quand je veux les fixer après coup, sont déjà flétries, je ne puis plus les revivre. Ou bien l'effort à faire pour les traduire en mots me lasse. Ou bien je me refuse à écrire ce qui doit être tenu secret. Ou, c'est enfin le vieux ennemi embusqué, qui cherche à vous trancher les jarrets – le « À quoi bon ? »...
    Romain ROLLAND

Nous admirons un écrivain parce qu'il a trouvé en s'appliquant une des idées qui nous viennent toutes seules. Que d'insolence dans l'admiration !
    Jean ROSTAND

En imagination, on construit, on avance, on noircit des pages. La réalité, dès qu'on y touchera, se montrera tout autre, et il faudra se hisser, centimètre par centimètre, en enfonçant des pitons dans la pierre.
    Jules ROY

Une pensée non écrite n'est pensée qu'à demi.
    Robert SABATIER

La vraie décadence, dans une littérature brillante et qui compte encore des talents puissants, prend sa source dans le désaccord qu'il y a entre l'inspiration véritable et le résultat apparent, dans le manque d'harmonie et de vérité au sein des plus beaux ouvrages.
    Charles Augustin SAINTE-BEUVE

J'ai besoin d'entendre une voix qui dit ce que je suis en train d'écrire, alors le moteur commence à fonctionner, sinon ça n'avance pas. J'ai aussi besoin d'une idée forte. Je peux attendre trois semai-

nes ou trois mois, il y a des pensées qui flottent et je rencontre l'idée que j'attendais, je le sais immédiatement.
José SARAMAGO

Pour obtenir de l'or, l'écrivain doit amasser une grande quantité de matériaux et passer le tout au tamis de son esprit critique.
Léon TOLSTOÏ

Un écrivain inspiré est celui qui est dépassé par son propre texte.
Michel TOURNIER

L'inspiration est l'hypothèse qui réduit l'auteur au rôle d'observateur.
Paul VALÉRY

Une idée ne vaut que par l'espoir qu'elle excite et par les chances qu'elle apporte d'une plus grande perfection de notre être.
Paul VALÉRY

À travers la fumée qui monte au-dessus de ce siècle, fumée des philosophies troubles, des révoltes sombres, j'aime à voir des clartés vives. Je suis pour les affirmations pures, pour les formules nettes. Il est bon que toutes les idées prennent corps et qu'elles se dressent isolées et droites comme des cibles ou des drapeaux. On peut alors discuter autour d'elles ou tirer dessus.
Jules VALLÈS

En matière d'imagination, une proposition, pour être lue à l'endroit, doit être écrite à l'envers... la réalité de l'homme, ce sont ses fictions... cet inaccessible milieu, c'est l'imagination : c'est la littérature.
Jules VERNE

Cette histoire est entièrement vraie, puisque je l'ai imaginée d'un bout à l'autre.
Boris VIAN

LES ÉCRIVAINS

Je ne fais pas un livre, il se fait.
Il mûrit et croît dans ma tête comme un fruit.
    Alfred DE VIGNY

Je m'arrêterais de mourir s'il me venait un bon mot ou une bonne idée.
    VOLTAIRE

Les sujets et les thèmes

Pour écrire vite, il faut avoir beaucoup pensé ; – avoir trimbalé un sujet avec soi, à la promenade, au bain, au restaurant, et presque chez sa maîtresse.
    Charles BAUDELAIRE

Mais nous avons tous nos petites histoires qui n'intéressent personne [...] ; c'est pour ça qu'on se retrouve dans celles du voisin et s'il sait les raconter, finalement il intéresse tout le monde.
    Simone DE BEAUVOIR

Tout peut provoquer le surgissement de l'écriture – une perte, une joie, les ombres chinoises de la mémoire, une baleine blanche, la guerre de Troie, une odeur de lilas, mais le sujet réel des livres, leur sujet unique, c'est le lecteur à l'instant où il lit et le bouleversement qui lui vient de cette lecture, comme des retrouvailles avec soi.
    Christian BOBIN

Un auteur quelquefois trop plein de son objet
Jamais sans l'épuiser n'abandonne un sujet.
    Nicolas BOILEAU

Une fois le sujet choisi, il y a l'écrivain qui l'attaque, comme s'il s'agissait de dompter des fauves nerveux et rétifs ; il y a celui, au contraire, qui s'avance insinuant, faisant mine non seulement d'avoir du temps devant soi, mais même de savourer son approche comme si elle n'était pas un moyen, mais la fin même vers laquelle il tend.

   Alessandro Bonsanti

La certitude que tout est écrit nous annule ou fait de nous des fantômes.

   Jorge Luis Borges

Écrivez vite sans sujet préconçu, assez vite pour ne pas retenir et ne pas être tenté de vous relire. La première phrase viendra toute seule, tant il est vrai qu'à chaque seconde il est une phrase étrangère à notre pensée consciente qui ne demande qu'à s'extérioriser. [...] Continuez autant qu'il vous plaira. Fiez-vous au caractère inépuisable du murmure.

   André Breton

Le sujet, ça ne compte pas. On le trouve dans n'importe quel journal. D'ailleurs, aujourd'hui, la littérature, c'est plus rien que des journalistes et des psychiatres. C'est pour ça que c'est foutu. Le style est mort et enterré.

   Louis-Ferdinand Céline

Tout est matière à un écrivain. Les jours où il croit que le monde et lui-même n'offrent plus rien à son regard, c'est qu'il n'a pas la force d'ouvrir les yeux.

   Maurice Chapelan

La valeur intrinsèque d'un livre ne dépend pas de la qualité et de l'importance du sujet ; sans quoi les théologiens seraient les meilleurs des écrivains...

   Emil Michel Cioran

L'écrivain n'est lui-même qu'en deux endroits au monde : sa table de travail et le champ qui lui fournit le blé à moudre. Ce champ peut être le monde entier, l'univers ou un étroit réduit, il ne saurait être un lieu où les autres observent l'écrivain qui leur est livré comme une bête curieuse.

Bernard CLAVEL

En littérature, il n'y a pas de bons thèmes ni de mauvais thèmes, il y a seulement un bon ou un mauvais traitement du thème.

Julio CORTAZAR

L'exceptionnel réside dans une qualité pareille à celle de l'aimant ; un bon thème attire tout un système de connexions, il coagule chez l'auteur, et plus tard chez le lecteur, une immense quantité de notions, de semi-visions, de sentiments et même d'idées qui flottaient virtuellement dans sa mémoire ou sa sensibilité.

Julio CORTAZAR

L'intrigue doit être simple, domestique et voisine de la vie réelle.

Denis DIDEROT

Je vais à l'aventure quand j'écris un livre. Mais par la suite, tout se regroupe et forme un ensemble. En général, le prétexte, le sujet est minuscule au départ.

Marguerite DURAS

On ne traite jamais bien un sujet en sautant dedans ingénument, à pieds joints. Il faut le prendre par un angle imprévu, insolite, bizarre, choquant, auquel nul n'avait pensé avant vous. C'est ainsi que l'on passe en contrebande, sans braquer le lecteur, des idées très subversives, très originales, ou même très banales.

Jean DUTOURD

Pour écrire, il faut avoir enraciné en soi les grandes vérités premières et dirigé son œuvre vers l'une d'elles ou toutes à la fois. Ceux qui ne savent pas parler de la fierté, de l'honneur, de la douleur sont des écrivains sans conséquence et leur œuvre mourra avec eux ou avant eux.

William FAULKNER

La littérature joue d'étranges tours : plus le sujet est pauvre, plus l'écrivain est roi.

Bernard Frank

Je crois que le défaut majeur des littérateurs et des artistes d'aujourd'hui, c'est l'impatience : s'ils savaient attendre, leur sujet se composerait lentement de lui-même dans leur esprit ; de lui-même il se dépouillerait de l'inutile et de ce qui l'embroussaille, il croîtrait à la manière d'un arbre dont les maîtresses branches se développent aux dépens de...
Il croîtrait *naturellement*.

André Gide

Tous ces livres, chez les écrivains, qui existaient en puissance, et qui ne sont pas venus au jour, parce qu'un hasard malin a refusé la clé qui les eût libérés, et qui était à portée de la main. La clé, c'est-à-dire le sujet, à la fois révélateur et cristallisateur, qui d'un seul coup de baguette trace à l'afflux romanesque effervescent et informe des lignes d'opération efficaces, le concentre aux points où vont jouer en sa faveur des effets de levier, le met en marche sous des enseignes expressives et des signaux de ralliement mobilisateurs.

Julien Gracq

On devrait être grièvement blessé par la vie avant de pouvoir écrire sérieusement. Mais une fois la blessure reçue et surmontée, il faut s'estimer heureux – c'est sur elle qu'il faut écrire et on doit lui demeurer attaché aussi fidèlement qu'un savant à son laboratoire. On ne peut ni tricher ni feindre.

Ernest Hemingway

Choisissez, écrivain, un sujet proportionné à vos forces et pesez longuement ce que vos épaules refusent, ce qu'elles sont en état de porter. À celui qui est maître de son sujet, les moyens d'expression ne manqueront pas ni un ordre lumineux.

Horace

Le sujet est tout [...]. Plus je vais, plus intensément je me rends compte que c'est sur la solidité du sujet, l'importance, la capacité

d'émotion du sujet, sur cela seul, désormais, qu'il me conviendra de m'étendre. Tout le reste croule...
> Henry JAMES

J'ai longtemps pensé qu'il serait fatal pour la littérature de faire le deuil de l'existence quotidienne. J'ai longtemps pensé que, pour réfléchir à l'essentiel, il fallait prendre le temps de vivre, car à travers cela s'élaborait la littérature...
> Hiraoka KIMITAKE

Le portrait d'une femme que l'on aime pousse au dessin – et le modèle, au baiser ; la vocation artistique ne naît pas de l'émotion éprouvée devant un spectacle, mais devant un pouvoir. Ici, celui de créer la vie par l'écrit : comme le peintre, l'écrivain n'est pas le transcripteur du monde, il en est le rival.
> André MALRAUX

Je crois qu'il faut essayer de distinguer les romanciers chez qui les thèmes sont spontanés et ceux chez qui ils sont plaqués après coup. Le roman naît dans une région, je crois, très profonde de notre conscience. Il vient de notre terreau. Les idées et les opinions, elles, viennent d'une couche plus superficielle.
> Félicien MARCEAU

Il y a des auteurs qui ne semblent avoir d'autre utilité que de gâcher des sujets exquis pour empêcher leurs confrères de les traiter plus tard.
> Jean MARTET

Au vrai, dans la mesure où il ne suffit plus à l'écrivain de peindre le réel, mais de rendre l'impression du réel ; où, non content de nous communiquer des faits, il nous exprime le sentiment qu'il en a, ce ne sont plus des faits qu'il livre à notre curiosité, mais c'est lui-même.
> François MAURIAC

Je suis moi-même la matière de mon livre.
> Michel Eyquem DE MONTAIGNE

Mais il ne faut pas toujours tellement épuiser un sujet, qu'on ne laisse rien à faire au lecteur. Il ne s'agit pas de faire lire, mais de faire penser.

Charles de Secondat, baron de Montesquieu

Pour qui cherche des sujets de roman, il lui faut fréquenter : notaires, infirmières, avocats, confessionnaux, salles d'assises ; ce n'est pas nouveau, mais reste vrai.

Paul Morand

Un bon romancier ne décrit pas l'extraordinaire, mais l'ordinaire qui, sous sa plume, devient inoubliable.

Paul Morand

Les gens pensent souvent qu'ils portent en eux un sujet de roman. Ça n'est pas tout à fait exact : je crois plutôt qu'ils cachent un casier judiciaire, qu'ils ont tous commis un tas de petites saloperies dont ils ne voudraient surtout parler à personne. Avec la culpabilité, le malheur est la chose la plus démocratique du monde.

Éric Neuhoff

Les choses sur lesquelles nous n'écrivons pas sont plus nombreuses que celles sur lesquelles nous écrivons.

Cesare Pavese

Ce qui sert le plus à la poésie, à la « littérature » de quelqu'un qui écrit, c'est cette partie de sa vie qui, quand il la vivait, lui semblait le plus loin de la littérature. Des journées, des habitudes, des événements qui non seulement parurent une perte de temps, mais un vice, un péché, un gouffre. Là, la vie de cet homme s'enrichit.

Cesare Pavese

Comment oser croire qu'il y a encore des choses à dire ? C'est une espèce de folie, de mégalomanie, la mégalomanie étant la silicose de l'artiste.

Bertrand Poirot-Delpech

LES SUJETS ET LES THÈMES

Ce sont nos passions qui esquissent nos livres, le repos d'intervalle qui les écrit.

Marcel PROUST

À chaque instant la vie passe à côté de son sujet. Il faut refaire tout ce qu'elle fait, récrire tout ce qu'elle crée.

Jules RENARD

J'ai une idée de roman en forme de hérisson, car je n'ose pas y toucher.

Jules RENARD

Traiter un beau sujet de plus, avec art, ce n'est pas assez, ce n'est pas un besoin essentiel. Cela seul vaut la peine d'être écrit, qu'on est contraint d'écrire, – qui a ses racines au cœur de l'être.

Romain ROLLAND

Assurément, tout est dit ; mais chacun, pour le redire à sa façon, doit avoir la naïveté de se croire le premier à le dire.

Jean ROSTAND

L'écrivain, homme libre, s'adressant à des hommes libres, n'a qu'un seul sujet, la liberté.

Jean-Paul SARTRE

Pour que l'événement le plus banal devienne une aventure, il faut et il suffit qu'on se mette à le raconter.

Jean-Paul SARTRE

Ayez d'abord des faits à citer, puis truquez-les autant que vous voudrez.

Mark TWAIN

LES ÉCRIVAINS

Le sujet d'un ouvrage est à quoi se réduit un mauvais ouvrage.
    Paul Valéry

Un écrivain ne choisit pas ses thèmes, ce sont les thèmes qui le choisissent.
    Mario Vargas Llosa

Les prix littéraires

Lorsqu'un roman bénéficie d'une propagande massive, c'est le cas lors d'un prix littéraire de fin d'année, il risque d'arriver dans les mains de gens pour qui il n'est pas fait et qui ne sont pas du tout aptes à l'apprécier.
    Michel BUTOR

Oh je dis pas de mal des Prix. Ça fait marcher l'Épicerie, même les rotatives profitent.
    Louis-Ferdinand CÉLINE

Ça serait marrant qu'on crée un prix littéraire des *Innommables*, pour les boycottés dans notre genre, les lépreux, *ceux dont ne veut pas la critique*. Y en a mille des prix ! Ça ferait mille un !
    Louis-Ferdinand CÉLINE

C'est moins le procès des prix littéraires que celui du battage publicitaire au milieu duquel on les présente qu'il faudrait ouvrir et je ne vois pas qu'on y songe : le siècle est au bruit.
    José CORTI

Il y a des écrivains mécréants. Et les prix, et les croix, et les médailles en chocolat ou en fer-blanc ont été créés pour eux, et pour qu'ils prennent leurs livres en patience.

Bernard FRANK

Le simple fait qu'un roman ait paru quelques jours après les prix m'inciterait à lui accorder un préjugé favorable.

Bernard FRANK

Un prix littéraire, c'est une fumée au-dessus d'un feu...

Jean GIRAUDOUX

Aujourd'hui, à travers toute la France, il y a des gens qui barbouillent du papier dans le seul espoir d'obtenir une récompense. Deux cents romans paraissent ainsi en quelques semaines. Il est impossible d'en lire plus de vingt. Cent quatre-vingts romanciers se condamnent, par avidité et par bêtise, aux mélancolies du néant.

Kleber HAEDENS

Un écrivain qui reçoit un prix littéraire est déshonoré.

Paul LÉAUTAUD

Ne vaut-il pas mieux découvrir de nouveaux auteurs plutôt que d'accumuler les couronnes sur les mêmes têtes !

François NOURISSIER

Les prix littéraires donnent un complexe de supériorité aux jurés et un complexe d'infériorité aux élus.

Georges PERROS

Des récompenses pour avoir écrit ? J'eusse plutôt compris qu'on me dédommageât pour m'en être abstenu.

Jean ROSTAND

LES PRIX LITTÉRAIRES

Les jurés manquent parfois de cohérence et songent souvent plus à valoriser leur prix en honorant un écrivain à succès ou réputé qu'à marquer la littérature française de leur empreinte.

Françoise VERNY

V

LIRE

La lecture

La lecture véritable se fait toujours sous deux conditions, d'un côté le respect du texte, qui donne appui à l'esprit, mais de l'autre une volonté de comprendre, et de ne point s'arrêter aux signes. Car s'arrêter aux signes, est-ce lire ?...
    Émile Chartier, dit ALAIN

Lisez quand vous voudrez écrire ; lisez quand vous saurez écrire ; lisez quand vous ne pourrez plus écrire. Le talent n'est qu'une assimilation. Il faut lire ce que les autres ont écrit, afin d'écrire soi-même pour être lu.
    Antoine ALBALAT

Un livre qu'on quitte sans en avoir extrait quelque chose est un livre qu'on n'a pas lu.
    Antoine ALBALAT

Je n'ai jamais rien demandé à ce que je lis que le vertige.
    Louis ARAGON

Nous appelons confort intellectuel l'ensemble des commodités qui, assurant le bien-être de l'esprit, sa vigueur et le sain exercice de ses fonctions, le préservent des altérations flatteuses du vocabulaire et des séductions énervantes, trompeuses, empoisonnées, de certaines lectures, de certains entraînements de la sensibilité ambiante.

Marcel AYMÉ

Dès qu'une pensée habile à se cacher sous ses images guette dans l'ombre un lecteur, les bruits s'étouffent, la lecture commence, la lente lecture songeuse. À la recherche d'une pensée cachée sous les sédiments expressifs se développe la géologie du silence.

Gaston BACHELARD

L'essentiel est de lire beaucoup. N'importe quoi. Ce qu'on a envie de lire. Le tri se fait après. Et même la littérature stérilisante, la littérature prétentieuse, philosophisante, cuistre, est sans danger pour les enfants parce qu'ils ne peuvent pas pénétrer dedans. Ils la rejettent, comme ils tournent le bouton de la T.V. au moment des discours politiques. Ce sont des sages.

René BARJAVEL

Lire. Quand j'ai fini un livre, je ferme les yeux, j'essaie de voir ce qui m'en reste. Quelquefois rien qu'un bourdonnement. Quelquefois une gêne. Je reprends le texte aussitôt : il y a peut-être en moi un préjugé à détruire. Si tel passage m'a parfois justement irrité, une seconde lecture me donne plus souvent tort et c'est tout bénéfice : pour l'auteur et pour moi.

Hervé BAZIN

Même chez les gens cultivés, la pensée, c'est le plus souvent une voiture au garage. La lecture donne l'impression de remplir le réservoir ; mais on ne met que rarement le moteur en marche.

Hervé BAZIN

Relire, cela se dit d'un livre que l'on n'a pas lu, et que l'on devrait avoir lu.

Pierre BENOÎT

LA LECTURE

Je n'ai jamais lu un livre *jusqu'au bout*, ma façon de lire est celle d'un feuilleteur supérieurement doué, c'est-à-dire d'un homme qui préfère feuilleter plutôt que lire, qui feuillette donc des douzaines, parfois même des centaines de pages avant d'en lire une seule ; mais quand cet homme lit une page, alors il la lit plus à fond qu'aucun autre et avec la plus grande passion de lire qu'on puisse imaginer.
    Thomas BERNHARD

La lecture est un bonheur qui demande plus d'innocence et de liberté que de considération.
    Maurice BLANCHOT

Nous n'adhérons à nos lectures que pour autant qu'elles suscitent en nous ce petit choc à quoi l'on reconnaît une grande vérité humaine.
    Antoine BLONDIN

On devrait fonder une chaire pour l'enseignement de la lecture entre les lignes.
    Léon BLOY

Le temps passé à lire n'est pas vraiment du temps.
    Christian BOBIN

Lire c'est faire l'épreuve de soi dans la parole d'un autre, faire venir de l'encre par voie de sang jusqu'au fond de l'âme et que cette âme en soit imprégnée, manger ce qu'on lit, le transformer en soi et se transformer en lui.
    Christian BOBIN

Celui qui est sans argent manque de tout. Celui qui est sans lecture manque du manque.
    Christian BOBIN

Un livre vous déplaît : qui vous force à le lire ?
    Nicolas BOILEAU

J'ai consacré une partie de ma vie à la littérature et je crois que la lecture est une forme de bonheur...

    Jorge Luis BORGES

Ce qui importe ce n'est pas de lire mais de relire.

    Jorge Luis BORGES

Plus qu'un livre, c'est le souvenir d'un livre qui compte. Lorsqu'on commence à le changer, à le modifier, à l'imaginer d'une autre façon. Toute cette rêverie autour d'un livre fait partie de sa lecture et compte beaucoup plus en définitive.

    Jorge Luis BORGES

Ce n'est pas assez de tout lire,
Il faut digérer ce qu'on lit.

    Stanislas DE BOUFFLERS

La lecture est une invitation à l'oisiveté ; l'oisiveté, la mère de tous les vices. Donc, la lecture est un vice. J'étais très vicieux.

    Robert BRISEBOIS

L'acte de lecture doit se faire dans une noble paresse... Tout lecteur réalise une vocation d'ermite à partir du moment où il entre dans un livre. Le livre lui-même est un ermitage.

    Michel BUTOR

Et si par hasard vous avez la prétention de devenir écrivain à votre tour, ce que je ne vous souhaite pas, lisez attentivement et sans relâche. Le Littré, les articles de dernière heure, les insertions nécrologiques, le bulletin des menstrues de Queen Lisbeth, lisez, lisez tout ce qui passe à votre portée. À moins que, comme ce fut souvent mon cas, vous n'ayez même pas de quoi vous acheter le journal du matin. Alors descendez dans le métro, asseyez-vous au chaud sur le banc poisseux – et lisez ! Lisez les avis, les affiches, lisez les pancartes émaillées ou les papiers froissés dans la corbeille, lisez par-dessus l'épaule du voisin, mais lisez !

    Louis CALAFERTE

LA LECTURE

En lisant, je m'enfouissais *sous* le texte, comme une taupe.
>   Louis CALAFERTE

Lire, c'est aller à la rencontre d'une chose qui va exister.
>   Italo CALVINO

Les anciens philosophes (et pour cause) réfléchissaient beaucoup plus qu'ils ne lisaient. C'est pourquoi ils tenaient si étroitement au concret. L'imprimerie a changé ça. On lit plus qu'on ne réfléchit. Nous n'avons pas de philosophies mais seulement des commentaires.
>   Albert CAMUS

Lire jusqu'à ne plus comprendre la moindre phrase, c'est commencer à lire.
>   Elias CANETTI

Il lit pour rester raisonnable, compréhensible à soi-même. Sans quoi, où, déjà, serait-il arrivé ? Les livres qu'il tient dans la main, qu'il regarde, qu'il ouvre, qu'il lit, sont pour lui comme du lest. Il s'y agrippe avec la force d'un malheureux que la tornade emporte. Sans eux, il vivrait plus fort, c'est vrai ; mais où en serait-il ? Il ne connaîtrait probablement pas sa position et ne s'y retrouverait plus. Pour lui, les livres deviennent boussole, mémoire, calendrier, géographie.
>   Elias CANETTI

Lisez qui vous délivre et non point qui vous lie.
>   Maurice CHAPELAN

Il n'y a pas d'autre façon de lire qu'entre les lignes : c'est là, dans ce petit espace blanc, que chacun écrit – donc lit – au fur et à mesure l'ouvrage que ses yeux déchiffrent. Et l'écrit avec ses moyens propres, fort différents d'un lecteur à l'autre, ce qui explique que deux personnes, voire deux critiques, parlant de tel livre, ont souvent l'air de ne pas avoir lu le même.
>   Maurice CHAPELAN

La lecture est un acte d'identification : si nous comprenons ce que nous lisons, c'est que les sentiments exprimés sont déjà en nous. Autrement, le livre nous tombe des mains.

Madeleine CHAPSAL

Ce rapport de passion avec la lecture nous vient de l'enfance et, avec l'âge, y retourne. C'est pourquoi il est si important d'apprendre l'art de lire dès ses jeunes années : pour ne plus jamais, de sa vie entière, être seul.
Je ne suis jamais seule ni totalement abandonnée, du moment qu'il y a des livres. Tous les livres. En somme, vous. Car les livres, ce sont les autres. Présents- absents.

Madeleine CHAPSAL

Quand il lisait, il déchirait de ses livres les feuilles qui lui déplaisaient, ayant, de la sorte, une bibliothèque à son usage, composée d'ouvrages évidés renfermés dans des couvertures trop grandes.

François-René DE CHATEAUBRIAND

La lecture est une activité néfaste et stérilisante. Il vaut mieux pour le progrès, pour l'entretien de l'esprit, gribouiller et divaguer, avancer des insanités de son propre cru, que de vivre en parasite sur la pensée d'autrui.

Emil Michel CIORAN

Un auteur m'est gâté dès qu'il me faut le lire pour en parler. La véritable lecture est naïve, désintéressée. Elle seule donne du plaisir. Que je plains les critiques !
J'aime lire comme lit une concierge : m'identifier à l'auteur et au livre. Toute autre attitude me fait penser à l'espion ou au détective. Ou au dépeceur de cadavres.

Emil Michel CIORAN

Je n'ai jamais lu que pour chercher dans les expériences des autres de quoi expliquer les miennes.
Il faut lire, non pas pour comprendre autrui, mais pour se comprendre soi-même.

Emil Michel CIORAN

Quel plaisir d'avoir sous la main un mystique allemand, un poète hindou ou un moraliste français, à l'usage de l'exil quotidien ! Lire jour et nuit, avaler des tomes, ces somnifères, car personne ne lit pour apprendre mais pour oublier, remonter jusqu'à la source du cafard en épuisant le devenir et ses marottes !

    Emil Michel CIORAN

Quand on peut pénétrer dans le royaume enchanté de la lecture, pourquoi écrire ?

    Sidonie Gabrielle COLETTE

Ce soir, je n'aurai pas sommeil, et le charme du livre, — oh ! le livre nouveau, le livre tout frais dont le parfum d'encre humide et de papier neuf, évoque celui de la houille, des locomotives, des départs ! – le charme du livre ne me détournera pas de moi...

    Sidonie Gabrielle COLETTE

Entendre ou lire sans réfléchir est une occupation vaine ; réfléchir sans livre ni maître est dangereux.

    CONFUCIUS

Lire un roman, c'est avoir conclu un accord tacite avec le romancier. [...] Qu'est-ce que le lecteur peut concéder au romancier ? D'être romancier, justement. C'est-à-dire un démiurge. D'être celui par qui les fables romanesques existent.

    Jean-Louis CURTIS

Ce n'est pas la pensée d'un auteur qui nous intéresse, mais ce que nous pensons en lisant son œuvre.

    René DAUMAL

Prendre un livre est une démarche de désir. Lire un livre, c'est achever sa réalisation.

    Didier DECOIN

Mais les bonnes manières de lire aujourd'hui, c'est d'arriver à traiter un livre comme on écoute un disque, comme on regarde un film ou une émission télé, comme on reçoit une chanson : tout traitement du livre qui réclamerait pour lui un respect spécial, une attention d'une autre sorte, vient d'un autre âge et condamne définitivement le livre.

    Gilles DELEUZE

Rappelez-vous, c'est le texte qui vous lit.

    Jacques DERRIDA

La lecture de tous bons livres est comme une conversation avec les plus honnêtes gens des siècles passés qui en ont été les auteurs, et même une conversation étudiée, en laquelle ils ne nous découvrent que les meilleures de leurs pensées.

    René DESCARTES

Lire un livre prêté lie.

    Réjean DUCHARME

Dans la lecture solitaire, l'homme qui se cherche lui-même a quelque chance de se rencontrer.

    Georges DUHAMEL

Lire, c'est élire, c'est-à-dire choisir, c'est-à-dire cueillir avec discernement.

    Georges DUHAMEL

Œuvre qu'on lit, œuvre qui dure ; œuvre qu'on relit, œuvre qui reste.

    Alexandre DUMAS fils

Ce n'est pas l'auteur que le public lit, c'est le livre.

    Marguerite DURAS

Rien ne console plus l'auteur d'un roman que de découvrir les lectures auxquelles il n'avait pas pensé et que les lecteurs lui suggèrent.

    Umberto ECO

LA LECTURE

Que chacun raisonne en son âme et conscience, qu'il se fasse une idée fondée sur ses propres lectures et non d'après les racontars des autres.

Albert EINSTEIN

Il faut être inventeur pour bien lire.

Ralph Waldo EMERSON

La lecture est la forme la plus haute de la paresse.

Robert ESCARPIT

Il y a ceux qui, lorsqu'ils lisent un livre, se souviennent, comparent, évoquent des émotions éprouvées lors de lectures précédentes. C'est une des plus délicates formes d'adultère.

Ezequiel Martinez ESTRADA

Lire, c'est penser avec un autre, penser la pensée d'un autre, et penser la pensée, conforme ou contraire à la sienne, qu'il nous suggère.

Émile FAGUET

L'art de lire, c'est l'art de penser avec un peu d'aide.

Émile FAGUET

La lecture, certaines précautions prises, est un des moyens de bonheur les plus éprouvés. Elle conduit au bonheur, parce qu'elle conduit à la sagesse et elle conduit à la sagesse parce qu'elle en vient et que c'est son pays même, où naturellement elle aime à mener ses amis.

Émile FAGUET

Il y a souvent plus de vie dans les livres que dans les actions et dans les spectacles. Lire peut être encore une entreprise de santé et d'équilibre.

Léon-Paul FARGUE

Lisez pour vivre.

Gustave FLAUBERT

Tous les livres en général et même les plus admirables me paraissent infiniment moins précieux par ce qu'ils contiennent que par ce qu'y met celui qui les lit. Les meilleurs, à mon sens, sont ceux qui donnent le plus à penser, et les choses les plus diverses.

Anatole FRANCE

Quand je relis de bons livres, c'est toujours pour la première fois. Avec étonnement. Ils m'avaient échappé.

Bernard FRANK

Je lis comme je voudrais qu'on me lise ; c'est-à-dire : très lentement. Pour moi, lire un livre, c'est m'absenter quinze jours durant avec l'auteur.

André GIDE

Depuis longtemps, je ne prétends gagner mon procès qu'en appel. Je n'écris que pour être *relu*.

André GIDE

Nathanaël, jette mon livre ; ne t'y satisfais point. Ne crois pas que ta vérité puisse être trouvée par quelque autre ; plus que de tout, aie honte de cela.

André GIDE

C'est la question que l'on doit toujours se poser en face de tout livre. Qu'est-ce qu'il raconte ? Peut-être même : qu'est-ce qu'il se raconte ? Et, à la limite, n'est-il pas fou ? Ce qui me choque dans les livres autoritaires, c'est que la question de la folie de celui qui écrit n'est jamais posée. Or, il y a toujours un risque de lire des folies même si l'auteur est décoré par l'Université ou reconnu par ses pairs. C'est le risque de la lecture.

André GLUCKSMANN

Écrire, c'est faire un usage abusif du langage ; lire en silence et pour soi seul n'est qu'un lamentable « ersatz » de la parole.

Johann Wolfgang von GŒTHE

Les braves gens ne savent pas ce qu'il en coûte de temps et de peine pour apprendre à lire. J'ai travaillé à cela quatre-vingts ans, et je ne peux pas encore dire que j'y sois arrivé.

Johann Wolfgang von GŒTHE

La lecture d'un roman [...] n'est pas réanimation ou sublimation d'une expérience déjà plus ou moins vécue par le lecteur : elle est une expérience, directe et inédite, au même titre qu'une rencontre, un voyage, une maladie ou un amour.

Julien GRACQ

La récompense des livres, c'est d'être lus.

Julien GREEN

Que de gens lisent et étudient non pour connaître la vérité, mais pour augmenter leur petit *moi* !

Julien GREEN

Il va falloir qu'un jour enfin je me décide à lire les livres que, depuis trente ans, je conseille à mes amis de lire.

Sacha GUITRY

Ne lis jamais une prose encore fraîche. Ne lis pas un livre qui vient de paraître. Mais laisse au temps qui est le grand trieur, le soin de faire sa tâche silencieuse qui est d'éliminer... Ne lis que ce qui t'émeut.

Jean GUITTON

Il en va de *lire* comme de voir : on lit et on voit comme on a appris à voir et à lire, de manière compulsive, en ramenant ce qui est inconnu à du déjà connu. C'est-à-dire en annulant. Somme zéro.

Emmanuel HOCQUARD

La lecture, c'est comme la pêche à la ligne. Vous pouvez rester des heures à ne rien prendre et soudain vous prenez quelque chose. Ce n'est même pas une question de patience, parce qu'être patient c'est être passif, mais plutôt d'être vigilant et de prendre son temps.
    Emmanuel HOCQUARD

Lire, c'est boire et manger. L'esprit qui ne lit pas maigrit comme le corps qui ne mange pas.
    Victor HUGO

Qui a bu, boira. Qui a lu, lira.
    Victor HUGO

Le livre n'est pas. La lecture le crée, à travers des mots créés, comme le monde est lecture recommencée du monde par l'homme.
    Edmond JABÈS

Il faut que l'esprit séjourne dans une lecture pour bien connaître un auteur.
    Joseph JOUBERT

Lorsqu'on lit, on est conduit par le texte, mais notre propre sensibilité, également notre pensée, interviennent toujours telle une auréole qui, seule, peut faire briller la lumière étrangère.
    Ernst JÜNGER

Il me semble d'ailleurs qu'on ne devrait lire que les livres qui vous mordent et vous piquent. Si le livre que nous lisons ne nous réveille pas d'un bon coup de poing sur le crâne, à quoi bon le lire? Pour qu'il nous rende heureux, comme tu l'écris? Mon Dieu, nous serions tout aussi heureux si nous n'avions pas de livres, et des livres qui nous rendent heureux, nous pourrions, à la rigueur, les écrire nous-mêmes. En revanche, nous avons besoin de livres qui agissent sur nous comme un malheur dont nous souffririons beaucoup, comme la mort de quelqu'un que nous aimerions plus que nous-mêmes, comme si nous étions proscrits, condamnés à vivre dans des

LA LECTURE

forêts loin de tous les hommes, comme un suicide – un livre doit être la hache qui brise la mer gelée en nous.
>Franz KAFKA

Oh ! les livres — les bons livres — les chers livres — qui vous emportent hors de vous-même et de la vie ! — comme il est plus doux de lire que de vivre !
>Alphonse KARR

Mais où est-ce que je prends donc tout ce temps pour ne pas lire tant de choses ?
>Karl KRAUS

Trop de suspense dans un livre et il se consume et se consomme. Le roman est ennemi de la vitesse, la lecture doit être lente et le lecteur doit rester sous le charme d'une page, d'un paragraphe, d'une phrase même.
>Milan KUNDERA

Quand une lecture vous élève l'esprit, et qu'elle vous inspire des sentiments nobles et courageux, ne cherchez pas une autre règle pour juger l'ouvrage ; il est bon, et fait de main d'ouvrier.
>Jean DE LA BRUYÈRE

L'étude des textes ne peut jamais être assez recommandée ; c'est le chemin le plus court, le plus sûr et le plus agréable pour tout genre d'érudition ; ayez les choses de première main ; puisez à la source ; maniez, remaniez le texte ; apprenez-le de mémoire ; citez-le dans les occasions ; songez surtout à en pénétrer le sens dans toute son étendue et dans ses circonstances ; conciliez un auteur original, ajustez ses principes, tirez vous-même les conclusions...
>Jean DE LA BRUYÈRE

Quand je ne suis pas en train de marcher, je lis ; je ne peux pas rester assis à réfléchir. Les livres réfléchissent pour moi.
>Charles LAMB

Tous les secours de l'érudition et de la critique, toute l'écriture amassée autour des textes, celle des autres comme la mienne, ont pour fin dernière la lecture personnelle des textes.
    Gustave LANSON

J'ai autre chose à faire, de plus amusant, qu'à fonder une famille et qu'à élever des enfants.
    « J'aime mieux lire ! »
    Valery LARBAUD

Ce vice impuni, la lecture.
    Valery LARBAUD

Que partout, dans les livres qui seront mis entre les mains de l'enfant, l'idée principale qu'on se propose de graver dans son esprit soit rendue sensible par des gravures et par des images ; que la langue écrite soit pour lui, autant qu'il sera possible, la langue des hiéroglyphes, de manière que l'idée ne soit jamais séparée du mot.
    Antoine Laurent DE LAVOISIER

Et ces soirs d'affaissement, où il suffit de relire quelques phrases d'un écrivain aimé pour sentir se ranimer en soi les éléments de l'harmonie et se réveiller l'intelligence.
    Paul LÉAUTAUD

Je suis très ennuyé quand on considère que le plaisir de lire un livre est différent de celui de manger une orange, regarder un palmier ou se promener au bord de la mer...
    J.-M. G. LE CLÉZIO

Je suis de ceux qui n'ont pas lu tous les livres. Que m'apprendraient-ils que le vent de la lande ne m'ait annoncé ?
    Charles LE QUINTREC

Il y a vraiment beaucoup de gens qui lisent pour avoir le loisir de ne pas penser.
    Georg Christoph LICHTENBERG

L'idée même que la signification d'une œuvre valable puisse être épuisée après deux ou trois lectures est une idée frivole. Pire : une idée paresseuse.
> Claude-Edmonde MAGNY

Ceux qui se sont appliqués avec plus d'ardeur à la lecture des livres et à la recherche de la vérité sont ceux-là mêmes qui nous ont jetés dans un plus grand nombre d'erreurs.
> Nicolas DE MALEBRANCHE

L'acte de lire établit une relation intime, physique, à laquelle prennent part tous les sens : les yeux saisissent les mots sur la page, les oreilles font écho aux sons lus, le nez respire l'odeur familière de papier, de colle et d'encre, la main caresse la page rugueuse ou lisse, la couverture souple ou dure ; même le goût intervient parfois quand le lecteur porte les doigts à sa langue.
> Alberto MANGUEL

La lecture est l'apothéose de l'écriture.
> Alberto MANGUEL

Il est à déplorer que nous jugions les livres d'après les autres livres, au lieu de nous référer dans nos lectures à notre propre expérience.
> Katherine MANSFIELD

Une lecture, me semble-t-il, agit comme un révélateur, elle met en lumière le contenu de notre propre cœur. Le propre des maîtres est de nous aider, dans l'adolescence, à accoucher de nous-mêmes, à mieux nous connaître.
> Gabriel MATZNEFF

L'imprimerie a répandu le besoin de lire. Mais c'est du besoin de lire qu'était née l'imprimerie.
> Thierry MAULNIER

Écrire, c'est se souvenir. Mais lire, c'est aussi se souvenir.
> François MAURIAC

Ni la mort ni le soleil ne peuvent se regarder en face – ni nous-mêmes. Du moins pouvons-nous confronter les reflets de ce que nous fûmes, qui tremblent encore dans nos vieilles lectures, et l'être que nous sommes devenus.
>   François MAURIAC

Il en est de la lecture comme des auberges espagnoles de l'amour, on n'y trouve que ce qu'on y apporte.
>   André MAUROIS

Quel dommage de mourir quand il me reste tant à lire !
>   Marcelino MENENDEZ Y PELAYO

Peu de lectures, mais simples, fortes, qui laissent traces.
>   Jules MICHELET

Toutes mes bonnes lectures ont lieu aux toilettes. Il y a des passages d'*Ulysse* qu'on ne peut lire qu'aux toilettes – si on veut en extraire toute la saveur du contenu.
>   Henry MILLER

Je n'ai jamais eu de chagrin qu'une heure de lecture n'ait dissipé.
>   Charles de Secondat, baron DE MONTESQUIEU

Aimer à lire, c'est faire un échange des heures d'ennui que l'on doit avoir en sa vie, contre des heures délicieuses.
>   Charles de Secondat, baron DE MONTESQUIEU

Je n'aime lire que ce qui ne peut avoir été écrit que par l'auteur, qu'on le reconnaisse dès ses premiers mots.
>   Paul MORAND

Cependant, je n'ai jamais réussi à expliquer d'une façon satisfaisante à certains étudiants de ma classe de littérature les principes de la bonne lecture qui veulent que l'on lise le livre d'un artiste non pas avec son cœur (le cœur est un lecteur particulièrement stupide), non

pas avec son cerveau seul, mais avec son cerveau et sa moelle épinière. « Mesdames et messieurs, c'est le frisson dans la moelle épinière qui vous dit en vérité ce que l'auteur a ressenti ou a voulu que vous ressentiez. »
Vladimir Nabokov

Je pensais que tout le monde lisait comme moi ; moi, je lis comme je mange : ça ne signifie pas seulement que j'en ai besoin, ça signifie surtout que ça entre dans mes composantes et que ça les modifie.
Amélie Nothomb

Peut-être trop de lectures risquent-elles de *désertifier* le jugement, le goût. Je préfère m'en tenir à l'impression qu'un bon texte donne envie d'écrire, comme un beau musée, une belle musique. La lecture crée une émulation plus qu'un découragement. Elle provoque au travail.
François Nourissier

Je ne vois pas quel livre pourrait faire oublier la difficulté de vivre, l'angoisse et la peur de la maladie. La lecture n'aide à vivre que lorsque la vie va assez bien.
François Nourissier

L'apprentissage de la lecture au ralenti : le plaisir de la lecture, tout comme n'importe quel divertissement d'ailleurs, doit se savourer lentement, à petites gorgées.
Amos Oz

Si on a un livre à la main, si complexe ou difficile à comprendre qu'il puisse être, quand on l'a fini on peut, si on veut, retourner au début, le relire, et comprendre ainsi ce qui est difficile et, en même temps, comprendre aussi la vie.
Orhan Pamuk

Quand on lit trop vite ou trop doucement on n'entend rien.
Blaise Pascal

La lecture est l'opération commune du lisant et du lu.

    Charles Péguy

En argot, lire se dit « ligoter ».
En langage figuré un gros livre est un « pavé ».
Relâchez ces liens-là, le pavé devient un nuage.

    Daniel Pennac

La plupart des lectures qui nous ont façonnés, nous ne les avons pas faites *pour*, mais *contre*. Nous avons lu (et nous lisons) comme on se retranche, comme on refuse, ou comme on s'oppose. Si cela nous donne des allures de fuyards, si la réalité désespère de nous atteindre derrière le « charme » de notre lecture, nous sommes des fuyards occupés à nous construire, des évadés en train de naître.

    Daniel Pennac

La lecture ne relève pas de l'organisation du temps social, elle est, comme l'amour, une manière d'être.

    Daniel Pennac

Le temps de la lecture : le livre envisagé comme une menace d'éternité !

    Daniel Pennac

Ainsi découvrit-il la vertu paradoxale de la lecture qui est de nous abstraire du monde pour lui trouver un sens.

    Daniel Pennac

Je ne dirais jamais de mal de la littérature. Aimer lire est une passion, un espoir de vivre davantage, autrement, mais davantage que prévu.

    Georges Perros

J'ai conservé, sans le vouloir, cette naïveté : quand j'ouvre un livre, j'aime que ce soit un livre. Je m'attends à de la littérature. La vie, c'est-à-dire les autres et moi, la vie me suffit pour le reste. Mais lire, si c'est pour s'y retrouver, autant vaut téléphoner à son voisin et passer une soirée baliverneuse. Nous avons tous une idée de ce qu'est, devrait être, la littérature. Les uns lisent pour s'évader. (De quelles prisons ?) Les autres pour s'instruire. (À quelles fins ?) D'autres encore lisent parce qu'il vaut mieux fréquenter le langage écrit d'un homme que le langage parlé. D'où je ne déteste pas ma concierge ; mais j'aime bien Mallarmé. Les deux, ma concierge et Mallarmé, me paraissent faire leur métier, avec les inconvénients d'usage.

Georges PERROS

La lecture est rarement sans danger, à moins que la lumière de la vérité divine n'éclaire le lecteur, lui indiquant que chercher et qu'éviter.

François PÉTRARQUE

Je lis – et un choc, une surprise m'arrête : je vois.

Gaétan PICON

Un aveugle au toucher me lira
Puis ses doigts iront jusqu'à vos lèvres.

André PIEYRE DE MANDIARGUES

Il en va de la lecture comme de la drogue : en parler sans parler de plaisir est un leurre. Dans le cas des toxicomanies, l'excuse est toute trouvée : dire qu'elles font du bien pousserait à la consommation que l'on combat. Le vrai est que le plaisir s'explique mal, parce que c'est de mort qu'il s'agit.

Bertrand POIROT-DELPECH

Il n'y a que les mots écrits pour conserver leur réalité aux souvenirs collectifs ou privés, aux métamorphoses de notre humus intime, aux jardinets d'hier que culbutent les bulldozers, à l'Histoire en nous et autour de nous. Ne plus lire, c'est s'amputer de la mémoire, qui vit de phrases, qui *est* phrase.

Bertrand POIROT-DELPECH

C'est de plain-pied que je voudrais qu'on entre dans ce que j'écris. Qu'on s'y trouve à l'aise. Qu'on s'y trouve tout simple [...]. Et cependant que tout y soit neuf, inouï : uniment éclairé, un nouveau matin.

    Francis Ponge

La lecture est littéralement une coopération, une collaboration intime, intérieure, singulière, suprême, une responsabilité ainsi engagée aussi, une haute, une suprême et singulière, une déconcertante responsabilité. C'est une destinée merveilleuse, et presque effrayante, que tant de grandes œuvres, tant d'œuvres de grands hommes et de si grands hommes puissent recevoir encore un accomplissement, un achèvement, un couronnement de nous, mon pauvre ami, de notre lecture.

    Marcel Proust

Tant que la lecture est pour nous l'initiatrice dont les clefs magiques nous ouvrent au fond de nous-mêmes la porte des demeures où nous n'aurions pas su pénétrer, son rôle dans notre vie est salutaire.

    Marcel Proust

Lire. Aimer. Penser. Le plaisir de lire comme celui d'aimer viennent de l'expérience de la rencontre avec la pensée d'un autre hors de toute rivalité, et hors de tout dessein qui subordonnerait le fonctionnement de l'esprit.
On partage la saisie de l'autre.
Lire, c'est le plaisir de penser avec les morts.

    Pascal Quignard

Il y a dans lire une attente qui ne cherche pas à aboutir. Lire c'est errer. La lecture est l'errance.

    Pascal Quignard

Lire toujours plus haut que ce qu'on écrit.

    Jules Renard

Quand je pense à tous les livres qu'il me reste à lire, j'ai la certitude d'être encore heureux.

    Jules Renard

LA LECTURE

Chacune de nos lectures laisse une graine qui germe.
>Jules RENARD

J'aime à lire comme une poule boit, en relevant fréquemment la tête, pour faire couler.
>Jules RENARD

On ne lit jamais un livre. On se lit à travers les livres, soit pour se découvrir, soit pour se contrôler. Et les plus objectifs sont les plus illusionnés.
>Romain ROLLAND

Certains écrivains, on prend plus de plaisir à y songer qu'à les relire.
>Jean ROSTAND

J'admire le livre qui me condamne à le lire.
>Jean ROSTAND

Certaines œuvres à relire périodiquement, – pour s'y mesurer.
>Jean ROSTAND

Il ne lit pas pour écouter les pensées des autres mais pour imposer silence aux siennes.
>Claude ROY

Les écrivains n'ont qu'une excuse, écrire les livres qu'ils avaient envie de lire.
>Claude ROY

Lire pour aérer sa demeure.
>Robert SABATIER

Lire, pour le vrai lecteur, ne serait-ce pas traduire une langue autre en la sienne ?
>Robert SABATIER

La même façon ne sert pas à tout le monde, chacun invente sa propre façon, certains passent toute leur vie à lire sans jamais réussir à dépasser le stade de la lecture, ils restent collés à la page, ils ne comprennent pas que les mots sont comme des pierres placées en travers d'une rivière pour en faciliter la traversée, elles sont là pour que nous puissions parvenir sur l'autre rive, c'est l'autre rive qui importe, sauf si, sauf si quoi, sauf si ces fameuses rivières ont plus de deux rives, sauf si chaque personne qui lit est elle-même sa propre rive et si la rive qu'elle doit atteindre lui appartient en propre.

José SARAMAGO

Trouver dans la littérature cette satisfaction essentielle qu'elle seule [peut donner aux lecteurs] : une connaissance plus approfondie, plus complexe, plus lucide, plus juste que celle qu'ils peuvent avoir par eux-mêmes de ce qu'ils sont, de ce qu'est leur condition et leur vie.

Nathalie SARRAUTE

L'opération d'écrire comporte une quasi-lecture implicite qui rend la vraie lecture impossible. Quand les mots se forment sous sa plume, l'auteur les voit sans doute, mais il ne les voit pas comme le lecteur puisqu'il les connaît avant de les écrire ; son regard n'a pas pour fonction de dévoiler en les frôlant des mots endormis qui attendent d'être lus, mais de contrôler le tracé des signes ; c'est une mission purement régulatrice en somme, et la vue n'apprend rien, sauf de petites erreurs de la main. L'écrivain ne prévoit ni ne conjecture ; *il projette*.

Jean-Paul SARTRE

Lire, vraiment lire, c'est se réveiller. La lecture est un acte de conquête, pas de dévotion.

Philippe SOLLERS

Et moi, je mets un billet à une loterie dont le gros lot se réduit à ceci : être lu en 1935.

STENDHAL

LA LECTURE

Peut-être que la lecture est plutôt un acte d'imprégnation, au cours duquel la conscience absorbe tout à fond, mais par osmose si imperceptible qu'elle n'est pas consciente du processus.
Patrick SÜSKIND

Un livre écrit, mais non lu, n'existe pas pleinement.
Michel TOURNIER

Ce qui est beau dans la lecture, c'est quand on pose un livre et qu'on a oublié dans quel endroit on était, s'il faisait jour ou nuit, si on était dans une chambre ou un salon.
François TRUFFAUT

Il faut regarder les livres par-dessus l'épaule de l'auteur.
Paul VALÉRY

Ce que l'on écrit en se jouant, un autre le lit avec tension et passion. Ce que l'on écrit avec tension et passion, un autre le lit en se jouant.
Paul VALÉRY

Étudier les comparaisons, c'est pénétrer par la fenêtre dans l'ouvrage d'un écrivain. En entrant par la porte on peut mieux voir l'ensemble. Par la fenêtre, on peut surprendre des secrets.
Alexandre VIALATTE

Quand on lit pour s'instruire, on voit tout ce qui a échappé, lorsqu'on ne lisait qu'avec les yeux.
VOLTAIRE

J'ai trouvé un admirable secret qui est de me faire lire et relire tous les bons livres à table et d'en dire mon avis. Cette méthode rafraîchit la mémoire et empêche le goût de se rouiller.
VOLTAIRE

La lecture agrandit l'âme.
VOLTAIRE

Il ne fait aucun doute que, malgré l'amusement que nous pouvons prendre à la lecture d'un roman simplement moderne, il est rare que sa relecture nous apporte quelque plaisir artistique. Et c'est peut-être là le meilleur critère rudimentaire qui permette de distinguer ce qui est de la littérature de ce qui n'en est pas. Si on ne peut pas prendre du plaisir à lire et relire indéfiniment un livre, il ne sert à rien de le lire une première fois.

Oscar WILDE

Nous méconnaissons l'influence qu'ont sur nous les livres que nous n'avons pas lus.

Georges WOLFROMM

Lire, c'est un peu comme ouvrir sa porte à une horde de rebelles qui déferlent en attaquant vingt endroits à la fois.

Virginia WOOLF

Jusqu'à un certain point, tout écrivain joue avec le désir à la fois d'être lu et de n'être pas lu.

Marguerite YOURCENAR

Les lecteurs

Si une phrase, un vers survivent à l'œuvre, ce n'est pas l'auteur qui leur a donné cette chance particulière aux dépens des autres, c'est le lecteur.
Là est le mensonge.
L'écrivain s'efface devant l'œuvre et l'œuvre est tributaire du lecteur.

    Reb Ab

Celui qui ne lit que ce qui lui plaît, je le vois bien seul. Toujours en compagnie de ses chétives idées personnelles, comme on dit ; mais il ne sortira pas de l'enfance.

    Émile Chartier, dit Alain

L'auteur a un mérite infaillible pour être lu, le mérite rare de faire conversation avec son lecteur.

    Jean Lerond d'Alembert

Les bêtes ont-elles une âme ? Pourquoi n'en auraient-elles pas ? J'ai rencontré dans ma vie une quantité considérable d'hommes, dont quelques femmes, bêtes comme des oies, et plusieurs animaux pas beaucoup plus idiots que bien des lecteurs.

    Alphonse ALLAIS

Celui à qui j'écris. De quoi a-t-il l'air ? Il me ressemble, autant dire qu'il n'existe pas, que je me parle dans le miroir.

    Louis ARAGON

Les Français ne lisent pas. Ils achètent des livres. Ça n'entre pas dans leur cervelle mais dans leur budget. [...] Ils découvrent la littérature dans le livre de poche. Les ménages Trigano n'ont jamais autant ébulli de la théière que depuis qu'ils fréquentent Beethoven et Baudelaire, alors que leur passoire auvergnate laisse à peine passer Verchuren et Tintin.

    Michel AUDIARD

Littérateurs et bourgeois radotent et frissonnent ensemble sans qu'on puisse parler de concert, d'échanges ni d'influences réciproques. Il n'existe entre eux qu'une connivence de fait, une étroite parenté dont ils sont conscients. Les uns et les autres, qui vivent dans l'admiration de leur propre néant et s'enchantent à l'idée de leurs pauvres audaces, ne font que subir passivement les lois de la pesanteur romantique.

    Marcel AYMÉ

Tout livre a pour collaborateur son lecteur.

    Maurice BARRÈS

Ne pas dévorer, ne pas avaler, mais brouter, tondre avec minutie, retrouver, pour lire ces auteurs d'aujourd'hui, le loisir des anciennes lectures : être des lecteurs *aristocratiques*.

    Roland BARTHES

Écrire dans le plaisir m'assure-t-il – moi, écrivain – du plaisir de mon lecteur ? Nullement. Ce lecteur, il faut que je le cherche, (que je le « drague »), *sans savoir où il est*. Un espace de la jouissance est alors créé. Ce n'est pas la « personne » de l'autre qui m'est nécessaire, c'est l'espace : la possibilité d'une dialectique du désir, d'une

LES LECTEURS

imprévision de la jouissance : que les jeux ne soient pas faits, qu'il y ait un jeu.

Roland BARTHES

Hypocrite lecteur, – mon semblable, – mon frère !

Charles BAUDELAIRE

Volontiers, je n'écrirais que pour les morts.

Charles BAUDELAIRE

Un écrivain, lui, devrait se faire incinérer. On mélangerait ses cendres à la pâte à papier utilisée pour une belle édition posthume. Il serait enterré chez ses lecteurs.

Hervé BAZIN

Je voulais me faire exister pour les autres en leur communiquant, de la manière la plus directe, le goût de ma propre vie.

Simone DE BEAUVOIR

Un écrivain n'est-il pas toujours, de quelque manière, à la merci du premier imbécile venu qui croit le connaître pour avoir mal lu ses livres ?

Georges BERNANOS

Mon œuvre, c'est moi-même, c'est ma maison ; je vous parle la pipe à la bouche, ma veste encore fraîche de la dernière averse, et mes bottes fument devant l'âtre. Pour m'adresser à vous, je n'ai même pas la peine de passer d'une pièce à l'autre, je vous écris dans la salle commune, sur la table où je souperai tout à l'heure, avec ma femme et mes enfants. Entre vous et moi, il n'y a pas même l'ordinaire truchement d'une bibliothèque, car je n'ai pas de livres. Entre vous et moi il n'y a vraiment rien que ce cahier de deux sous. On ne confie pas de mensonges à un cahier de deux sous. Pour ce prix-là, je ne peux vous donner que la vérité.

Georges BERNANOS

Celui qui lit tout n'a rien compris...
> Thomas BERNHARD

Le public aspire au poncif, inlassablement.
> Jean-Richard BLOCH

Un livre, un vrai livre, ce n'est pas quelqu'un qui nous parle, c'est quelqu'un qui nous entend, qui sait nous entendre.
> Christian BOBIN

Le livre est la mère du lecteur.
> Christian BOBIN

Les vrais écrivains sont des sourciers. Des guérisseurs. La main magnétique de celui qui écrit se pose sur le cœur à nu du lecteur, résorbe la fièvre, change le sang en eau.
> Christian BOBIN

Ainsi qu'en sots auteurs,
Notre siècle est fertile en sots admirateurs.
> Nicolas BOILEAU

N'offrez rien au lecteur que ce qui peut lui plaire.
> Nicolas BOILEAU

Un auteur n'existe que lorsque tous ceux qui le souhaitent peuvent le lire indépendamment de leur formation ou de leurs privilèges.
> Heinrich BÖLL

Si l'on veut ouvrir la littérature et l'art au plus grand nombre, il faut donner aux gens le courage de s'en approcher, alors qu'on les décourage sans cesse. La plupart des « interprétations » de la littérature et de l'art telles qu'elles s'effectuent aujourd'hui dans les écoles ou dans les livres doivent être mises en question. Elles sont truffées de clichés bourgeois et d'une complexité inutile.
> Heinrich BÖLL

LES LECTEURS

Je n'écris pas pour une petite élite dont je n'ai cure, ni pour cette entité platonique adulée qu'on surnomme la masse [...], j'écris pour moi, pour mes amis et pour adoucir le cours du temps.
   Jorge Luis BORGES

On écrit toujours en vue d'être lu. Ce mot que j'inscris, c'est à l'intention d'un regard, fût-ce le mien. Dans l'acte même d'écrire, il y a un public impliqué.
   Michel BUTOR

Il faut rassurer le lecteur ; on lui demandera toujours davantage.
   Michel BUTOR

Ceux qui écrivent obscurément ont bien de la chance : ils auront des commentateurs. Les autres n'auront que des lecteurs, ce qui, paraît-il, est méprisable.
   Albert CAMUS

Un *lecteur* qui ne cesse de lire toujours plus d'œuvres anciennes devient un personnage qu'on ne peut mépriser, une sorte d'homme de confiance pour ceux qui se fient à lui : ils pensent – à condition de ne jamais s'arrêter – qu'il trouvera bien ce qui est décisif.
   Elias CANETTI

Des livres qui peuvent choisir leurs lecteurs et se ferment aux autres.
   Elias CANETTI

Bon Dieu, pendant des siècles, on a appris aux Français à faire des belles phrases à la con, du latin en français, bien filé, prêchi-prêcha. Alors, je suis venu avec ma petite musique et j'ai tout fichu en l'air... Que le lecteur aime ou pas, je m'en contrefous ! Je n'écris pas pour lui.
   Louis-Ferdinand CÉLINE

Ami, je ne sais plus. Ne me prends pourtant pas
Pour la motte de terre ou pour la touffe d'herbe

Ce livre que tu tiens en main, c'est encore moi
Une part de moi-même entre tes mains, qui dort.

    Dobrisa Cesaric

La postérité n'est qu'un public qui succède à un autre.

    Nicolas Chamfort

Un écrivain doit respecter son lecteur : mais lequel ? Celui qui veut qu'on ménage son amour-propre, son hypocrisie, ses préjugés, ses illusions, son égoïsme et sa sottise, ou celui qui attend de vous l'indépendance et la vérité ?
Chaque auteur respecte le lecteur qu'il mérite.

    Maurice Chapelan

Cent mille lecteurs, c'est agréable de loin. Mais le tête-à-tête avec l'un des zéros de ce nombre !

    Maurice Chapelan

Le lecteur prend goût, à présent, à ce qu'il ne comprend pas. Une dame me dit : « Ce que l'on comprend n'a pas l'air vrai. » Des foules illettrées vont entendre des pièces ardues et ennuyeuses ; aujourd'hui, on aime le bruit des idées ; on veut une messe en latin.

    Jacques Chardonne

En vérité, personne ne sait lire ; grave malentendu entre l'auteur et ses lecteurs. Le bon style (un certain accent de la phrase, une vertu intime des mots) s'adresse à une oreille intérieure chez le lecteur, oreille très fine. C'est le lecteur qui doit découvrir le style et son chant.

    Jacques Chardonne

Pour éviter les redites, il faut se relire, c'est-à-dire affronter une épreuve terrible pour un auteur : connaître l'ennui qu'ont dû subir tant de ses lecteurs au contact de ses livres.

    Emil Michel Cioran

LES LECTEURS

Il ne faudrait jamais écrire pour *faire* un livre, c'est-à-dire qu'il ne faut pas écrire avec l'idée de s'adresser aux autres. Il faut écrire pour soi-même, un point c'est tout. Les autres ne comptent pas. Une pensée ne doit s'adresser qu'à celui qui la conçoit. C'est là la condition indispensable pour que les autres puissent avec fruit se l'assimiler, se la faire leur vraiment.
   Emil Michel CIORAN

Ne compte que le livre qui est planté comme un couteau dans le cœur du lecteur.
   Emil Michel CIORAN

On n'aime que les auteurs qui souffrent, dont on sent les douleurs et les tares secrètes. Tout lecteur est un sadique qui s'ignore, et il n'est pas de cri dont il ne soit avide. C'est un insatiable que l'enfer seul assouvirait, s'il pouvait en être le spectateur, le *critique*.
   Emil Michel CIORAN

Une œuvre qui est écrite dans l'intention d'un public quelconque sera toujours une œuvre manquée.
   Paul CLAUDEL

Il n'y a pas de pire carrière que celle d'un écrivain qui veut vivre de sa plume. Vous voilà donc astreint à produire avec les yeux sur un patron, le public, et à lui donner non pas ce que vous aimez, mais ce qu'il aime, lui, et Dieu sait s'il a le goût élevé et délicat...
   Paul CLAUDEL

Nous sommes tous malades et nous ne savons lire que les livres qui traitent de notre maladie.
   Jean COCTEAU

Ce que le lecteur veut, c'est se lire. En lisant ce qu'il approuve, il pense qu'il pourrait l'avoir écrit. Il peut même en vouloir au livre de prendre sa place, de dire ce qu'il n'a pas su dire, et que selon lui il dirait mieux.
   Jean COCTEAU

Ce que le public te reproche, cultive-le : c'est toi.

Jean COCTEAU

Le principal malentendu entre un auteur et son lecteur vient de ce que chaque ligne imprimée est pour le premier un point d'arrivée, un point de départ pour le second.

Benjamin CRÉMIEUX

Et maintenant, lecteur, carre-toi sur ton banc
en méditant sur ce qu'apportent les prémices,
si tu veux être heureux avant d'être lassé.
Je t'ai servi : à toi de te nourrir toi-même.

DANTE ALIGHIERI

Le livre d'un grand homme est un compromis entre le lecteur et lui.

Eugène DELACROIX

Étant lecteur forcé de mon propre livre, je dois bien penser à ce lecteur si exigeant pour les autres. Mon idée a toujours été d'écrire en complicité avec le lecteur. Je lui laisse des « blancs » pour qu'il complète.

Michel DÉON

Quand les livres se liront-ils d'eux-mêmes sans le secours de lecteurs ?

Robert DESNOS

Vous savez, je ne sais comment vous expliquer ça, mais un lien étrange unit l'écrivain à son lecteur. Il se crée entre eux une terrible intimité, voyez-vous. Inutile de se le cacher. Entre eux deux, des choses se sont passées dans le noir le plus complet, tenez, un peu comme à l'intérieur de ce tunnel, des choses terriblement intimes, croyez-moi.

Philippe DJIAN

LES LECTEURS

Ceux qui apprennent dans les livres doivent aussi apprendre dans la vie, mais celle-ci ne les instruira que s'ils ont lu d'abord, ou en même temps, les livres qu'il fallait.
    Jean-Marie DOMENACH

Dis-moi ce que tu lis et je te dirai qui tu es.
    Georges DUHAMEL

Il n'y a de mauvais livres que pour les mauvais lecteurs. La vie ne salit que les âmes basses !
    Georges DUHAMEL

Ceux qui lisent savent beaucoup ; ceux qui regardent savent davantage.
    Alexandre DUMAS fils

Quand l'œuvre est finie, le dialogue s'instaure entre le texte et ses lecteurs (l'auteur est exclu). Au cours de l'élaboration de l'œuvre, il y a un double dialogue : celui entre ce texte et tous les autres textes écrits auparavant (on ne fait des livres que sur d'autres livres et autour d'autres livres) et celui entre l'auteur et son lecteur modèle.
    Umberto Eco

Ce qui importe, c'est ce que le lecteur lit, pas ce que l'auteur écrit.
    Umberto Eco

Certains auteurs donnent l'impression d'avoir été eux-mêmes conçus par une conspiration de lecteurs, selon un procédé inexplicable de contagion du plaisir.
    Jean-Louis ÉZINE

La première lecture est au lecteur ce que l'improvisation est à l'orateur.
    Émile FAGUET

Ouvre ta porte au lecteur. C'est à lui de trouver les cachettes.

    Léon-Paul Fargue

Le premier de tous les devoirs d'un homme qui n'écrit que pour être entendu est de soulager son lecteur, en se faisant d'abord entendre.

    François de Salignac de La Mothe-Fénelon

Lire, entendre, c'est traduire. Il y a de belles traductions, peut-être ; il n'y en a pas de fidèles. Qu'est-ce que ça me fait qu'ils admirent mes livres, puisque c'est ce qu'ils ont mis dedans qu'ils admirent ? Chaque lecteur substitue ses visions aux nôtres. Nous lui fournissons de quoi frotter son imagination. Il est horrible de donner matière à de pareils exercices. C'est une profession infâme.

    Anatole France

Si vous avez une vue nouvelle, une idée originale, si vous présentez les hommes et les choses sous un aspect inattendu, vous surprendrez le lecteur. Et le lecteur n'aime pas à être surpris. Il ne cherche jamais dans une histoire que les sottises qu'il sait déjà. Si vous essayez de l'instruire, vous ne feriez que l'humilier et le fâcher. Ne tentez pas de l'éclairer, il criera que vous insultez à ses croyances.

    Anatole France

Le *lecteur* doit être inventé par l'*auteur*, *imaginé* dans le but de lui faire lire ce que l'auteur *a besoin* d'écrire, non ce qu'on attend de lui. Où est donc ce lecteur ? Il se cache ? Il faut le chercher. Pas encore né ? Il faut attendre patiemment qu'il vienne au monde. Écrivain, jette ta bouteille à la mer, aie confiance, ne trahis pas ta parole, même si aujourd'hui tu n'es lu par personne, attends, espère, désire, désire même si tu n'es pas aimé...

    Carlos Fuentes

J'appelle un livre manqué celui qui laisse intact le lecteur.

    André Gide

Le bien écrire que j'admire c'est celui qui, sans se faire trop remarquer, arrête et retient le lecteur et contraint sa pensée à n'avancer qu'avec lenteur. Je veux que son attention enfonce à chaque pas dans un sol riche et profondément ameubli. Mais ce que cherche, à l'ordinaire, le lecteur, c'est une sorte de tapis roulant qui l'entraîne.

André GIDE

Ils s'inquiètent beaucoup trop de connaître *ma* pensée, je n'eus souci que de leur révéler la leur.

André GIDE

Je crois qu'il n'y a rien d'objectif, que tout est subjectif, aussi bien le lecteur que l'auteur, par conséquent, il faut que les deux subjectifs coïncident. À ce moment-là, vous avez créé la vérité !

Jean GIONO

Lire est une forme de paresse dans la mesure où on laisse le livre penser à la place du lecteur. Le lecteur lit et se figure qu'il pense ; de là ce plaisir qui flatte l'amour-propre d'une illusion délicate.

Julien GREEN

On n'écrit pas librement tant qu'on pense à ceux qui vous liront, on n'écrit pas bien tant qu'on ne pense pas à eux.

Jean GRENIER

Il faut écrire pour soi, c'est ainsi que l'on peut arriver aux autres.

Eugène IONESCO

Le papier est patient, mais le lecteur ne l'est pas.

Joseph JOUBERT

Le public manque d'imagination, qui trouve excessives des œuvres où ne lui sont présentées que des vérités atténuées.

Marcel JOUHANDEAU

Les livres. Il est beau d'y trouver des pensées, des mots, des phrases où l'on sent que le récit, tel un sentier savamment tracé, nous conduit par de vastes forêts inconnues du lecteur. Il est ainsi mené à travers des régions dont les confins lui restent cachés ; de temps à autre seulement, comme un souffle embaumé, la prescience d'immenses richesses vient l'effleurer.

    Ernst Jünger

Entre l'auteur et le lecteur, il doit toujours subsister des barrières ; l'œuvre d'art est d'un rang d'autant plus élevé que l'élément individuel y transparaît moins.

    Ernst Jünger

[Le roman] apprend au lecteur à être curieux de l'autre et à essayer de comprendre les vérités qui diffèrent des siennes.

    Milan Kundera

Un auteur cherche vainement à se faire admirer par son ouvrage. Les sots admirent quelquefois, mais ce sont des sots. Les personnes d'esprit ont en eux les semences de toutes les vérités et de tous les sentiments, rien ne leur est nouveau ; ils admirent peu, ils approuvent.

    Jean de La Bruyère

Je suis du côté du lecteur parce que tout auteur est d'abord un lecteur.

    Jacques Laurent

Si vous êtes malheureux, il ne faut pas le dire au lecteur. Gardez cela pour vous.

    Lautréamont

Il existe une convention peu tacite entre l'auteur et le lecteur, par laquelle le premier s'intitule malade, et accepte le second comme garde-malade. C'est le poète qui console l'humanité ! Les rôles sont intervertis arbitrairement.

    Lautréamont

Il n'y a encore que les gens qui écrivent qui sachent lire.

    Paul Léautaud

LES LECTEURS

Il nous vient quelquefois un dégoût d'écrire en songeant à la quantité d'ânes par lesquels on risque d'être lu.

Paul LÉAUTAUD

À mon sens, écrire et communiquer, c'est être capable de faire croire n'importe quoi à n'importe qui. Et ce n'est que par une suite continuelle d'indiscrétions que l'on arrive à ébranler le rempart d'indifférence du public.

J.-M. G. LE CLÉZIO

Rien d'excellent ne peut sortir de celui qui d'abord vise un « public ».
Le « public » n'est pas un interlocuteur. En s'adressant au « public » on ne parle pas à quelqu'un.
Dans toute recherche du « public » il y a un artifice, une insincérité foncière qui vicie d'avance l'œuvre entreprise.

Henri DE LUBAC

Les lecteurs de chefs-d'œuvre les lisent comme les amateurs de peinture vont au musée ; leur bibliothèque nécessaire c'est la bibliothèque inutile des autres... Elle substitue aux connaissances, un sentiment où le rôle principal est joué par l'admiration : le possesseur de la Bibliothèque de la Pléiade l'appellerait volontiers sa bibliothèque de l'admiration, au sens où il appellerait ses Séries Noires, Blême ou Rose, sa bibliothèque de la distraction ; le reste, celle de son instruction.

André MALRAUX

La relation primordiale entre écrivain et lecteur présente un paradoxe merveilleux : en créant le rôle du lecteur, l'écrivain décrète aussi la mort de l'écrivain, car pour qu'un texte soit achevé l'écrivain doit se retirer, cesser d'exister. Aussi longtemps que l'écrivain demeure présent, le texte demeure incomplet. Il ne commence à exister que lorsque l'écrivain abandonne le texte. L'existence du texte est alors existence silencieuse, silencieuse jusqu'à ce qu'un lecteur lise.

Alberto MANGUEL

Un homme ne peut bien écrire,
S'il n'est quelque peu bon lisart.

    Clément MAROT

Le vrai est que les personnages inventés par le romancier ne s'éveillent à la vie, comme la musique enregistrée, que grâce à nous. C'est nous, les lecteurs, qui offrons à ces créatures imaginaires un temps et un espace au-dedans de nous, où ils se déploient soudain et inscrivent leur destinée.

    François MAURIAC

Lecteur, tu tiens donc ici, comme il arrive souvent, un livre que n'a pas fait l'auteur quoiqu'un monde y ait participé. Et qu'importe ? Signes, symboles, élans, chutes, départs, rapports, discordances, tout y est pour rebondir, pour chercher, pour plus loin, pour autre chose.
Entre eux, sans s'y fixer l'auteur poussa sa vie.
Tu pourrais essayer, peut-être, toi aussi ?

    Henri MICHAUX

Mes bons lecteurs, ne vous fâchez pas
si vous ne comprenez pas ce que vous lisez.
Il est vrai, cette œuvre n'est pas claire –
alors jetez-la dans le feu
et vous verrez comment –
elle vous éclairera !

    Stoyan MIKHAILOVSKI

Un écrivain français n'a pas besoin d'expliquer son œuvre (ni même, à la réflexion, de faire d'œuvre). Il n'a besoin que de se faire des alliés.

    Henry DE MONTHERLANT

Moins un individu est évolué, plus il juge une œuvre littéraire du point de vue moral. Le jugement de la masse sur une œuvre littéraire sera donc toujours, d'abord, un jugement de moralité. À part quelques exceptions, tout écrivain qui arrive à obtenir une adhésion de masse, n'y arrive que du jour où il a donné à ses ouvrages une teinte morale (peu importe si dans le fond ils sont immoraux). Le truc

LES LECTEURS

est bien connu des auteurs. Mais le public, même cultivé, lorsqu'il apprécie le succès littéraire, en oublie souvent cette condition.

Henry DE MONTHERLANT

Le plus grand ennemi de l'écrivain, c'est le lecteur ; tôt ou tard, s'il en a, il écrit en pensant à lui. Saint-Simon, Proust, n'avaient pas de lecteurs.

Paul MORAND

Une œuvre d'art n'a aucune importance pour la société. Elle n'intéresse que l'individu, et seul le lecteur individuel m'importe.

Vladimir NABOKOV

J'écris pour le peuple bien qu'il ne puisse
lire ma poésie avec ses yeux ruraux.
L'instant viendra où une ligne, l'air
qui bouleverse ma vie, parviendra à ses oreilles.

Pablo NERUDA

Les plus mauvais lecteurs sont ceux qui procèdent comme les soldats pillards : ils s'emparent çà et là de ce qu'ils peuvent utiliser, souillent et confondent le reste et couvrent le tout de leurs outrages.

Friedrich NIETZSCHE

Celui qui connaît le lecteur ne fait plus rien pour le lecteur.

Friedrich NIETZSCHE

Le bon penseur compte sur des lecteurs qui ressentent après lui la joie qu'il y a à bien penser : en sorte qu'un livre qui a l'air froid et sobre, s'il est vu par un œil juste, caressé par le rayon de soleil de la sérénité intellectuelle, peut apparaître telle une véritable consolation de l'âme.

Friedrich NIETZSCHE

Il y a tant de gens qui poussent la sophistication jusqu'à lire sans lire. Comme des hommes-grenouilles, ils traversent les livres sans prendre une goutte d'eau.

Amélie NOTHOMB

Tous les écrivains commencent par être des lecteurs. Les livres conduisent aux livres, et j'ai le sentiment que les livres des autres m'ont conduit vers les miens.

 François NOURISSIER

Les droits imprescriptibles du lecteur :

1. Le droit de ne pas lire.
2. Le droit de sauter des pages.
3. Le droit de ne pas finir un livre.
4. Le droit de relire.
5. Le droit de lire n'importe quoi.
6. Le droit au bovarysme (maladie textuellement transmissible).
7. Le droit de lire n'importe où.
8. Le droit de grappiller.
9. Le droit de lire à haute voix.
10. Le droit de nous taire.

 Daniel PENNAC

Je ne veux pas que mon lecteur comprenne sans effort ce que je n'ai pas sans effort écrit moi-même.

 François PÉTRARQUE

Le lecteur voit *à l'envers*, il voit comme cliché ce qui fut trouvaille, comme métaphore ce qui fut expression exacte, comme image ou langage ce qui fut pensée.

 Gaétan PICON

Viens sur moi : j'aime mieux t'embrasser sur la bouche, amour de lecteur.

 Francis PONGE

La lecture est un acte de possession : je me suis prêté à quelqu'un d'autre, et ce quelqu'un d'autre pense, sent, souffre et agit à l'intérieur de moi.

 Georges POULET

LES LECTEURS

Nous devrions lire pour accroître notre pouvoir. Tout lecteur devrait être un homme intensément vivant. Et le livre, une sphère de lumière entre ses mains.

Ezra POUND

J'aime mieux
ceux qui lisent
les livres
que ceux
qui les écrivent,
parce qu'au moins
ils en rajoutent.

Jacques PRÉVERT

Eux, du moins [les livres], nous ne les quittons souvent qu'à regret et, quand nous les avons quittés, aucune de ces pensées qui gâtent l'amitié : qu'ont-ils pensé de nous ? N'avons-nous pas manqué de tact ? Avons-nous plu ? – Et la peur d'être oublié par tel autre. Ces agitations de l'amitié expirent au seuil de cette amitié pure et simple qu'est la lecture.

Marcel PROUST

Le livre est un morceau de silence dans les mains du lecteur. Celui qui écrit se tait. Celui qui lit ne rompt pas le silence.

Pascal QUIGNARD

Froid, sec, dur, rude auteur, digne objet de satire,
De ne savoir pas lire oses-tu me blâmer ?
Hélas ! Pour mes péchés, je n'ai su que trop lire
Depuis que tu fais imprimer.

Jean RACINE

Ma littérature, c'est comme des lettres à moi-même que je vous permettrais de lire.

Jules RENARD

Pour décrire un paysan, il ne faut pas se servir de mots qu'il ne comprend pas.

Jules RENARD

Il ne faut pas confondre ce qui est obscur avec ce qui est trouble. Le trouble suppose un mélange adultère, une impureté. Nous prétendons qu'une œuvre n'est obscure qu'en présence d'un lecteur ou d'un spectateur qui projette mal sur l'œuvre le rayon de sa lampe, son esprit.

    Pierre REVERDY

La France reste un pays miraculeux. Les bourgeois ont toujours une opinion sur les livres, même sur ceux qu'ils n'ont pas lus. Et ça c'est merveilleux.

    Angelo RINALDI

Il ne faut pas trop compter sur la sagacité de ses lecteurs ; il faut s'expliquer quelquefois.

    Antoine DE RIVAROL

Je ne parle bien qu'aux invisibles, à cette immense foule de tous les temps, de tous les lieux, dont je réalise l'unité, à chaque instant. Je suis un homme semblable à tous les hommes, et qui ne s'en distingue que parce que, d'instinct et de volonté, il cherche à dire ce qui est, en eux, semblable, et les relie.

    Romain ROLLAND

C'est dans le mépris du lecteur qu'on fait des œuvres qui le respectent.

    Jean ROSTAND

Si l'on n'écrit pas pour soi, du moins savoir à qui l'on s'adresse ; ne pas loucher en écrivant.

    Jean ROSTAND

C'est à moi d'être vrai, c'est au lecteur d'être juste. Je ne lui demanderai jamais rien de plus.

    Jean-Jacques ROUSSEAU

Le travail de l'écrivain, c'est de *relier*. Pas seulement de relier un lecteur à un auteur, une œuvre à un public, et dans le cas de très grandes voix, une parole à un peuple, et un peuple par une parole. Relier, c'est aussi établir une communication ou une corrélation qui n'avaient été, au mieux, qu'entrevues et pressenties.

Claude ROY

Je n'aime pas du tout les rats, on a beau faire, ils ne sont pas sympathiques. Particulièrement les rats de bibliothèque, les tristes grignoteurs d'imprimés, les gens qui n'ont pas de souvenirs, mais des références.

Claude ROY

Choisis ton livre. Peut-être t'a-t-il choisi.

Robert SABATIER

Tout bon lecteur est le filtre d'un livre.

Robert SABATIER

Mon lecteur doit remarquer que je me préoccupe beaucoup plus de lui faire repasser et commenter sa propre existence, celle de nous tous, que de l'intéresser à la mienne propre ; mais j'ai lieu de croire que mon histoire intellectuelle est celle de la génération à laquelle j'appartiens.

George SAND

Les bons livres sauvent les lecteurs malgré eux. Ces livres, en effet, présentent avec les autres cette différence qu'on aurait bien tort de considérer comme négligeable : ils supportent d'être relus.

Nathalie SARRAUTE

C'est l'effort conjugué de l'auteur et du lecteur qui fera surgir cet objet concret et imaginaire qu'est l'ouvrage de l'esprit. Il n'y a d'art que pour et par autrui.

Jean-Paul SARTRE

Certains lisent parce qu'ils sont trop paresseux pour réfléchir. Le chemin de l'ignorance est pavé de bonnes éditions.

George Bernard SHAW

Ils croient se mettre à la portée de leurs lecteurs ; mais il ne faut jamais supposer à ceux qui vous lisent des facultés inférieures aux nôtres ; il convient mieux d'exprimer ses pensées telles qu'on les a conçues. On ne doit pas se mettre au niveau du plus grand nombre, mais tendre au plus haut terme de perfection possible : le jugement du public est toujours, à la fin, celui des hommes les plus distingués de la nation.

Madame DE STAËL

Tout ouvrage, dont le grand mérite est d'être bien calculé sur le degré de bêtise du spectateur ou du lecteur, m'ennuie.

STENDHAL

Je n'écris que pour cent lecteurs, et de ces êtres malheureux, aimables, charmants, point hypocrites, point *moraux*, auxquels je voudrais plaire ; j'en connais à peine un ou deux.

STENDHAL

Il y a les lecteurs de romans, mais heureusement il y a les liseurs.

Albert THIBAUDET

Publier un livre, c'est procéder à un lâcher de vampires. Les livres sont des oiseaux secs, exsangues, affamés, qui errent dans la foule en cherchant éperdument un être de chair et de sang sur qui se poser, pour gonfler de sa chaleur et de sa vie : le lecteur.

Michel TOURNIER

Un poète, un romancier, un nouvelliste, un conteur ne donne au lecteur que la moitié d'une œuvre, et il attend de lui qu'il écrive l'autre moitié dans sa tête en le lisant ou en l'écoutant.

Michel TOURNIER

Un roman peut certes contenir une thèse, mais il importe que ce soit le lecteur, non l'écrivain, qui l'y ait mise.

Michel TOURNIER

LES LECTEURS

Le lecteur peut être considéré comme le personnage principal du roman, à égalité avec l'auteur, sans lui, rien ne se fait. [...] Le lecteur, personnage actant du roman.
   Elsa TRIOLET

Et s'il est terrible de faire profession de fabricant de romans, bien plus terrible est de faire profession de lecteur de romans.
   Miguel DE UNAMUNO

J'aime mieux être lu plusieurs fois par un seul qu'une seule fois par plusieurs.
   Paul VALÉRY

Toute œuvre littéraire est à chaque instant exposée à l'*initiative* du lecteur. [...] Presque tout l'art consiste à faire oublier à ce lecteur son pouvoir personnel d'intervention, à devancer sa réaction par tous moyens, ou à la rendre très difficile par la rigueur et les perfections de la forme.
   Paul VALÉRY

L'auteur a l'avantage sur le lecteur d'avoir pensé d'avance ; il s'est préparé, il a eu l'initiative.
Mais si le lecteur lui reprend cet avantage ; s'il connaissait le sujet ; si l'auteur n'a pas profité de son avance pour approfondir et se mettre loin sur la route ; si le lecteur a l'esprit rapide – alors tout l'avantage est perdu, et il reste un duel d'esprits, mais où l'auteur est muet, où la manœuvre lui est interdite... Il est perdu.
   Paul VALÉRY

Je n'attends, je ne veux pas d'autre récompense
À ce mien grand effort d'écrire de mon mieux,
Que l'amitié du jeune et l'estime du vieux
Lettré, qui sont au fond les seules belles âmes.
   Paul VERLAINE

Un homme qui lit, ou qui pense, ou qui calcule, appartient à l'espèce et non au sexe ; dans ses meilleurs moments, il échappe même à l'humain.
   Marguerite YOURCENAR

Tout écrivain est utile s'il ajoute à la lucidité du lecteur, le débarrasse de timidités ou de préjugés, lui fait voir et sentir ce que le lecteur n'aurait pas vu ni senti sans lui.

Marguerite YOURCENAR

Critiques et censeurs

L'erreur du critique est de chercher l'essence, et de nier l'existence.
>Émile Chartier, dit ALAIN

La critique devrait, en matière de littérature, être une sorte de pédagogie de l'enthousiasme.
>Louis ARAGON

En matière d'art et de littérature, le critique se montre beaucoup moins soucieux d'éclairer l'opinion que de paraître lui-même intelligent. Il est donc vain d'attendre de lui qu'il s'élève contre des façons d'écrire, de peindre et de sentir dans lesquelles se reconnaissent les gens qui sont censés appartenir à une élite. Les plus distingués d'entre nos critiques sont des hommes, mais leurs critères sont ceux de nos précieuses, c'est-à-dire ceux du romantisme moderne.
>Marcel AYMÉ

La meilleure critique d'un livre, c'est un meilleur livre.
>Pierre BAILLARGEON

Les caractères généraux du critique sont essentiellement remarquables, en ce sens qu'il existe dans tout critique un auteur impuissant. Ne pouvant rien créer, le critique se fait le muet du sérail...

Honoré DE BALZAC

Aujourd'hui que tout va se matérialisant, la critique est devenue une espèce de douane pour les idées, pour les œuvres, pour les entreprises de librairie.

Honoré DE BALZAC

Critiquer veut dire mettre en crise.

Roland BARTHES

Si j'accepte de juger un texte selon le plaisir, je ne puis me laisser aller à dire : celui-ci est bon, celui-là est mauvais. Pas de palmarès, pas de critique, car celle-ci implique toujours une visée tactique, un usage social et bien souvent une couverture imaginaire.

Roland BARTHES

Règle absolue : quand on ose juger plus grand que soi, il faut d'abord marquer le coefficient.

Hervé BAZIN

Il y a malheureusement pour un critique autant de chances d'errer en étant imprudent qu'en étant prudent.

André BILLY

Tout commentaire d'une œuvre importante est nécessairement en défaut par rapport à cette œuvre, mais le commentaire est inévitable.

Maurice BLANCHOT

On pourrait recenser les livres suivant l'embarras d'en parler.

Christian BOBIN

Il est de l'essence d'un bon livre d'avoir des censeurs ; et la plus grande disgrâce qui puisse arriver à un écrit qu'on met au jour, ce n'est pas que beaucoup de gens en disent du mal, c'est que personne n'en dise rien.

Nicolas BOILEAU

Soyez-vous à vous-même un sévère critique.
L'ignorance toujours est prête à s'admirer.
Faites-vous des amis prompts à vous censurer ;
Qu'ils soient de vos écrits les confidents sincères,
Et de tous vos défauts les zélés adversaires ;
Dépouillez devant eux l'arrogance d'auteur,
Mais sachez de l'ami discerner le flatteur.
Tel vous semble applaudir qui vous raille et vous joue.
Aimez qu'on vous conseille, et non pas qu'on vous loue.

Nicolas BOILEAU

Les critiques ne régentent pas plus la production littéraire que les physiologistes ne régentent les productions de la vie.

Paul BOURGET

Je trouve souhaitable que la critique [...] se proposant, à tout prendre, un but moins vain que celui de la mise au point toute mécanique des idées, se borne à de savantes incursions dans le domaine qu'elle se croit le plus interdit et qui est, en dehors de l'œuvre, celui où la personne de l'auteur, en proie aux menus faits de la vie courante, s'exprime en toute indépendance, d'une manière souvent si distinctive.

André BRETON

De l'enfant qui cache livre et lampe électrique sous son drap, à l'adulte qui ne peut s'empêcher d'ouvrir le premier volume qui traîne, voire, s'il est en manque, un quotidien vieux de trois jours, un hebdomadaire obsolète, il y a une sorte de prurit des mots, de manque des phrases comme l'alcoolique manque de whisky, l'opiomane de pipes. Que cette passion tremblante s'exprime dans d'autres mots, nous avons alors affaire à un vrai critique. Une forme comme une autre de maladie mentale, d'état de manque, de tremblement, que nous sommes quelques-uns, assez nombreux, à partager.

Jean-Jacques BROCHIER

Quand la critique manque, l'art déchoit, parce qu'il commence à compter sur le suffrage du public qui s'appelle le succès.

Gheorghe CALINESCU

Trois ans pour faire un livre, cinq lignes pour le ridiculiser – et les citations fausses.

Albert CAMUS

Le lecteur est devant un livre dans la même situation qu'un acteur devant un rôle à jouer. Le critique est une sorte de metteur en scène qui indique au lecteur l'esprit dans lequel il doit se placer pour pénétrer une œuvre jusqu'au fond. Ainsi un livre (ou une pièce) n'est pas une chose immuable et définitive quand l'auteur y met le point final. Il s'achève dans la critique.

J.-C. CARLONI et J.-C. FILLOUX

Quand, en voulant juger, on se contente de préjuger, d'édicter des principes auxquels toute œuvre *doit* se conformer, la tâche est bien aisée : il suffit de comparer l'œuvre avec les principes. Si elle y est fidèle, on la déclare bonne ; sinon, on la condamne. Mais cette besogne de gendarme de la littérature n'est pas la vraie tâche du critique. Réglementer n'est pas juger, et verbaliser n'a jamais été synonyme de comprendre.

J.-C. CARLONI et J.-C. FILLOUX

Je ne supporte plus les commentaires, il me faut les œuvres nues.

Maurice CHAPELAN

Ce sont les critiques qui font la littérature. Cela peut s'entendre dans tous les sens : la première qualité d'un écrivain, c'est l'esprit critique envers soi-même.

Jacques CHARDONNE

À voir quels écrivains prônent les « créateurs » quand ils se mêlent de jugements littéraires, on a de l'indulgence pour les critiques professionnels.

Jacques CHARDONNE

CRITIQUES ET CENSEURS

Si un livre est bon, la critique tombe ; s'il est mauvais, l'apologie ne le justifie pas.
François-René de Chateaubriand

Un écrivain ne devrait pas lire ce qu'on écrit sur lui. C'est très mauvais de se voir « expliqué », de savoir qui on est et ce qu'on vaut. Toute illusion sur soi est féconde, fût-elle source d'erreurs, ou précisément parce qu'elle est source d'erreurs, donc de « vie ».
Emil Michel Cioran

Le critique se nourrit sans doute, mais de cadavres. Il ne peut comprendre une œuvre, ni en tirer profit qu'après en avoir extirpé le principe vital. Je considère comme une malédiction d'avoir à contempler quoi que ce soit pour en parler.
Emil Michel Cioran

Les critiques jugent les œuvres et ne savent pas qu'ils sont jugés par elles.
Jean Cocteau

La critique compare toujours. L'incomparable lui échappe.
Jean Cocteau

Quand certains réussissent à peu près à se garder de toute critique à l'égard du prochain, on en voit d'autres, au contraire, qui vont, délibérément, s'offrir à son jugement. Il suffit que quelques de ces prochains se soient réunis en jury. Ils acceptent leur balance, telle quelle et tant mieux si elle a un peu de jeu. Ce qui compte pour chacun des deux ou trois qui se sont approchés assez près pour s'asseoir un instant sur l'un de ses plateaux – lesté de son livre –, c'est que, dans les conditions de température et de pression du lieu, avec la tare d'une couronne, elle marque qu'il fait le juste poids.
José Corti

Une critique juste et perspicace a le devoir de mettre en lumière – par-dessus les réclames imbéciles, ou nocives, de la librairie – ce qui embellit et enrichit, même d'une façon encore brumeuse ou estompée, l'inépuisable trésor des lettres françaises. C'est une lourde faute contre l'esprit que de se désintéresser des nouvelles boutures, des promesses heureuses, des fleurs d'apparence rare, aujourd'hui singulières, et qui, demain, tout à l'heure, s'acclimateront soudain et seront admises à la façon des clématites et des roses.

Léon DAUDET

La critique devra détruire sans pitié toute œuvre inutile : ce qui n'est pas nécessaire est mauvais.

René DAUMAL

La critique est l'art de passer pour un homme de goût à force de faire le dégoûté.

Pierre-Adrien DECOURCELLE

La critique ne saurait être que la plus médiocre expression de la littérature et ne peut s'adresser qu'aux manifestations de cette dernière. Les actions notables échappent toujours au contrôle psychologique de ces commissaires-priseurs, qui, de leur marteau, font résonner chichement le carillon de la vie commune.

Robert DESNOS

La critique est aisée, et l'art est difficile.

DESTOUCHES

La sotte occupation que celle de nous empêcher sans cesse de prendre du plaisir, ou de nous faire rougir de celui que nous avons pris !... C'est celle du critique.

Denis DIDEROT

Ne t'occupe pas de ce qu'on écrit sur toi, que ce soit bon ou mauvais. Évite les endroits où l'on parle des livres. N'écoute personne. Si quelqu'un se penche sur ton épaule, bondis ou frappe-le au visage. Ne tiens pas de discours sur ton travail, il n'y a rien à en dire. Ne te demande pas pour quoi ni pour qui tu écris mais pense que chacune de tes phrases pourrait être la dernière.

Philippe DJIAN

Tous les critiques pendant vingt ans ont essayé de m'assassiner. Parce que j'étais à la fois femme politique et écrivain. Jusque-là, on ne supportait que les femmes charmantes comme Colette, une littérature parallèle, pas dangereuse. La femme était reléguée dans les chroniques, les correspondances, le style charmant.

Marguerite DURAS

La critique est insupportable ; en effet on met dans un livre le plus intime de soi, à savoir la musique. D'où il suit que presque toujours la critique est une affaire de peau. Il y a dans la critique actuelle vingt personnes à qui je donne de l'urticaire et qui se plaignent d'être obligées de se gratter.

Jean DUTOURD

Le critique doit inviter à relire ou à repenser sa lecture.

Émile FAGUET

C'est perdre son temps que de lire des critiques. Je me fais fort de soutenir dans une thèse qu'il n'y en a pas eu une de bonne depuis qu'on en fait, que ça ne sert à rien qu'à embêter les auteurs et à abrutir le public, et enfin qu'on fait de la critique quand on ne peut pas faire de l'art, de même qu'on se met mouchard quand on ne peut pas être soldat.

Gustave FLAUBERT

Où connaissez-vous une critique qui s'inquiète de l'œuvre *en soi*, d'une façon intense ? On analyse très finement le milieu où elle s'est produite et les causes qui l'ont amenée ; mais la poétique *insciente* ? sa composition, son style ? le point de vue de l'auteur ? Jamais !

Gustave FLAUBERT

La censure quelle qu'elle soit me paraît une monstruosité, une chose pire que l'homicide ; l'attentat contre la pensée est un crime de lèse-âme. La mort de Socrate pèse encore sur le genre humain.

Gustave FLAUBERT

La critique est la dernière en date de toutes les formes littéraires ; elle finira peut-être par les absorber toutes.

Anatole FRANCE

La critique est, comme la philosophie et l'histoire, une espèce de roman à l'usage des esprits avisés et curieux, et tout roman, à le bien prendre, est une autobiographie. Le bon critique est celui qui raconte les aventures de son âme au milieu des chefs-d'œuvre.

Anatole FRANCE

Je crois très précisément qu'il faut restaurer (ou instaurer) une critique à fleur de peau où l'on se vide de ses impressions et où l'on se sert de sa première intuition imagée pour rétablir dans sa singularité l'écrivain dont on parle. Sinon la critique n'est plus qu'une mêlée confuse où des phrases usées sont lancées comme des lassos en ficelle de papier sur d'invisibles auteurs.

Bernard FRANK

Le critique qui n'a rien produit est un lâche ; c'est comme un abbé qui courtise la femme d'un laïque : celui-ci ne peut lui rendre la pareille ni se battre avec lui.

Théophile GAUTIER

Et l'on pourrait bien définir, sans ironie, la critique moderne comme une critique de créateurs sans création.

Gérard GENETTE

Rien de plus irritant que ces critiques qui prétendent prouver que ce qu'on a écrit n'est pas ce qu'on voulait écrire.

André GIDE

Quant à moi, je préfère être vomi, que vomir.

André GIDE

Ils ont à ce point galvaudé leurs éloges, que l'artiste qui se respecte tient pour encens leurs imprécations.

André GIDE

Ô critiques du jour, critiques pourfendeurs, ne pourfendez pas tout si menu ; car, en vérité, le plus mauvais poète serait encore votre maître.

Johann Wolfgang VON GŒTHE

CRITIQUES ET CENSEURS

La critique est peut-être le plus subjectif de tous les genres littéraires ; c'est une confession perpétuelle ; d'autrui, c'est soi-même que l'on dévoile et que l'on expose au public.
Remy DE GOURMONT

Bien souvent la critique, peu préoccupée de la traction impérieuse vers l'avant qui meut la main à plume, peu soucieuse du courant de la lecture, tient sous son regard le livre comme un champ déployé, et y cherche des symétries, des harmonies d'arpenteur, alors que tous les secrets opératoires y relèvent exclusivement de la mécanique des fluides.
Julien GRACQ

Que dire à ces gens, qui, croyant posséder une clef, n'ont de cesse qu'ils aient disposé votre œuvre en forme de serrure ?
Julien GRACQ

Ces critiques un peu inquiétants qui savent parler des œuvres des autres comme s'ils les avaient faites – de l'intérieur : ce que j'appelle le critique d'annexion – avec cette divination stupéfiante de la femme amoureuse qui comprend tout de l'homme, sauf l'érection.
Julien GRACQ

La Critique a sa raison d'être : elle est la providence des illettrés, des vaniteux et des crétins.
Dès lors que de lecteurs à sa dévotion !
Ils vous diront – oh ! les menteurs – qu'elle vous mâche la besogne en leur indiquant les livres qu'il faut lire.
C'est faux.
Elle les dispense de les lire – en leur donnant pourtant le loisir d'en parler.
Sacha GUITRY

Un critique de profession s'est avisé de publier quatre cents pages sur Molière – mais en dépit de ses éloges, il ne parvient pas à le diminuer.
Sacha GUITRY

Il n'y a pas de trahison chez un critique littéraire ; il n'y en aurait que s'il cessait un jour d'avoir l'esprit libre.

    Émile Henriot

Il faut répondre à un livre par un livre et non par des prisons et des supplices qui détruisent l'homme, sans détruire ses raisons.

    Paul Henri Thiry, baron d'Holbach

J'entends aboyer au seuil du drame auguste
La censure à l'haleine immonde, aux ongles noirs,
Cette chienne au front bas qui suit tous les pouvoirs.

    Victor Hugo

De nos jours, de plus en plus, semble-t-il, la critique a un seul but : nier, détruire l'œuvre. En réduisant l'œuvre à la psychologie, l'œuvre n'est plus que matière psychologique ; réduite à son contexte social par un sociologue, l'œuvre n'est plus que matière de sociologie.

    Eugène Ionesco

Plutôt que le maître d'école, le critique doit être l'élève de l'œuvre.

    Eugène Ionesco

En critique, il ne faut pas parler de vérité. Disons que nous avons le droit de savoir où vont nos préférences, et si elles s'appuient ou non sur la raison et sur une étude patiente et modeste des grands écrivains. Et puis, quand nous aurons le goût de juger *ex cathedra* et de régenter chacun, rappelons-nous que tous les contemporains de Racine ont préféré à la sienne la *Phèdre* de Pradon...

    Edmond Jaloux

Je n'ai jamais vu de critiques plus vides et moins vraies, plus partiales et moins utiles, que celles des livres que j'avais lus auparavant ; mais, en revanche, quel mérite n'ai-je pas trouvé dans la critique des ouvrages que je ne connaissais pas encore !

    Jean-Paul

CRITIQUES ET CENSEURS

Certains critiques ressemblent assez à ces gens qui, toutes les fois qu'ils veulent rire, montrent de vilaines dents.

Joseph JOUBERT

La métacritique, c'est l'activité dans laquelle le critique se veut intermédiaire non plus entre l'écrivain et le lecteur, mais entre l'écrivain et Dieu communément conçu sous les traits d'un professeur de philosophie. Elle est généralement pratiquée par des gens pour lesquels le passage de la classe de première à la classe de philosophie a été un véritable traumatisme intellectuel. Ils croiraient n'être pas pris au sérieux s'ils n'exprimaient les choses les plus simples dans un jargon philosophique d'autant plus étrange qu'il est approximatif ; et peut-être n'ont-ils pas tort de le croire.

Robert KANTERS

Le premier sot venu peut écrire ; le premier sot venu sur deux peut faire de la critique littéraire.

Rudyard KIPLING

La critique souvent n'est pas une science ; c'est un métier, où il faut plus de santé que d'esprit, plus de travail que de capacité, plus d'habitude que de génie.

Jean DE LA BRUYÈRE

Sur dix critiques, sept abrutis, ignares et fainéants, dont la seule fonction est de huiler les rouages de la grande machinerie d'ascenseur qui les emploie, afin qu'elle n'émette pas de couinements trop reconnaissables... Grooms de services ! Larbins de Roux et Combaluzier ! La voilà, votre presse !

Jean-Marie LACLAVETINE

Je ne méprise rien. J'aime ou je n'aime pas, et s'il m'arrive d'exprimer une opinion littéraire, je dis toujours : C'est mon opinion à moi, rien de plus. J'aurais honte d'avoir l'air de porter un jugement définitif sur l'œuvre des écrivains dont j'ai dit du mal. Pauvre homme, pourrait-on dire, pour qui se prend-il !

Paul LÉAUTAUD

La critique est un impôt que l'envie perçoit sur le mérite.

François Gaston duc DE LÉVIS

J'ai la conviction que la critique est pour longtemps une science factice et que le talent n'est soumis à aucune espèce de règle dont on puisse lui reprocher la méconnaissance.

Pierre LOUŸS

La nature permet à tous ses enfants de faire quelque chose : qui voudrait écrire, et ne le peut, écrit de la critique.

James Russel LOWELL

Le critique n'est pas autre chose que ce lecteur sérieux pour qui l'œuvre littéraire n'est pas simple distraction passagère, mais trace, repère, témoignage de sa vie spirituelle laissée par l'écrivain...

Claude-Edmonde MAGNY

Mes principes sont qu'en général la critique littéraire est permise et que toute critique qui n'a pour objet que le livre critiqué et dans laquelle l'auteur n'est jugé que d'après son ouvrage, est critique littéraire.

MALESHERBES

Ah ! Que nous irions loin ! Qu'il naîtrait de beaux ouvrages, si la plupart des gens d'esprit, qui en sont les juges, tâtonnaient un peu avant que de dire, cela est mauvais, ou cela est bon ; mais ils lisent, et en premier lieu, l'auteur est-il de leurs amis ? N'en est-il pas ? Est-il de leur opinion en général sur la façon dont il faut avoir de l'esprit ? Est-ce un ancien ? Est-ce un moderne ? Quels gens hante-t-il ? Sa société croit-elle les anciens dieux, ne les croit-elle que des hommes ?

Pierre Carlet de Chamblain DE MARIVAUX

Un critique qui mériterait absolument ce nom, ne devrait être qu'un analyste sans tendances, sans préférences, sans passions, et, comme un expert en tableaux, n'apprécier que la valeur artiste de l'objet d'art qu'on lui soumet. Sa compréhension, ouverte à tous, doit absorber assez complètement sa personnalité pour qu'il puisse découvrir et vanter les livres mêmes qu'il n'aime pas comme homme et qu'il doit comprendre comme juge.

Guy de Maupassant

La vraie question pour le critique n'est pas de savoir si tel auteur a l'importance de Balzac ou de Tolstoï, mais s'il existe en tant que « planète », s'il constitue un monde clos tel qu'un certain nombre d'hommes y puissent aborder, un monde familier qu'ils préfèrent à tous les autres.

François Mauriac

Une existence consacrée à l'invective prend toujours sa source dans un cimetière d'œuvres avortées...

François Mauriac

Le grand tort qu'ont les journalistes, c'est qu'ils ne parlent que des livres nouveaux ; comme si la vérité était jamais nouvelle. Il me semble que, jusqu'à ce qu'un homme ait lu tous les livres anciens, il n'a aucune raison de leur préférer les nouveaux.

Charles de Secondat, baron de Montesquieu

Le critique sait-il qu'en nous jugeant il se juge aussi lui-même ?

Henry de Montherlant

Les créateurs littéraires aiment de présenter les critiques littéraires comme des parasites des créateurs. Mais les créateurs, de qui les œuvres se nourrissent, croissent et prospèrent dans la renommée par les études que leur consacrent les critiques, alors que ces études elles-mêmes sont bientôt oubliées, les créateurs ne sont-ils pas eux aussi, en quelque mesure, les parasites des critiques ? En d'autres termes, le critique qui meurt ne laissant rien, parce que sa substance a passé dans la renommée des créateurs, est-ce lui le parasite ?

Henry de Montherlant

On ne devrait jamais écrire d'un auteur sans avoir *tout* lu de lui, et tout se rappeler.

Henry de Montherlant

L'histoire d'un critique est presque toujours la même : au départ, un roman raté ; déçu, l'auteur se lance dans la critique, son amertume, ses déceptions le servent ; on le redoute, cette crainte lui vaut une autorité factice qui le hausse au premier plan ; dès lors, aucun éditeur n'ose refuser son second, son troisième roman, aussi mauvais que le premier. De sorte que ce qu'il gagne en renommée de commentateur féroce, il le reperd ailleurs. Voilà son drame.

    Paul MORAND

Je ne fais pas grand cas, pour moi, de la critique.
Toute mouche qu'elle est, c'est rare qu'elle pique.

    Alfred DE MUSSET

Les insectes piquent, non par méchanceté, mais parce qu'ils veulent vivre : il en est de même des critiques ; ils veulent notre sang et non notre douleur.

    Friedrich NIETZSCHE

La loi littéraire est une vaste loi du troc ; des compliments contre des compliments, des places contre la vénération.

    François NOURISSIER

Les écrivains qui mettent en cause plus brutalement le lecteur, qui traitent de sujets plus juteux, plus secrets, plus intimes, plus dérangeants, ceux-là ont plus de chances d'être considérés d'un regard *littéraire* par la critique, que ceux qui racontent simplement de bonnes histoires, composent de bons romans historiques, etc. Un travail de bonne qualité peut ne pas intéresser la critique tout en satisfaisant le lecteur.

    François NOURISSIER

La profession de critique est certainement l'une des plus anciennes : de tous temps, il y eut des gens incapables d'agir ou de créer, qui se donnèrent pour tâche, et le plus sérieusement du monde, de juger les actions et les œuvres des autres.

    Marcel PAGNOL

CRITIQUES ET CENSEURS

Un critique ne doit jamais hésiter à se rendre ridicule.
Jean PAULHAN

S'il est vrai que la critique soit la contrepartie des arts et comme leur conscience, il faut avouer que les Lettres de nos jours n'ont pas bonne conscience.
Jean PAULHAN

Tout critique est proprement une femme à l'âge critique, envieux et refoulé.
Cesare PAVESE

Dès qu'un critique est intéressant, il le devient beaucoup plus que l'auteur qu'il étudie. L'homme qui lit n'est pas moindre que l'homme qui écrit. Enfin, nous sommes tous des critiques. Nous écrivons avec nos rêves, mais nous sommes lus avec la réalité d'autrui, ou le réel si vous préférez.
Georges PERROS

Le jugement n'est pas un décret, mais une reconnaissance : critiquer, c'est reconnaître dans l'œuvre la présence (ou l'absence) d'une valeur.
Gaétan PICON

Il y a deux métiers où on gagne sa vie couché : l'un est la critique littéraire !
Bertrand POIROT-DELPECH

Il n'est pas nécessaire qu'un auteur comprenne ce qu'il écrit. Les critiques se chargeront de le lui expliquer.
André PRÉVOST

Qu'est-ce qu'un critique ? Un lecteur qui fait des embarras.
Jules RENARD

La littérature est un métier où il faut sans cesse recommencer la preuve qu'on a du talent pour des gens qui n'en ont aucun.

Jules RENARD

La critique est aisée, et le critique est dans l'aisance.

Jules RENARD

Livré à ses fantasmes, le censeur est peut-être le meilleur des lecteurs et le plus sûr des critiques car ce qui le choque, c'est la vérité. Ce qui suscita le scandale dans *Madame Bovary*, ce n'est pas l'adultère, mais l'impitoyable état des lieux de la bourgeoisie provinciale. Le censeur est un remarquable renifleur de beauté, un chien truffier.

Angelo RINALDI

La critique n'est pas un genre en soi, un genre noble par rapport à la création. Il y a des étages : les critiques sont au rez-de-chaussée et ils regardent les gens monter vers des hauteurs auxquelles ils ne peuvent pas prétendre. Il est plus facile d'écrire un livre de critiques à partir d'un système, que d'écrire une nouvelle. Dans une nouvelle, on est l'acrobate sur le fil travaillant sans filet, tout le monde vous voit et on ne peut pas tromper. Tandis que la critique est comme une liane, elle tourne autour d'une œuvre, elle s'enroule, elle a un support.

Angelo RINALDI

Il est une chose entre toutes que les critiques supportent mal, c'est que les artistes s'expliquent.

Alain ROBBE-GRILLET

Réserve faite d'une moyenne d'esprits honnêtes, qui s'acquittent avec conscience de leur métier de guide-ânes, en épelant au tableau les syllabes et les lettres du texte qu'ils ont à expliquer, et ne se risquent guère au-delà des mystères de la grammaire et des satisfactions de la logique et du bon sens, tout le reste de la confrérie est une vermine qui s'agrippe aux poils des artistes et ronge le cuir des œuvres d'art, sans jamais pénétrer jusqu'à la chair.

Romain ROLLAND

Un très grand critique va, pour moi, de pair avec un grand artiste créateur. Mais il est d'une excessive rareté, – beaucoup plus encore que le créateur. C'est qu'il y faut un génie de création, que le génie d'intelligence a sacrifié, en faisant refluer la sève vers les racines : le besoin de connaître a tué celui d'être ; mais l'être n'a, pour la connaissance, plus de secrets : le grand critique pénètre la création, par tous les canaux de la sève : il la possède.
    Romain ROLLAND

Si je proteste contre l'interdiction d'une œuvre littéraire, cela ne veut nullement dire que cette œuvre ne me dégoûte point.
    Jean ROSTAND

Tenir compte des critiques, même injustes ; tenir tête aux critiques, même justes.
    Jean ROSTAND

Les admirateurs d'une œuvre dépensent quelquefois à la louer plus de talent que son auteur à l'écrire.
    Jean ROSTAND

La critique elle-même, dont on fait tant de bruit, n'est qu'un art de conjecture, l'art de choisir entre plusieurs mensonges.
    Jean-Jacques ROUSSEAU

Éreinter est éreintant, mais célébrer ce qui mérite de l'être rend léger, heureux et vivant.
    Claude ROY

Beaucoup aimeraient qu'il reste d'eux ce qu'on aurait écrit d'eux.
    Jules ROY

Combien croient écrire sur les livres et écrivent sous les livres.
    Robert SABATIER

Le vrai critique devance le public, le dirige et le guide ; et si le public s'égare et se fourvoie [...], le critique tient bon dans l'orage et s'écrie à haute voix : Ils y reviendront.
 Charles Augustin SAINTE-BEUVE

Je puis goûter une œuvre, mais il m'est difficile de la juger indépendamment de la connaissance de l'homme même ; et je dirais volontiers : *tel arbre, tel fruit.*
 Charles Augustin SAINTE-BEUVE

Dans mes portraits, le plus souvent la louange est extérieure, et la critique intestine. Pressez l'éponge, l'acide sortira.
 Charles Augustin SAINTE-BEUVE

Notre métier, à nous autres critiques, est, je crois, d'expliquer au public pourquoi certaines choses lui plaisent ; quel rapport ces choses ont avec ses mœurs, ses idées et ses sentiments. C'est nous qui dressons les poteaux indicateurs sur lesquels on écrit : Passez par là, la route est ouverte ; ce n'est pas nous qui sommes chargés de la frayer, et, si nous voulons le faire, nous nous trompons presque toujours.
 Francisque SARCEY

Certains critiques se comportent comme quand nous étions enfants : on lisait des livres pour les dialogues, pour comprendre l'histoire, et l'on sautait les descriptions.
 Nathalie SARRAUTE

Qu'ils louent ou qu'ils blâment, ils parlent et ne saisissent rien. *(Goguenard.)* Vingt-cinq ans de malentendus avec la critique, c'est ce qu'on appelle une belle carrière ?
 Éric-Emmanuel SCHMITT

Le critique est presque toujours celui qui ne sait pas distinguer le con d'une fraîche jeune fille du trou du cul d'un vieux monsieur.
 Louis SCUTENAIRE

Assez avec l'autodénigrement permanent ! Toutes les critiques venues de l'étranger ont été alimentées par les Français eux-mêmes qui ne cessent de répéter au monde entier tout le mal qu'ils pensent de leur littérature.

Philippe SOLLERS

Mon bon jeune homme, ne vous demandez pas toujours si vous avez à juger les œuvres que vous lisez, contemplez ou entendez. Demandez-vous, de temps en temps, si, plutôt, elles ne vous jugent pas.

Anton TCHEKHOV

Critiques : le plus sale roquet peut faire une blessure mortelle. Il suffit qu'il ait la rage.

Paul VALÉRY

Ceux qui redoutent la Blague n'ont pas grande confiance dans leur force. Ce sont des Hercules qui craignent les chatouilles.

Paul VALÉRY

Après tout, pour être critique, ne suffit-il pas de publier des articles de critique ?

Boris VIAN

Je maintiendrai toujours, avec les gens de bon goût, qu'il y a plus à profiter dans douze vers d'Homère et de Virgile que dans toutes les critiques qu'on a faites de ces deux grands hommes.

VOLTAIRE

Rien n'est plus aisé que de parler d'un ton de maître des choses qu'on ne peut exécuter...

VOLTAIRE

Le critique est celui qui peut transposer d'une autre manière ou traduire en éléments nouveaux, son impression de la beauté.

Oscar WILDE

Je ne lis jamais un livre dont je dois écrire la critique ; on se laisse tellement influencer.

    Oscar WILDE

Si le critique veut courir cette mauvaise chance, en s'acharnant sur une belle œuvre, d'être convaincu plus tard d'avoir été un sot ou un méchant, il en a bien le droit. Encore un coup, je n'entends borner par rien son champ de manœuvre, et qu'il pousse même jusqu'à la licence son droit de se tromper ou de montrer une vilaine âme ! Seulement, moi aussi, du moment que j'ai acheté le journal et que j'ai lu son article, j'ai le droit de dire qu'il se trompe ou qu'il a une vilaine âme. J'ai payé le journal trois sous, me voilà critique à mon tour, et mon droit de le juger est aussi absolu que son droit de juger un romancier. La critique du critique, mais c'est de la critique encore, et de la plus intéressante, de la plus utile, car rien n'est plus sujet à révision qu'un jugement littéraire.

    Émile ZOLA

Librairies et bibliothèques

M. Lehec, le libraire, aimait ses livres au point de ne pouvoir les vendre qu'aux rares personnes qu'il jugeait dignes de les acquérir.
   Guillaume Apollinaire

Les Libraires vendront ou ne vendront pas votre manuscrit. Voilà pour eux tout le problème. Un livre, pour eux, représente des capitaux à risquer. Plus le livre est beau, moins il a de chances d'être vendu. Tout homme supérieur s'élève au-dessus des masses, son succès est donc en raison directe avec le temps nécessaire pour apprécier l'œuvre. Aucun libraire ne veut attendre. Le livre d'aujourd'hui doit être vendu demain. Dans ce système-là, les libraires refusent les livres substantiels auxquels il faut de hautes, de lentes approbations.
   Honoré de Balzac

Le libraire est l'ami du livre ; pas de tous les livres, mais de ceux qu'il considère assez pour les transmettre aux lecteurs.
   Tahar Ben Jelloun

Il se peut qu'il [le libraire] n'aime pas un livre en particulier mais, de par sa vocation, il aime *le* livre en général. Si cette amitié n'est pas personnelle, elle est liée à une intimité originelle : celle de la solitude de l'écriture.

Tahar Ben Jelloun

Une bibliothèque est une chambre d'amis.

Tahar Ben Jelloun

Nos bibliothèques sont en quelque sorte des pénitenciers où nous avons enfermé nos grands esprits, Kant naturellement dans une cellule individuelle, de même que Nietzsche, de même que Schopenhauer, Pascal, Voltaire, Montaigne, tous les très grands dans des cellules individuelles, les autres dans des cellules collectives, mais tous pour toujours et à jamais, mon cher, pour l'éternité et jusqu'à l'infini, voilà la vérité.

Thomas Bernhard

Nous sommes le résultat de ce que nous avons vécu mais aussi de ce que nous avons lu. Ma bibliothèque, après m'avoir raconté des histoires, me narre. Les livres sont mes photos de famille et bien sûr d'identité.

Patrick Besson

Ordonner une bibliothèque est une façon silencieuse de faire de la critique.

Jorge Luis Borges

La Bibliothèque est une sphère dont le centre véritable est un hexagone quelconque, et dont la circonférence est inaccessible.

Jorge Luis Borges

Détruire une bibliothèque, c'est tenter de réduire l'histoire au silence.

Serge Bouchard

LIBRAIRIES ET BIBLIOTHÈQUES

[La librairie]... Sur des hectares et des hectares s'étendent les livres-que-tu-peux-te-passer-de-lire, les livres-faits-pour-d'autres-usages-que-la-lecture, les livres-qu'on-a-déjà-lus-sans-avoir-besoin-de-les-ouvrir-parce-qu'ils-appartiennent-à-la-catégorie-du-déjà-lu-avant-même-d'avoir-été-écrits. Tu franchis donc la première rangée de murailles : mais voilà que te tombe dessus l'infanterie des livres-que-tu-lirais-volontiers-si-tu-avais-plusieurs-vies-à-vivre-mais-malheureusement-les-jours-qui-te-restent-à-vivre-sont-ce-qu'ils-sont. Tu les escalades rapidement, et tu fends la phalange des livres-que-tu-as-l'intention-de-lire-mais-il-faudrait-d'abord-en-lire-d'autres, des livres-trop-chers-que-tu-achèteras-quand-ils-seront-revendus-à-moitié-prix, des livres-idem-voir-ci-dessus-quand-ils-seront-repris-en-poche, des livres-que-tu-pourrais-demander-à-quelqu'un-de-te-prêter, des livres-que-tout-le-monde-a-lus-et-c'est-donc-comme-si-tu-les-avais-lus-toi-même. Esquivant leurs assauts, tu te retrouves sous les tours du fortin, face aux efforts d'interception des livres-que-depuis-longtemps-tu-as-eu-l'intention-de-lire, des livres-que-tu-as-cherchés-des-années-sans-les-trouver, des livres-qui-concernent-justement-un-sujet-qui-t'intéresse-en-ce-moment, des livres-que-tu-veux-avoir-à-ta-portée-en-toute-circonstance, des livres-que-tu-pourrais-mettre-de-côté-pour-les-lire-peut-être-cet-été, des livres-dont-tu-as-besoin-pour-les-aligner-avec-d'autres-sur-un-rayonnage, des livres-qui-t'inspirent-une-curiosité-soudaine-frénétique-et-peu-justifiable...

Italo CALVINO

La librairie fameuse dans le monde entier : AMERICANA, l'antre de Chadenat.
On était impressionné. Du parquet au plafond, en rangs serrés sur les rayons, en piles branlantes et de tous les formats, surtout des livres anciens aux belles reliures et des épais in-folio cousus dans leur parchemin, et des montagnes de portefeuilles bourrés d'estampes, un déluge de catalogues de librairie de toutes provenances et rédigés en toutes les langues étalés sur les tables et, dans les coins sombres, une coulée d'imprimés et de papiers par terre, des revues, des brochures, des tomes dépareillés, tout un fouillis, un désordre fou, et de la poussière partout. [...]
En vérité, Chadenat n'aimait pas vendre ses livres et ne le faisait que contraint par les circonstances, neuf fois sur dix en rechignant et toujours à bon escient et comme une grâce, conscient de rendre service à l'un ou à l'autre de ses bons et loyaux clients de toujours...

Blaise CENDRARS

Il y a des gens qui mettent leurs livres dans des bibliothèques et d'autres qui mettent leur bibliothèque dans leurs livres.

Nicolas Chamfort

La poussière, qui couvre la tête de chacun des livres de ma bibliothèque, n'est enlevée que par moi, d'un souffle, quand je dérange l'un d'eux, dont j'ai besoin. L'absence de cette poussière, ou les différentes épaisseurs de sa couche, selon les auteurs et les titres, témoignent assez justement de mes goûts, de mon savoir, de mes lacunes, de mes ferveurs et de mon mépris.

Maurice Chapelan

À celui qui possède une bibliothèque, il ne manque rien.

Cicéron

Que de gens sur la bibliothèque desquels on pourrait écrire « usage externe » comme sur les fioles de pharmacie.

Alphonse Daudet

Bibliothèque : trop de volumes et pas assez de livres.

Pierre-Adrien Decourcelle

C'est bien, le bibliobus. Il passe une fois par mois, et s'installe sur la Place de la Poste. On connaît toutes les dates de l'année à l'avance. [...] C'est rassurant, cette mainmise sur le temps. Rien de mal ne peut vous arriver, puisque l'on sait déjà que dans un mois le salon de lecture ambulant reviendra mettre une petite tache de lumière sur la place.

Philippe Delerm

Je le répète, l'auteur est maître de son ouvrage, ou personne dans la société n'est maître de son bien. Le libraire le possède comme il était possédé par l'auteur. Il a le droit incontestable d'en tirer tel parti qui lui conviendra par des éditions réitérées ; il serait aussi insensé de l'en empêcher que de condamner un agriculteur à laisser son terrain en friche, ou un propriétaire de maison à laisser son appartement vide.

Denis Diderot

La librairie est l'art, la profession, le commerce de libraire.
Le libraire est celui qui fait le commerce des livres, soit anciens, soit modernes.
On appelait autrefois *librairie* un grand amas de livres, autrement dit une bibliothèque.
Le commerce des livres donne de la considération à celui qui l'exerce avec l'intelligence et les lumières convenables. C'est une des professions les plus nobles et les plus distinguées. C'est aussi une des plus anciennes. Dès *l'an du monde 1816*, il y avait déjà une bibliothèque fameuse construite par les soins du troisième roi d'Égypte.

Denis DIDEROT

Le vrai libraire, celui qui peut changer l'âme d'une ville en deux ou trois ans.

Georges DUHAMEL

Je pense que, si l'humanité perdait ses bibliothèques, non seulement elle serait dessaisie de certains trésors d'art, de certaines richesses spirituelles, mais encore, mais surtout, elle perdrait ses recettes de vie.

Georges DUHAMEL

Les bibliothèques sont les sanctuaires de l'esprit.

Georges DUHAMEL

Giacomo le libraire...
Cet homme n'avait jamais parlé à personne, si ce n'est aux bouquinistes et aux brocanteurs ; il était taciturne et rêveur, sombre et triste ; il n'avait qu'une idée, qu'un amour, qu'une passion : les livres ; et cet amour, cette passion le brûlaient intérieurement, lui usaient ses jours, lui dévoraient son existence. [...]
Ces nuits fiévreuses et brûlantes, il les passait dans ses livres. Il courait dans les magasins, il parcourait les galeries de sa bibliothèque avec extase et ravissement ; puis il s'arrêtait, les cheveux en désordre, les yeux fixes et étincelants, ses mains tremblaient en touchant le bois des rayons ; ils étaient chauds et humides. [...]
Oh ! il était heureux, cet homme, heureux au milieu de toute cette science dont il comprenait à peine la portée morale et la valeur littéraire ; il était heureux, assis entre tous ces livres, promenant les

yeux sur les lettres dorées, sur les pages usées, sur le parchemin terni ; il aimait la science comme un aveugle aime le jour.
Non ! ce n'était point la science qu'il aimait, c'était sa forme et son expression ; il aimait un livre parce que c'était un livre, il aimait son odeur, sa forme, son titre. Ce qu'il aimait dans un manuscrit, c'était sa vieille date illisible, les lettres gothiques bizarres et étranges, les lourdes dorures qui chargeaient ses dessins ; c'étaient ses pages couvertes de poussière, poussière dont il aspirait avec délice le parfum suave et tendre.

    Gustave FLAUBERT

Pour qui tant de livres morts dans la fosse de la bibliothèque ?

    Joseph Vincens FOIX

Une bibliothèque, c'est le carrefour de tous les rêves de l'humanité.

    Julien GREEN

Le chiffre d'affaires des librairies est un fichu baromètre pour la société.

    Denis GUEDJ

La librairie, une fois la porte poussée, où je respire l'air du large.

    Victor HUGO

Il y a des gens qui ont une bibliothèque comme les eunuques ont un harem.

    Victor HUGO

On ne saurait trop déplorer la disparition, presque complète, de ces libraires à bon marché, vendeurs de fumée et d'espérance, amis des ruines, serviteurs des plus tristes débris, qui s'intitulaient, jadis, non pas sans orgueil, *étalagistes* et *bouquinistes*.

    Jules JANIN

Combien plus d'esprit de décision faut-il pour acheter un livre à la devanture d'une boutique que pour l'acheter à l'intérieur, car dans le premier cas, la présence des livres à l'étalage étant fortuite, il ne saurait s'agir que d'une décision librement pesée.

Franz KAFKA

Sa bibliothèque était devenue pour lui comme un vêtement qui ne lui allait plus. En général, les bibliothèques peuvent devenir ou trop étroites ou trop larges pour l'esprit.

Georg Christoph LICHTENBERG

Les ouvrages [que les libraires] recommandent, certains avec passion, d'autres avec réserve, d'autres encore avec empressement et exubérance, d'autres enfin avec une certaine gêne, voire avec mépris, peuvent devenir, pour ceux qui en connaissent l'usage, des compagnons de voyage, des guides pour traverser le royaume de ce monde et, pour ceux qui ont la foi, l'autre royaume à venir.

Alberto MANGUEL

J'aime contempler mes bibliothèques encombrées, pleines de noms plus ou moins familiers. Je trouve délicieux de me savoir entouré d'une sorte d'inventaire de ma vie, assorti de prévisions de mon avenir. J'aime découvrir, dans des volumes presque oubliés, des traces du lecteur que j'ai été un jour – griffonnages, tickets d'autobus, bouts de papier avec des noms et des numéros mystérieux, et parfois, sur la page de garde, une date et un lieu qui me ramènent à un certain café, à une lointaine chambre d'hôtel, à un été d'autrefois.

Alberto MANGUEL

Parmi les pierres vivantes de Paris, les plus vivantes sont peut-être celles qui abritent les librairies. Dans cette grande ville dont l'indifférence et l'aridité font un désert, les librairies sont des oasis pour l'âme. Les poètes et les enfants y sont chez eux. Cela est particulièrement vrai au quartier Latin où monte sans cesse le flot de la vulgarité, du lucre, et où les librairies figurent les sentinelles de la civilisation.

Gabriel MATZNEFF

Le libraire fait semblant de vendre des livres, mais il sait bien, lui, qu'il est marchand de rêves.

François MAURIAC

Notre métier nous impose d'arracher des livres au temps ou plutôt à l'éternité, demeure où se sentent si bien les rêves de grands romans, de traductions parfaites, bref, les velléités. Une fois arrachés à leur logis douillet, nous les installons dans l'espace [...], sur les étals d'une librairie, par exemple.

    Érik ORSENNA

Chères bibliothécaires, gardiennes du temple, il est heureux que tous les titres du monde aient trouvé leur alvéole dans la parfaite organisation de vos mémoires (comment m'y retrouverais-je, sans vous, moi dont la mémoire tient du terrain vague ?), il est prodigieux que vous soyez au fait de toutes les thématiques ordonnées dans les rayonnages qui vous cernent... mais qu'il serait bon, aussi, de vous entendre *raconter* vos romans préférés aux visiteurs perdus dans la forêt des lectures possibles... comme il serait beau que vous fassiez l'hommage de vos meilleurs souvenirs de lecture ! Conteuses, soyez – magiciennes – et les bouquins sauteront directement de leurs rayons dans les mains du lecteur.

    Daniel PENNAC

Au fil des décennies, les livres sont devenus de féroces colonisateurs. Ils bouffent sans cesse de l'espace ; [...] la vraie ambition des livres est de chasser les hommes des bibliothèques et de leurs logis et d'en occuper tout l'espace pour une ultime, grandiose et solitaire jouissance.

    Bernard PIVOT

Déménager, c'est mourir un peu. Déménager une bibliothèque, c'est mourir beaucoup, de la mort des autres, de toutes les morts.

    Bertrand POIROT-DELPECH

Ces heures où l'on a envie de lire quelque chose d'absolument beau. Le regard fait le tour de la bibliothèque, et il n'y a rien. Puis, on se décide à prendre n'importe quel livre, et c'est plein de belles choses.

    Jules RENARD

J'ai été élevé par une bibliothèque.

    Jules RENARD

L'imprimerie est à l'écriture ce que l'écriture avait été aux hiéroglyphes : elle a fait faire un second pas à la pensée ; ce n'est vraiment qu'à l'époque de cette invention que l'art a pu dire à la nature : « Ton exubérance et tes destructions ne m'épouvantent plus. J'égalerai le nombre de livres au nombre des hommes, mes éditions à tes générations, et mes bibliothèques, semées sur toute la surface du globe, triompheront de l'ignorance des barbares et du temps. »

Antoine DE RIVAROL

Ma bibliothèque est comme un tonneau, au choix à moitié vide ou à moitié pleine. Je la regarde heureux, en savourant tout ce qui me reste à lire. Ou malheureux, en me disant que je ne vivrai sûrement pas assez longtemps pour avoir tout lu.

Claude ROY

On me laissa vagabonder dans la bibliothèque et je donnai l'assaut à la sagesse humaine.

Jean-Paul SARTRE

Les bibliothèques sont particulièrement utiles pour les livres médiocres qui, sans elles, se perdraient.

STENDHAL

L'atmosphère d'un bouquin, l'odeur des livres, la vue des rayons où dorment en rangs serrés les tablettes de l'esprit humain, la pensée que là se trouvent rassemblés les aventures, les idées, les sottises les plus énormes aussi, – cet air matériel et spirituel qu'exhale une librairie, j'ai besoin de le respirer où que je sois.

Maurice TOESCA

Dans ma campagne, à Chevreuse, il y a une maison de la presse où je vais chaque soir acheter *Le Figaro* et *Le Monde*, tailler une bavette avec le patron et jeter un œil sur les piles de livres. En tant qu'écrivain, je reçois des tonnes d'ouvrages en service de presse. Mais cela reste un plaisir délicat, une saveur particulière de pouvoir en choisir un dans « ma » librairie.

Michel TOURNIER

Pour une bibliothèque :
PLVS ÉLIRE QVE LIRE
   Paul VALÉRY

Il en va des librairies comme du whisky : ce sont des passions auxquelles il vaut mieux s'adonner seul. Pendant qu'on boit un single malt de quarante ans d'âge, ce serait dommage de se déconcentrer en bavardant avec quelqu'un.
   François WEYERGANS

Un monde sans libraires serait un univers sans oxygène – j'entends que l'on n'y pourrait plus y *respirer la vie*.
   Émile ZOLA

VI

LES GENRES LITTÉRAIRES

Le roman
et les romanciers

Si minutieux qu'ait pu être le travail de l'auteur pour, à chaque étape, restituer l'atmosphère historique des lieux, il ne suffit pas à y créer la vie, c'est-à-dire le roman. L'histoire linéaire, superficielle, ne suffit pas à donner la profondeur à ce qu'on appelle le roman. Il faut ici inventer, créer, c'est-à-dire mentir. L'art du roman est de savoir mentir.

    Louis ARAGON

Jusqu'ici les romanciers se sont contentés de parodier le monde, il s'agit maintenant de l'inventer.

    Louis ARAGON

Le vingtième siècle ne sera pas seulement le siècle de la bombe atomique, mais aussi celui où le roman sera devenu non plus l'affaire de quelques hommes, se contentant après tout de le développer de façon linéaire, mais une sorte de gigantesque entreprise comparable à la science.

    Louis ARAGON

L'extraordinaire du roman, c'est que pour comprendre le réel objectif, il invente d'inventer. Ce qui est *menti* dans le roman libère l'écrivain, lui permet de montrer le réel dans sa nudité. Ce qui est menti dans le roman est l'ombre sans quoi vous ne verriez pas la lumière. Ce qui est menti dans le roman sert de substratum à la vérité. On ne se passera jamais du roman, pour cette raison que la vérité fera toujours peur, et que le mensonge romanesque est le seul moyen de tourner l'épouvante des ignorantins dans le domaine propre au romancier. Le roman, c'est la clef des chambres interdites de notre maison.

Louis Aragon

Un roman n'est pas dans le temps, il n'a même pas de temps, il semble bien avoir sa durée propre qui apparaît comme le temps de la vie qu'il reproduit, mais il est aisé de voir que ce temps est un présent éternel, c'est-à-dire une absence de temps. Le temps du roman est le présent, ou mieux l'instant, c'est-à-dire l'irruption de l'éternité dans le temps.

Alexandre Astruc

Les romanciers rejettent sur une enfance inventée, non vécue, les événements d'une naïveté inventée.

Gaston Bachelard

Le hasard est le plus grand romancier du monde : pour être fécond, il n'y a qu'à l'étudier.

Honoré de Balzac

Le romancier est, en effet, créateur à la manière des poètes. Il peut être lyrique, dramatique comme le poète, et même c'est notre dernier poète actuel dans la prose qui monte, déferle et engloutit tout. En cet instant de mœurs littéraires et de civilisation prosaïques, le romancier pourrait être notre dernier poète épique s'il avait la langue spéciale et nécessaire du vers.

Jules Barbey d'Aurevilly

Le roman creuse bien plus avant que l'histoire. Il est à la vie comme les vers qui seraient au cadavre d'un homme avant qu'il ne fût expiré.

Jules Barbey d'Aurevilly

Le roman est une Mort ; il fait de la vie un destin, du souvenir un acte utile, et de la durée un temps dirigé et significatif.

Roland Barthes

Un peu plus, un peu moins, tout homme est suspendu aux *récits*, au roman, qui lui révèlent la vérité multiple de la vie. Seuls ces récits, lus parfois dans les transes, le situent devant le destin.

Georges Bataille

Psychanalyse. Même si ce n'est pas une science exacte, nous baignons dedans. C'est, en moins précis, devenu aussi banal que la radiographie. Toutefois ce n'est pas mon boulot. J'exprime des personnages, je décris des situations. Un romancier se situe plutôt du côté du patient que du côté du thérapeute.

Hervé Bazin

On parle beaucoup de littérature *vécue*, des livres *vécus*. La plupart des romanciers contemporains nous donnent ainsi à flairer leurs petites affaires de cœur. Je veux me persuader que ce barbarisme finira par tomber dans le ridicule.

Léon Bloy

Les plus beaux romans, dit Gœthe, sont ceux qui projettent brusquement un jour nouveau sur les sentiments les plus communs, sur les situations les plus triviales. Aussi ce ne sont pas les philosophes qui les écriront.

Léon Blum

Un roman, c'est d'abord une œuvre qui détient un élément si possible captivant, distrayant et son auteur est jusqu'à un certain degré un séducteur. Grâce au style, au langage, au rythme, à la construction qui sont les siens, l'écrivain invite le lecteur à accepter d'être pris au piège.

Heinrich Böll

Si le monde est spectacle, n'est-ce pas le roman qui est vrai ?

Yves Bonnefoy

Si le roman est de la vie racontée, il suppose un narrateur. C'est, si l'on veut, un témoignage et qui implique deux choses : une réalité que l'on atteste et un témoin qui l'atteste.
    Paul BOURGET

Chaque génération a sa psychologie, nouvelle par certains traits. Avoir contribué à démêler quelques-uns de ces traits me paraît être la plus haute ambition du romancier et de l'auteur dramatique.
    Paul BOURGET

Toute fiction s'inscrit dans notre espace comme voyage et l'on peut dire à cet égard que c'est le thème fondamental de toute la littérature romanesque.
    Michel BUTOR

Le roman tend naturellement et doit tendre à sa propre élucidation.
    Michel BUTOR

Alors que le récit véridique a toujours l'appui, la ressource d'une évidence extérieure, le roman doit suffire à susciter ce dont il nous entretient.
    Michel BUTOR

Le monde romanesque n'est que la correction de ce monde-ci, suivant le désir profond de l'homme.
    Albert CAMUS

On ne pense que par image. Si tu veux être philosophe, écris des romans.
    Albert CAMUS

Le roman ne doit pas se hâter. S'il en a eu le droit jadis, c'est devenu aujourd'hui le domaine exclusif du film. Comparé à lui, le roman accéléré reste toujours insuffisant. Le roman, en tant que production des époques plus paisibles, devrait introduire dans notre précipitation récente quelque chose de cette tranquillité ancienne. Beaucoup de gens pourraient l'utiliser comme une loupe appliquée au temps, qui les inciterait à la persévérance et qui pourrait se substituer au vide des méditations de leurs cultes.

Elias CANETTI

Dans quelle école avait-elle appris à si bien connaître le cœur humain ? En lisant des romans. Il se peut que la lecture de plusieurs soit la cause de la perte d'une grande quantité de filles ; mais il est certain que la lecture des bons leur apprend la gentillesse et l'exercice des vertus sociales.

Giovanni Giacomo CASANOVA DE SEINGALT

C'est un roman, rien qu'une histoire. Littré le dit, qui ne se trompe jamais. Et puis d'abord tout le monde peut en faire autant. Il suffit de fermer les yeux. C'est de l'autre côté de la vie.

Louis-Ferdinand CÉLINE

Vous voulez des histoires ? Prenez des journaux, et vous en trouverez, des histoires...

Louis-Ferdinand CÉLINE

La première qualité d'un romancier, c'est d'être un menteur.

Blaise CENDRARS

La plupart des lecteurs ne supportent poésie ou morale que fortement diluées dans l'eau claire du roman. Cela justifie le nombre et le succès des homéopathes à plume.

Maurice CHAPELAN

Autrefois, je me posais des questions, et j'y répondais par un roman.

Jacques CHARDONNE

Oui, chaque univers romanesque exige que l'on s'y transporte. Il exige en quelque sorte que l'on quitte cette terre pour une planète que nul ne connaît, que le romancier a l'immense et redoutable privilège d'être le seul à pouvoir fouler aux pieds.

Bernard CLAVEL

Le privilège du romancier est de créer ou de recréer un monde dans lequel il a envie de vivre.

    Bernard CLAVEL

Être romancier, ce n'est pas seulement savoir écrire, le talent peut se forger à force de travail. Mais que voulez-vous forger si vous n'avez pas de fer ? Vous pouvez toujours battre l'enclume, ça fera une jolie musique, ça ne donnera jamais une pièce de ferronnerie. Pour être romancier, il faut avoir des sujets, des histoires à raconter, des personnages à faire vivre ; en un mot : il faut porter un monde.

    Bernard CLAVEL

Dans un roman, vous passez votre temps à donner, à donner. C'est destructeur. Intellectuellement, émotionnellement. Tout l'inverse de l'essai, qui rend intelligent.

    Paule CONSTANT

Roman psychologique, roman d'introspection réaliste, naturaliste, de mœurs, à thèse, régionaliste, allégorique, fantastique, noir, romantique, populaire, feuilleton, humoristique, d'atmosphère, poétique, d'anticipation, maritime, d'aventures, policier, scientifique, historique, ouf ! et j'en oublie ! Quel fatras ! quelle confusion !

    Robert DESNOS

La littérature se défait du roman. Je le dis parce que c'est déjà fait. Les vieilleries romanesques ne trompent plus personne, et ceux qui les défendent encore ont des cris de quincailliers dévalisés. On sent bien qu'ils protègent leur fonds de commerce.

    Christophe DONNER

C'est difficile de dire où en est la littérature, on peut dire où elle est, et ce n'est pas toujours dans les livres, presque jamais dans les romans.

    Christophe DONNER

Le romancier, lorsqu'il parle de lui-même, parle encore des autres.

    Maurice DRUON

Il n'est pas un romancier qui ne touche, une fois le jour, les limites de sa puissance. Cette rencontre des limites n'a pas souvent lieu dans le cabinet de travail, face à la page blanche. Quand on en est à l'écriture, il y a déjà longtemps que les matériaux sont choisis et classés. Le plus souvent, c'est dans la vie même que nous mesurons notre force et notre faiblesse.
   Georges DUHAMEL

Le romancier est l'historien du présent, alors que l'historien est le romancier du passé.
   Georges DUHAMEL

La plupart des romans refusés par les éditeurs sont des romans trop écrits. Queneau me disait : il faut se méfier des romans. Un roman d'écriture parfaite, écrite jusqu'à son plein, c'est à fuir.
   Marguerite DURAS

Entrer dans un roman, c'est comme faire une excursion en montagne : il faut opter pour un souffle, prendre un pas, sinon on s'arrête tout de suite.
   Umberto ECO

Peu de romans lus avec ivresse à vingt ans plaisent à quarante. C'est un peu pour cela qu'il faut les relire, pour se relire, pour se rendre compte de soi, pour s'analyser, pour se connaître par comparaison et pour savoir ce qu'on a perdu.
   Émile FAGUET

Seul le roman est capable de rendre les infimes écarts de trajectoire qui font lentement basculer une vie...
   Theodor FONTANE

C'est [...], si l'on y songe, une excessive prétention que de vouloir imposer une fois l'an, au monde, trois cent cinquante pages de choses imaginaires ! Que le conte ou la nouvelle est de meilleur goût ! Que c'est un moyen plus délicat, plus discret et plus sûr de plaire aux gens d'esprit, dont la vie est occupée et qui savent le prix des heures !

Anatole FRANCE

Un roman n'est rien qu'une poésie en prose.

Antoine FURETIÈRE

La réalité qu'on manipule dans un roman est différente de la réalité qu'on vit, même si elle y prend son point d'appui. C'est comme avec les rêves.

Gabriel GARCIA MARQUEZ

Si l'humanité n'était faite que de romanciers, il n'y aurait pas de guerres.

Maurice GENEVOIX

Ce que je voudrais que soit un roman ? un carrefour – un rendez-vous de problèmes.

André GIDE

Le besoin d'écrire des romans n'est, il me semble, pas toujours très spontané, chez nombre de jeunes romanciers d'aujourd'hui. L'offre suit ici la demande. Le désir de peindre d'après nature les personnages rencontrés, je le crois assez fréquent. Il fait valoir un certain don de l'œil et de la plume. Mais la création de nouveaux personnages ne devient un besoin naturel que chez ceux qu'une impérieuse complexité intérieure tourmente et que leur propre geste n'épuise pas.

André GIDE

La plupart du temps, je raconte des histoires. Pourquoi ? Parce que, d'abord, je ne suis pas intelligent, je ne peux pas raconter des histoires intelligentes, je ne peux pas me servir d'une phraséologie intelligente avec des mots savants pour expliquer de quelle façon la pensée se transforme, se transmet. Alors, pour me permettre de parler quand même, je vous raconte une histoire que je connais. Je parle de choses que je connais et à mesure j'invente, lorsque ça m'est agréable, lorsque je sens un détail qui n'existait pas dans la réalité, mais que je peux mettre ajoute du sel à l'histoire... Ce n'est pas combiné, ce n'est pas organisé de façon à raconter une histoire, à briller. C'est pour rien, c'est gratuit. Parce qu'elle me fait plaisir.

Jean GIONO

Je trouve d'abord le titre, avant de m'intéresser au roman et à l'histoire ; et c'est même si vrai que, si j'écris l'histoire avant d'avoir trouvé le titre, elle avorte généralement. Il faut un titre, parce que le titre est une sorte de drapeau vers lequel on se dirige, ce but qu'il faut atteindre.
Écrire, c'est expliquer le titre.

Jean GIONO

À mon avis, le roman doit être totalement désengagé. Il doit simplement raconter une histoire. Il ne doit pas être symbolique et ne doit pas transporter de message.

Jean GIONO

Nous ne commettrons pas l'erreur des romanciers, qui se croient tenus, quand ils ont leur titre, d'écrire en supplément le roman lui-même.

Jean GIRAUDOUX

Vous n'exigez pas votre kilogramme de veau en forme de petit veau, votre jambon en forme de petit porc. C'est pourtant ce que faisaient jusqu'ici la plupart de nos romanciers qui croyaient indispensable, pour nous présenter l'homme, de nous servir, dans une intrigue composée, de petits personnages en forme d'hommes complets mais minuscules.

Jean GIRAUDOUX

Le roman est une épopée subjective, dans laquelle l'auteur demande la permission de traiter le monde à sa manière. Il s'agit donc seulement de savoir s'il a une manière : le reste ira de soi-même.

Johann Wolfgang VON GŒTHE

Nous ignorons l'histoire des siècles qui n'ont pas de roman.

Edmond et Jules DE GONCOURT

Le roman ! qui en expliquera le miracle ? Le titre nous avertit que nous allons lire un mensonge et, au bout de quelques pages, l'imprimé menteur nous abuse comme si nous lisions un livre « où cela serait arrivé ». Nous donnons notre intérêt, notre émotion, notre attendrissement, une larme parfois, à de l'histoire humaine que nous savons ne pas avoir été.

Edmond de Goncourt

Le mauvais romancier – je veux dire le romancier habile et indifférent – est celui qui essaie de faire vivre, d'animer de l'extérieur, et en somme loyalement, la couleur locale qui lui paraît propre à un sujet, lequel il a jugé ingénieux ou pittoresque – le vrai est celui qui triche, qui demande au sujet avant tout, et par des voies obliques et imprévues, de lui rouvrir une fois de plus l'accès de sa palette intime, sachant trop bien qu'en fait de couleur locale, la seule qui puisse faire l'impression, c'est la sienne.

Julien Gracq

Il faut tenir solidement les deux bouts de la corde raide sur laquelle le roman s'avance en un équilibre instable. Si tout est commandé par un projet trop précis, trop articulé, toute l'œuvre se sclérose et glisse à la fabrication ; si tout est laissé à l'éventuel de la « textualité » pure, tout se dissout en un parlage sans résonance et sans harmoniques.

Julien Gracq

J'ai toujours pensé que le roman n'est pas aussi mort qu'on le croit, mais il a été détourné de sa destination première qui est de parler au grand nombre. Dès qu'il s'adresse au petit nombre, le roman devient conférence.

Louis Guilloux

Il est vrai que les tentatives récentes pour renouveler l'art du roman ont échoué. On ne renouvelle pas un genre par décret et le rassemblement de quelques idées falotes, lugubrement suivies par les machinistes du nouveau roman, ne laisse qu'une poussière mate dans nos souvenirs.

Kleber Haedens

Il est évident qu'on ne peut plus supporter cette dégoûtante débauche de la littérature romanesque, ces récits écrits sans raison profonde qui paraissent tous cousus à la machine et copiés les uns sur les autres. On reste confondu à l'idée qu'il existe encore de jeunes romanciers – pour ne rien dire des romancières – qui s'entêtent à dérouler, dans un style plat et consterné, le film de leur premier chagrin d'amour.

Kleber HAEDENS

Lorsque le romancier laisse imprimer le mot « roman » sur la couverture de son livre, il prend l'engagement de distraire. S'il ne le tient pas, s'il invite seulement à penser ou à rêver, il est philosophe, poète, mais il n'est pas romancier.

Kleber HAEDENS

Un écrivain qui n'a pas le sens de la justice et de l'injustice ferait mieux... de ne pas écrire de romans.

Ernest HEMINGWAY

Aujourd'hui, les adultes lisent des livres de vulgarisation scientifique pour se faire une idée du monde tandis que les adolescents écrivent des poèmes pour essayer de l'exprimer. C'est tout cela qu'il faut faire entrer dans le roman.

Michel HOUELLEBECQ

La forme romanesque n'est pas conçue pour peindre l'indifférence, ni le néant ; il faudrait inventer une articulation plus plate, plus concise et plus morne.

Michel HOUELLEBECQ

La littérature des peuples commence par les fables et finit par les romans.

Joseph JOUBERT

Le roman, pour moi, est le lieu de rencontre où le présent et le passé tentent de s'entendre sur ce qu'est l'homme...

Milan KUNDERA

Le roman est le fruit d'une illusion humaine. L'illusion de pouvoir comprendre autrui. Mais que savons-nous les uns des autres ?
>   Milan Kundera

La bêtise des gens consiste à avoir une réponse à tout. La sagesse d'un roman consiste à avoir une question à tout.
>   Milan Kundera

La seule raison d'être du roman est de dire ce que seul le roman peut dire.
>   Milan Kundera

Tragédies ou romans ont pour objet de représenter les passions, c'est-à-dire les moments où les êtres sont jetés au paroxysme d'eux-mêmes.
>   Jacques de Lacretelle

Seule la bourgeoisie fournit des romanciers profonds parce qu'elle est d'essence paysanne et possessive, en proie aux péchés capitaux, l'orgueil, l'avarice, la prodigalité, le goût, non de l'argent, mais de l'initiative. Les marxistes l'ont bien vu qui dénoncent cet art rétrograde (tout en le pratiquant sans cesse). Les autres classes traitent de l'homme nu, de son ventre, de sa vanité, de ses amours. Elles traitent la nature comme un objet extérieur à l'homme, sous ses yeux, mais inaccessible. Mornes thèmes.
>   Jean Lagrolet

Libre est le romancier, il crée un monde à sa guise, mais il le fait sur le bord du monde qui existe. Sa liberté en est très réduite. C'est celle de la colombe.
>   Jacques Laurent

Toute la nourriture des nerfs, elle est dans le roman.
>   Jacques Laurent

Le roman est un genre faux, parce qu'il décrit les passions pour elles-mêmes : la conclusion morale est absente. Décrire les passions

n'est rien ; il suffit de naître un peu chacal, un peu vautour, un peu panthère.
>
> Lautréamont

Et le roman ? Comment un homme, à cinquante ans, peut-il encore écrire des romans ? Comment peut-on même encore, à cet âge, en lire ? Poésie et roman, c'est certainement la partie inférieure de la littérature.
>
> Paul Léautaud

Il n'est pas d'importance extrême de définir ce que c'est qu'un roman ni ce que c'est qu'une nouvelle. Il s'agit simplement d'une question de rythme. Quand vous commencez certains livres, vous avez un rythme qui vous guide vers ce qui va être un roman, c'est-à-dire vers une œuvre qui est plus musicale peut-être que dans le cas de la nouvelle. Pour d'autres, vous vous rendez compte que cela s'apparente davantage au fait divers. Il pourrait presque s'agir d'une rubrique de journal, mais vous ne pouvez pas dire vraiment ce qui vous a conduit. Peut-être une certaine matière, votre disposition du moment...
>
> J.-M. G. Le Clézio

La plupart des romanciers et des auteurs dramatiques nous déconcertent et nous découragent. En nous détaillant minutieusement toutes les circonstances d'une vie ou d'un événement quelconque, en reproduisant ou en exposant aussi exactement que possible des conversations, des sentiments ou des pensées médiocres ou imbéciles, ils s'imaginent qu'ils portent ces niaiseries sur un plan supérieur, qu'ils les transfigurent magiquement en y touchant et qu'ils nous intéressent à ce que nous fuyons autant que possible dans la vie qui nous entoure. Pourquoi ce qu'on raconte ou ce qu'on reproduit sur la scène ou dans un livre serait-il plus supportable que ce qui nous semble intolérable dans l'existence quotidienne ? On nous dit que l'art ou la pensée, comme le feu, purifie tout. Mais le feu ne purifie que ce qui lui résiste et si l'on ne lui donne à dévorer que de la poussière ou des ordures, il ne reste rien.
>
> Maurice Maeterlinck

L'idéal du roman, c'est qu'on ne puisse rien en dire. Seulement y entrer, y demeurer dans la contemplation et s'en trouver transfiguré.
>
> Andreï Makine

Avant de mourir, j'aimerais réaliser un vœu, vivre une page de roman.

Léo Malet

On a d'abord nommé romans, les histoires écrites en langue romane pour qu'un lecteur les récitât à un public qui ne savait pas lire.

André Malraux

En huit ou neuf cents ans, et même à l'intérieur d'un seul sentiment : l'amour, le romancier, qui se prévaut de « connaître les hommes pour agir sur eux » n'a découvert que l'être humain comme énigme. Mais aussi un affrontement sans précédent avec cette énigme.

André Malraux

Quelqu'un ayant envie d'écrire aujourd'hui pense neuf fois sur dix au roman. C'est très nouveau dans la littérature. En 1870, quelqu'un voulant écrire pensait d'abord à la poésie. Cette situation nous amène désormais à lire des romans qui sont écrits par des auteurs n'étant pas romanciers mais moralistes ou essayistes. Cette force d'attraction du roman est néfaste. Parce que le roman est un genre demandant des dons très particuliers : savoir raconter une histoire ou une aventure – même pour le « nouveau roman » –, avoir le sens du dialogue et une certaine ingénuité. Oui, il faut être très naïf pour écrire des romans, il faut y croire pour avoir une force de conviction.

Félicien Marceau

Le romancier qui prétend nous donner une image exacte de la vie, doit éviter avec soin tout enchaînement d'événements qui paraîtrait exceptionnel. Son but n'est point de nous raconter une histoire, de nous amuser et de nous attendrir, mais de nous forcer à penser, à comprendre le sens profond et caché des événements. À force d'avoir vu et médité, il regarde l'univers, les choses, les faits des hommes d'une certaine façon qui lui est propre et qui résulte de l'ensemble de ses observations réfléchies. C'est cette vision personnelle du monde qu'il cherche à nous communiquer en la reproduisant dans un livre.

Guy de Maupassant

Le romancier est, de tous les hommes, celui qui ressemble le plus à Dieu : il est le singe de Dieu.

François MAURIAC

Je ne crois pas qu'aucun artiste réussisse jamais à surmonter la contradiction qui est inhérente à l'art du roman. D'une part, il a la prétention d'être la science de l'homme – de l'homme, monde fourmillant qui dure et qui s'écoule, – et il ne sait qu'isoler de ce fourmillement et que fixer sous sa lentille une passion, une vertu, un vice qu'il amplifie démesurément [...] D'autre part, le roman a la prétention de nous peindre la vie sociale, il n'atteint jamais que des individus après avoir coupé la plupart des racines qui le rattache au groupe. En un mot, dans l'individu, le romancier isole et immobilise une passion, et dans le groupe, il isole et immobilise un individu.

François MAURIAC

L'amour est une loterie, la Grâce est une loterie. Voilà l'essence du roman.

Jules MICHELET

Lire un roman, pour moi, c'est une expérience à mi-chemin de la sensualité, de la quête et de l'exercice intellectuel.

Yukio MISHIMA

Si le héros de son roman est un sire magnifique, on dit au romancier : « Voilà ce que vous croyez être » ou bien : « Voilà ce que vous rêvez d'être. » Si c'est un pauvre type : « Voilà ce que vous êtes. Vous vous êtes trahi sans y prendre garde. »

Henry DE MONTHERLANT

J'ai lu je ne sais où que le roman serait une forme littéraire inférieure. Or, dans une époque comme la nôtre, toute la pensée dans ce qu'elle touche à l'actualité est infirmée, ridiculisée du jour au lendemain par les événements. Et, d'autre part, la pensée du moraliste, avec ses lois générales, donne l'impression de l'éternel ; mais toutes ces généralisations sont fausses, aussi fausses que les inductions de la pensée attachée à l'actualité. Et c'est la fiction (roman et théâtre) qui, en un temps de grand bouleversement, est la forme littéraire la moins atteinte.

Henry DE MONTHERLANT

J'aime le corps maigre et sec de la nouvelle ; le roman est atteint de cellulite.

Paul MORAND

Comparaison culinaire : un roman se cuit à l'étouffée. Une nouvelle se fait sauter à la poêle : il s'agit, pour réussir, d'un centième de seconde, comme pour les œufs brouillés ; si on laisse passer cet éclair... on a une omelette !

Paul MORAND

Pour qu'il puisse y avoir des romanciers, il faut qu'il y ait encore des mœurs ; quand il n'y en a plus, comme de nos jours, la matière romanesque se dissout, se liquéfie.

Paul MORAND

Le roman constitue le matériau sur lequel peuvent travailler philosophes, historiens, sociologues. À travers le roman se voient ou se cachent les maladies du corps social.

Maurice NADEAU

Le roman rendra-t-il jamais l'effet des combinaisons bizarres de la vie ? Vous inventez l'homme ne sachant pas l'observer. Quels sont les romans préférables aux histoires comiques, ou tragiques d'un journal de tribunaux ?

Gérard DE NERVAL

Ce que j'aurais aimé, c'est écrire un roman où les personnages en auraient su plus long que l'auteur.

Éric NEUHOFF

De plus en plus de ressemblances entre la psychanalyse et la manière dont procède le romancier. Celui-ci doit être un psychologue capable de construire un personnage à partir d'un fragment, de distinguer entre la déformation et la vérité.

Anaïs NIN

J'ai laissé un roman inachevé. C'est très bien : dans une carrière réussie, il faut un roman inachevé pour être crédible. Sinon, on vous prend pour un écrivain de troisième zone.

Amélie NOTHOMB

C'est une des belles tâches du romancier : faire vivre les « temps morts », les utiliser, les magnifier.

François NOURISSIER

Si les professeurs ont aujourd'hui pour principe d'attaquer une œuvre comme s'il s'agissait d'un problème de recherche pour lequel toute réponse fait l'affaire, à condition de n'être pas évidente, j'ai peur que les étudiants ne découvrent jamais le plaisir de lire un roman...

Flannery O'CONNOR

Le livre d'imagination raconte ; mais le roman décrit.

José ORTEGA Y GASSET

Il n'est pas vrai qu'à notre époque on n'écrive pas de romans parce qu'on ne croit plus à la solitude du monde ; ce n'est pas vrai, parce que le roman du dix-neuvième naît pendant l'écroulement d'un monde, et que, même, il représentait un succédané de cette solidité que perdait le monde. Maintenant, le roman cherche une loi nouvelle dans un monde qui est en train de se renouveler, et on ne se contente plus de se mouvoir dans ce monde selon l'ancienne dimension.

Cesare PAVESE

On avait tout simplement oublié ce qu'était un livre, ce qu'il avait à offrir. On avait oublié, par exemple, qu'un roman raconte d'abord une histoire. On ne savait pas qu'un roman doit être lu comme un roman : étancher d'abord notre soif de récit.

Daniel PENNAC

Le roman contemporain à succès n'est plus qu'un hypocrite dosage de pornographie sournoise et de pudibonderie verbale [...].
Foin des pudeurs d'un temps châtré qui se délectent à ces lectures.

Louis PERGAUD

Le malade est au médecin ce qu'est l'homme au romancier : un cas. Plus l'homme est touché, plus le romancier s'intéresse. On dira que c'est humain. Alors que l'humanité décroît en fonction de l'intérêt qui pousse.

Georges PERROS

On écrit, on écrira toujours des romans, des drames. L'homme aime les histoires. On lira toujours Laclos, Constant, Balzac, Stendhal. Mais qui ne voit que le lieu de leur démarche a trop été piétiné, qu'il n'y a plus rien à tirer de ces mamelles férocement sollicitées par tous ceux qui se sont *intéressés à la condition humaine*. Toute acuité psychologique est nulle. Frappée d'abrutissement immédiat. Tout le matériel du Je au Jeu et vice versa usé, ruiné.

Georges PERROS

Je conçois le roman, non comme le développement d'une idée, mais comme quelque chose d'animé, de vivant, de réel, comme une main qui bouge, des yeux qui regardent, comme le développement de tout un corps.

Charles-Louis PHILIPPE

Autrefois, l'espace que décrivait le romancier était mixte ; il y avait une partie d'imaginaire qui provenait du romancier lui-même, et une partie de réel qu'il empruntait à son temps, à sa société, à l'expérience commune de ses lecteurs de l'époque. Le roman révélait à la fois les hantises du romancier et les soucis d'une certaine société.

Bernard PINGAUD

Seul le roman – je dis bien le roman, non l'essai de circonstance auquel nos décideurs voudraient réduire la lecture « utile » –, seul le roman prépare le lecteur à la véritable autonomie, en l'incitant à devenir le narrateur de sa propre vie, ce qui suppose de mourir tant soit peu à soi-même, à l'immédiat.

Bertrand POIROT-DELPECH

Les romanciers sont des sots, qui comptent par jours et par années. Les jours sont peut-être égaux pour une horloge, mais pas pour un homme. Il y a des jours montueux et malaisés qu'on met un temps infini à gravir et des jours en pente qui se laissent descendre à fond de train, en chantant. Pour parcourir les jours, les natures un peu nerveuses surtout, disposent, comme les voitures automobiles, de « vitesses différentes ».

Marcel Proust

Raconter les événements, c'est faire connaître l'opéra par le livret seulement ; mais si j'écrivais un roman je tâcherais de différencier les musiques successives des jours.

Marcel Proust

Dès qu'une vérité dépasse cinq lignes, c'est du roman.
C'est beau, un beau roman. Ce n'est pas méprisable, mais la vérité seule donne le ravissement parfait.

Jules Renard

Et le roman ? Qui de nous oserait écrire un roman avec ces mots vidés de leur sens : « Je t'aime » et « Amour » ? Nous ne sommes capables que d'écrire un livre, c'est-à-dire de remplir un cahier et de vider un encrier pour notre santé intellectuelle.

Jules Renard

Le roman moderne n'est plus le récit d'une aventure mais l'aventure d'un récit.

Jean Ricardou

Tout roman tourne sans doute autour d'une petite phrase d'aveu que l'auteur ne connaît pas et qui lui a échappé.

Angelo Rinaldi

Un vrai romancier, c'est celui qui sait « raconter une histoire ». Le bonheur de conter, qui le porte d'un bout à l'autre de son ouvrage, s'identifie à sa vocation d'écrivain. Inventer des péripéties palpitan-

tes, émouvantes, dramatiques, constitue à la fois son allégresse et sa justification.
    Alain ROBBE-GRILLET

Le vrai roman, c'est celui dont la signification dépasse l'anecdote, la transcende vers une vérité humaine profonde, une morale ou une métaphysique.
    Alain ROBBE-GRILLET

Le roman, tout au long de notre histoire, a dessiné par l'imaginaire notre avenir social. Aujourd'hui, il se contente d'être le miroir de la banalité quotidienne. Il ne se projette plus dans l'avenir, il constate l'échec du lien social, de l'amour, de la religion. Au fond, ce naturalisme blafard et neurasthénique souligne la carence inguérissable d'un siècle malade et impuissant à trouver en lui-même les lumières d'une possible transcendance.
    Jean-Marie ROUART

Les romans sont peut-être la dernière instruction qu'il reste à donner à un peuple assez corrompu pour que tout autre lui soit inutile.
    Jean-Jacques ROUSSEAU

Un roman est l'histoire des jours où une vérité se fait jour.
    Claude ROY

Roman : métamorphose de l'observation en invention de l'observé.
    Robert SABATIER

Tout roman est contraire au véritable christianisme, parce que tout roman renferme en soi et caresse plus ou moins un idéal de félicité sur terre, ou un idéal de douleurs.
    Charles Augustin SAINTE-BEUVE

Tout ce qui asservit le roman à une forme académique et figée est précisément ce dont on se sert pour faire du roman une arme révolutionnaire.
    Nathalie SARRAUTE

Le roman traditionnel [...] conserve une jeunesse éternelle : ses formes généreuses et souples continuent, sans avoir besoin de subir de notables changements, à s'adapter à toutes les nouvelles histoires, à tous les nouveaux personnages et les nouveaux conflits qui s'élèvent au sein des sociétés qui se succèdent, et c'est dans la nouveauté de ces personnages et de ces conflits que résident le principal intérêt et le seul valable renouvellement du roman.

Nathalie SARRAUTE

Le vrai romancier se passionne pour tout ce qui résiste, pour une porte, parce qu'il faut l'ouvrir, pour une enveloppe, parce qu'il faut la décacheter.

Jean-Paul SARTRE

Un roman est écrit par un homme pour les hommes. Au regard de Dieu qui perce les apparences sans s'y arrêter, il n'est point de roman, il n'est point d'art puisque l'art vit d'apparences. Dieu n'est pas un artiste.

Jean-Paul SARTRE

L'important n'est pas de savoir ce qui est roman et ce qui ne l'est pas, mais ce qui est littérature et ce qui n'en est pas.

Michel SCHNEIDER

J'ai toujours été curieux de l'homme et de la différence entre l'homme habillé et l'homme nu. L'homme tel qu'il est lui-même, et l'homme tel qu'il se montre en public, et même tel qu'il se regarde dans la glace. Tous mes romans, toute ma vie n'ont été qu'une recherche de l'homme nu.

Georges SIMENON

Je crois que le roman est une sorte de retard, de courbe que fait l'écrivain sur la mémoire, sur les mémoires. Le roman serait un désir de Mémoires.

Philippe SOLLERS

Nous n'avons qu'une histoire. Tous les romans, tous les poèmes sont bâtis sur la lutte incessante que se livrent en nous-mêmes le bien et le mal. Le mal doit être constamment ressuscité, alors que le bien, alors que la vertu sont immortels.

John STEINBECK

Eh, monsieur, un roman est un miroir qui se promène sur une grande route. Tantôt il reflète à vos yeux l'azur des cieux, tantôt la fange des bourbiers de la route. Et l'homme qui porte le miroir dans sa hotte sera par vous accusé d'être immoral ! Son miroir montre la fange, et vous accusez le miroir ! Accusez bien plutôt le grand chemin où est le bourbier, et plus encore l'inspecteur des routes qui laisse l'eau croupir et le bourbier se former.

STENDHAL

Un roman est comme un archet, la caisse du violon *qui rend les sons* c'est l'âme du lecteur.

STENDHAL

Objet qui est un sujet, le roman est un organisme vivant.

Jean-Yves TADIÉ

S'il n'y avait dans le monde que l'inébranlable, l'impérissable, l'inaltérable bourgeoisie, la littérature ne trouverait pas de matière. Le romancier ne peint jamais un ordre qu'en train de se déranger.

André THÉRIVE

C'est quelqu'un que l'homme puisqu'il a trouvé l'écriture. [...] L'écriture la plus noble conquête de l'homme. Le roman, intermédiaire entre l'homme et la vie.

Elsa TRIOLET

Le roman ce n'est jamais qu'une maquette d'après laquelle il nous est proposé d'imaginer la même chose grandeur nature.

Elsa TRIOLET

Le roman ne se contente pas de courir parallèlement aux événements ; c'est un art-fiction, une réalité à venir.

Elsa TRIOLET

Les plus grands historiens sont les romanciers, ceux qui mettent le plus d'eux-mêmes dans leurs histoires, les histoires qu'ils inventent.
   Miguel DE UNAMUNO

Un roman commence par un coup de dés.
   Roger VAILLAND

Le roman voit les choses et les hommes exactement comme le regard ordinaire les voit. Il les grossit, les simplifie, etc. Il ne les transperce ni ne les transcende.
   Paul VALÉRY

La lecture des histoires et romans sert à tuer le temps de deuxième ou troisième qualité.
Le temps de première qualité n'a pas besoin qu'on le tue. C'est lui qui tue tous les livres. Il en engendre quelques-uns.
   Paul VALÉRY

Chaque roman est un déicide secret, un assassinat symbolique de la réalité.
   Mario VARGAS LLOSA

Tout roman est un témoignage chiffré : il constitue une représentation du monde, mais d'un monde auquel le romancier a ajouté quelque chose : son ressentiment, sa nostalgie, sa critique.
   Mario VARGAS LLOSA

Le roman [...] doit vivre, doit faire sentir à chaque page comme l'incertitude du moment à venir, cette ivresse de l'attente et de l'imprévisible, le contraire même de l'art théâtral d'autrefois, où le dramaturge montre des types et non des êtres que gouverne le hasard.
   Frédéric VITOUX

C'est assurément ne pas connaître le cœur humain, que de penser qu'on peut le remuer par des fictions.
   VOLTAIRE

Le romancier est fait d'un observateur et d'un expérimentateur. L'observateur chez lui donne les faits tels qu'il les a observés, pose le point de départ, établit le terrain solide sur lequel vont marcher les personnages et se développer les phénomènes. Puis l'expérimentateur paraît et institue l'expérience, je veux dire fait mouvoir les personnages dans une histoire particulière, pour y montrer que la succession des faits y sera telle que l'exige le déterminisme des phénomènes mis à l'étude.

Émile ZOLA

Les personnages du roman

Jamais je n'ai écrit une histoire dont je connaissais le déroulement, j'ai toujours été, en écrivant, comme un lecteur qui fait la connaissance d'un paysage ou d'un personnage dont il découvre le caractère, la biographie, la destinée.

Louis ARAGON

L'écriture à la première personne ne m'identifie pas. Elle m'attache au personnage par ce que nous avons tous de commun. J'ai tiré mon épingle du Je.

Hervé BAZIN

Dans tous mes romans, j'épouse la manière de penser, de parler, de sentir des personnages. Le style n'est jamais indépendant de l'histoire, comme un pinceau il suit le modelé des visages. Il y a vingt-cinq ans, je me souviens d'avoir dit que j'écrivais pour ne plus avoir de visage. Pour incarner il faut se désincarner... C'est peut-être pour cela que je n'ai pas de mémoire.

Tahar BEN JELLOUN

Lorsque la nouvelle littérature règnera sans partage et que vous n'aurez plus d'histoires, vous n'aurez plus de héros.

    Karen BLIXEN

À force de nous apitoyer sur les malheurs des héros de romans, nous finissons par nous apitoyer trop sur les nôtres.

    Jorge Luis BORGES

Il ne faut jamais tuer ses personnages. On ne sait pas ce qui peut arriver...

    Édouard BOURDET

Si le personnage connaissait entièrement sa propre histoire, s'il n'avait pas d'objection à la raconter ou se la raconter, la première personne s'imposerait : il donnerait son témoignage.

    Michel BUTOR

Mes personnages : ce sont ces êtres artificiels qui dirigent ma vie, ce n'est pas moi qui ordonne la leur.

    Jeanne CHAMPION

Le passage de la réalité à la fiction n'est pas fulgurant chez moi. Je suis un écrivain qui laisse mûrir. Il faut que je porte des sujets et des personnages pendant très longtemps avant de commencer à écrire. Souvent je ne prends que quelques notes mais les personnages ont déjà une entité. Un beau jour ils sortent du placard dans lequel je les avais enfermés et ils viennent me casser les pieds en me disant : « Raconte mon histoire » [...]
À partir du moment où un personnage vous empêche de dormir, le livre a quelque chance d'être bon

    Bernard CLAVEL

Il est certain qu'on ne fait pas ce qu'on veut avec les personnages. Ils ont leur destin, qui leur est propre. Ils vous l'imposent.

    Bernard CLAVEL

LES PERSONNAGES DU ROMAN

Les personnages qui peuplent notre œuvre ont moins d'importance que son architecture.

Jean COCTEAU

Au fur et à mesure qu'un personnage m'apparaît, je sais comment il est habillé, je commence à le connaître de plus en plus... C'est le secret du pourquoi j'écris si bien. Je n'ai d'ailleurs jamais compris ce que cela voulait dire. Rien n'est voulu de ce que j'écris. Ce n'est pas du travail d'écrivain.

Albert COHEN

J'aimerais qu'au grand soir tous mes personnages se placent autour de moi et m'applaudissent, car même les mauvaises créatures ne reprochent pas à leur auteur de les avoir créées et c'est toute la supériorité de l'écrivain sur Dieu.

Paule CONSTANT

Les écrivains ont deux vies : la leur et celle de leurs personnages. C'est dans celles-ci qu'ils épuisent la plus grande part de leurs virtualités, les excellentes et les pires.

Georges DUHAMEL

Les personnages de romans, quand ils sont vraiment vivants, engendrent eux-mêmes les événements et déterminent les situations.

Georges DUHAMEL

Le mauvais romancier est un petit dieu despotique qui juge ses créatures avant même qu'elles soient nées, qui les prédestine selon son bon plaisir à l'enfer ou au paradis.

Jean DUTOURD

Les personnages ont une vie propre et l'auteur, presque en transe, les fait agir en fonction de ce qu'ils lui suggèrent : ce sont des sottises, tout juste bonnes pour un sujet de dissertation au baccalauréat. Non. La vérité est que les personnages sont contraints d'agir selon les lois du monde où ils vivent et que le narrateur est prisonnier de ses prémisses.

Umberto ECO

Quand on peint son héros, on peint son idéal, et l'idéal que l'on a, on se croit toujours un peu, on se croit du moins par moments, de force à le réaliser. [...] Poser un héros, c'est un peu poser en héros.
    Émile FAGUET

Mme Bovary, c'est moi.
    Gustave FLAUBERT

La vérité occupe déjà une place, elle existe. Si je mets quelque chose à la place de ces lunettes, ce sera de fausses lunettes. Pour les personnages, c'est exactement pareil.
    Jean GIONO

Quand la couleur est trouvée, au bout de huit heures, le personnage est devenu vivant.
    Jean GIONO

Il n'y a plus de héros de roman parce qu'il n'y a plus d'individualistes, parce que l'individualité se perd, parce que l'homme est seul, privé de la solitude individuelle, et forme une masse solitaire anonyme et sans héros.
    Günther GRASS

Ce sont mes personnages qui écrivent mes livres.
    Julien GREEN

Un écrivain doit créer des êtres vivants, des êtres et non des personnages.
    Ernest HEMINGWAY

Le romancier appartient à son époque. S'il est honnête, il est donc amené à reconsidérer la question du personnage romanesque traditionnel. À quoi tient un être ? Quel est le fondement de la conscience de soi ? Quelle est la part de déterminisme dans le comportement humain ? Qu'est-ce que la liberté ? Ce ne sont pas des questions en l'air, nous sommes en plein dedans. Moi, je les remue.

Michel HOUELLEBECQ

J'ai essayé de lier conversation avec le héros de ton livre, mais il est ventriloque. Toi seul devrais l'être.

Max JACOB

Pour se venger de l'écrivain qui leur a donné la vie, les héros qu'il a créés lui cachent son porte-plume.

Max JACOB

Ce n'est pas à moi de dire au personnage comment il doit agir et parler, c'est à lui de me le dire quand je le regarde de l'intérieur...

JEAN-PAUL

Les personnages [de roman] ne naissent pas d'un corps maternel comme naissent les êtres vivants, mais d'une situation, d'une phrase, d'une métaphore qui contient en germe une possibilité humaine fondamentale dont l'auteur s'imagine qu'elle n'a pas encore été découverte ou qu'on n'en a encore rien dit d'essentiel.

Milan KUNDERA

Les personnages de mon roman sont mes propres possibilités qui ne se sont pas réalisées. [...] Le roman n'est pas une confession de l'auteur, mais une exploration de ce qu'est la vie humaine dans le piège qu'est devenu le monde.

Milan KUNDERA

La connaissance de la politique est indispensable à tout romancier. Pour qu'un personnage soit bien campé, comme on dit, il faut qu'il ait les trois dimensions, c'est-à-dire, qu'on sache de lui sa religion, sa sensualité, son opinion politique.

Jacques DE LACRETELLE

Je suis devenu romancier par besoin de ne plus voir les gens qui m'entouraient, la baraque qui m'abritait, pour ne plus sentir le froid. Et pour m'inventer à ma guise tous les personnages [...] que j'avais envie de voir.

Jacques LAURENT

Coller à son personnage. Le pousser du coude. Redouter pour lui toutes les bêtises qu'on ne lui donne pas le temps de commettre.

Charles LE QUINTREC

Nous sommes responsables de nos personnages presque autant que de nos actes. Un mot est vite dit, une page est vite écrite, et voilà un être projeté dans l'espace et le temps où nous ne savons plus ce qu'il fait. Mais lui ne l'ignore point et quand il ne sait plus où se réfugier, il revient chez son père. Rappelons-nous que dans l'imagination, comme dans la vie de tous les jours, tout a quelque chose d'éternel et que, même au pays des rêves, presque rien ne se perd, presque rien ne s'oublie.

Maurice MAETERLINCK

Personne ne demande au romancier d'être impartial. Mais ce qu'on doit lui demander, c'est de ne pas pousser l'antipathie jusqu'à tuer son personnage, jusqu'à en faire une sorte de mort-né, faux parce que sans vie et sans vie parce que le romancier s'est refusé à voir son âme.

Félicien MARCEAU

Le romancier doit s'effacer. D'une certaine manière, le romancier, c'est quelqu'un qui n'existe plus. J'ajoute que, lorsque je lis le roman d'un autre, c'est pareil. Ce n'est pas ce qu'il pense qui m'intéresse, c'est la vie de ses héros. À ces héros, je ne demande pas de penser juste, je leur demande d'être vrais.

Félicien MARCEAU

Mon théâtre, que vous en dire ? répondit l'adorable Giraudoux. Je mets dans mes pièces les personnages que j'aimerais rencontrer dans la vie.

Maurice MARTIN DU GARD

Aucun drame ne peut commencer de vivre dans mon esprit si je ne le situe pas dans les lieux où j'ai toujours vécu. Il faut que je puisse suivre mes personnages de chambre en chambre. Souvent leur figure demeure indistincte en moi, je n'en connais que leur silhouette, mais je sens l'odeur moisie du corridor qu'ils traversent, je n'ignore rien de ce qu'ils sentent, de ce qu'ils entendent à telle heure du jour ou de la nuit, lorsqu'ils sortent du vestibule et s'avancent sur le perron.
François MAURIAC

Je suis, vis-à-vis de mes personnages, comme un maître d'école sévère, mais qui a toutes les peines du monde à ne pas avoir une secrète préférence pour la mauvaise tête, pour le caractère violent, pour les natures rétives et pour ne pas les préférer dans son cœur aux enfants trop sages et qui ne réagissent pas. Plus nos personnages vivent et moins ils nous sont soumis.
François MAURIAC

Si je peins des personnages héroïques, je suis quelqu'un qui peint ce qu'il voudrait être, ou ce qu'il veut faire croire qu'il est. Si je peins des personnages médiocres, c'est pour exorciser la médiocrité que je trouve en moi. Bref, quelque personnage que je peigne, je révèle toujours, à mon insu, que je suis un pauvre type.
Henry DE MONTHERLANT

« Madame Bovary, c'est moi. » Pourquoi s'extasier ? Tout écrivain est le personnage qu'il décrit.
Paul MORAND

Comme un écrivain obsessionnel, vous ne pouvez pas supporter l'idée qu'il n'existe aucune corrélation mystérieuse entre vos personnages. Les romanciers véritables sont des généalogistes qui s'ignorent.
Amélie NOTHOMB

L'équilibre d'un récit est dans la coexistence de deux personnes : l'une, l'auteur qui sait comment il finira, l'autre, les personnages qui ne le savent pas.
Cesare PAVESE

Un romancier doit décrire son personnage comme s'il s'agissait de lui-même : en allant de l'intérieur à l'extérieur. Il doit surtout l'aimer.

    Charles-Louis PHILIPPE

Ce n'est pas toujours un métier commode et facile que celui de romancier, surtout quand on a eu le malheur de se fourvoyer dans un diable de récit où les personnages pullulent et demandent tour à tour qu'on veuille bien s'occuper d'eux...

    Pierre Alexis, vicomte PONSON DU TERRAIL

Il faut que mon style ait la démarche de mes personnages.

    Charles-Ferdinand RAMUZ

Il ne faut pas qu'un personnage dise des choses qu'il serait incapable d'écrire.

    Jules RENARD

Souvent, le romancier jette à l'eau ses personnages sans être assuré qu'ils sachent nager. Ils se noient dans son encre.

    Robert SABATIER

Les personnages de roman seront de plus en plus, non point tant des « types » humains en chair et en os, comme ceux que nous croyons apercevoir autour de nous et dont le dénombrement infini semblait être le but essentiel du romancier, que de simples supports, des porteurs d'états parfois encore inexplorés que nous retrouvons en nous-mêmes.

    Nathalie SARRAUTE

[On voit] le personnage de roman, privé de ce double soutien, la foi en lui du romancier et du lecteur, qui le faisait tenir debout, solidement d'aplomb, portant sur ses larges épaules tout le poids de l'histoire, vaciller et se défaire.

    Nathalie SARRAUTE

LES PERSONNAGES DU ROMAN

Dans le roman les jeux ne sont pas faits, car l'homme romanesque est libre. Ils se font sous nos yeux ; notre impatience, notre attente, notre ignorance sont les mêmes que celles du héros.

Jean-Paul SARTRE

Voulez-vous que vos personnages vivent ? Faites qu'ils soient libres.

Jean-Paul SARTRE

On demandait à Balzac : « Qu'est-ce qu'un personnage de roman ? » Et Balzac répondait : « C'est n'importe qui dans la rue, mais qui va jusqu'au bout de lui-même. » [...] Tous, tant que nous sommes, nous n'allons pas au bout de nous-mêmes, soit parce que nous avons peur de la prison, ou que nous avons peur de choquer nos semblables, soit par sensiblerie, soit par bonne éducation, comme on dit...

Georges SIMENON

Si l'on n'aime pas ses personnages, même les moindres, alors il faut les insulter de telle façon que le ciel en ait chaud, ou se moquer d'eux jusqu'à ce que le ventre en éclate.

Léon TOLSTOÏ

Qu'on écrive un roman ou un scénario, on organise des rencontres, on vit avec des personnages ; c'est le même plaisir, le même travail, on intensifie la vie.

François TRUFFAUT

Les seuls personnages réels sont ceux qui n'existèrent jamais, et si un romancier est assez médiocre pour prendre ses héros à l'existence, il ne devrait au moins pas s'en vanter...

Oscar WILDE

On nourrit de sa substance le personnage qu'on crée : c'est un peu un phénomène de gestation. Il faut bien, pour lui donner ou lui rendre la vie, le fortifier d'un apport humain, mais il ne s'ensuit pas qu'il soit nous ou que nous soyons lui.

Marguerite YOURCENAR

La relation entre l'écrivain et ses personnages est difficile à décrire. C'est un peu la même qu'entre des parents et des enfants. Vous savez que ces enfants sont un peu à vous. Vous pouvez faire d'eux ce que vous voulez mais dans certaines limites. À partir d'un certain moment, il n'y a plus rien à faire pour les changer, pour les modeler. Ils sont libres. Donc ils existent par eux-mêmes. Les êtres finissent toujours par vous échapper. C'est une expérience qui se retrouve aussi bien dans la vie que dans l'œuvre d'art : après avoir infiniment pensé à lui, travaillé pour lui, vécu pour lui, tout d'un coup la surface de l'autre se referme et devient lisse. Mais la relation n'en continue pas moins.

Marguerite YOURCENAR

Les poètes

Poète est celui qui se sert des mots moins pour dévoiler leur sens immédiat que pour les contraindre à livrer ce que cache leur silence.
   Arthur ADAMOV

Platon avait tort de vouloir proscrire les poètes. Même les mauvais vers n'ont jamais fait de mal à personne.
   Jean AJALBERT

Quand un poète vous semble obscur, cherchez bien, et ne cherchez pas loin. Il n'y a d'obscur ici que la merveilleuse rencontre du corps et de l'idée, qui opère la résurrection du langage.
   Émile Chartier, dit ALAIN

Le vrai poète est celui qui trouve l'idée en forgeant le vers.
   Émile Chartier, dit ALAIN

Il n'est pas plus profond, le poète enfermé dans son obscur sous-sol. Son chant s'élève plus profond quand, ouvert au plein air, il appartient à tous.
   Rafael ALBERTI

Cette lumière que tu vois
ce n'est qu'un poète qui veille
et qui fabrique des merveilles
de quelques sous. Il en mourra.

    Louis AMADE

Je ne me suis pas dit [...]
On renouvelle le monde en reprenant la Bastille
Je sais que seuls le renouvellent ceux qui sont fondés en poésie.

    Guillaume APOLLINAIRE

Les fables s'étant pour la plupart réalisées et au-delà, c'est au poète d'en imaginer de nouvelles, que les inventeurs puissent à leur tour réaliser.

    Guillaume APOLLINAIRE

La poésie est le miroir brouillé de notre société. Et chaque poète souffle sur ce miroir : son haleine différemment l'embue.

    Louis ARAGON

Si je suis poète ou acteur, ce n'est pas pour écrire ou déclamer des poésies, mais pour les vivre.

    Antonin ARTAUD

Les poètes lèvent des mains
où tremblent de vivants vitriols...

    Antonin ARTAUD

Le poète ne calquera pas le monde à même le papier, ni ne le démarquera, ni ne le photographiera. Il le fera positivement, comme s'il était, lui, le poète... le créateur.

    Jacques AUDIBERTI

En effet, la poésie est d'abord musique. Mais ce sont justement vos crétins de poètes qui l'ont oublié. Pourquoi diable, dans leurs assemblages invertébrés et (je maintiens) insignifiants, croient-ils devoir supprimer les virgules, les points et souvent jusqu'aux majuscules qui pourraient imposer à l'esprit du lecteur l'idée de pause, de respiration ? Ne savent-ils donc pas que la musique est d'abord ponctuation ? N'ont-ils jamais écouté un pianiste, un accordéoniste, un joueur d'orgue de barbarie ?

Marcel AYMÉ

Les êtres cachés et fuyants oublient de fuir quand le poète les appelle par leur vrai nom.

Gaston BACHELARD

Il y a les poètes qui sentent et les poètes qui expriment ; les premiers sont les plus heureux.

Honoré DE BALZAC

Un poète ne justifie pas – il n'accepte pas – tout à fait la nature. La vraie poésie est en dehors des lois. Mais la poésie, finalement, accepte la poésie.

Georges BATAILLE

En décrivant ce qui est, le poète se dégrade et descend au rang de professeur ; en racontant le possible, il reste fidèle à sa fonction ; il est une âme collective qui interroge, qui pleure, qui espère et qui devine quelquefois.

Charles BAUDELAIRE

Le poète est semblable au prince des nuées
Qui hante la tempête et se rit de l'archer ;
Exilé sur le sol, au milieu des huées,
Ses ailes de géant l'empêchent de marcher.

Charles BAUDELAIRE

La mission du poète est de troubler la sécurité.

Marcel BÉALU

Celui-là sera véritablement poète qui me fera indigner, apaiser, réjouir, vouloir, aimer, haïr, admirer, étonner, bref, qui tiendra la bride de mes affections.

Joachim DU BELLAY

Comptable de l'Inadmissible,
Poète !
 Jacques Besse

Que vas-tu peindre ami ? L'invisible.
Que vas-tu dire ami ? L'indicible
Monsieur car mes yeux sont dans ma tête.
— N'ayez pas peur, c'est un Poète.
 Pierre-Albert Birot

Le poète est en exil, il est exilé de la cité, exilé des occupations réglées et des obligations limitées, de ce qui est résultat, réalité saisissable, pouvoir.
 Maurice Blanchot

Ne cherche, poète, chez nul orfèvre
un collier de rimes. Ciseaux ni limes
ne donnent aux meilleurs chants relief ni couleur :
les chants les meilleurs ce sont nos amours...
Le meilleur poème est celui de la vie.
 Rufino Blanco-Fombona

Le signe incontestable du grand poète, c'est l'inconscience prophétique, la troublante faculté de proférer, par-dessus les hommes et le temps, des paroles inouïes dont il ignore lui-même la portée.
 Léon Bloy

Le poète aime la terre comme une femme étrangère qu'il enlace une fois et ne revoit jamais plus. La poésie, c'est l'impression d'être toujours en contact avec la mort.
 Heinrich Böll

Le poète est celui qui brûle.
 Yves Bonnefoy

Un grand poète est moins un inventeur qu'un découvreur.
 Jorge Luis Borges

LES POÈTES

Le poète a lieu dans le même bûcher que le poème
Et quand il entre dans l'œuf igné
maison des serpents et colombes de la poésie
il ramasse les mots ouvrés, justes
que charrie le flot de l'inspiration
comme un étranger fait le larcin
d'un trésor surgi d'une terre interdite.

    Jean DE BOSCHÈRE

Je pense que, de façon encore sourde, le poète, s'il est ambitieux – s'il veut nourrir la pensée du philosophe et du savant – peut proposer une réponse ou explosive ou énigmatique à la somme de toutes les questions que l'espèce humaine se pose sans pouvoir les résoudre. En ce sens, le poète détient, au plus haut point, une partie du sacré (sans Dieu) que l'homme ambitionne d'incarner. Lorsque le philosophe hésite et que le savant ne sait plus pourquoi il sait, le poète peut intervenir.

    Alain BOSQUET

Poète : traducteur du néant.

    Alain BOSQUET

Le poète à venir surmontera l'idée déprimante du divorce irréparable de l'action et du rêve.

    André BRETON

Le poète tendra le fruit magnifique de l'arbre aux racines enchevêtrées et saura persuader ceux qui le goûtent qu'il n'a rien d'amer.

    André BRETON

Le poète dit à son auditoire la nature de l'homme, mais personne ne l'entend, personne... L'aspiration principale de l'homme est de se détourner, de se protéger de la vérité du monde où il vit. Chaque fois que la vérité vous est proposée, soit vous vous en détournez, soit vous vous mettez à haïr le poète qui vous apporte cette vérité. Soit, et c'est encore pire, vous déversez sur lui une pluie de récompenses et vous essayez de l'oublier.

    Joseph BRODSKY

Le poète n'est jamais en porte à faux avec l'Univers. C'est le déchiffreur du cycle des morts et des renaissances.
C'est un initié qui ouvre devant la foule un monde splendide et indispensable.
>   Michel BULTEAU

Souhaitons que les poètes nous guérissent de nos asiles. Souhaitons que les psychiatres épousent des poètes.
>   Michel BUTOR

Le poète sera toujours cet égaré sublime qui porte en lui-même sa bergerie.
>   René Guy CADOU

Pour le poète, la période pendant laquelle il se défend contre quelque chose est la plus importante. Dès qu'il se rend, il cesse d'être poète.
>   Elias CANETTI

Les intuitions des poètes sont les aventures oubliées de Dieu.
>   Elias CANETTI

Ce n'est ni la nuit ni l'aube,
Mais cette heure où, dans Paris,
Les rôdeurs et les chiens maigres
Errent dans un brouillard gris...

L'heure amère des poètes
Qui se sentent tristement
Portés sur l'aile inquiète
Du désordre et du tourment.
>   Francis CARCO

Être poète, c'est trouver
Sa vie dans les autres.
>   Gabriel CELAYA

LES POÈTES

Je crois que l'Homme est naturellement poète comme le primitif – l'éducation lui coupe le fil poétique – alors il se met à raisonner et il devient emmerdant.
    Louis-Ferdinand CÉLINE

L'enfance n'est pas dans le rire des petits
Elle se cache dans les pleurs du poète.
    Romano CELLI

Un artiste n'est jamais cerné, il n'est jamais réduit à se rendre, son ultime défense n'est jamais conquise, il peut toujours inventer une nouvelle parade en créant. Un poète n'a de bouclier que son œuvre.
    Blaise CENDRARS

Le poète mineur trouve des diamants.
    Maurice CHAPELAN

Un poète doit laisser des traces de son passage, non des preuves. Seules les traces font rêver.
    René CHAR

Le poète se remarque à la quantité de pages insignifiantes qu'il n'écrit pas. Il a toutes les rues de la vie oublieuse pour distribuer ses moyennes aumônes et cracher le petit sang dont il ne meurt pas.
    René CHAR

L'homme n'est pas fait pour vivre longtemps : l'expérience le corrompt. Le monde n'a besoin que de jeunesse et de poètes.
    Jacques CHARDONNE

Les poètes sont des oiseaux : tout bruit les fait chanter.
    François-René DE CHATEAUBRIAND

L'art ne fait que des vers, le cœur seul est poète.
    André CHÉNIER

J'ai eu le tort de fréquenter bon nombre de poètes. À quelques exceptions près, ils étaient inutilement graves, infatués ou odieux, des monstres eux aussi, des spécialités, tout ensemble tortionnaires et martyrs de l'adjectif, et dont j'avais surfait le dilettantisme, la clairvoyance, la sensibilité au jeu intellectuel. La futilité ne serait-elle qu'un « idéal » ?

    Emil Michel Cioran

Tu n'expliques rien, ô poète, mais toutes choses par toi nous deviennent explicables.

    Paul Claudel

La poésie est partout. Elle est partout, excepté chez les mauvais poètes.

    Paul Claudel

Les poètes ne dessinent pas. Ils dénouent l'écriture et la renouent ensuite autrement.

    Jean Cocteau

Le poète se souvient de l'avenir.

    Jean Cocteau

Un vrai poète se soucie peu de poésie. De même un horticulteur ne parfume pas ses roses. Il leur fait suivre un régime qui donne à leurs joues et à leur haleine le maximum de couleur et de parfum

    Jean Cocteau

On ne doit pas reconnaître un poète à son style, mais à son regard.

    Jean Cocteau

Les poètes trouvent d'abord et ne cherchent qu'après.

    Jean Cocteau

Le poète doit, avant qui que ce soit, prouver ce qu'il dit.

    Salvador Dali

LES POÈTES

Les poètes comptent leurs pieds avec leurs doigts.

Frédéric DARD (SAN-ANTONIO)

Comme la magie, la poésie est noire ou blanche selon qu'elle sert le soushumain ou le surhumain. Si je fus jadis poète, certainement je fus un poète noir, et si demain je dois être un poète, je veux être un poète blanc.

René DAUMAL

La fonction révolutionnaire du poète n'est point d'exalter des sentiments ou de diffuser des mots d'ordre, mais bien d'humaniser la beauté, de fertiliser, par son apport personnel, ce bien commun qu'est le langage.

Luc DECAUNES

Le poète sent le moment de l'enthousiasme ; c'est après qu'il a médité. Il s'annonce en lui par un frémissement qui part de sa poitrine, et qui passe, d'une manière délicieuse et rapide, jusqu'aux extrémités de son corps. Bientôt ce n'est plus un frémissement ; c'est une chaleur forte et permanente qui l'embrase, qui le fait haleter, qui le consume, qui le tue ; mais qui donne l'âme, la vie à tout ce qu'il touche. Si cette chaleur s'accroissait encore, les spectres se multiplieraient devant lui. Sa passion s'élèverait presque au degré de la fureur. Il ne connaîtrait de soulagement qu'à verser au-dehors un torrent d'idées qui se pressent, se heurtent et se chassent.

Denis DIDEROT

On entre dans certains recueils comme l'on franchit les portes du Palais de la Découverte. Un poète est un chercheur, une sorte d'ingénieur du langage qui jette (ou fait sauter) des ponts entre le monde et lui.

François DODAT

Celui sera véritablement le poète que je cherche en notre langue, qui me fera indigner, apaiser, éjouir, douloir, aimer, haïr, admirer, étonner, bref, qui tiendra la bride de mes affections, me tournant çà et là à son plaisir. Voilà la vraie pierre de touche où il faut que tu éprouves tous poèmes, en toutes langues.

Joachim DU BELLAY

Non ! non ! je le répète, une seule maxime, une seule règle : ressentir quelque chose, penser quelque chose, et serrer sa pensée d'aussi près que possible. Je sais que des poètes vont s'écrier : je ne fais pas autrement, et vous n'aimez pas ce que j'écris. Je ne peux pas leur répondre : Changez d'âme.

    Georges DUHAMEL

Le poète fait éclater une vérité, là même où les autres hommes ne trouveraient que les matériaux d'une erreur.

    Georges DUHAMEL

Le poète doit développer ou acquérir la perception du passé et il devrait continuer à développer cette perception tout au long de sa *carrière*... La marche de l'artiste est un sacrifice continuel, l'extinction continuelle de sa personnalité.

    Thomas Stearns ELIOT

Le poète est celui qui inspire bien plus que celui qui est inspiré.

    Paul ÉLUARD

Ce sont les créateurs de mythes – les poètes – qui jouent, dans l'univers moral, le rôle de la plus haute utilité, puisqu'ils relient l'illusion unanime naissante par une chaîne d'illusions personnelles auxquelles ils consentent à sacrifier leur repos.

    Élie FAURE

Ce sont de drôles de types qui vivent de leur plume
Ou qui ne vivent pas, c'est selon la saison
Ce sont de drôles de types qui traversent la brume
Avec des pas d'oiseaux sous l'aile des chansons...

    Léo FERRÉ

Les écrivains qui ont recours à leurs doigts pour savoir s'ils ont leur compte de pieds, ne sont pas des poètes, ce sont des dactylographes.

    Léo FERRÉ

LES POÈTES

Dans les champs de son enfance éternelle le poète se promène qui ne veut rien oublier.
   Jean FOLLAIN

Les poètes nous aident à aimer : ils ne servent qu'à cela.
Et c'est un assez bel emploi de leur vanité délicieuse.
   Anatole FRANCE

Le poète fait comme l'enfant, il se crée un monde imaginaire qu'il prend très au sérieux.
   Sigmund FREUD

Nos poètes sont, dans la connaissance de l'âme, nos maîtres à nous, hommes vulgaires, car ils s'abreuvent à des sources que nous n'avons pas encore rendues accessibles à la science...
   Sigmund FREUD

Je ne suis ni un homme, ni un poète, ni une feuille, mais un pouls blessé qui pressent l'au-delà.
   Federico GARCIA LORCA

Le poète est ainsi dans les landes du monde ;
Lorsqu'il est sans blessure, il garde son trésor.
Il faut qu'il ait au cœur une entaille profonde
Pour épancher ses vers, divines larmes d'or !
   Théophile GAUTIER

Un vrai poète n'accepte rien, ne possède rien, qu'en toute propriété ; ne connaît que ce qui est innée propriété. Il dispose du monde parce qu'il impose son idée, sa formule d'âme au monde. Tout poète est sa propre loi.
   Edmond GILLIARD

Le poète est comme le teinturier : d'un blanc, il fait le rouge.
   Jean GIONO

Le poète doit être un professeur d'espérance. À cette seule condition il a sa place à côté des hommes qui travaillent et il a droit au pain et au vin.
    Jean GIONO

Un homme sait à peine ce qu'est l'homme
Le poète sait tout de rien.
    Jan GOMMERT ELBURG

Le penseur dit l'être. Le poète nomme le sacré.
    Martin HEIDEGGER

Mais les poètes
Fondent ce qui demeurent...
    Friedrich HÖLDERLIN

Un poète est un monde enfermé dans un homme.
    Victor HUGO

Peuples ! Écoutez le poète !
Écoutez le rêveur sacré !
Dans votre nuit, sans lui complète,
Lui seul a le front éclairé !
    Victor HUGO

Le poète cache sous l'expression de la joie le désespoir de n'en avoir pas trouvé la réalité.
    Max JACOB

Le monde dans un homme, tel est le poète moderne.
    Max JACOB

Le Poète est un diseur de mots. [...] Le diseur de mots est celui qui, dans l'extrême veille, harponne un équivalent du rêve.
    Pierre Jean JOUVE

La poésie est un véhicule intérieur de l'amour. Nous devons donc, poètes, produire cette « sueur de sang » qu'est l'élévation à des substances si profondes, ou si élevées, qui dérivent de la pauvre, de la belle puissance érotique humaine.

    Pierre Jean Jouve

Dans les campagnes de notre Littérature, le poète a destin de vagabond. On lui assigne les prés dits de « vaine pâture », et on le cantonne, comme le gitan, dans les zones suspectes à l'entrée des villages, le plus loin possible des habitations. On craint qu'il ne chaparde notre mal à vivre comme les maraudeurs nos poules.

    Marcel Jullian

Les poètes tentent de greffer aux hommes d'autres yeux et de transformer ainsi le réel.

    Franz Kafka

Le poète c'est toi
toi qui te nourris de la nostalgie du futur.

    Mohammed Kaïr-Eddine

Le poète est la synthèse des générations qui ont convoité la beauté absolue quand elles ont vu luire en elle un éclat de l'édifice cosmique.

    Srecko Kosovel

Le poète chante ; il n'écrit pas. Mais l'homme qui est ce poète, parle.

    Valery Larbaud

Il y a longtemps que je pense que si j'avais un fils et qu'il ait des dispositions littéraires ou même seulement pour les choses de l'esprit, j'ai beau ne pas aimer me mêler de diriger dans ce domaine, je lui enlèverais tous les poètes. Ces gens-là font perdre un temps considérable pour le développement de l'esprit. J'ai perdu au moins quinze années, pour ma part, à me laisser bercer par leurs fariboles.

    Paul Léautaud

La réussite du poète n'est pas d'être traduit
dans cinquante-deux langues
mais
d'habiter le cœur de celui ou de celle
qui ne parle pas sa langue.

    Félix LECLERC

Le premier poète fut un voleur de feu. Le second un ravisseur de femme. Le troisième mourut sur la croix. Nous n'avons plus que des imitateurs.

    Charles LE QUINTREC

Poètes, je suis prêt à participer à toutes vos messes, à condition que vous ne trichiez pas sur la qualité du latin.

    Charles LE QUINTREC

Le je fondamental
n'est pas ce que cherche le poète,
mais le toi essentiel.

    Antonio MACHADO

Assez longtemps, le poète a rêvé loin des hommes. L'art est devenu dans ses mains le luxe, le privilège d'une élite. Il faut désormais que sa voix s'élève pour tous.

    Maurice MAGRE

Tel qu'en Lui-même enfin l'éternité le change,
Le Poète suscite avec un glaive nu
Son siècle épouvanté de n'avoir pas connu
Que la mort triomphait dans cette voix étrange !

    Stéphane MALLARMÉ

Le poète est obsédé par une voix à quoi doivent s'accorder des mots.

    André MALRAUX

Je sais ce que c'est qu'un poète, car j'en suis un moi-même, j'ai l'estampille. Un poète, soit dit en deux mots, est un gaillard absolument inutilisable dans tous les ordres d'activité des gens sérieux ; il ne pense qu'à des futilités, non seulement il ne sert pas l'État, mais il nourrit des pensées rebelles, il n'a même pas besoin d'être particulièrement intelligent, il lui arrive au contraire d'avoir un esprit aussi lent et aussi obtus que le mien l'a toujours été, – par ailleurs un enfant au fond, enclin à tous les dérèglements, un charlatan dont il faut se méfier à tous égards, et qui ne devrait attendre de la société – à vrai dire il n'en attend rien d'autre – qu'un silence méprisant.

    Thomas MANN

Tout être humain est poète, il suffit simplement de le savoir et de le mettre en pratique.

    Jean MARKALE

Le poète orchestre le réel à sa manière, selon les lois mystérieuses qui relèvent parfois du merveilleux, mais d'un merveilleux subtilement clairvoyant.

    Loÿs MASSON

Je veux faire du poète vivant une façon de l'âme
Un secret reconnaissable...
Le poète est le seul étranger de la terre.

    Édouard MAUNICK

Ce qui fait le poète, n'est-ce pas l'amour, la recherche désespérée du moindre rayon de soleil d'autrefois jouant sur le parquet d'une chambre d'enfant ?

    François MAURIAC

Chez certains hommes, la passion de la musique et de la poésie est une défense contre la vie ; nés sans carapace, ils marchent dans un nuage d'harmonie, comme des poissons troublent l'eau pour n'être pas découverts.

    François MAURIAC

Ce qu'il en coûte d'être un écrivain ? On peut sourire. Et il est vrai que les romantiques ont rendu ridicule cette prétention du poètepélican qui se frappe le cœur de l'aile et qui donne à de petits ingrats ses entrailles en pâture.

    François MAURIAC

Quand on blesse un poète on perd l'éternité...

    O. V. DE L. MILOSZ

Chasser tout souvenir et fixer la pensée,
Sur un bel axe d'or la tenir balancée,
Incertaine, inquiète, immobile pourtant ;
Éterniser peut-être un rêve d'un instant ;
Aimer le vrai, le beau, chercher leur harmonie ;
Écouter dans son cœur l'écho de son génie ;
Chanter, rire, pleurer, seul, sans but, au hasard ;
D'un sourire, d'un mot, d'un soupir, d'un regard
Faire un travail exquis, plein de crainte et de charme,
Faire une perle d'une larme :
Du poète ici-bas voilà la passion,
Voilà son bien, sa vie et son ambition.

    Alfred DE MUSSET

Il ne nous restait pour asile que cette tour d'ivoire des poètes, où nous montions toujours plus haut pour nous isoler de la foule. À ces points élevés où nous guidaient nos maîtres, nous respirions enfin l'air pur des solitudes, nous buvions l'oubli dans la coupe d'or des légendes, nous étions ivres de poésie et d'amour.

    Gérard DE NERVAL

Ma seule ambition de poète est de recomposer, de ramener à l'unité, ce qui n'est que fragment, énigme, effroyable hasard.

    Friedrich NIETZSCHE

Le poète voit dans le menteur son frère de lait de qui il a volé le lait ; c'est pourquoi celui-ci est demeuré misérable et n'est même pas parvenu à avoir une bonne conscience.

    Friedrich NIETZSCHE

LES POÈTES

Ce que le poète veut nous dire est aussi fragile que la neige, mais aussi fort que le déluge. Est-ce la puissance de la sensibilité qui fécondera les grandes villes en béton de demain avec l'eau nécessaire ?

Anaïs NIN

L'idéal, pour un poète, ne serait-il pas de poser – à peine – dans un vase verbal plus pur que l'eau pure, une fleur d'âme jamais cueillie ? L'idéal... Hélas !

Marie NOËL

Mais il me semble à moi que les poètes sont loin d'exagérer assez encore et qu'ils ne présentent que d'une manière obscure quelle magie, quel pouvoir d'enchantement a cette langue, qu'ils ne jouent avec leur fantaisie que comme ferait un enfant avec la baguette magique de son père...

Friedrich NOVALIS

Pour être poète, il faut avoir bien du temps :
bien des heures de solitude, seul moyen
pour que quelque chose se forme,
vice, liberté, pour donner style au chaos.

Pier Paolo PASOLINI

Que le poète obscur persévère dans son obscurité, s'il veut trouver la lumière.

Jean PAULHAN

Comme les grands amants, les grands poètes sont rares. Les velléités, les fureurs et les rêves ne suffisent pas ; il faut ce qu'il y a de mieux, des couilles dures. Ce qu'on appelle également le regard olympien.

Cesare PAVESE

Le poète, amoureux fou du silence, ne peut faire autrement que de parler.

Octavio PAZ

L'homme qui est poète à vingt ans n'est pas poète, il est homme ; s'il est poète après vingt ans, alors il est poète.

  Charles Péguy

Pour moi, un poète qui a la Légion d'honneur n'est pas un poète.

  Benjamin Péret

Je n'ai ni ambition ni désirs.
Être poète n'est pas une ambition que j'ai,
C'est ma manière à moi d'être seul.

  Fernando Pessoa

Feindre est le propre du poète.
Il feint si complètement
Qu'il en arrive à feindre qu'est douleur
La douleur qu'il ressent vraiment...

  Fernando Pessoa

Celui pour qui le vers n'est pas la langue naturelle, celui-là peut être poète, il n'est pas le poète...

  Gaétan Picon

Quand au langage du poète
Les couleurs seront retirées,
Quand les noms même des fleurs
Ne diront rien à sa mémoire,
Cependant qu'en lui demeure
L'adorable mot *noir*
Renvoyé par le miroir blanc
De la page où il sut écrire.

  André Pieyre de Mandiargues

Le poète est chose légère, ailée, sacrée, et il ne peut créer avant de sentir l'inspiration, d'être hors de lui et de perdre l'usage de sa raison. Tant qu'il n'a pas reçu ce don divin, tout homme est incapable de faire des vers et de rendre des oracles.

  Platon

LES POÈTES

Un poète, si toutefois poète il veut être, doit mettre en œuvre, non pas des théories, mais des mythes.
   PLATON

Les poètes sont des Christs et ils versent leur sang pour nous.
   Jean POMMIER

Le poète ne doit jamais proposer une pensée mais un objet, c'est-à-dire que même à la pensée il doit faire prendre une pose d'objet.
   Francis PONGE

Et toutes les âmes intérieures des poètes sont amies et s'appellent les unes les autres.
   Marcel PROUST

Tous ces immenses poètes qu'on ne connaît pas, qu'on ne connaîtra sans doute jamais, qui ont vibré dans l'ultrason des longues plaines enneigées comme tintent dans l'air glacé les barreaux de leur prison quand les gardiens éprouvent leur intégrité métallique d'un coup de trique, toutes ces vibrations enfouies sous la souffrance silencieuse, toi et moi, poètes assis et repus, nous savons qu'elles nous invitent à nous taire ; du moins à ne plus bêler.
   Gaston PUEL

Quand les poètes s'ennuient alors il leur ar-
Rive de prendre une plume et d'écrire un po-
Ème on comprend dans ces conditions que ça bar-
Be un peu quelque fois la po-
Ésie.
   Raymond QUENEAU

Le vrai poète n'est jamais « inspiré » : il se situe précisément au-dessus de ce plus et de ce moins, identiques pour lui, que sont la technique et l'inspiration.
   Raymond QUENEAU

Le poète, même le plus réfractaire aux mathématiques, est bien obligé de compter jusqu'à douze pour composer un alexandrin...
   Raymond QUENEAU

Il n'y a plus de solitude là où est la poésie. C'est ainsi que le poète est à la fois le plus solitaire et le moins solitaire des hommes. Il monte et il descend au-dedans de lui-même, connaissant tour à tour l'union la plus parfaite qui soit dans le monde créé, et le pire état de séparation. Par un seul être intimement rejoint, il communie un instant avec tous les êtres – disjoint d'un seul, il les quitte tous. C'est, hélas ! que le poète ne rejoint l'être que par l'image. L'image n'est qu'un fil ; le fil casse. Il faudrait toucher à l'Être, non aux êtres.
   Charles-Ferdinand RAMUZ

Qu'est-ce que la vie quand elle n'est vue que par des yeux qui ne sont pas des yeux de poètes ?
   Jules RENARD

Les poètes sont assis sur l'Olympe ; mais ils sont trop petits, et leurs pieds ne touchent pas la terre.
   Jules RENARD

Le poète est un géant qui passe sans effort par le trou d'une aiguille et, à la fois, un nain qui remplit l'univers.
   Pierre REVERDY

Pour le poète, le champ est circonscrit à son unique passion, à la pulsation de sa vie intérieure.
   Pierre REVERDY

Le poète est maçon, il ajuste des pierres, le prosateur cimentier, il coule du béton.
   Pierre REVERDY

Lorsque par un décret des puissances suprêmes,
Le poète apparaît en ce monde ennuyé,

LES POÈTES

Sa mère, épouvantée et pleine de blasphèmes,
Crispe ses poings vers Dieu, qui la prend en pitié.

André DE RICHAUD

Si votre quotidien vous paraît pauvre, ne l'accusez pas ; accusez-vous vous-même, dites-vous que vous n'êtes pas assez poète pour appeler à vous ses richesses ; car pour celui qui crée il n'y a pas de pauvreté, pas de lieu pauvre et indifférent.

Rainer Maria RILKE

Le poète est vraiment voleur de feu.

Arthur RIMBAUD

Je dis qu'il faut être *voyant*, se faire *voyant*. Le poète se fait *voyant* par un long, immense et raisonné *dérèglement de tous les sens*. Toutes les formes d'amour, de souffrance, de folie ; il cherche lui-même, il épuise en lui tous les poisons, pour n'en garder que les quintessences. Ineffable torture où il a besoin de toute la foi, de toute la force surhumaine, où il devient entre tous le grand malade, le grand criminel, le grand maudit, – et le suprême Savant ! – Car il arrive à l'*inconnu* ! Puisqu'il a cultivé son âme, déjà riche, plus qu'aucun ! Il arrive à l'inconnu, et quand, affolé, il finirait par perdre l'intelligence de ses visions, il les a vues ! Qu'il crève dans son bondissement par les choses inouïes et innommables : viendront d'autres horribles travailleurs ; ils commenceront par les horizons où l'autre s'est affaissé !

Arthur RIMBAUD

Le Poète prendra le sanglot des Infâmes,
La haine des Forçats, la clameur des Maudits ;
Et ses rayons d'amour flagelleront les Femmes.
Ses strophes bondiront : Voilà ! voilà ! bandits !

Arthur RIMBAUD

Le poète devrait faire sentir, palper, écouter ses inventions ; si ce qu'il rapporte de là-bas a forme, il donne forme ; si c'est informe, il donne de l'informe. Trouver une langue...

403

Cette langue sera de l'âme pour l'âme, résumant tout, parfums, sons, couleurs, de la pensée accrochant la pensée et tirant.

Arthur RIMBAUD

La voix du poète n'a pas besoin d'être seulement le récit de l'homme, elle peut être l'un des soutiens, des piliers qui l'aideront à supporter ses souffrances et à triompher.

Philip ROTH

Le poète joue avec les mots qui sont l'instrument de sa création, comme Dieu joue avec les éléments du monde qu'il appelle la vie. Tout art est un jeu, et la poésie est un jeu de mots : à tous les sens du terme.

André ROUSSEAUX

Le bureaucratisme littéraire a bousillé les nerfs du poète...

Dominique DE ROUX

Pourquoi j'aime écrire des poèmes :
Parce que pour qu'un poème surgisse il faut avoir fait le silence et le lisse en soi, et que déjà cela est bon.

Claude ROY

Le poète n'est pas celui qui dit
Je n'y suis pour personne
Le poète dit J'y suis pour tout le monde
Ne frappez pas avant d'entrer
Vous êtes déjà là...

Claude ROY

Le poète dit toujours le contraire de ce que l'autre ne dit pas.

Robert SABATIER

Poète : cet arbre dont l'oiseau délivre la parole.

Robert SABATIER

LES POÈTES

Et c'est assez pour le poète d'être la mauvaise conscience de son temps.
Saint-John Perse

Poète, homme d'absence et de présence, homme de refus et d'affluence, poète né pour tous et de tous s'accroissant, sans s'aliéner jamais...
Saint-John Perse

Un poète, ça ne se plante pas les pieds dans le passé, mais dans l'avenir et par la tête : le poète n'est pas au participe passé mais au gérondif.
Saint-Pol Roux

Les poètes peuvent être définis comme des êtres qui savent dire mieux que personne où ils ont mal.
Pedro **Salinas**

J'enrage de n'être pas poète, d'être si lourdement livré à la prose. Je voudrais pouvoir créer de ces objets étincelants et absurdes, les poèmes pareils à un navire dans une bouteille et qui est comme l'éternité d'un instant.
Jean-Paul **Sartre**

Le poète est la phrase la plus poétique de son poème.
Jean-Paul **Sartre**

Les poètes sont des hommes qui refusent d'utiliser le langage [...] Ils ne visent qu'à nommer le monde, et, par le fait, ils ne nomment rien du tout.
Jean-Paul **Sartre**

Mort à l'homme de lettres ! Place à l'homme de foi ! Viendra-t-il, le poète pour qui nous nous battrons ?
Pierre **Seghers**

Il faudrait approcher la fatalité au microscope, et se pencher aussi sur la société inhumaine, le monde sec, le milieu étouffant, les enfances traumatisées. Sans oublier l'œil de feu, le laser qui brûle et tue bien des poètes : le goût fatal de l'absolu.

    Pierre SEGHERS

Jeunes gens ne demandez
pas d'autographe au poète.
Il y a si longtemps que je n'écris
plus au stylo mais à la bouche !
Je ne sais plus signer que d'un
baiser avide.
Les mots dans mes doigts
Saignent.

    Jean SÉNAC

Les poètes sont les hiérophantes d'une inspiration instinctive ; les miroirs des ombres gigantesques que l'avenir jette sur le présent ; les trompettes qui sonnent la bataille et ne sentent pas ce qu'elles inspirent ; l'influence qui n'est pas émue mais qui émeut. Les poètes sont les législateurs non reconnus du monde.

    Percy Bysshe SHELLEY

Un poète est un rossignol qui, assis dans l'obscurité, chante pour égayer de doux sons sa propre solitude.

    Percy Bysshe SHELLEY

Nous sommes à une époque de grand changement dans l'art... L'humanité prend conscience d'elle-même, il faudra lui parler son langage, et le poète sera celui qui le lui parlera avec grandeur.

    Jules SUPERVIELLE

Soyez bon pour le Poète,
Le plus doux des animaux ;
Nous prêtant son cœur, sa tête,
Incorporant tous nos maux,
Il se fait notre jumeau ;
Au désert de l'épithète,
Il précède les prophètes

Sur son douloureux chameau...

    Jules SUPERVIELLE

Voyez-vous, mon cher monsieur, si nos vers vivent après nous, toute la gloire que nous pouvons en espérer, c'est qu'on dira que nous avons été deux excellents arrangeurs de syllabes, et que nous avons été tous deux bien fous de passer toute notre vie à un exercice si peu utile et au public et à nous, au lieu de l'employer à nous donner du bon temps, et à penser à l'établissement de notre fortune.

    Gédéon TALLEMENT DES RÉAUX

Ainsi, qu'il laisse un nom ou devienne anonyme, qu'il ajoute un terme au langage ou qu'il s'éteigne dans un soupir, de toute façon le poète disparaît, trahi par son propre murmure et rien ne reste après lui qu'une voix, – sans personne.

    Jean TARDIEU

C'est la grotte magique de l'enfance.
Qu'il soit permis au poète d'en ouvrir la porte.

    Ludwig TIECK

Le poète découvre dans ses rêves
La formule de la fleur et la loi de l'étoile.

    Marina TSVETAIEVA

Quand le poète, après avoir assisté au combat des passions humaines et chanté les batailles grandes et petites de la vie, laisse tomber la plume et qu'il ferme les yeux du corps, fatigué désormais du spectacle, alors s'ouvrent les yeux de l'âme. Alors il voit avec une parfaite clarté que tout a été un songe, que le monde est un symbole d'une réalité plus haute, et que c'est cette réalité qui, en se mêlant aux apparences, crée la beauté, il méprise alors l'apparence et aspire, à tout prix, à la réalité.

    Palacio VALDÈS

Grandeur des poètes de saisir fortement avec leurs mots, ce qu'ils n'ont fait qu'entrevoir faiblement dans leur esprit.

    Paul VALÉRY

Le poète, l'amour du beau, voilà sa foi ;
L'azur, son étendard, et l'Idéal, sa loi !
Ne lui demandez rien de plus, car ses prunelles,
Où le rayonnement des choses éternelles
A mis des visions qu'il suit avidement,
Ne sauraient s'abaisser une heure seulement
Sur le honteux conflit des besognes vulgaires
Et sur vos vanités plates...
    Paul VERLAINE

Les parias de la société sont les poètes, les hommes d'âme et de cœur, les hommes supérieurs et honorables. Tous les pouvoirs les détestent, parce qu'ils voient en eux leurs juges, ceux qui les condamnent avant la postérité.
    Alfred DE VIGNY

Lorsqu'on fait des vers en regardant une pendule, on a honte du temps que l'on perd à chercher une rime qui ait la bonté de ne pas trop nuire à l'idée.
    Alfred DE VIGNY

Le seul poète est celui qui ne peut qu'aboyer magnifiquement sa pensée... La rugir parfois, la tonner souvent... Mais on ne l'entend que dans les rafales...
    Auguste de VILLIERS DE L'ISLE-ADAM

Le poète se reconnaît à ce signe : il ne rêve pas !... Il *est* ce qu'il rêve et n'est que cela !... Un grand poète n'est que l'impression qu'il laisse de lui à travers son œuvre.
    Auguste de VILLIERS DE L'ISLE-ADAM

Si chaque cordonnier est respectable parce que son utilité est hors de question, tout peintre ou poète qui n'est pas un grand peintre ou un grand poète est franchement inutile.
    Hermann VON KEYSERLING

Le poète cherche une aurore nouvelle parmi ses manuscrits...
    Ilarie VORONCA

LES POÈTES

C'est la douleur qui dicte au poète ses chants les plus émus.

Herbert George WELLS

Un grand poète, un poète vraiment grand, est la moins poétique de toutes les créatures. Mais les poètes mineurs sont extrêmement fascinants. Plus leurs rimes sont mauvaises, plus ils sont pittoresques. Le simple fait d'avoir publié un livre de sonnets de second ordre rend un homme tout à fait irrésistible. Il vit la poésie qu'il ne peut pas écrire. Les autres écrivent la poésie qu'ils n'ont pas le courage de vivre.

Oscar WILDE

Il est plus difficile de parler d'une chose que de la faire... Quand l'homme agit, il est une marionnette, quand il écrit, il est un poète...

Oscar WILDE

Tous les poètes cherchent Dieu. Tous les bons poètes. Et c'est pour eux une quête beaucoup plus difficile que pour les prêtres, car ils l'entreprennent sans l'aide des manuels célèbres et des expéditions bien organisées dont les prêtres ont le privilège : les Saintes Écritures et les églises.

Tennessee WILLIAMS

[Le poète] est quelqu'un qui est « en contact ». Quelqu'un à travers qui passe un courant.

Marguerite YOURCENAR

Les poètes nous transportent dans un monde plus vaste ou plus beau, plus ardent ou plus doux que celui qui nous est donné, différent par là même et en pratique presque inhabitable.

Marguerite YOURCENAR

La poésie

Qu'est-ce qu'un poème, sinon l'insoutenable soutenu ?
> Émile Chartier, dit ALAIN

Le poème est un miracle, le seul miracle humain. La poésie, c'est le son qui donne le sens ; c'est le son avant le sens.
> Émile Chartier, dit ALAIN

Peut-être ferions-nous de plus beaux poèmes
Si nous mettions les mots au soleil
Avant de nous en servir
Ils deviendraient dorés
Et chauds.
> Pierre ALBERT-BIROT

Il est de plus en plus évident que toute poésie comporte une morale. Malheur au poète qui cherche avant tout la beauté ! Celui-là qui voudra la sauver la perdra. Toute poésie s'adresse, en puissance, à la multitude, ou elle n'est rien. La poésie n'est pas une divinité souveraine. Elle ne survit que dans la mesure où elle sert les hommes.

Vicente ALEIXANDRE

La poésie, comme toute manifestation amoureuse, est un désir et une création, et le poète, comme tout amoureux, doit regarder d'un œil bienveillant la vie, qui est la meilleure muse et avec qui il finira toujours par faire son œuvre.

Manuel ALTOLAGUIRRE

La vraie poésie est plus vraie que la science, parce qu'elle est synthétique et saisit dès l'abord ce que la combinaison de toutes les sciences pourra tout au plus atteindre une fois comme résultat. L'âme de la nature est devinée par le poète, le savant ne sert qu'à accumuler les matériaux pour sa démonstration.

Henri-Frédéric AMIEL

Douce poésie ! le plus beau des arts ! Toi qui suscitant en nous le pouvoir créateur nous mets tout proche de la divinité.

Guillaume APOLLINAIRE

La poésie, notre poésie se lit comme un journal. Le journal du monde qui va venir.

Louis ARAGON

Poésie ô danger des mots à la dérive.

Louis ARAGON

L'art des vers est l'alchimie qui transforme en beautés les faiblesses.

Louis ARAGON

C'est à la poésie que tend l'homme.
Il n'y a de connaissance que du particulier.
Il n'y a de poésie que du concret.

Louis ARAGON

J'appelle poésie aujourd'hui la connaissance de ce destin interne et dynamique de la pensée.

Antonin ARTAUD

Je n'aime pas les poèmes ou les langages de surface et qui respirent d'heureux loisirs, et des réussites de l'intellect. J'aime les poèmes des affamés, des malades, des parias, des empoisonnés [...], les poèmes des suppliciés du langage qui sont en perte dans leurs écrits, et non de ceux qui s'affectent perdus pour mieux étaler leur conscience et leur science et de la perte et de l'écrit...

Antonin ARTAUD

Mais, pour trancher, pour faire scandale, le poème doit être tendu dans son propos, grave dans son effort, délirant de sagesse, légèrement industriel dans sa carrure, et, de toute façon, assez caporal.

Jacques AUDIBERTI

Poésie qui ne chante pas n'habite pas la mémoire.

Gabriel AUDISIO

C'est le livre qui s'est donné lui-même, un jour béni de notre adolescence. Qui nous a révélé que nous avions un cœur, une âme, – le goût de la beauté. Comme une première bouche nous enseignait le vertige.
Un recueil de poésies.

Claude AVELINE

On vient nous parler de la poésie de la nature. Quelle blague ! Il n'y a que la poésie de l'homme et il est lui-même toute la poésie.

Marcel AYMÉ

Le poème est une grappe d'images.

Gaston BACHELARD

La poésie est vraiment le premier phénomène du silence. Elle laisse vivant, sous les images, le silence attentif. Elle construit le poème sous le temps silencieux, sur un temps que rien ne martèle, que rien ne presse, que rien ne commande, sur un temps prêt à toutes les spiritualités, sur le temps de notre liberté.

    Gaston BACHELARD

Si le but de la poésie est de mettre les idées au point précis où tout le monde peut les voir et les sentir, le poète doit incessamment parcourir l'échelle des intelligences humaines afin de les satisfaire toutes ; il doit cacher sous les plus vives couleurs la logique et le sentiment, deux puissances ennemies ; il lui faut enfermer tout un monde de pensées dans un mot, résumer des philosophies entières par une peinture ; enfin ses vers sont des graines dont les fleurs doivent éclore dans les cœurs, en y cherchant les sillons creusés par les sentiments personnels.

    Honoré DE BALZAC

La poésie ouvre la nuit à l'excès du désir.

    Georges BATAILLE

De la poésie, je dirai maintenant qu'elle est, je crois, le sacrifice où les mots sont victimes.

    Georges BATAILLE

Tout homme bien portant peut se passer de manger pendant deux jours, – de poésie, jamais.

    Charles BAUDELAIRE

Il en est des vers comme de quelques belles femmes en qui se sont fondues l'originalité et la correction ; on ne les définit pas, on les *aime*.

    Charles BAUDELAIRE

La Poésie est ce qu'il y a de plus réel, c'est ce qui n'est complètement vrai que dans *un autre monde*.

    Charles BAUDELAIRE

La poésie est une aspiration vers une beauté supérieure, et cette aspiration est manifeste dans un enlèvement de l'âme, un enthousiasme tout à fait indépendant de la passion qui est l'ivresse du cœur et de la vérité qui est la pâture de la raison.

Charles BAUDELAIRE

La poésie est chose sensuelle plus que spirituelle...

Luc BÉRIMONT

Ce qui est poétique m'est suspect parce que cela éveille dans le monde l'impression que le poétique est la poésie et, inversement, que la poésie est poétique. La seule poésie, dis-je, est la nature, la seule nature est la poésie.

Thomas BERNHARD

Le chemin de la poésie passe par l'explosion de beautés.

Gunnar BJÖRLING

Et jamais le tourment ne trouva un ciel, et jamais le désir ne trouva une terre. C'est pourquoi la poésie existe.

Gunnar BJÖRLING

Simplement pour dire
qu'en ouvrant l'œil
Simplement pour dire qu'en ouvrant l'œil
Vous verrez des Poèmes Métaphysiques
– au quotidien – partout :
dans les trains, dans les aéroports, dans les
hôpitaux, dans les forêts, sur les routes...
dans les notices, les modes d'emploi, les
posologies, les plans, les lexiques, les cartes,
les guides...
et ailleurs encore...

Julien BLAINE

Le poème – la littérature – semble lié à une parole qui ne peut s'interrompre, car elle ne parle pas, elle est.

Maurice BLANCHOT

La poésie c'est suivre son cœur en allant à la fête.
    Christian BOBIN

La poésie est parole aimante, parole émerveillante, parole enveloppée sur elle-même, pétales d'une voix tout autour d'un silence.
    Christian BOBIN

La poésie se poursuit dans l'espace de la parole, mais chaque pas en est vérifiable dans le monde réaffirmé.
    Yves BONNEFOY

La poésie est mémoire, mémoire de l'intensité perdue.
    Yves BONNEFOY

Le lecteur de la poésie n'analyse pas, il fait le serment de l'auteur, son proche, de demeurer dans l'intense.
    Yves BONNEFOY

La poésie ? Une mystique de l'absurde. Et l'innommable nommé.
    Alain BOSQUET

Quand la voix s'unit au silence
C'est qu'un poème commence
Dont le chant touchera
Les deux rives mouvantes
Du rêve et du réel.
    Yves-Jacques BOUIN

La recette du poème
est aussi absente de la linguistique
que le parfum des fleurs
d'un livre botanique.
    Pierre BOUJUT

Poésie : un sens du langage qui soit aussi le sens de l'être.
    Joë BOUSQUET

LA POÉSIE

Pour lire un poème comme il faut, je veux dire poétiquement, il ne suffit pas, et, d'ailleurs, il n'est pas toujours nécessaire, d'en saisir le sens.
    Abbé Henri BRÉMOND

La poésie se fait dans un lit comme l'amour
Ses draps défaits sont l'aurore des choses.
    André BRETON

L'Amour, la Poésie, c'est par ce seul ressort que la pensée humaine parviendra à reprendre le large.
    André BRETON

Je pense que la poésie tout entière est un jeu. Une inappétence réelle de bonheur, tout au moins durable, une impossibilité foncière de pactiser avec la vie, à la stupidité, à la méchanceté de laquelle l'homme ne remédiera jamais que dans une faible mesure....
    André BRETON

L'étreinte poétique comme l'étreinte de chair
Tant qu'elle dure
Défend toute échappée sur la misère du monde
    André BRETON

Écrire un poème, c'était, pour lui, faire en sorte que les mots débauchent les pensées.
    André BRINCOURT

La poésie ne sera jamais dissociable du chant qui lui-même prend sa source au plus profond de l'être.
    André BRINCOURT

La poésie, pour moi, est une recherche jamais apaisée, une attente, le guet du signe qui nourrira cette attente.
    Christiane BURUCOA

La poésie se déploie toujours dans la nostalgie d'un monde sacré perdu.
    Michel Butor

La poésie est la lave de l'imagination dont l'éruption empêche un tremblement de terre.
    Lord Byron

La poésie n'est rien que ce grand élan qui nous transporte vers les choses usuelles – usuelles comme le ciel qui nous déborde.
    René Guy Cadou

J'aimerais assez cette critique de la poésie : la poésie est inutile comme la pluie.
    René Guy Cadou

On croit qu'il faut des règles à la poésie !... Or, chaque poète se fait ses règles, ce qui revient à dire qu'il n'y a pas de règles. Je m'invente des règles, je m'impose des obligations : qu'on n'aille pas croire qu'elles sont pour les autres !
    Roger Caillois

Il paraît qu'écrire aujourd'hui un poème sur le printemps serait servir le capitalisme. Je ne suis pas poète, mais je me réjouirais sans arrière-pensée d'une pareille œuvre, si elle était belle. On sert l'homme tout entier ou pas du tout. Et si l'homme a besoin de pain et de justice, et s'il faut faire ce qu'il faut pour satisfaire ce besoin, il a besoin aussi de la beauté pure, qui est le pain de son cœur. Le reste n'est pas sérieux.
    Albert Camus

Du pays obscur des hommes
je suis venu te regarder à genoux,
nue, haute et unique
poésie.
    Rosario Castellanos

LA POÉSIE

Tout poème est une mise en demeure.
>Jean CAYROL

Poésie... Exercice périlleux en dépit des apparences de simplicité qui ne vise rien moins qu'à restituer à l'homme sa plénitude de tous les instants.
>René CAZAJOUS

La poésie est une arme chargée de futur.
>CELAYA Gabriel

Relation entre la réalité et mes écrits ? Mon Dieu c'est simple la vie objective réelle m'est impossible, insupportable — J'en deviens fou, enragé tellement elle me semble atroce alors je la transpose tout en rêvant tout en marchant... Je suppose que c'est à peu près la maladie générale du monde appelée *poésie*...
>Louis-Ferdinand CÉLINE

La poésie est un devoir d'intoxication.
>Blaise CENDRARS

La poésie est une pucelle douée d'extrême beauté. Elle est chaste, honnête et bien apprise. Elle possède un bel esprit, vit retirée et se contient dans les limites de la plus louable discrétion. Elle est amie de la solitude. Les fontaines l'entretiennent, les prairies la consolent, les arbres la désennuient, les fleurs la réjouissent, et enfin elle apporte du contentement et sert d'instruction à tous ceux qui la pratiquent.
>Miguel DE CERVANTÈS

La connaissance poétique est celle où l'homme éclabousse l'objet de toutes ses richesses mobilisées.
>Aimé CÉSAIRE

La poésie est cette démarche qui, par le mot, l'image, le mythe, l'amour et l'humour, m'installe au cœur du vivant de moi-même et du monde.
>Aimé CÉSAIRE

La musique de la poésie ne saurait être extérieure. La seule *acceptable* vient de plus loin que le son. La recherche de la musique est le crime contre la musique poétique qui ne peut être que le battement de la vague mentale contre le rocher du monde.

    Aimé Césaire

Il est rare en poésie que la cage des mots n'enferme pas un serin.

    Maurice Chapelan

La seule signature au bas de la vie blanche, c'est la poésie qui la dessine.

    René Char

Les poèmes sont des bouts d'existence incorruptibles que nous lançons à la gueule répugnante de la mort, mais assez haut pour que, ricochant sur elle, ils tombent dans le monde nominateur de l'unité.

    René Char

La réalité sans l'énergie disloquante de la poésie, qu'est-ce ?

    René Char

La poésie est de toutes les eaux claires celle qui s'attarde le moins aux reflets de ses ponts.

    René Char

La poésie n'a été pour moi que ce qu'est la prière, le plus beau et le plus intense des actes de la pensée...

    Alphonse de Châteaubriant

Je dois répondre d'un poème
comme un verre
de sa transparence.

    Paul Chaulot

LA POÉSIE

La poésie n'est pas autre chose pour moi que l'art de décrire l'invisible avec des images d'ange.
> Malcolm DE CHAZAL

La poésie – par des voies inégales et feutrées – nous mène vers la pointe du jour au pays de la première fois.
> Andrée CHEDID

Si la poésie n'a pas bouleversé notre vie, c'est qu'elle ne nous est rien. Apaisante ou traumatisante, elle doit marquer de son signe ; autrement, nous n'en avons connu que l'imposture.
> Andrée CHEDID

La poésie qui approche de la prière est supérieure et à la prière et à la poésie.
> Emil Michel CIORAN

La poésie me parut la seule oraison – sans destination divine –, le seul chant sacré permis à l'homme moderne, et sans lequel celui-ci était condamné à perdre son existence et son humanité. Sans doute la poésie ne changeait-elle pas la vie autant que l'avait rêvé Rimbaud, elle n'en assurait pas moins, par les pouvoirs d'un langage en quelque sorte amoureux, une métamorphose, une transfiguration sans lesquelles le réel ne pouvait être atteint dans sa plénitude.
> Georges-Emmanuel CLANCIER

C'est par le poème que le langage atteint l'ordre le plus élevé.
> Georges-Emmanuel CLANCIER

Le poème n'est point fait de ces lettres que je plante comme des clous, mais du blanc qui reste sur le papier.
> Paul CLAUDEL

Le but de la poésie n'est pas, comme dit Baudelaire, de plonger « au fond de l'Infini pour trouver du nouveau », mais au fond du défini pour y trouver de l'inépuisable.
> Paul CLAUDEL

L'objet de la poésie, ce n'est donc pas, comme on le dit souvent, les rêves, les illusions ou les idées. C'est la sainte réalité, donnée une fois pour toutes, au centre de laquelle nous sommes placés. C'est l'univers des choses invisibles. C'est tout cela qui nous regarde et que nous regardons.

Paul CLAUDEL

Les poèmes se font à peu près comme les canons : on prend un trou et on met quelque chose autour.

Paul CLAUDEL

Je sais que la poésie est indispensable, mais je ne sais pas à quoi.

Jean COCTEAU

La poésie étant l'élégance même ne saurait être visible. Alors, me direz-vous, à quoi sert-elle ? À Rien. Qui la verra ? Personne. Ce qui ne l'empêche pas d'être un attentat contre la pudeur, mais son exhibitionnisme s'exerce chez les aveugles. Elle se contente d'exprimer une morale particulière. Ensuite, cette morale particulière se détache sous forme d'œuvre. Elle exige de vivre sa vie. Elle devient le prétexte de mille malentendus qui se nomment la gloire.

Jean COCTEAU

La poésie se forme à la surface du monde comme les irisations à la surface d'un marécage. Que le monde ne s'en plaigne pas. Elle résulte de ses profondeurs.

Jean COCTEAU

Toute poésie, toute vie intellectuelle, morale, est une révolution, car toujours il s'agit pour l'être de briser les chaînes qui le rivent au rocher conventionnel.

René CREVEL

Celui qui exige d'une part
la matière première de la poésie
dans toute sa crudité, et d'autre part,

LA POÉSIE

ce qui est authentique,
celui-là aime la poésie.
>   Edward Estlin CUMMINGS

Voilà mon mal : rêver. La poésie est la chemise de fer aux mille pointes cruelles que je porte sur mon âme. Les épines sanglantes laissent tomber les gouttes de ma mélancolie.
>   Rubén DARIO

La Poésie est une parole dont la Saveur est l'essence.
>   René DAUMAL

Comment appellerons-nous ce qui donne le ton ?
La poésie comme l'aurore risque tout sur des lignes.
>   Michel DEGUY

Hélas ! qu'est la poésie ? Nous le cherchons et la cherchons. Elle est comme ce coup de vent dont parle Lucrèce. Il soulève nos vêtements ; il nous fouette le visage ; il allège notre corps, et nous ne le voyons même pas.
>   Tristan DERÈME

La poésie, art suprême et complet
Peinture qui se meut et musique qui pense...
>   Émile DESCHAMPS

« Poèmes », je ne vous demande pas l'aumône,
Je vous la fais.
>   Robert DESNOS

La poésie veut quelque chose d'énorme, de barbare et de sauvage.
>   Denis DIDEROT

Créer ce que jamais nous ne verrons, c'est cela la Poésie.
>   Gerardo DIEGO

Si mon poème pouvait seulement te prouver qu'il y a en toi un poète.

    Georges DUHAMEL

Rien n'est, dans son essence, contraire à la poésie, sinon, peut-être, la sottise.

    Georges DUHAMEL

La poésie est merveilleusement libre, même dans les chaînes.

    Georges DUHAMEL

On gouverne une nation avec de la poésie. Et la poésie, c'est le verbe, c'est la démesure, c'est le miracle, c'est un rêve qui va devenir réalité.

    Jean DUTOURD

Je ne chante pour personne –
mais pour le vent qui erre,
pour la pluie qui pleure,
ma poésie est comme un souffle
qui murmure et qui passe
dans les ténèbres de l'automne,
parlant avec la terre
et la nuit et la pluie.

    Vilhelm EKELUND

L'expérience d'un poème est à la fois l'expérience d'un moment et celle d'une vie...

    Thomas Stearns ELIOT

La poésie ne se fera chair et sang qu'à partir du moment où elle sera réciproque.

    Paul ÉLUARD

Le poème désensibilise l'univers au profit des facultés humaines, permet à l'homme de voir autrement, d'autres choses. Son ancienne vision est morte, ou fausse. Il découvre un nouveau monde, il devient un nouvel homme.

   Paul ÉLUARD

Les poèmes ont toujours de grandes marges blanches, de grandes marges de silence où la mémoire ardente se consume pour recréer un délire sans passé.

   Paul ÉLUARD

La poésie enfante souvent sa plus grande ennemie, sa poétisation. Rien de plus affreux qu'un poème poétisé, où les mots s'ajoutent aux mots, pour détruire l'effet de surprise, pour atténuer l'audace de la simplicité, la vision crue d'une réalité inspirante et inspirée, élémentaire.

   Paul ÉLUARD

La poésie est jeu et le jeu est audace. La poésie ne convient qu'aux risque-tout dont une juvénile insouciance corrige l'orgueil, un orgueil qui n'est d'ailleurs qu'honnêteté envers soi-même.

   Lucien FABRE

La poésie est l'art de la science d'exprimer les rapports des choses tandis que les autres divertissements des hommes n'expriment rien que les choses elles-mêmes. C'est ce qui la met au-dessus de tout avec les mathématiques.

   FAGUS

Point n'est besoin d'écrire pour avoir de la poésie dans ses poches.

   Léon-Paul FARGUE

Le snobisme scolaire qui consiste, en poésie, à n'employer que certains mots déterminés, à la priver de certains autres, qu'ils soient techniques, médicaux, populaires ou argotiques, me fait penser au prestige du rince-doigts et du baisemain.
Ce n'est pas le rince-doigts qui fait mes mains propres ni le baisemain qui fait la tendresse.

Ce n'est pas le mot qui fait la poésie mais la poésie qui illustre le mot.

>Léo FERRÉ

Quelle plate bêtise de toujours vanter le mensonge et de dire : la poésie vit d'illusions : comme si la désillusion n'était pas cent fois plus poétique par elle-même !

>Gustave FLAUBERT

Il faut un peu de fraîcheur sur la terre : la poésie des gouttes d'eau.

>Maurice FOMBEURE

La poésie représente le timbre d'une âme qu'émeut le spectacle du monde, l'expression de l'étonnement de vivre et d'assister au perpétuel conflit des forces naturelles.

>Roger FRÊNE

Toutes les choses ont leur mystère, et la poésie, c'est le mystère de toutes les choses.

>Federico GARCIA LORCA

Des mots rayonnants, des mots de lumière, avec un rythme et une musique, voilà ce qu'est la poésie.

>Théophile GAUTIER

La poésie partout réside,
Le seul problème est de savoir
Qui la découvre.

>Petrus Augustus GENESTET

La poésie est un champ vierge, illimité, où serpente une piste étroite. Le poète est ce prospecteur aventureux qui quitte la piste, va tout seul et s'avance, et découvre Dieu où nul autre encore avant lui ne s'était avisé qu'il fût.

>Paul GÉRALDY

LA POÉSIE

La poésie est une certaine qualité sensible qui naît d'un accord secret entre le poids, la couleur et le son des mots pour nous introduire au *mystère*.
    Henri GHÉON

La poésie n'est pas une opinion exprimée.
C'est une mélodie qui s'élève
d'une plaie béante
ou d'une bouche en sourire.
    Khalil GIBRAN

La poésie, cesse de la transférer dans tes rêves ; sache la voir dans la réalité.
    André GIDE

Pouvez-vous croire qu'une définition de la poésie va permettre à certains lecteurs de ne pas prendre des vessies pour des lanternes ? Les plus mauvais poètes n'ont-ils pas été précisément ceux dont les vers répondent le mieux à la définition que l'on se faisait de la poésie de leur temps ?
    André GIDE

Si, quand tu seras un homme, tu connais ces deux choses : la poésie et la science d'éteindre les plaies, alors tu seras un homme.
    Jean GIONO

Toute œuvre est étrangère, toute parole absente
Et le poème rit et me défie de vivre
Ce désir d'un espace où le temps serait nul.
    Roger GIROUX

Tout poème est, pour ainsi dire, un baiser que l'on donne au monde...
    Johann Wolfgang VON GŒTHE

Plus l'œuvre poétique est inaccessible et insaisissable pour l'intelligence, meilleure elle est.

    Johann Wolfgang von Gœthe

Les poèmes sont des vitraux !
Si, de la place on regarde dans l'église,
Tout est sombre et ténébreux...
Mais pénétrez à l'intérieur !
Saluez la chapelle sacrée ;
Alors soudain, tout s'éclaire, et se colore,
Les ornements historiés aussitôt resplendissent,
Une noble lumière produit tous ses effets.

    Johann Wolfgang von Gœthe

Qu'est-ce que la poésie, une pensée dans une image.

    Johann Wolfgang von Gœthe

Il est un art – l'art du mot – qui ne connaît pas de limites : la poésie.

    Ivan Gontcharov

La poésie est à la fois une cachette et un haut-parleur.

    Nadine Gordimer

Il est singulier qu'un art existe, la poésie, dont la substance est soluble tout entière dans la mémoire, et ne réside véritablement qu'en elle, auquel aucune exécution, aucune matérialisation ne peut ajouter quoi que ce soit.

    Julien Gracq

Il y a dans tout ce qui touche les productions de l'écriture poétique l'exigence d'une générosité quasi sexuelle.

    Julien Gracq

La poésie approche d'une vérité presque indicible autrement, mais la poésie ce sont les mots devenus musique.

    Julien Green

Poème... Texte récité ou écrit dont on se sert avec des intentions magiques.
> Thomas GREENE

La poésie est une musique qui pense.
> Fernand GREGH

Vivre tout événement quotidien dans les coordonnées de l'éternité, c'est pour moi la poésie.
> Eugène GUILLEVIC

Que la poésie soit image ; mais qu'elle ne fasse pas étalage d'images ; on ne fait point une glace en juxtaposant des miroirs.
> Friedrich HEBBEL

Et moi, je crois à la vertu de la poésie, je crois au salut qui vient de toute parole juste, vécue et exprimée. Je crois à la solitude rompue comme du pain par la poésie.
> Anne HÉBERT

La poésie éveille l'apparition de l'irréel et du rêve face à la réalité bruyante et palpable dans laquelle nous nous croyons chez nous.
> Martin HEIDEGGER

La poésie, c'est tout ce qu'il y a d'intime dans tout.
> Victor HUGO

L'idée, trempée dans le vers, prend soudain quelque chose de plus incisif et de plus éclatant. C'est le fer qui devient acier.
> Victor HUGO

L'abeille construit artistement les six pans de son alvéole de cire, et puis elle l'emplit de miel. L'alvéole, c'est le vers ; le miel, c'est la poésie.
> Victor HUGO

Le domaine de la poésie est illimité. Sous le monde réel, il existe un monde idéal, qui se montre resplendissant à l'œil de ceux que des méditations graves ont accoutumés à voir dans les choses plus que les choses.

 Victor Hugo

Défense de déposer de la musique le long de mes vers.

 Victor Hugo

Quand elle est dépourvue de flamme, la vérité est philosophie ;
Elle devient poésie quand elle emprunte sa flamme au cœur.

 Muhammad Iqbal

L'art est peut-être la cristallisation du vrai, mais la poésie, comme la musique, est au-dessus de l'art.

 Max Jacob

Il faut aimer en vers, il faut pleurer en prose.

 Francis Jammes

La poésie, comme Dieu, comme l'amour, n'est que foi.

 Juan Ramon Jimenez

Le poème doit être comme l'étoile, qui est un monde et paraît un diamant.

 Juan Ramon Jimenez

On ne peut trouver de poésie nulle part, quand on n'en porte pas en soi.

 Joseph Joubert

Dans le langage ordinaire, les mots servent à rappeler les choses ; mais quand le langage est vraiment poétique, les choses servent toujours à rappeler les mots.

 Joseph Joubert

LA POÉSIE

Création et mystère forment le trésor de Poésie.
> Pierre Jean JOUVE

La musique est une amplification de la vie sensible. La poésie, par contre, est une façon de maîtriser, de sublimer.
> Franz KAFKA

Le poème tragique [...] vous mène par les larmes, par les sanglots, par l'incertitude, par l'espérance, par la crainte, par les surprises et par l'horreur jusqu'à la catastrophe.
> Jean DE LA BRUYÈRE

Si le poème ne t'élit pas, toutes tes peines sont vaines. Sois sans bruit. Le poème n'entend que le silence.
> Paul LA COUR

Comme tout ce qui est divin en nous, la poésie ne peut se définir par un mot ni par mille. C'est à la fois sentiment et sensation, esprit et matière, et voilà pourquoi c'est la langue complète, la langue par excellence qui saisit l'homme par son humanité tout entière, idée pour l'esprit, sentiment pour l'âme, image pour l'imagination et musique pour l'oreille.
> Alphonse DE LAMARTINE

La poésie, c'est un peu comme la Blédine. On aime ça avant de pouvoir en parler.
> Jean L'ANSELME

La haute poésie ne devient jamais populaire ; elle reste toujours en dehors, au dessus de la langue parlée, de la conversation.
> Valery LARBAUD

Le poème, expression d'une vérité qu'on n'avait pas encore aperçue et vérité lui-même, et comme tel complet, absolu, indestructible : chose contre laquelle, et pour laquelle, on ne peut rien, sinon l'indiquer à ceux qui sont dignes de la comprendre et de l'aimer.
> Valery LARBAUD

La poésie est la géométrie par excellence.

   LAUTRÉAMONT

Ma poésie ne consistera qu'à attaquer, par tous les moyens, l'homme, cette bête fauve, et le Créateur, qui n'aurait pas dû engendrer une pareille vermine. Les volumes s'entasseront sur les volumes, jusqu'à la fin de ma vie, et, cependant, l'on n'y verra que cette seule idée, toujours présente à ma conscience !

   LAUTRÉAMONT

La poésie, c'est la dernière liberté vraie du sentiment créateur dans un monde chaque jour plus artificiel qui a tout corrompu et tout faussé : la dernière sincérité.

   André LEBEY

Sans poésie, c'est vivre dans une cave.

   Félix LECLERC

L'essence de la poésie, c'est peut-être le sentiment continu de correspondances secrètes, soit entre les objets de nos divers sens, formes, couleurs, sons et parfums, soit entre les phénomènes de l'univers physique et ceux du monde moral, ou encore entre les aspects de la nature et les fonctions de l'humanité.

   Jules LEMAITRE

Poésie comme pain quotidien.
   Charles LE QUINTREC

La poésie
n'a jamais fini
de s'inventer.
C'est son signe
d'éternité.

   Georges LINZE

Le rythme est la force essentielle, l'énergie essentielle du vers. Il ne s'explique pas ; on peut en dire ce qu'on dit du magnétisme ou de l'électricité : ce sont des formes d'énergie.
>   Vladimir MAÏAKOVSKI

La poésie est de la pensée sentie.
>   Vladimir MAÏAKOVSKI

Un poème est un mystère dont le lecteur doit chercher la clef.
>   Stéphane MALLARMÉ

Nommer un objet, c'est supprimer trois quarts de la jouissance du poème qui est faite du bonheur de deviner peu à peu ; le suggérer, voilà le rêve.
>   Stéphane MALLARMÉ

La poésie est l'expression par le langage humain ramené à son rythme essentiel du sens mystérieux des aspects de l'existence : elle doue d'authenticité notre séjour et constitue la seule tâche spirituelle.
>   Stéphane MALLARMÉ

Le roman s'est réclamé de la vie plus que tout autre art jusqu'au cinéma ; la poésie, elle, reconnut son indépendance dès qu'elle se voulut poésie.
>   André MALRAUX

La poésie n'est pas l'affaire d'un jour, mais de vies lointaines.
>   Michel MANOLL

C'est la poésie seule qui donne la forme exacte de l'âme. Elle est le plus précis des instruments de connaissance.
>   Michel MANOLL

Il n'y a plus de beauté que dans la lutte. Pas de chef-d'œuvre sans un caractère agressif. La poésie doit être un assaut violent contre les forces inconnues, pour les sommer de se coucher devant l'homme.

    Filippo Tommaso MARINETTI

Un grain de poésie suffit à parfumer tout un siècle.

    José MARTI

Il ne faut donc pas oublier que la Poésie
est *eau pensive, prairie obscure, rose mélancolique,*
couteau carnivore, grain de blé dans le silence,
guitare de l'auberge des chemins,
gifle, aigle audacieux, galet,
mouche, crainte, mât, horizon, tout
excepté un acte notarié,
bien qu'elle soit destinée,
tout au moins par nature,
à laisser une trace durable d'on ne sait trop quoi.

    Manuel Díaz MARTÍNEZ

Il y a une sottise sacrilège à transformer en exercice d'école et en jeux intellectuels quelques-uns des chants les plus ivres des joies et des douleurs de la terre, les plus splendidement chargés d'impureté, les plus réellement charnels qui aient passé par des lèvres humaines.

    Thierry MAULNIER

La matière de la poésie est l'insaisissable.

    Thierry MAULNIER

Définir la poésie est plus difficile encore que d'écrire des vers. N'est-ce pas l'expression harmonieuse du rêve ? Je ne sais trop. J'ai écrit un volume de poésies, le premier et le dernier, certainement. Mais je n'avais pas pensé à définir la poésie, au moins comme certains dictionnaires qui prétendent que c'est l'art de faire des ouvrages en vers.

    Guy DE MAUPASSANT

L'éternité des poètes, c'est celle de la mémoire humaine – je veux dire qu'ils n'ont pas à compter sur la seule écriture et que toute poésie qui ne se grave pas dans ma mémoire s'effacera.

François MAURIAC

La poésie ne veut rien nous apprendre ; il ne faut pas confondre poésie et enseignement. Mais attention ! il ne faut pas opposer non plus ! Car le chant du poète peut tout charrier, tout rouler dans son flot magique. Il suffit que la matière y soit suffisamment incorporée à l'esprit, et, pour ainsi dire, que l'un et l'autre soient levés à la même température de fusion.

Charles MAURRAS

Nous savons tous, quand nous accomplissons quelque chose, tout ce que nous avons laissé de côté, nous sommes conscients de la mesure de notre échec et nous possédons en nous une image de l'œuvre parfaite que nous n'avons pas réussi à produire, et c'est *cela* que l'on considère comme le poème, c'est pour *cela* que l'on veut être reconnu. C'est notre fierté, l'expression de notre moi qui réclame une totale reconnaissance. Et il est difficile de séparer l'œuvre d'art de l'homme ou de la femme qui l'a produite.

Henry MILLER

La musique est le cri de l'Amour ; la poésie en est la pensée... L'une est exaltation du présent et elle chante : « Je vis et j'aime » ; l'autre est l'ivresse du souvenir, et alors même qu'elle se propose d'exprimer un amour bien réel et bien vivant, elle semble dire : « J'ai vécu, j'ai aimé... » Et voilà sans doute la raison pour laquelle les deux nobles sœurs, d'abord fondues en un art unique, se devaient séparer avec le progrès des temps.

O. V. DE L. MILOSZ

Hommes
il faut tuer la mort qui sur nous s'abat
et ceci appelle l'insurrection de la poésie.

Gaston MIRON

La poésie apparaît presque toujours aux habitants de la Terre comme une nymphe asexuée, à sang pâle, sans glandes nourricières ni globules rouges. Vêtue de longs cheveux et de larmes, elle est censée avoir été créée pour déclamer avec langueur des choses inutiles, endormant ceux qui les écoutent. Il y a erreur sur la personne. La poésie est la jeunesse du monde, la source et le renouvellement des sources, le miracle éternel qui rafraîchit le mal des hommes. Elle se dresse, nue, dure, pure, impérieusement belle, au-dessus de l'humain.

    Thyde MONNIER

La poésie est un grain de beauté sur la joue de l'intelligence.

    Henry DE MONTHERLANT

Il n'y a que les vers médiocres qu'on puisse mettre en musique, la musique les embellit. Les bons vers ont leur musique à eux, qui est parfaite.

    Jean MORÉAS

La poésie est l'art de dire excentriquement des banalités...

    Jean MORÉAS

L'amour fait partie de la poésie de la vie. La poésie fait partie de l'amour de la vie. Amour et poésie s'engendrent l'un l'autre et peuvent s'identifier l'un à l'autre.
Si l'amour est l'union suprême de la sagesse et de la folie, il nous faut assumer l'amour.
Si la poésie transcende sagesse et folie, il nous faut aspirer à vivre l'état poétique, et éviter que la prose n'engloutisse nos vies, qui sont nécessairement tissées de prose et de poésie.

    Edgar MORIN

Rien ne nous rend si grands qu'une grande douleur.
Mais, pour en être atteint, ne crois pas, ô poète,
Que ta voix ici-bas doive rester muette.
Les plus désespérés sont les chants les plus beaux,
Et j'en sais d'immortels qui sont de purs sanglots.

    Alfred DE MUSSET

LA POÉSIE

L'inspiration poétique, cette étincelle tant recherchée, se trouve la plupart du temps dans une bouteille bien cachetée. Goethe buvait du vin du Rhin, Byron du rhum, Hoffmann du punch...
   Alfred DE MUSSET

Nous écrivons pour des gens si humbles que très, très souvent ils ne savent pas lire. Pourtant la poésie existait sur terre avant l'écriture et avant l'imprimerie. C'est pour cela que nous savons que la poésie est comme le pain et doit être partagée entre tous, érudits et paysans, entre toutes nos immenses, fabuleuses, extraordinaires familles de peuples...
   Pablo NERUDA

À quoi servent les vers si ce n'est pour cette nuit où un poignard amer nous transperce, pour ce jour, pour ce crépuscule, pour ce coin brisé où le corps frappé de l'homme se dispose à mourir ?
   Pablo NERUDA

Il ne s'agit pas de poétiser la vie, mais de vivre la poésie.
   Gérard NEVEU

Le poème est un processus d'évaporation et de distillation. Atteindre la quintessence, c'est atteindre la signification la plus profonde d'une histoire.
   Anaïs NIN

Mais je dis, moi, que la poésie se mange.
   Géo NORGE

La poésie est comme la source. Pour y boire, il faut s'agenouiller et se pencher.
   Cyprian NORWID

Dans toute poésie, le chaos doit transparaître sous le voile uni de l'ordre.
   Friedrich NOVALIS

La poésie est aujourd'hui l'algèbre supérieure des métaphores.

    José Ortega y Gasset

La poésie sera toujours dans l'herbe. Elle est et restera la fonction organique d'un être heureux, reforgeant toute la félicité du langage, crispé dans le cœur natal... Plus il y aura d'hommes heureux, plus il sera facile d'être poète.

    Boris Pasternak

Toute loi poétique, pour être exacte ou complète, devrait de façon ou d'autre comprendre le mystère.

    Jean Paulhan

La poésie commence lorsqu'un idiot dit de la mer : « On dirait de l'huile. »

    Cesare Pavese

Et surtout se rappeler que faire des poèmes, c'est comme faire l'amour : on ne saura jamais si sa joie est partagée.

    Cesare Pavese

La poésie est connaissance, salut, pouvoir, abandon. Opération capable de changer le monde, l'activité poétique est révolutionnaire par nature ; exercice spirituel, elle est une méthode de libération intérieure. La poésie révèle ce monde ; elle en crée un autre.

    Octavio Paz

De tout poème authentique s'échappe un souffle de liberté entière et agissante, même si cette liberté n'est pas évoquée sous son aspect politique et social, et, par là, contribue à la libération effective de l'homme.

    Benjamin Péret

La poésie est une salve contre les habitudes.

    Henri Pichette

LA POÉSIE

Navigateur sans boussole et sans portulan, j'aborde le poème comme un continent vierge et imprévisible, et soudain, le heurt d'une image, d'un vers m'éveille et m'ouvre les yeux.
Gaétan PICON

La poésie, comme l'art, est inséparable de la merveille.
André PIEYRE DE MANDIARGUES

En quelques mots, je définis la Poésie des mots comme Création rythmique de la Beauté. Son seul juge est le Goût.
Edgar POE

La poésie, cet art de sourire à l'imminence du précipice, à la menace du n'importe quoi.
Bertrand POIROT-DELPECH

L'on devrait pouvoir à tous poèmes donner ce titre : « Raisons de vivre heureux »...
Francis PONGE

Aux buissons typographiques constitués par le poème sur une route qui ne mène hors des choses ni à l'esprit, certains fruits sont formés d'une agglomération de sphères qu'une goutte d'encre remplit.
Francis PONGE

Ne sait-on pas que la poésie est un jeu, comme le jeu de quilles ? De temps en temps, pour y reprendre goût, on change un peu les règles. Mais le point, c'est de lancer la boule de façon qu'en l'air elle attrape du soleil.
Henri POURRAT

Je voudrais que ma poésie te fût passerelle
subtile, stable, lumineuse,
au-dessus des gouffres obscurs de la terre.
Antonia POZZI

La poésie, c'est ce qu'on rêve, ce qu'on imagine, ce qu'on désire et ce qui arrive, souvent. La poésie est partout comme Dieu n'est nulle part. La poésie, c'est un des plus vrais, un des plus utiles surnoms de la vie.

    Jacques Prévert

Mon poème est un oiseau qui veut sortir de la cage du livre.

    Jacques Prévert

On a beaucoup parlé ces derniers temps de poésie pourrie. J'aimerais qu'on m'en citât une qui ne le fût pas. C'est d'une décomposition exquise que la poésie, qu'elle soit écrite ou peinte, qu'on la regarde ou qu'on l'écoute, compose ses accords. On pourrait la définir de la sorte : la poésie se forme à la surface d'un marécage. Que le monde ne s'en plaigne pas. Elle résulte de ses profondeurs.
Voilà de quoi je parle lorsque j'écrivais « pourriture divine ». Celle qui, du fond de l'âme humaine, cherche sa réponse dans les moires éclatantes de Dieu...

    Jacques Prévert

Ni poèmes de satisfaction ni jérémiades ! Nous n'écrirons qu'au nom des étoiles dont nous sommes tombés.

    Gaston Puel

Les mots, il suffit qu'on les aime
pour écrire un poème
on ne sait pas toujours ce qu'on dit
lorsque naît la poésie...

    Raymond Queneau

La poésie n'est ni dans la pensée, ni dans les choses, ni dans les mots ; elle n'est ni philosophie, ni description, ni éloquence : elle est inflexion.

    Charles-Ferdinand Ramuz

Un beau vers a douze pieds, et deux ailes.

    Jules Renard

LA POÉSIE

La poésie est dans ce qui n'est pas. Dans ce qui nous manque. Dans ce que nous voudrions qui fût. Elle est en nous à cause de ce que nous ne sommes pas.

Pierre REVERDY

La poésie n'est ni dans la vie ni dans les choses – c'est ce que vous en faites et ce que vous y ajoutez.

Pierre REVERDY

La poésie ne mène à rien – à condition de ne pas en sortir.

Pierre REVERDY

La rime est un jupon, je m'amuse à la suivre.

Jean RICHEPIN

Dans une seule pensée créatrice revivent mille nuits d'amour oubliées qui l'emplissent de noblesse et de grandeur. Ceux qui se joignent et s'enlacent au cours des nuits dans les bercements de la volupté accomplissent une œuvre sérieuse et amassent douceur, profondeur et force pour le chant de quelque poète à venir.

Rainer Maria RILKE

Le quotidien le plus banal est une provocation constante à la grandeur. Des événements si insignifiants qu'ils ne seraient pas à même de déplacer d'un dix-millième le destin le plus flexible. Regarde : c'est là qu'ils font signe, et le vers fait accéder à l'éternel.

Rainer Maria RILKE

Un mauvais sonnet de poète de sous-préfecture est déjà une grande merveille, si l'on veut bien le placer, comme il se doit, dans une perspective qui embrasse les âges géologiques et les révolutions sidérales.

Jules ROMAINS

La poésie est la continuation de la prose par d'autres moyens.

Jacques ROUBAUD

Chaque nouvelle lecture d'un poème ancien fait un poème nouveau.
 Jacques ROUBAUD

La poésie est un certain ordre des mots, créateur d'un nouvel ordre des choses, parce que libéré de tout l'ordinaire qui encadre la vie.
 André ROUSSEAUX

C'est une atroce boule d'enfance
Qui remonte la gorge ; on la baptise
Poésie ; et beaucoup en sont morts
Sur ces terres nouvelles que le sang fertilise.
 Jean ROUSSELOT

Ce n'est pas ce qui est regardé qui définit la poésie, c'est le regard. Ce ne sont pas les choses qui arrivent qui font un poème, c'est la façon du poète d'arriver dans les choses.
 Claude ROY

Le poème c'est ce qui s'apprend par cœur sans même qu'on ait songé à l'apprendre.
 Claude ROY

Le poème doit créer dès ses premiers mots le silence dans lequel on l'entendra.
 Robert SABATIER

Poésie : le langage de ce que cache le langage.
 Robert SABATIER

La Poésie, comme le vol, a été créée pour que nos yeux se lèvent – pour mieux voir ensuite la terre et le tréfonds.
 Robert SABATIER

Que la poésie qui a commencé en musique ne finisse pas en algèbre !
 Robert SABATIER

Et nos poèmes encore s'en iront sur la route des hommes, portant semence et fruit dans la lignée des hommes d'un autre âge.
>   Saint-John Perse

Lorsque les philosophes eux-mêmes désertent le seuil métaphysique, il advient au poète de relever là le métaphysicien ; et c'est la poésie, non la philosophie, qui se révèle alors la vraie « fille de l'étonnement », selon l'expression du philosophe antique à qui elle fut le plus suspecte.
>   Saint-John Perse

L'arbre de poésie plonge dans l'avenir, ses branches tombant vers nous ; cueillons-en le fruit lumineux avec l'image prédestinée qui restera sur lui comme une immortelle ampoule dont s'éblouira la Vie en marche.
>   Saint-Pol Roux

Pour moi, la poésie dans une œuvre, c'est ce qui fait apparaître l'invisible. Plus fort sera l'élan qui permettra de percer les apparences – et parmi ces apparences je compte ce qu'il est convenu de considérer comme « poétique » – plus grande sera dans l'œuvre la part de la poésie.
>   Nathalie Sarraute

Cri le plus vrai, le poème serait-il une étincelle d'absolu ?
>   Pierre Seghers

Seul le rythme provoque le court-circuit poétique et transmue le cuivre en or, la parole en verbe.
>   Léopold Sédar Senghor

La poésie immortalise tout ce qu'il y a de meilleur et de plus beau dans le monde.
>   Percy Bysshe Shelley

Sans doute, il faut, pour bien écrire, une émotion vraie, mais il ne faut pas qu'elle soit déchirante. Le bonheur est nécessaire à tout, et la poésie la plus mélancolique doit être inspirée par une sorte de verve qui suppose de la force et des jouissances intellectuelles.

Madame DE STAËL

Le vers alexandrin n'est souvent qu'un cache-sottise.

STENDHAL

La poésie est une éternelle jeunesse qui ranime le goût de vivre jusque dans le désespoir.

André SUARÈS

Je cherche et j'ai trouvé des poèmes au bord de la mer, comme on cherche des fragments de bois ou de pierre étonnamment travaillés par les flots. Ces poèmes résultent eux aussi du long travail, du long séjour de quelque chose dont l'origine, la nature première m'échappent (comme je ne saurais dire d'où viennent ce galet, ce poisson de bois lourd), dans un milieu laborieux qui est moi-même – conscience ou inconscient continuellement en mouvement.

Henri THOMAS

La poésie est une image
qui laisse passer les images
la poésie est une image de la poésie
qui laisse passer les images
on n'en connaît
que les traces de doigts
sur la vitre...

Pierre TILMAN

« Comprendre » la prose, c'est saisir les idées qui la commandent. « Comprendre » un poème, c'est être envahi par l'inspiration qui en émane.

Michel TOURNIER

La poésie est action. Elle ne se laisse pas cadenasser dans des systèmes clos. Si la poésie ne doit pas servir l'homme, si elle ne doit pas l'aider à se libérer des contraintes intérieures, d'ordre moral, et extérieures, d'ordre social, elle n'est plus qu'objet de jouissance, simple amusement.

    Tristan Tzara

Prenez un journal.
Prenez des ciseaux.
Choisissez dans ce journal un article ayant la longueur que vous comptez donner à votre poème.
Découpez l'article.
Découpez ensuite avec soin chacun des mots qui forment cet article et mettez-les dans un sac.
Copiez consciencieusement.
Le poème vous ressemblera.
Et vous voilà « un écrivain infiniment original et d'une sensibilité charmante, encore qu'incomprise du vulgaire ».

    Tristan Tzara

La poésie n'est que la littérature réduite à l'essentiel de son principe actif.

    Paul Valéry

Or est *poème* ce qui ne se peut résumer. On ne résume pas une mélodie.

    Paul Valéry

Le poème – cette hésitation prolongée entre le son et le sens.

    Paul Valéry

La prose est une marche, la poésie est une danse.

    Paul Valéry

La poésie est le plus périlleux des arts, car le poète n'y a le choix qu'entre le sublime et le ridicule.

    Émile Verhaeren

Oh ! qui dira les torts de la Rime !
Quel enfant sourd ou quel nègre fou

Nous a forgé ce bijou d'un sou
Qui sonne creux et faux sous la lime ?

    Paul VERLAINE

De la musique encore et toujours !
Que ton vers soit la chose envolée
Qu'on sent qui fuit d'une âme en allée
Vers d'autres cieux à d'autres amours.

Que ton vers soit la bonne aventure
Éparse au vent crispé du matin
Qui va fleurant la menthe et le thym...
Et tout le reste est littérature.

    Paul VERLAINE

La poésie ? C'est un ballon rouge avec une ficelle.

    Pierre VÉRY

La poésie est une maladie du cerveau.

    Alfred DE VIGNY

La peinture est une poésie qui se voit au lieu de se sentir ; et la poésie est une peinture qui se sent au lieu de se voir.

    Léonard DE VINCI

L'art de la poésie à l'homme est nécessaire.
Qui n'aime point les vers a l'esprit sec et lourd ;
Je ne veux point chanter aux oreilles d'un sourd :
Les vers sont en effet la musique de l'âme.

    VOLTAIRE

On sait très bien en quoi consiste l'objet de la poésie ; il consiste à peindre avec force, netteté, délicatesse et harmonie : la poésie est l'éloquence harmonieuse.

    VOLTAIRE

Dans un poème, si l'on demande pourquoi tel mot est à tel endroit, et s'il y a une réponse, ou bien le poème n'est pas de premier ordre, ou bien le lecteur n'a rien compris.
      Simone WEIL

Toute la mauvaise poésie vient de sentiments vrais. Être naturel, c'est être clair, c'est-à-dire inartistique...
      Oscar WILDE

Si la poésie n'est pas susceptible de progrès, en ce sens qu'elle est la voix de l'âme, si elle doit rester éternellement jeune et nouvelle, quoique toujours semblable, il n'en est pas moins vrai que, fille de l'humanité, elle doit en refléter les diverses phases, rétrécir ou élargir son horizon, selon que baisse ou grandit le savoir humain.
      Émile ZOLA

Histoire et historiens

L'histoire est l'odyssée de l'esprit...
   Émile Chartier, dit ALAIN

L'historien n'est pas romancier du tout ; l'historien n'a point de jeunesse ; à chaque moment il nous dit tout ce qu'il sait.
   Émile Chartier, dit ALAIN

La connaissance historique ne consiste pas à raconter ce qui s'est passé d'après les documents écrits qui nous ont été par accident conservés, mais, sachant ce que nous voulons découvrir et quels sont les principaux aspects de toute collectivité, à nous mettre en quête des documents qui nous ouvriront l'accès au passé.
   Raymond ARON

Où les historiens s'arrêtent, ne sachant plus rien, les poètes apparaissent.
   Jules BARBEY D'AUREVILLY

L'historien, le moraliste, le philosophe même ne veulent voir que le criminel : ils refont le mal à l'image et à la ressemblance de l'homme. Ils ne se forment aucune idée du mal lui-même, cette énorme aspiration du vide et du néant.
    Georges BERNANOS

On ne doit pas écrire l'Histoire avec un *a priori*, les deux points de vue doivent être donnés, même s'il n'y en a qu'un.
    John BETJEMAN

Mais l'historien n'a rien d'un homme libre. Du passé, il sait seulement ce que ce passé même veut bien lui confier.
    Marc BLOCH

Il se peut que l'histoire universelle soit celle de diverses intonations, données à quelques métaphores.
    Jorge Luis BORGES

Dieu ne peut rien changer au passé, les historiens oui.
    Samuel BUTLER.

Le roman est l'histoire des hommes et l'Histoire le roman des rois.
    Alphonse DAUDET

Les historiens devraient admettre qu'ils sont des écrivains.
    Alain DECAUX

Il existe en France une telle curiosité pour l'histoire que le devoir des historiens professionnels est aussi d'être de véritables écrivains.
    Georges DUBY

L'histoire exige de la clarté, de la lucidité, de la patience mais aussi du style et de l'imagination. Du lyrisme en somme.
    Georges DUBY

L'impartialité historique est une duperie. L'historien véritable n'est point greffier, mais poète.
>   Georges Duhamel

S'il est vrai qu'on ne peut faire de bonne littérature avec de bons sentiments, reconnaissons que les historiens sont à même de faire une littérature excellente.
>   Georges Duhamel

Il est permis de violer l'histoire à condition de lui faire un enfant.
>   Alexandre Dumas fils

L'histoire n'est pas une science, c'est un art. On n'y réussit que par l'imagination.
>   Anatole France

Là où les histoires se joignent, finit l'Histoire.
>   Édouard Glissant

Écrire l'histoire est une manière de se décharger du passé.
>   Johann Wolfgang von Goethe

L'histoire est un roman qui a été, le roman est de l'histoire qui aurait pu être.
>   Edmond et Jules de Goncourt

L'historien est un prophète qui regarde en arrière.
>   Heinrich Heine

À l'heure actuelle, dans le raclage têtu des vieux cartons, l'histoire ne sert plus qu'à étancher les soifs littéraires des hobereaux qui préparent ces rillettes de tiroirs auxquelles l'Institut décerne, en salivant, ses médailles d'honneur et ses grands prix.
>   Joris-Karl Huysmans

L'histoire moderne s'écrit avec des préjugés, l'histoire ancienne avec des ciseaux.

    Maurice Joly

Les historiens sont les éteignoirs de l'esprit. Ils réduisent la guerre de Troie à une querelle de marchands...

    Roger Judrin

Le grand talent des historiens doués de prestige est de rendre vraisemblables les invraisemblances de l'histoire.

    Gustave Le Bon

Je m'élève avec force contre ceux qui voudraient reléguer l'histoire parmi les amusements, sans comprendre que la fonction de la mémoire est aussi importante que celle du calcul.

    Jacques Le Goff

L'historien est bien obligé d'avoir recours à l'écrit, aux archives, mais l'écrit est trompeur. Il ne reflète pas la réalité. L'Histoire est un cône qui repose sur sa base, alors que les archives sont un cône qui repose sur sa pointe.

    Emmanuel Le Roy-Ladurie

Je n'aime dans l'histoire que les anecdotes.

    Prosper Mérimée

L'histoire, dans le progrès du temps, fait l'historien bien plus qu'elle n'est faite par lui.

    Jules Michelet

On imagine mal un historien en train de faire l'amour. Dévoué par vocation à raconter les événements des autres, comment en aurait-il lui-même ?

    Henry de Montherlant

Quiconque traite du passé de l'humanité est toujours assuré de trouver un public ; car il est tentant de comparer sa propre grosse tête d'imbécile au crâne de quelque microcéphale des temps révolus...
   Friedrich NIETZSCHE

L'historien moderne est devenu un Dieu.
   Charles PÉGUY

Il ne faut pas tricher avec la réalité, la réalité historique en ce qui me concerne. Je ne me sens pas le droit de tricher avec l'Histoire, que j'adore. Si je lui fais un enfant, je veux que ce soit un bel enfant qui ressemble à sa mère en quelques sortes ! Mais il faut aussi rendre cette Histoire lisible : contrairement à l'Histoire que l'on trouve dans les manuels, l'histoire romancée fait le tri entre les événements et personnages intéressants et ceux qui le sont moins. Ainsi le roman historique est-il plus attachant, tout en respectant l'Histoire.
   Michel PEYRAMAURE

Les historiens, s'ils n'ont pas eu tort de renoncer à expliquer les actes des peuples par la volonté des rois, doivent la remplacer par la psychologie de l'individu médiocre.
   Marcel PROUST

L'Histoire est la science du malheur des hommes.
   Raymond QUENEAU

Le talent de l'historien consiste à faire un ensemble vrai avec des traits qui ne sont vrais qu'à demi.
   Ernest RENAN

L'historien : pas de métaphores ! Des fiches.
   Jules RENARD

La vérité historique est faite du silence des morts.
   Étienne REY

Historiens... Nous ne sommes pas faits pour déterrer les ossements des morts. Nous ne voulons rien moins que ressusciter le feu des âmes, en recueillant ce feu errant dans notre être, en offrant à ces âmes mortes l'hôtellerie de notre vie de passage, nos yeux pour y loger leurs regards, notre langue pour battant de cloche de leurs voix, en épousant leur être, même en ses pensées les plus secrètes qu'on n'avoue pas aux autres, ni quelquefois à soi... Si l'on n'a pas le don de se réincarner dans l'être des morts, que vaut l'histoire ? Quelles pauvres reliques du passé ! Toute la vie s'en est allée. Le secret des siècles nous échappe...

    Romain ROLLAND

L'architecture est le seul livre d'histoire sans mensonge.

    Robert SABATIER

Interroger l'Histoire, c'est déjà répondre à sa place.

    Robert SABATIER

Écrire l'histoire de son pays et de son temps, [...] c'est se montrer à soi-même pied à pied le néant du monde, de ses craintes, de ses désirs, de ses espérances, de ses disgrâces, de ses fortunes, de ses travaux...

    Duc de SAINT-SIMON

Toute l'histoire est sujette au doute. La vérité des historiens est une erreur infaillible.

    André SUARÈS

Les romans les moins historiques sont sans doute les romans historiques, mensongers comme l'histoire.

    Elsa TRIOLET

L'histoire est le produit le plus dangereux que la chimie de l'intellect ait élaboré.

    Paul VALÉRY

HISTOIRE ET HISTORIENS

L'Histoire est la science des choses qui ne se répètent pas.
　Paul Valéry

Un historien est un babillard qui fait des tracasseries aux morts.
　Voltaire

Les historiens nous proposent du passé des systèmes trop complets, des séries de causes et d'effets trop exacts et trop clairs pour avoir jamais été entièrement vrais ; ils réarrangent cette docile matière morte, et je sais que même à Plutarque échappera toujours Alexandre.
　Marguerite Yourcenar

Biographie
et biographes

Biographie. L'embêtant, dans le genre, c'est que les morts n'aient plus le droit de réponse.
    Hervé BAZIN

Il me semble que les bonnes biographies sont celles qui laissent leur part à l'aléatoire, au hasard, où le personnage apparaît comme échappant à une chaîne déterministe, flottant un peu dans son époque comme nous tous.
En fait, et pour simplifier, je préfère savoir quel air sifflotait Michel-Ange en tapant sur son burin plutôt qu'apprendre qu'il travaillait pour honorer une commande passée par Jules II.
    Patrick CAUVIN

Une anecdote nous en apprend plus sur un homme qu'un volume de biographie.
    William E. CHANNING

Il est incroyable que la perspective d'avoir un biographe n'ait fait renoncer personne à avoir une vie.
    Emil Michel CIORAN

Il est très mauvais d'écrire *sur* quelqu'un. Il faut s'intéresser aux problèmes, ou alors au *sens caché* des expériences que l'on vit.
   Emil Michel Cioran

Il est plus difficile d'être un héros pour son valet que pour son biographe.
   John W. Dafoe

Quant aux biographes, qu'ils se lamentent ! Nous n'avons nulle envie de leur rendre la tâche facile ; chacun d'eux aura raison dans sa façon personnelle d'expliquer le développement du héros.
   Sigmund Freud

Chaque biographie est une histoire universelle.
   Bernard Groethuysen

Le roman est l'art de créer un homme, la biographie est l'art de le ressusciter.
   Benjamin Jarnes

[Le biographe] est une sorte d'animal bifurqué, fouilleur et rêveur ; car la biographie est un impossible amalgame : à moitié arc-en-ciel, à moitié roc.
   Paul Murray Kendall

Les biographes ne connaissent pas la vie sexuelle de leur propre épouse, mais ils croient connaître celle de Stendhal ou de Faulkner.
   Milan Kundera

L'essentiel de la biographie d'un écrivain consiste dans la liste des livres qu'il a lus.
   Valery Larbaud

BIOGRAPHIE ET BIOGRAPHES

L'un des risques de la biographie littéraire est que le lecteur puisse être mené à croire que l'essentiel s'y trouve, qu'il n'est plus besoin de rien lire d'autre, alors que l'essence de la vie de l'auteur tient dans ce qu'il a dit.

Herbert R. LOTTMAN

Un homme avide de jouer sa biographie, comme un acteur joue un rôle.

André MALRAUX

Le biographe se fait semblable à son héros pour essayer de le comprendre ; le lecteur se fait semblable au héros pour essayer d'agir comme lui.

André MAUROIS

Comment peut-on écrire sur autrui quand on s'est tellement trompé sur soi-même ?

Paul MORAND

La meilleure part de la biographie d'un écrivain, ce n'est pas le compte rendu de ses aventures, c'est l'histoire de son style.

Vladimir NABOKOV

Il ne faut pas confondre le peu de force qui est nécessaire à pousser un canot dans un fleuve, avec la force du fleuve qui le porte dès lors ; mais c'est le cas de presque tous les biographes.

Friedrich NIETZSCHE

Lis toutes les biographies de grands morts, et tu aimeras la vie.

Jules RENARD

Je suis content que l'on ne sache rien d'Empédocle. Je suis pour la destruction des traces. L'œuvre, rien que l'œuvre, voilà ce qui m'intéresse et ce que je considère. Je vous rappelle le mot de Wilde :

« La biographie ajoute une crainte à la mort. » Oscar a toujours raison.

Angelo RINALDI

Je considère la publication d'une biographie du vivant d'un écrivain comme grossière et immorale.

Alexandre SOLJENITSYNE

Journaux intimes

Assez de cette putain de première personne.
Samuel BECKETT

Il n'y a rien de plus sot qu'un journal, du moins aussi longtemps que son auteur vit. Je n'ai jamais été découragé par la niaiserie, tout ce qu'on écrit de sincère est niais, toute vraie souffrance a ce fond de niaiserie, sinon la douleur des hommes n'aurait plus de poids, elle s'envolerait dans les astres.
Georges BERNANOS

Le « Journal » n'est pas essentiellement confession, récit de soi-même. C'est un Mémorial. De quoi l'écrivain doit-il se souvenir ? De lui-même, de celui qu'il est, quand il n'écrit pas, quand il vit la vie quotidienne, quand il est vivant et vrai et non pas mourant et sans vérité.
Maurice BLANCHOT

Écrire son journal intime, c'est se mettre momentanément sous la protection des jours communs, mettre l'écriture sous cette protection, et c'est aussi se protéger de l'écriture en la soumettant à cette régularité heureuse qu'on s'engage à ne pas menacer.

Maurice BLANCHOT

Ce n'est pas un journal que je tiens, c'est un feu que j'allume dans le noir.

Christian BOBIN

Mon journal intime est caché à l'intérieur de mes livres, qui sont écrits pour mettre une unité dans ma vie. On a eu tort, surtout à l'époque du Nouveau Roman, de vouloir séparer les deux choses. L'œuvre littéraire résulte de l'existence et, en retour, l'existence est profondément bouleversée par elle.

Michel BUTOR

Auteurs de journaux intimes, on vous appelle diaristes : quelle horreur !

Maurice CHAPELAN

Tenir un journal, c'est prendre des habitudes de concierge, remarquer des riens, s'y arrêter, donner aussi trop d'importance à ce qui vous arrive, négliger l'essentiel, devenir écrivain dans le pire sens du mot.

Emil Michel CIORAN

Tenir un journal, quel témoignage d'impuissance à coordonner ses pensées ! C'est le propre d'un esprit discontinu, brisé à ses racines, en profondeur complice et victime des fluctuations du temps, de *son* temps. Inapte à méditer, il *se* médite... C'est encore de la philosophie rabaissée à un calendrier intime.

Emil Michel CIORAN

Quand Messieurs les écrivains tiennent journal, il est prudent de ne les lire qu'avec circonspection. Ils ne font pas, en trois lignes de préface, serment de dire la vérité, toute et rien que la vérité. Des événements observés, ils préparent le plat de leur façon sur lequel, au bon moment, ils auront jeté le sel qu'il fallait, et ils servent leur filet de vérité comme le traiteur son filet de bœuf ; mais vérité farcie d'aromates et joliment nappée pour flatter l'œil et surprendre le palais. [...] Il faut en prendre et en laisser. Et la différence du leur à un journal caviardé, c'est que, sur leur copie, les blancs n'apparaissent pas.

José Corti

Je n'ai jamais éprouvé le besoin de noter, au jour le jour, les nuances de mes états d'âme ni les menus incidents de mon existence. À la surface de nos vies, y a-t-il quelque chose qui mérite d'être fixé ?

Michel Del Castillo

Si plus tard on publie mon journal, je crains qu'il ne donne de moi une idée assez fausse. Je ne l'ai point tenu durant les longues périodes d'équilibre, de santé, de bonheur ; mais bien durant ces périodes de dépression, où j'avais besoin de lui pour me ressaisir, et où je me montre dolent, geignant, pitoyable.

André Gide

Parler de moi m'ennuie ; un journal est utile dans les évolutions morales conscientes, voulues et difficiles. On veut savoir où l'on en est. [...] Un journal intime est intéressant surtout quand il note l'éveil des idées ; ou des sens, lors de la puberté ; ou bien enfin lorsqu'on se sent mourir.

André Gide

Un jour, j'ai pensé que mon journal pourrait être publié. Dès lors, il est devenu autre, malgré moi... En outre, on fait, à son insu, un choix dans ses pensées du jour. On met d'une page à l'autre une continuité qui existe, certes, dans la vie mais à l'état moins pur.

André Gide

Un journal est une longue lettre que l'auteur s'écrit à lui-même, et le plus étonnant est qu'il se donne à lui-même de ses propres nouvelles.

Julien Green

À propos du Journal. Il ne concerne jamais qu'une certaine couche d'événements, qui se produisent dans le domaine spirituel ou physique. Ce qui nous occupe au plus profond de nous-mêmes échappe à la communication, et je dirais presque à notre propre perception.

Ernst JÜNGER

À propos du Journal Intime : les petites observations brèves ont souvent la sécheresse du thé ; la transcription, c'est l'eau bouillante qui en extrait l'arôme.

Ernst JÜNGER

Un journal vous fournit des preuves de ce que, même en proie à des états qui vous paraissent aujourd'hui intolérables, on a vécu, regardé autour de soi et noté des observations, de ce que cette main droite, donc, s'est agitée comme maintenant, maintenant que la possibilité d'embrasser d'un seul coup d'œil notre situation d'autrefois nous a rendus plus perspicaces, ce qui nous oblige d'autant plus à reconnaître l'intrépidité de nos efforts d'autrefois qui se soutenaient dans cette pure ignorance.

Franz KAFKA

Des journaux intimes mon maître disait que rien ne lui semblait moins intime que ces journaux.

Antonio MACHADO

Publier un journal, surtout « scandaleux », ou, disons, impudique, n'a de justification que si on livre tout tel quel, brut, au lecteur. Le journal, c'est le degré zéro de l'écriture.

Gabriel MATZNEFF

Journal, pour qui ? écrivais-je souvent ici. Mais pour moi ! pour moi ! répond un lecteur qui ne naîtra que dans de nombreuses années. Et un autre encore qui me lira alors que l'autre sera lui-même poussière.

Claude MAURIAC

Le journal le plus secret est une composition littéraire, un arrangement, un mensonge. Nous tirons de notre chaos une créature harmonieuse et nous nous y complaisons. S'il existe un seul homme qui tienne son journal pour son agrément particulier et non pour le siècle futur (et nous doutons fort que cet homme existe), il lui reste toujours quelqu'un à duper, et c'est lui-même.

François Mauriac

N'écrire qu'à soi-même, c'est n'écrire à personne.

Paul Morand

Quand on écrit un Journal, il ne faut pas se faire postérité, comme Gide, mais embarquer avec son temps. [...] Le grand malheur, c'est que la postérité n'aime pas qu'on écrive pour elle.

Paul Morand

Le repliement risque d'engendrer la stérilité ou le dessèchement. Essayez d'écrire dans votre Journal pour entretenir cette petite flamme. Développez, ouvrez, nommez, décrivez, exclamez-vous, peignez, caricaturez, dansez, sautez dans vos écrits. Nous sommes ici en tant qu'écrivains pour dire tout. Parlez pour vos humeurs, rendez votre silence éloquent.

Anaïs Nin

Il n'existe pas d'archétype, de modèle du journal ; au moins l'écrivain doit-il traiter le sien non pas comme un fourre-tout, un carnet de croquis, un aide-mémoire, mais comme une œuvre de création.

François Nourissier

Pourquoi un journal intime ? Parce que je voulais, de toutes mes forces, éviter la rechute, échapper à cette malédiction qu'est la mort du temps. Tu comprends ? Et un journal intime est la preuve indiscutable que les jours passent.

Érik Orsenna

Il faudrait pouvoir écrire un journal comme peint Picasso. Un journal déformant, qui manifesterait un art sans perdre de vue l'évident martyre qui consiste à être son propre nègre, surtout dans le domaine de la sensibilité, qui nous régit, qui nous décrète, qui nous meut.

Georges Perros

En lisant le journal intime d'un écrivain, il arrive que le désir me vienne de connaître son œuvre. La bête m'a retenu, me voilà curieux de son industrie.

Jean ROSTAND

Le journal est un signe de faiblesse, puisque les hommes forts n'en tiennent pas dans leur volonté d'épaissir le mystère de leur vie. Ils laissent à leurs biographes le soin d'imaginer et de fabriquer.

Jules ROY

Dans un journal littéraire, on commence par citer Nietzsche et Platon et on finit par parler de ses rhumes.

Robert SABATIER

Je ne le nie pas. J'ai la naïveté d'écrire, chaque soir, presque toujours en quelques lignes, quelquefois plus au long, le récit de ma journée, et, cela, depuis vingt ans. Il n'en résulte pas que ce *Journal* mérite d'être publié, et j'ignore encore si quelques pages en valent la peine. Je le feuillette. Je le trouve insipide pour tout autre que pour moi.

George SAND

Pour juger combien nous importunons en parlant de nous, il faut songer combien les autres nous importunent quand ils parlent d'eux.

Marie de Rabutin-Chantal, marquise DE SÉVIGNÉ

Démonstration à faire : quoique se passant en telle ou telle année, un journal d'écrivain vaut pour toutes les années possibles.

Philippe SOLLERS

Je n'écris plus les souvenirs charmants, je me suis aperçu que cela les gâtait.

STENDHAL

Mémoires
et autobiographies

Ce qui contribue à donner à l'Histoire les plus fausses couleurs, ce sont les Mémoires.

Jacques BAINVILLE

Je ne suis pas un autobiographe, mais un écrivain qui se disperse (et vous disperse) dans ses livres.

Hervé BAZIN

Toutes les autobiographies d'écrivains sont fausses, fatalement fausses parce que, quand on a écrit des romans, ce sont les mots qui ont pris le dessus et vous devancent.

Hector BIANCIOTTI

Écrire ses Mémoires est une opération à cœur ouvert, où il faut que le patient soit tellement lucide que, par un jeu de miroirs, il suive tout le processus de l'opération, car il est aussi le chirurgien. Surtout pas d'anesthésie, ni partielle ni totale, il importe au plus haut point que la main qui tient le scalpel ne tremble pas.

Raymond-Léopold BRUCKBERGER

Ce livre a l'air simple et franc comme une autobiographie qu'il est...
En fait il est écrit d'une façon sournoise et les choses sont racontées
avec ruse.

Michel BUTOR

Si tu écris ta vie, chaque page devrait apporter quelque chose dont
personne n'a jamais eu vent.

Elias CANETTI

Ce serait un bien pauvre homme que celui qui n'entreprendrait le
récit de sa vie que pour le malicieux plaisir de noter les petits côtés,
les travers de ceux qu'il a connus ; de ne révéler, de ne mettre en
évidence que les attitudes peu flatteuses et les tics ou les tares, soigneusement cachés sur les photos qu'on en connaît, de ceux qu'un
jour il a pu nommer ses amis. Cet homme-là ferait un triste métier,
quand même il dirait la vérité. [...] La belle gloire de cracher sur
des statues !

José CORTI

Le projet autobiographique vous installe, tel un pharaon, dans votre
propre vie : tel un monarque absolu prévoyant un scribe pour ses
derniers instants d'hôpital, de souffrance, d'agonie, jusqu'à la dernière parole – « Scribe, écris pour ma main défaillante ! Ainsi, jusqu'au bout j'aurais écrit ma vie ! »
Dans cette perspective de mégalomane, le désir autobiographique,
quand il s'étale, qu'il s'organise, que la main de l'auteur relayée par
celle du scribe qu'on a payé pour suivre, pas à pas, les mots et les
gestes de l'auteur finissant de vivre, ce projet devient vivre pour
écrire !

Assia DJEBAR

Je ne me suis jamais trouvée dans un confessionnal, mais il y a,
bien sûr, quelque chose de la confession du pénitent dans le texte
autobiographique. Une fois que, dans ce lieu, dans cette situation,
vous avez avoué un fait, un détail, rien ne peut être repris : c'est
trop tard ! Votre parole, votre texte sont ineffaçables.

Assia DJEBAR

L'histoire de ma vie n'existe pas. Ce n'est pas pour raconter mon
histoire que j'écris. L'écrit m'a enlevé ce qui me restait de vie, m'a

dépeuplée et je ne sais plus de ce qui est écrit par moi sur ma vie et de ce que j'ai réellement vécu ce qui est vrai.

Marguerite DURAS

On n'écrit bien, on ne pense bien, que ce que l'on n'a aucun intérêt personnel à penser ou à écrire. Je n'écris pas ces Mémoires pour me défendre. Je n'ai point à me défendre, puisque je ne suis pas accusé. Je les écris avant d'être accusé. Je les écris pour qu'on m'accuse.

André GIDE

On parle toujours trop de soi. Il faut se taire ou attendre le moment où on puisse le faire avec le sentiment de parler d'un autre ou d'un mort...

Remy DE GOURMONT

Quand un homme d'action écrit ses Mémoires, il a cessé de comprendre son temps.

Bernard GRASSET

Mon autobiographie avance rapidement. Je m'enfonce dans les confidences comme un malade s'enfonce dans la boue qui le guérira.

Julien GREEN

À l'heure actuelle, je ne sais plus très bien ce qui, dans mes romans, relève de l'autobiographie ; je suis par contre très conscient que cela n'a aucune importance.

Michel HOUELLEBECQ

Le problème de l'autobiographie ne peut être séparé de celui de la mémoire ; il me paraît difficile de se lancer dans une entreprise autobiographique avant d'avoir atteint un certain âge : celui auquel, peu à peu, les souvenirs reviennent.

Michel HOUELLEBECQ

Si je fais toutes ces confidences, c'est parce que je sais qu'elles ne m'appartiennent pas et que tout le monde à peu près a ces confidences sur les lèvres, prêtes à s'exprimer et que le littérateur n'est que celui qui dit à voix haute ce que les autres se disent ou murmurent.

Eugène IONESCO

Dans une autobiographie, il est inévitable que l'on mette très souvent « parfois », là où « une fois » serait conforme à la vérité. Car l'on se rend bien compte que le souvenir tire les choses d'une obscurité que le mot « une fois » fait éclater, mais que le mot « parfois », s'il ne l'épargne pas non plus tout à fait, laisse au moins subsister dans l'esprit de celui qui écrit et qui se trouve ainsi porté au-dessus de parties de sa vie qui n'ont peut-être nullement existé, mais lui fournissent un dédommagement pour celles que sa mémoire n'effleure même plus d'un doute.

Franz KAFKA

Je déteste ces autobiographies qui ne sont finalement que des recueils de potins de manucure. C'est assommant ce genre de livre !

Arthur KŒSTLER

Jamais je n'écrirai de mémoires. Ce n'est d'ailleurs pas l'envie qui m'en manquerait, c'est que j'en suis incapable. Le roman est la seule manière, pour moi, d'explorer mon passé et l'unique subterfuge pour contourner les difficultés de cette folle entreprise de retour en arrière, jusque dans un temps où je n'ai pas vécu. En vérité, j'ai le sentiment de n'avoir jamais rien écrit d'autre [...] que des autobiographies.

J.-M. G. LE CLÉZIO

Depuis que j'écris, je compose mes souvenirs.

Pierre MAC ORLAN

Dans l'ordre des Mémoires, je crois que la chronologie n'est pas la vérité. Si je veux faire un récit de ma vie, ce qui est essentiel échappera absolument.

André MALRAUX

Refuser d'écrire sa vie, ce n'est pourtant pas se résoudre à n'en rien laisser connaître. Si nous renonçons à une approche directe de l'être

MÉMOIRES ET AUTOBIOGRAPHIES

que nous fûmes, il nous reste d'en rechercher le reflet dans les livres qu'il a aimés. Nous avons été modifiés par nos lectures, mais nous avons aussi imposé notre empreinte à celles qui ont beaucoup compté pour nous, au point qu'en parler, c'est nous livrer.

François MAURIAC

Nous ne songeons pas assez à la postérité quand nous écrivons une lettre. Nous mettons une légèreté extrême à gribouiller n'importe quoi – seulement pour faire des lignes, – alors que ces feuillets témoigneront pour ou contre nous aussi longtemps, et parfois avec plus d'efficacité, que nos livres. Plus d'efficacité, car ils font l'effet d'être sincères, alors que, toujours pleins de politesses que nous ne ressentons pas, ils le sont au contraire beaucoup moins. Et le goût du petit s'en mêlant.

Henry DE MONTHERLANT

Il est moins important d'écrire un grand roman, de nos jours, que de se fabriquer [...] une grande biographie.

Paul MORAND

J'ai maintenant une longue expérience de l'aveu autobiographique et je sais que « tout dire » est à peu près impossible. Il vient toujours un moment où il faut freiner, se taire. On rêve de confession absolue : elle est impraticable. On peut simplement fixer les limites plus ou moins loin.

François NOURISSIER

L'autobiographie est faite pour les critiques, ces messieurs qui ne sont que de pauvres maquereaux au service des propriétaires de bordel.

Francis PICABIA

L'autobiographe embaumeur de soi-même.

Bertrand POIROT-DELPECH

La confusion est telle, en ce qui concerne la littérature et le classement, la hiérarchisation des écrivains, actuellement, qu'on considère comme écrivains des gens qui en viennent, par exemple, à écrire des *Mémoires*.

    Francis PONGE

Je n'ai jamais parlé d'autre chose que de moi. Comme c'était de l'intérieur, on ne s'en est guère aperçu. Heureusement.

    Alain ROBBE-GRILLET

Je lirais les mémoires d'un homme pour savoir ce qu'il n'a pas été.

    Jean ROSTAND

On vante cet auteur pour la sincérité intrépide de ses aveux. Moi, plutôt, je louerais quelqu'un pour la dignité de s'être tu.

    Jean ROSTAND

J'écris de la fiction, on me dit que c'est de l'autobiographie ; j'écris de l'autobiographie, on me dit que c'est de la fiction ; aussi, puisque je suis tellement crétin et qu'ils sont tellement intelligents, qu'ils décident donc, *eux*, ce que c'est, ou n'est pas.

    Philip ROTH

L'autobiographie est ce qu'on a inventé de mieux pour échapper aux biographes.

    Robert SABATIER

Je ne pense pas qu'il y ait de l'orgueil et de l'impertinence à écrire l'histoire de sa propre vie, encore moins à choisir, dans les souvenirs que cette vie a laissés en nous, ceux qui nous paraissent valoir la peine d'être conservés.

    George SAND

Il est facile d'écrire ses mémoires quand on a une mauvaise mémoire.

    Arthur SCHNITZLER

MÉMOIRES ET AUTOBIOGRAPHIES

Privée aujourd'hui de la volupté des aveux indicibles, l'autobiographie contemporaine oscille entre les souvenirs d'anciens combattants et la psychanalyse.

Roger STEPHANE

L'autobiographie, c'est l'art de ceux qui ne sont pas artistes, le roman de ceux qui ne sont pas romanciers.

Albert THIBAUDET

Trempez la plume dans un liquide noir avec des intentions manifestes – ce n'est que votre autobiographie que vous couvez sous le ventre du cervelet en fleur.

Tristan TZARA

On commence par écrire ses désirs et on finit par écrire ses mémoires.

Paul VALÉRY

Qui saura me lire lira une autobiographie dans la forme.

Paul VALÉRY

Je ne voyage jamais sans mes mémoires. Il faut toujours avoir quelque chose de sensationnel à lire dans le train.

Oscar WILDE

Le théâtre

Une pièce de théâtre doit [...] être le lieu où le monde visible et le monde invisible se touchent et se heurtent, autrement dit la mise en évidence, la manifestation du contenu caché, latent, qui recèle les germes du drame.
>   Arthur ADAMOV

Le théâtre est comme la messe ; pour en bien sentir les effets il faut y revenir souvent.
>   Émile Chartier, dit ALAIN

La naturel, le vrai, celui du théâtre, est la chose la moins naturelle du monde [...]. N'allez pas croire qu'il suffit de retrouver le ton de la vie. D'abord dans la vie le texte est toujours si mauvais ! Nous vivons dans un monde qui a complètement perdu l'usage du point-virgule, nous parlons tous par phrases inachevées, avec trois petits points sous-entendus, parce que nous ne trouvons jamais le mot juste. Et puis le naturel de la conversation, que les comédiens prétendent retrouver : ces balbutiements, ces hoquets, ces hésitations, ces bavures, ce n'est vraiment pas la peine de réunir cinq ou six cents personnes dans une salle et de leur demander de l'argent, pour leur en donner le spectacle. Ils adorent cela, je le sais, ils s'y reconnaissent. Il n'empêche qu'il faut écrire et jouer la comédie mieux qu'eux.

    Jean ANOUILH

C'est propre, la tragédie. C'est reposant, c'est sûr... Dans le drame, avec ces traîtres, avec ces méchants acharnés, cette innocence persécutée, ces vengeurs, ces terre-neuve, ces lueurs d'espoir, cela devient épouvantable de mourir, comme un accident. [...] Dans la tragédie, on est tranquille. D'abord, on est entre soi. On est tous innocents, en somme !

    Jean ANOUILH

La tragédie est l'imitation d'une action sérieuse, qui se suffit à elle-même, d'une certaine étendue, en un langage orné, avec des événements qui suscitent pitié et terreur et qui a pour effet d'élever l'âme et de purifier de semblables passions.

    ARISTOTE

Un théâtre qui soumet la mise en scène et la réalisation, c'est-à-dire tout ce qu'il y a en lui de spécifiquement théâtral, au texte, est un théâtre d'idiot, de fou, d'inverti, de grammairien, d'épicier, d'antipoète et de positiviste, c'est-à-dire d'Occidental.

    Antonin ARTAUD

Sans un élément de cruauté à la base de tout spectacle, le théâtre n'est pas possible. Dans l'état de dégénérescence où nous sommes c'est par la peau qu'on fera rentrer la métaphysique dans les esprits.

    Antonin ARTAUD

Le théâtre est le premier sérum que l'homme ait inventé pour se protéger de la maladie de l'Angoisse.

    Jean-Louis BARRAULT

Contentons-nous de dire que le théâtre, comme la Vie, est un songe, sans trop nous soucier du mensonge.

    Jean-Louis BARRAULT

LE THÉÂTRE

Le théâtre, comme le sommeil rouvre à la vie la profondeur chargée d'horreurs et de sang de l'intérieur des corps.
>Georges BATAILLE

De mon style, Monsieur ? Si par malheur j'en avais un, je m'efforcerais de l'oublier quand je fais une comédie, ne connaissant rien d'insipide au théâtre comme ces fades camaïeux où tout est bleu, où tout est rose, où tout est l'auteur, quel qu'il soit.
>Pierre Augustin Caron DE BEAUMARCHAIS

Je sors du spectacle meilleur que je n'y suis rentré, par cela seul que j'ai été attendri.
>Pierre Augustin Caron DE BEAUMARCHAIS

L'erreur de tous ces hommes, c'est de ne pas croire assez au théâtre. Ils ne sauraient sans cela qu'il est permis à tout homme de jouer les tragédies célestes et de devenir dieu. Il suffit de se durcir le cœur.
>Albert CAMUS

Il n'est pas de théâtre sans langage et sans style, ni d'œuvre dramatique valable qui, à l'exemple de notre théâtre classique et des tragiques grecs, ne mette en jeu le destin humain tout entier dans ce qu'il a de simple et grand.
>Albert CAMUS

La fermeté des grands cœurs, qui n'excite que de l'admiration dans l'âme du spectateur, est quelquefois aussi agréable que la compassion que notre art nous ordonne d'y produire par la représentation de leurs malheurs.
>Pierre CORNEILLE

On ne devient pas un auteur dramatique, on l'est tout de suite ou jamais, comme on est blond ou brun, sans le vouloir.
>Alexandre DUMAS fils

Le théâtre est la poésie qui sort du livre et se fait humaine.
>Federico GARCIA LORCA

Si mon théâtre pue c'est parce que l'autre sent bon.

Jean GENET

Il n'y a pas d'auteur au théâtre. Les plus grands noms de la littérature sont des noms d'auteurs dramatiques, mais justement parce que ces noms éclatants recouvrent une époque, non un homme.

Jean GIRAUDOUX

Les pièces de théâtre réussies méritent d'être comme les grandes églises, non signées.

Jean GIRAUDOUX

Pour le théâtre, pas trop de subtilités dans l'écriture, ça ne sera pas compris. Pas trop de détails non plus. Toujours de grosses ficelles. L'astuce consiste à camoufler les grosses ficelles en petites pour que les spectateurs se croient intelligents.

Georges GUETTE

Les romanciers fameux abordent le Théâtre – avec l'espoir sans doute de le faire sombrer.

Sacha GUITRY

Depuis deux ans, tous les soirs, à neuf heures, je frappe avec ma plume, au fond de l'encrier, trois petits coups discrets.

Sacha GUITRY

L'écrivain de théâtre ne peut se départir en aucun cas, jamais, de son indépendance. Et l'accuser d'avoir un jour pris position, c'est tout bonnement lui contester le don du théâtre.

Sacha GUITRY

Peut-être finira-t-on par s'apercevoir que, pour un peuple libre, la question du théâtre est à peine moins importante que la question de l'école.

Édouard HERRIOT

LE THÉÂTRE

S'il faut absolument que l'art ou le théâtre serve à quelque chose, je dirai qu'il devrait servir à apprendre aux gens qu'il y a des activités qui ne servent à rien et qu'il est indispensable qu'il y en ait.

Eugène IONESCO

Seul le théâtre impopulaire a des chances de devenir populaire. Le « populaire » n'est pas le peuple.

Eugène IONESCO

Le théâtre est une de ces ruches où l'on transforme le miel du visible pour en faire de l'invisible.

Louis JOUVET

J'aime ce qui est simple, vrai, naturel, rapide, ce qui rit avec légèreté, ce qui est sensible sans déclamation, hardi avec esprit, ce qui s'exprime dans le langage de la causerie, ce qui peint la vie et les hommes tels qu'ils sont. Je pense que le théâtre se fait avec des répliques et non avec des couplets de livres plus ou moins savants ou plus ou moins poétiques.

Paul LÉAUTAUD

Un livre, dans notre main, s'il énonce quelque idée auguste supplée à tous les théâtres, non par l'oubli qu'il en cause mais les rappelant impérieusement, au contraire.

Stéphane MALLARMÉ

Lorsque vous peignez les hommes, il faut peindre d'après nature. On veut que ces portraits ressemblent ; et vous n'avez rien fait, si vous n'y faites reconnaître les gens de votre siècle. En un mot, dans les pièces sérieuses, il suffit, pour n'être point blâmé, de dire des choses qui soient de bon sens et bien écrites ; mais ce n'est pas assez dans les autres, il y faut plaisanter ; et c'est une étrange entreprise que celle de faire rire les honnêtes gens.

MOLIÈRE

Je voudrais bien savoir si la grande règle de toutes les règles n'est pas de plaire, et si une pièce de théâtre qui a attrapé son but n'a pas suivi un bon chemin.

MOLIÈRE

Il paraît qu'une pièce de théâtre doit être faite comme ceci, comme cela, et non autrement. Je trouve si étrange qu'avec l'art dramatique il faille rentrer dans le monde des devoirs, alors qu'ici plus que nulle part ailleurs la seule règle est : « Crée, et crée comme tu veux. »

Henry DE MONTHERLANT

L'auteur dramatique fait des pièces comme un figuier fait des figues, c'est-à-dire sans rien y comprendre.

Marcel PAGNOL

Tout grand théâtre est comique, c'est-à-dire, très grossièrement, libre dans ses articulations. Distant. Les plus tragiques événements nous émeuvent à partir d'une jubilation interne qui se déclenche au moment où l'on décide d'*y aller*.

Georges PERROS

Ce n'est point une nécessité qu'il y ait du sang et des morts dans une tragédie ; il suffit que l'action en soit grande, que les acteurs en soient héroïques, que les passions y soient excitées, et que tout s'y ressente de cette tristesse majestueuse qui fait tout le plaisir de la tragédie.

Jean RACINE

Le théâtre ne sera renouvelé que par des hommes qui n'y entendent rien.

Jules RENARD

Le théâtre purge les passions qu'on n'a pas et fomente celles qu'on a.

Jean-Jacques ROUSSEAU

Ce qu'on met en représentation au théâtre, on ne l'approche pas de nous, mais on l'en éloigne.

Jean-Jacques ROUSSEAU

Dans une bonne pièce toutes les répliques devraient avoir une saveur aussi riche que celle de la noix ou de la pomme, et de telles répliques ne peuvent être écrites par quiconque travaille au milieu de gens qui ont fermé leurs lèvres à la poésie.

John Millington SYNGE

Il n'est pas d'art qui, plus nécessairement que le théâtre, ne doive unir illusion et réalité. Cela, à l'insu du public et en pleine lumière cependant. Complices.

Jean VILAR

Il s'agit donc de faire une société, après quoi nous ferons peut-être du bon théâtre.

Jean VILAR

L'humour

Un trait d'esprit annonce toujours la mort d'une idée.

    Émile Chartier, dit ALAIN

L'humour, cela ne s'acquiert qu'avec le temps, avec l'âge. Pour ma part, ce n'est que lorsque j'ai été près de mes quarante ans, c'est-à-dire que j'avais déjà vécu la moitié du temps de vie que j'ai vécu jusqu'ici, que l'humour a fait son apparition. Il s'est mis à exister dans mon œuvre et à être utilisé comme une arme, la plus efficace de toutes, pour dénoncer le présent et défendre les intérêts du peuple, une constante de tous mes livres...

    Jorge AMADO

Pour prendre part au tournoi de l'humour, il faut en effet avoir échappé à de nombreuses éliminatoires. L'humour noir est borné par trop de choses, telles que la bêtise, l'ironie sceptique, la plaisanterie sans gravité... (l'énumération serait longue) mais il est par excellence l'ennemi mortel de la sentimentalité à l'air perpétuellement aux abois.

    André BRETON

Plaisanter avec grâce, soit par écrit, soit de paroles, c'est le propre des grands esprits. Le plus piquant rôle de la comédie est celui du niais, car il ne faut être ni simple ni sot, pour savoir le paraître.

Miguel de Cervantès

On s'apercevra vite que mes calembours n'étaient pas l'esprit mais le cœur de mon livre.

Jean Cocteau

L'humour est la politesse du désespoir.

Georges Duhamel

On n'a pas le droit de garder pour soi un mot drôle. Il y a des mots mortels. Tant pis ! Les mots qui sont mortels font vivre du moins ceux qui les font.

Sacha Guitry

Prenez une tragédie, précipitez le mouvement, vous aurez une pièce comique.

Eugène Ionesco

Le jeu de mots, méprisable en soi, peut être, au service d'une intention artistique, le plus noble des instruments quand il représente une idée spirituelle en raccourci. Il peut ramasser en une épigramme toute une critique de la société.

Karl Kraus

Le calembour est la forme la plus basse du sentiment des sonorités verbales : voilà pourquoi il lui arrive de rapprocher les grands artistes et les grands imbéciles.

Gustave Lanson

L'humour, c'est le sens exact de la relativité de toute chose, c'est la critique constante de ce que l'on croit être le définitif, c'est la porte ouverte aux possibilités nouvelles sans lesquelles aucun progrès de l'esprit ne serait possible. L'humour entend ne point conclure, car toute conclusion est une mort intellectuelle, et c'est ce côté négatif

qui déplaît à bien des gens, mais il indique la limite de nos certitudes et c'est là le plus grand service que l'on puisse nous rendre.
G. de Pawlowski

L'humour est une tentative pour décaper les grands sentiments de leur connerie.
Raymond Queneau

Un bon mot vaut mieux qu'un mauvais livre.
Jules Renard

L'humoriste, c'est un homme de bonne mauvaise humeur.
Jules Renard

L'humour noir a la couleur du sang caillé.
Robert Sabatier

L'humour est une façon de se tirer d'embarras sans se tirer d'affaire.
Louis Scutenaire

Tous les violents en littérature touchent au genre comique. L'injure est le plus facile des lyrismes et le plus traditionnel.
Paul Valéry

L'ennui c'est que, parmi les critiques, on semble considérer le rire comme une activité un peu dégradante si elle n'a pas pour support le caleçon et les cocus.
Boris Vian

La plupart des bons mots sont des redites.
Voltaire

Les citations

Ce que dit l'œuvre, nul résumé, nulle citation, nulle amplification ne peut le dire...
    Émile Chartier, dit ALAIN

Citations. Comme les proverbes, j'en invente ; et personne jusqu'ici ne semble s'en être aperçu.
    Hervé BAZIN

Les citations me tapent sur les nerfs. Mais nous sommes enfermés dans un monde qui cite en permanence tout ce qu'il est possible de citer, dans une citation permanente qui *est* le monde même.
    Thomas BERNHARD

Le langage est un ensemble de citations.
    Jorge Luis BORGES

Un texte farci de citations, que prouve-t-il ? Modestie ? lâcheté ? ou compétence ? Plutôt que tout cela, une volonté de marquer que le sujet ne vous concerne pas directement.
    Emil Michel CIORAN

Se méfier des penseurs dont l'esprit ne fonctionne qu'à partir d'une citation.
Balayons de notre mémoire tous les textes.
    Emil Michel Cioran

Ne fais donc jamais de citations classiques : tu exhumes ta grand-mère en présence de ta maîtresse.
    Léon-Paul Fargue

« Livresque », c'est un reproche que l'on me fait souvent ; j'y donne prise par cette habitude que j'ai de citer toujours ceux à qui ma pensée s'apparente. On croit que j'ai pris d'eux cette pensée ; c'est faux ; cette pensée est venue à moi d'elle-même ; mais j'ai plaisir, et plus elle est hardie, à penser qu'elle habita déjà d'autres esprits. Quand, les lisant plus tard, je reconnais en eux ma pensée [...], je vais criant partout leur nom et divulguant ma découverte. On me dit que j'ai tort. Peu m'importe. J'ai trop grand plaisir à citer, et me persuade, comme Montaigne, que ce n'est qu'au regard des sots que j'en parais moins personnel.
Ceux au contraire qui cueillent les idées d'autrui, ont grand soin de cacher leurs « sources ».
    André Gide

J'hésite à citer, car citer c'est tronquer.
    Julien Green

Tous les hommes de valeur : écrivains, savants, artistes, devraient publier chaque année non pas un livre d'eux, mais un livre de pensées, de pensées des autres qu'ils auraient choisies et qui seraient annuellement un portrait d'eux cent fois plus ressemblant qu'aucun autre.
Car citer les pensées des autres, c'est souvent regretter de ne pas les avoir eues soi-même et c'est en prendre un peu la responsabilité !
    Sacha Guitry

La citation classique est le mot de passe des lettrés du monde entier.
    Samuel Johnson

LES CITATIONS

Je n'apprends pas par cœur des dictionnaires de citations pour briller. Une citation est simplement une façon de montrer son admiration pour ceux qui formulent mieux que moi.
   Fabrice Luchini

Citer, c'est poursuivre une conversation avec le passé afin de la resituer dans le contexte du présent ; [...] citer, c'est faire usage de la bibliothèque de Babel ; [...] citer, c'est réfléchir à ce qui a été dit avant nous et que, faute de le faire, nous parlons dans le vide, là où nulle voix humaine ne peut articuler un son.
   Alberto Manguel

Les citations sont les béquilles des écrivains infirmes.
   Paul Morand

Chez un écrivain, les citations, c'est mauvais signe ; mais être cité, bon signe.
   Paul Morand

Il n'appartient qu'à ceux qui n'ont jamais été cités de ne citer personne.
   Gabriel Naudé

Les citations sont les pilotis de l'écrivain fantôme : sans elles, il s'enfoncerait doucement dans le néant.
   Érik Orsenna

Si tu veux mon avis, c'est trop facile, les citations, parce qu'il y a tellement de grands écrivains qui ont dit tellement de choses qu'on n'aurait même plus besoin d'exprimer une opinion personnelle.
   Martin Page

Danger d'être bref.
Ce sont les phrases les plus courtes qui seront les plus citées.
   Jean Rostand

Les banalités des écrivains rares nous fournissent de bonnes citations.

Jean ROSTAND

Je n'aime point à citer ; c'est d'ordinaire une besogne épineuse : on néglige ce qui précède et ce qui suit l'endroit qu'on cite, et on s'expose à mille querelles.

VOLTAIRE

Anthologies
et florilèges

Ce sont d'ailleurs les fragments qui nous donnent le plus grand plaisir, tout comme la vie nous donne le plus grand plaisir quand nous la regardons en tant que fragment, et combien le tout nous paraît horrifiant et nous paraît, au fond, la perfection achevée. C'est seulement si nous avons la chance, lorsque nous en abordons la lecture, de transformer quelque chose d'entier, de fini, oui, d'achevé en un fragment, que nous en retirons une grande et parfois la plus grande jouissance.

Thomas BERNHARD

Les anthologies sont aux écrivains du passé ce que sont les tombeaux dans les églises, en regard des cimetières et des fosses communes.

Maurice DRUON

Une bonne compilation ne compromet pas celui qui la mène à bien et même peut lui valoir quelque honneur, sans lui faire courir beaucoup de dangers. Il n'en est pas de même, mon ami, de toute œuvre littéraire où l'auteur met la marque de son esprit, se signale, se révèle, se répand, enfin cherche à marquer dans la poésie, dans le roman, dans la philosophie ou l'histoire. C'est une aventure qu'il ne faut pas tenter si l'on a souci de sa tranquillité et de son indépendance.

    Anatole FRANCE

Les morceaux choisis ne sont qu'une des formes du complot, tantôt instinctif, tantôt volontairement ourdi, qui travaille depuis des siècles à dissimuler à chaque Français la réalité de cet héritage dont il est, quel qu'il soit, le légataire universel. Un conseil de famille terriblement uni l'empêche de toucher de cette innombrable richesse autre chose que des rentes d'État, à taux médiocre et invariable.

    Jean GIRAUDOUX

Les anthologies – les vraies – devraient être faites de [...] phrases où tout est dit en quelques lignes, avec des mots simples. Lorsqu'on est capable de trouver une phrase pareille, la frontière est franchie – pour soi et pour les autres.

    André HARDELLET

Il est curieux que les grands écrivains aient eu soin de composer des pages médiocres pour figurer dans les florilèges.

    Emmanuel LOCHAC

Mais justement, ces anthologies : qui fait ces anthologies ? Qui se donne le droit de classer, de fourrer les gens dans tel genre ou dans tel autre, de les insérer à sa manière dans une « histoire » de la littérature, par exemple contemporaine, ou même générale ? *Qui* fait cela ?

    Francis PONGE

Je ne lis plus que des morceaux choisis de littérature française. J'aurais seulement voulu les choisir moi-même.

    Jules RENARD

La fonction première d'une anthologie, c'est de donner envie « d'y aller voir » soi-même. Sa fonction seconde, c'est d'inciter à lui substituer la seule anthologie vraiment intéressante, celle que compose un être humain pour lui-même.

Claude ROY

Et qu'est-ce qu'une anthologie, sinon l'herbier d'une flore peu drôle ? Encore l'herbier suppose-t-il une nature où l'exemplaire vivant refleurit. Les bouquets aplatis de l'anthologie ne possèdent pas de répondants vivants dans le langage qui les a produits, de sorte que la grande paix des anthologies est celle du musée plutôt que de l'herbier.

Henri THOMAS

Maximes, sentences et aphorismes

Les maximes générales sont surtout bonnes contre les peines et les erreurs du voisin.

    Émile Chartier, dit ALAIN

J'écris des maximes [...] *pour me rassurer* : lorsqu'un trouble survient, je l'atténue en m'en remettant à une fixité qui me dépasse : *au fond, c'est toujours comme ça* : et la maxime est née.

    Roland BARTHES

[La maxime], c'est une équation où les signes du premier terme se retrouvent exactement dans le second, mais avec un ordre différent. C'est pour cela que la maxime idéale peut toujours être retournée.

    Albert CAMUS

Un livre de maximes est une confession pudique.

    Maurice CHAPELAN

Il paraît que toute phrase qui n'est pas délayée, c'est une maxime.

    Jacques CHARDONNE

L'aphorisme ? Du feu sans flamme. On comprend que personne ne veuille s'y réchauffer.

 Emil Michel CIORAN

J'ai écrit des aphorismes par paresse et parce qu'on a l'impression, en faisant très court, de dire quelque chose de plus profond...

 Emil Michel CIORAN

L'art des maximes n'est pas oiseux ; il donne de l'esprit à la sagesse.

 Jacques DEVAL

Les meilleurs légendistes ne sont pas toujours les meilleurs dessinateurs, car la légende est œuvre littéraire, et il n'est pas donné à tout le monde de savoir abréger en formules lapidaires ce qui serait, chez d'autres, pur verbiage.

 André GIDE

Une collection d'anecdotes et de maximes est pour l'homme du monde le plus grand trésor, lorsqu'il sait semer les premières avec habileté dans la conversation et se rappeler les dernières à propos.

 Johann Wolfgang VON GŒTHE

Les pensées et les maximes peuvent se rencontrer, mais elles ne se saluent pas de peur de se reconnaître.

 Comte D'HOUDETOT

Les maximes sont à l'intelligence ce que les lois sont aux actions : elles n'éclairent pas, mais elles guident, elles dirigent, elles sauvent aveuglément. C'est le fil dans le labyrinthe, la boussole pendant la nuit.

 Joseph JOUBERT

Une maxime, pour être bien faite, ne demande pas à être corrigée. Elle demande à être développée.

 LAUTRÉAMONT

MAXIMES, SENTENCES ET APHORISMES

Il n'est pas de sentences, de maximes, d'aphorismes, dont on ne puisse écrire la contrepartie.

Paul Léautaud

On reconnaît une bonne maxime à ce qu'elle a l'air d'être d'un autre.

Georges-Armand Masson

Les « maximes » ont mauvaise presse. On proclame que c'est de la « fausse pensée », qu'il n'en est aucune qui ne puisse être retournée, etc. et j'ajouterais bien moi-même : « Quand on n'est plus bon à rien, on peut encore faire des maximes », etc. Mais que ces mêmes maximes si décriées soient placées à l'intérieur d'un texte, dans un long développement, on les tiendra pour des réflexions profondes. Ce sont l'isolement et la brièveté qui leur donnent un éclat excessif, et de là suspect. Nue, une ampoule électrique aveugle ; on la préfère enrobée de verre dépoli, voire ornementé.

Henry de Montherlant

Une bonne sentence est trop dure pour la mâchoire du temps, et des milliers d'années ne suffiront pas à la dévorer, quoique toutes les époques s'en nourrissent : par cela elle est le grand paradoxe dans la littérature, l'impérissable au milieu du changement, l'aliment toujours apprécié, comme le sel, mais qui ne perd pas sa saveur.

Friedrich Nietzsche

Qui écrit en maximes avec du sang ne veut pas être lu mais su par cœur.

Friedrich Nietzsche

Une maxime se travaille, se pense, profite de l'homme, est civilisée. Un mot la fait surgir. Un contact. Elle est court-circuit, mais les plombs sont réparables.

Georges Perros

Prononcer vingt-cinq aphorismes par jour et ajouter à chacun d'eux : « Tout est là. »

Jules Renard

Il faut qu'un lecteur soit de bien bonne foi pour ne pas crier à l'évidence devant une maxime intelligible.

    Jean ROSTAND

Un des dangers d'écrire des maximes, c'est qu'on se met dans le cas d'être cité.

    Jean ROSTAND

Je hais les mauvaises maximes encore plus que les mauvaises actions.

    Jean-Jacques ROUSSEAU

Les diseurs de maximes, non plus que les marchands de « spécialités », ne se soignent à leurs propres remèdes.

    Paul-Jean TOULET

Pour les maximes comme pour les fleurs, ce n'est qu'à force de concentrer qu'on arrive à produire les parfums.

    Achille TOURNIER

Les maximes me font souvent l'effet des noisettes. En dehors, toutes se ressemblent et, au-dedans, les trois quarts sont creuses.

    Fernand VANDÉREM

Les sentences sont les saillies des philosophes.

    Luc de Clapiers, marquis DE VAUVENARGUES

Plagiat et imitation

La prétention de ne pas imiter ne va pas sans tartuferie, et camoufle mal le mauvais ouvrier. Tout le monde imite. Tout le monde ne le dit pas.
>   Louis ARAGON

La plupart des livres d'à présent ont l'air d'avoir été faits en un jour avec les livres de la veille.
>   Nicolas CHAMFORT

Il y a autre chose à faire d'une belle œuvre que de la copier, c'est de rivaliser avec elle.
>   Paul CLAUDEL

Un artiste original ne peut pas copier : il n'a donc qu'à copier pour être original.
>   Jean COCTEAU

Le plagiat, c'est une très grande histoire d'amour qui tourne mal et réclame la disparition du plagié.

Paule Constant

Ces gens-là n'auraient rien à dire
Si les autres n'avaient rien dit.

Charles Cotin

Quand on voit qu'on nous vole nos idées, recherchons avant de crier si elles étaient bien à nous.

Anatole France

Que nos auteurs à la mode pillent çà et là, je le veux bien. Ils auront toujours moins pillé que La Fontaine et que Molière. Je doute fort que la sévérité de leurs accusateurs soit fondée sur une connaissance exacte de l'art d'écrire. [...] Quant à l'écrivain qui ne prend chez les autres que ce qui lui est convenable et profitable, et qui sait choisir, c'est un honnête homme.

Anatole France

Il est aussi naturel à celui qui emprunte à autrui sa pensée d'en cacher la source, qu'à celui qui retrouve en autrui sa pensée, de proclamer cette rencontre.

André Gide

Le plagiat est la base de toutes les littératures, excepté de la première, qui d'ailleurs est inconnue.

Jean Giraudoux

Ce n'est même pas un plagiaire, c'est un spéculateur : il a si peu d'amour-propre qu'il nous cite.

Edmond et Jules de Goncourt

C'est encore plagier un auteur que de faire systématiquement le contraire de ce qu'il fait.

Sacha Guitry

Car le plagiat, comme le crime, n'existe que s'il est publiquement révélé, dévoilant alors brutalement l'envers du travail littéraire : en somme, le plagiat est un art poétique.

    Jean-Luc HENNIG

Il est impossible d'imiter ou de plagier un écrivain dont l'art réside dans le mot. On devrait alors prendre la peine de recopier son œuvre entière.

    Karl KRAUS

Il y a un plagiat à rebours qui consiste à prendre le contre-pied des idées des autres. C'est ce plagiat qu'on appelle avant-garde.

    Eugène LABICHE

Mon imitation n'est point un esclavage.
Je ne prends que l'idée, et les tours, et les lois
Que nos maîtres suivaient eux-mêmes autrefois.

    Jean DE LA FONTAINE

Le plagiat est nécessaire. Le progrès l'implique. Il serre de près la phrase d'un auteur, se sert de ses expressions, efface une idée fausse, la remplace par l'idée juste.

    LAUTRÉAMONT

Quelqu'un qui plagie une idée d'un auteur ancien pourrait s'excuser en invoquant la métempsycose et dire : « Prouvez-moi donc que je ne fus point déjà cet homme-là ».

    Georg Christoph LICHTENBERG

Je hais comme la mort l'état de plagiaire ;
Mon verre n'est pas grand mais je bois dans mon verre.

    Alfred DE MUSSET

Si on voulait se prescrire, après quatre ou cinq mille ans de littérature écrite, la bizarre obligation de ne ressembler à rien, on finirait par ne ressembler qu'au mauvais, et c'est une extrémité dans

laquelle on tombe assez facilement sans cela, quand on est réduit à écrire beaucoup par une sotte passion ou par une fâcheuse nécessité.
   Charles NODIER

Le tout était surtout pour moi affaire d'hygiène ; il faut se purger du vice si naturel d'idolâtrie et d'imitation. Et au lieu de faire sournoisement du Michelet ou du Goncourt en signant (ici les noms de tels de nos contemporains les plus aimables), d'en faire ouvertement sous forme de pastiches, pour redescendre à ne plus être que Marcel Proust quand j'écris mes romans.
   Marcel PROUST

L'alibi du plagiaire est d'ouvrir parfois des guillemets. Son erreur est d'oublier de les refermer.
   Robert SABATIER

Ne copiez d'autrui que ce qui vous ressemble.
   Louis SCUTENAIRE

Plagiaire est celui qui a mal digéré la substance des autres : il en rend les morceaux reconnaissables.
   Paul VALÉRY

VII

LES MOTS
&
LA LANGUE

La langue

Comment apprend-on une langue ? Par les phrases les plus serrées, les plus riches, les plus profondes et non par les niaiseries d'un manuel de conversation.

    Émile Chartier, dit ALAIN

Un art, une langue ne sont pas des constructions fortuites : ils sont à la fois l'aveu et le rêve de tout un peuple, c'est-à-dire son chant.

    Marcel ARLAND

Le mineur a moins de peine à extraire l'or de la mine, que nous n'en avons à arracher nos images aux entrailles de la plus ingrate des langues.

    Honoré DE BALZAC

La langue, comme performance de tout langage, n'est ni réactionnaire, ni progressiste ; elle est tout simplement fasciste ; car le fascisme, ce n'est pas d'empêcher de dire, c'est d'obliger à dire...

    Roland BARTHES

Ce qu'on a appelé jusqu'à Rivarol « le génie de la langue française » recouvrait, en fait, la conviction que le français, parce qu'on y place le sujet avant le verbe et le verbe avant le complément, était la meilleure langue du monde. Les classiques étaient persuadés que c'était là l'ordre logique, naturel, de l'esprit. C'est sur cette croyance que s'est édifié le nationalisme linguistique de la France.

Roland Barthes

Il y a dans le mot, dans le verbe, quelque chose de *sacré* qui nous défend d'en faire un jeu de hasard. Manier savamment une langue, c'est pratiquer une espèce de sorcellerie évocatoire.

Charles Baudelaire

Il faut écrire. Des textes beaux, exigeants, courageux. Cette priorité rend secondaire la question de la langue.

Tahar Ben Jelloun

On ne choisit pas sa langue. On peut modifier son visage, son nom – on ne peut choisir sa voix, sa manière de parler ou d'écrire. Je ne suis pas sûr qu'un écrivain invente son style. Je pense plutôt qu'il le découvre, qu'il le retrouve. D'abord on frotte sa langue sur les livres, puis, peu à peu, on parvient à sa voix propre – celle qui dormait depuis toujours dans l'arrière-gorge, dans l'arrière-cœur.

Christian Bobin

Sans la langue, en un mot, l'auteur le plus divin est toujours, quoiqu'il fasse, un méchant écrivain.

Nicolas Boileau

Il n'existe pas de forme plus haute d'appartenance à un peuple que d'écrire dans sa langue.

Heinrich Böll

J'écris en français : c'est une langue usée par des siècles de politesse et de rationalisme, qui répugne à exprimer la passion, sa violence, ses paroxysmes, ses contradictions. On est obligé de ruser avec cette

langue pour la tirer de ce côté-là, comme si le rationalisme n'était jamais lui-même victime de l'inflation et de la déclamation...
Raymond-Léopold BRUCKBERGER

Oui, j'ai une patrie : la langue française.
Albert CAMUS

C'est pourtant digne d'observation qu'entre toutes les langues vivantes qui figurent dans la république des lettres, la française soit la seule que ses présidents condamnèrent à ne pas s'enrichir aux dépens des autres, tandis que les autres, toutes plus riches qu'elle, la pillèrent tant dans ses paroles que dans ses manières, d'abord qu'elles connurent que par ces petits vols elles s'embelliraient.
Giovanni Giacomo CASANOVA DE SEINGALT

Mon vice là moi, j'avoue, mon seul : le parler français !
Louis-Ferdinand CÉLINE

Le reste (imagination, pouvoir de création, comique, etc.) ça ne m'intéresse pas. La langue, rien que la langue. Voilà l'important. Tout ce qu'on peut dire d'autre, ça traîne partout.
Louis-Ferdinand CÉLINE

Quand un écrivain, qui sait sa langue, manque d'idées ou ne les a pas claires, il écrit avec correction, voire élégance, des œuvres incompréhensibles où le style semble se porter garant, aux yeux du lecteur, que si celui-ci n'y entend goutte, il n'est pas assez intelligent.
Maurice CHAPELAN

Un écrivain doit vivre *à même* la langue et non *méditer* sur elle. C'est le propre d'une littérature épuisée, vidée de substance, que de tomber dans la *réflexion*.
Emil Michel CIORAN

Avec la langue française, j'ai engagé un combat qui est loin d'être terminé, qui ne le sera jamais. Avec un tel ennemi !
Emil Michel CIORAN

C'est une langue bien difficile que le français. À peine écrit-on depuis quarante-cinq ans qu'on commence à s'en apercevoir.

    Sidonie Gabrielle COLETTE

Quand un peuple tombe esclave, tant qu'il tient bien sa langue, c'est comme s'il tenait la clé de sa prison.

    Alphonse DAUDET

Je pense qu'il y a une langue secrète idéale pour communiquer, qui est la langue française.

    Michel DÉON

Quand on entre dans une autre langue, les pesanteurs, les habitudes de pensée qu'elle véhicule vous semblent totalement neuves. Ce que les autres entendent comme des lieux communs sont pour vous des paroles de vérité, qui vous révèlent à vous-même. Un travail de décapage s'opère ainsi. La confrontation avec l'autre, l'autre langue, l'autre univers culturel, vous permet de prendre conscience de votre propre façon de parler et d'écrire, d'envisager le monde et finalement de votre identité. La traversée d'une langue est une recherche de soi.

    Mohammed DIB

La difficulté d'écrire l'anglais m'est extrêmement ennuyeuse. Ah, mon Dieu ! si l'on pouvait toujours écrire cette belle langue de France !

    Charles DICKENS

La langue se traîne sans cesse après l'esprit.

    Denis DIDEROT

Et s'il semble que la langue est, comme on dit si souvent, « moyen de communication », elle est surtout pour moi, écrivain, « moyen de transformation », dans la mesure où je pratique l'écriture comme *aventure*.

    Assia DJEBAR

LA LANGUE

Pour l'homme, la difficulté fondamentale demeure entre l'âme et la langue.

Georges DUHAMEL

Quand une langue est bonne, sûre, harmonieuse, éprouvée, il faut l'employer avec amour, la surveiller jalousement, l'enrichir avec prudence et la passer ainsi, toute pure, toute chaude, toute vivante, à ses enfants et à ses petits-enfants.

Georges DUHAMEL

Notre langue n'est qu'un mélange de grec, de latin et de tudesque, avec quelques restes confus de gaulois. [...] Prenons de tous côtés tout ce qu'il nous faut pour rendre notre langue plus claire, plus précise, plus courte et plus harmonieuse ; toute circonlocution affaiblit le discours.

François de Salignac de La Mothe-FÉNELON

Le peuple fait bien les langues. Il les fait imagées et claires, vives et frappantes. Si les savants les faisaient, elles seraient sourdes et lourdes.

Anatole FRANCE

Les mystérieux airs de famille qui guident seuls la quête de l'écrivain dans le clair-obscur du vocabulaire sautent les barrières des unions officielles ; pour lui, la langue vibre surtout dans ses compromissions adultères. Familles de mots légales et trop homologuées, il vous hait !

Julien GRACQ

La langue française suppose que celui qui la lit ou l'écoute est un être intelligent et libre. Le sens ne doit pas lui être imposé par la syntaxe. L'idéal serait qu'il fasse le lien lui-même entre des phrases simplement juxtaposées, sans subordination.

Jean GROSJEAN

Les écrivains ont mis la langue en liberté.

Victor HUGO

La langue française n'est point *fixée* et ne se fixera point.
>   Victor Hugo

Écrivez, écrivez toujours pour enrichir la langue française.
>   Eugène Ionesco

Tous les beaux mots sont dans la langue. Il faut savoir les trouver.
>   Joseph Joubert

Je ne maîtrise pas la langue ; mais la langue me maîtrise complètement. Elle n'est pas, pour moi, la servante de mes pensées. J'entretiens avec elle une liaison qui me fait concevoir des pensées, et elle peut faire de moi ce qu'elle veut. Je lui obéis au mot.
>   Karl Kraus

La langue sera la baguette qui trouve les sources de pensée.
>   Karl Kraus

D'amener de la prose à quelque point de perfection, il ne semble pas que ce soit une chose fort malaisée : c'est la langue naturelle des hommes.
>   Jean de La Fontaine

C'est une maîtresse absorbante et tyrannique qu'une langue littéraire riche d'une longue tradition ; elle prend son homme tout entier et ne souffre pas de rivales.
>   Valery Larbaud

Prendre le maquis. Tailler dans l'épaisseur de la langue.
>   Jacques Lovichi

Je ne crois pas que tout dire comme on le fait maintenant soit judicieux. Autrefois, le français était une langue à étages et l'écrivain passait son temps à jouer et à prendre l'escalier. Il savait à quel niveau et à quelle fin employer les mots. Cette architecture s'est affaissée, engendrant une platitude incroyable et l'impossibilité de choquer. Or, il faut être choqué car les tabous sont faits pour être nargués.

    Andreï MAKINE

Je défendrai jusqu'à la mort la pureté de la langue française.

    François DE MALHERBE

J'invente une langue qui doit nécessairement jaillir d'une poétique très nouvelle, que je pourrais définir en ces deux mots : « Peindre, non la chose, mais l'effet qu'elle produit ».

    Stéphane MALLARMÉ

La langue que le génie a conquise ne lui permet nullement de tout dire : elle lui permet de dire tout ce qu'il veut.

    André MALRAUX

L'étude approfondie de la Bible préserve tout auteur de vulgarité en matière de style.
En matière de *Langue*.

    Katherine MANSFIELD

La langue française [...] est une eau pure que les écrivains maniérés n'ont jamais pu et ne pourront jamais troubler.

    Guy DE MAUPASSANT

La France est le pays de la prose. Que sont tous les prosateurs du monde à côté de Bossuet, de Pascal, de Montesquieu et de Voltaire ? Or, qui dit la prose, dit la forme la moins figurée et la moins concrète, la plus abstraite, la plus pure, la plus transparente ; autrement dit, la moins matérielle, la plus libre, la plus commune à tous les hommes, la plus *humaine*.

    Jules MICHELET

Une langue est faite pour que tous communiquent ; l'argot, pour qu'un petit nombre, seul, comprenne.

    Paul MORAND

Il n'y a pas de langues mortes ; il y a des écrivains morts qui tuent les langues.

Elsa MORANTE

Chaque langue correspond à une réorganisation, qui peut toujours être particulière, des données de l'expérience. [...] Une langue est un prisme à travers lequel ses usagers sont condamnés à voir le monde.

Georges MOUNIN

Penser, lorsque j'écris, que j'écris déjà dans une langue morte.

Roger MUNIER

Être dans la langue comme dans la mer (ou dans la mère) – flottant, protégé, immense, aimant.

Dominique NOGUEZ

Il y a passage de l'assemblage des mots à l'œuvre d'art quand la langue est destinée autant à procurer un plaisir formel, esthétique, qu'à communiquer une information, une intrigue...

François NOURISSIER

La conviction que la langue française appartient à quiconque la parle et l'écrit est un gage d'avenir. Elle vaut tous les patriotismes de terroir. Le droit de tout usager sur cet instrument de vie, de savoir, de rêve et de liberté mériterait de figurer parmi les droits inaliénables.

Bertrand POIROT-DELPECH

Une société, c'est un ensemble de langages dont le principal est la langue elle-même, j'entends la langue commune, celle qui se parle et qui s'écrit. Il s'agit de savoir si l'on accepte ce langage, si ce langage est de votre *goût*, au sens le plus absolu du terme, si votre goût ne le refuse pas, si vous pouvez employer ce langage.
Eh bien ! je dois dire, quant à moi, que c'est par *dégoût* de ce langage que j'en suis venu à écrire. Il s'agira donc pour moi, pour pouvoir vivre, de modifier ce langage.

Francis PONGE

LA LANGUE

Les beaux livres sont écrits dans une sorte de langue étrangère.
Marcel PROUST

On ne pense qu'à entretenir, conserver, momifier. [...] Un langage nouveau suscite des idées nouvelles et des pensers nouveaux veulent une langue fraîche.
Raymond QUENEAU

Quant à la fascination, l'oreille a la musique. L'œil a la peinture. La mort a le passé. L'amour a le corps nu de l'autre. La littérature la langue individuelle réduite au silence.
Pascal QUIGNARD

La langue a ses floraisons et ses hivers. Il y a des styles nus comme des squelettes d'arbres, puis arrive le style fleuri de l'école du feuillage, du touffu, du broussailleux. Puis, il faut les émonder.
Jules RENARD

L'écrivain doit créer sa langue et ne pas se servir de celle du voisin. Il faut qu'on la voie pousser à vue d'œil.
Jules RENARD

La langue est un instrument dont il ne faut pas faire crier les ressorts.
Antoine DE RIVAROL

Le Français, par un privilège unique, est seul resté fidèle à l'ordre direct, comme s'il était tout raison... C'est de là que résulte cette admirable clarté, base éternelle de notre langue. CE QUI N'EST PAS CLAIR N'EST PAS FRANÇAIS.
Antoine DE RIVAROL

Il faut voyager dans les langues étrangères et habiter la sienne.
Antoine DE RIVAROL

Comment peut-on nier cette patrie : la langue ?

    Jean ROUSSELOT

Il va de soi que notre langue n'est ni morte ni à l'abri de mourir. Qu'elle soit mortelle ne nous autorise pas à l'enterrer vivante.

    Philippe DE SAINT ROBERT

La langue française a trop d'amoureux, trop d'amants. C'est sans doute ce qui l'a rendue si volage.

    Philippe DE SAINT ROBERT

La langue est une forme, non une substance.

    Ferdinand DE SAUSSURE

Il suffit d'ouvrir un livre pour sentir s'il y a une voix ou pas. Tout se joue à l'oreille. C'est musical. Et l'instrument, c'est la langue.

    Philippe SOLLERS

La langue est la poésie originelle, dans laquelle un peuple dit l'être.

    George STEINER

La langue passe ainsi par des phases de recueillement et synthèse où, après la confusion des périodes novatrices, elle se recompose selon son génie, s'incorpore des éléments nouveaux, en rejette d'autres, absorbe ce qui ne lui est pas contraire, et laisse tomber le reste comme un dépôt.

    Alfred DE TARDE

Ce qui pour la religion est le dogme est pour l'art littéraire la langue.

    Menno TER BRAAK

La langue du peuple a des sons pour exprimer tout ce que peut dire le poète, elle m'est très chère. Elle est le meilleur régulateur poétique. Veut-on dire quelque chose de trop, d'emphatique ou de faux, la langue ne le supporte pas. Au lieu que notre langue littéraire n'a pas de squelette, on peut la tirailler dans tous les sens, tout ressemble à de la littérature.

Léon TOLSTOÏ

Écrire purement en français, c'est un soin et un amusement qui récompense quelque peu l'ennui d'écrire.

Paul VALÉRY

Une langue est une logique. On écrit bien, lorsqu'on exprime une idée ou une sensation par le mot juste. Tout le reste n'est que pompons et falbalas.

Émile ZOLA

Le langage

Tous les moyens de l'esprit sont enfermés dans le langage ; et qui n'a point réfléchi sur le langage n'a point réfléchi du tout.
    Émile Chartier, dit ALAIN

Le vrai langage nous prend au corps, non à l'esprit ; ou plutôt il va à l'esprit par voie indirecte.
    Émile Chartier, dit ALAIN

Ô bouches l'homme est à la recherche d'un nouveau langage
Auquel le grammairien d'aucune langue n'aura rien à dire
Et ces vieilles langues sont tellement près de mourir
Que c'est vraiment par habitude et manque d'audace
Qu'on les fait encore servir à la poésie...
    Guillaume APOLLINAIRE

Tout vrai langage est incompréhensible.
    Antonin ARTAUD

Le langage recrée le monde en le revêtant d'un voile de poésie ou de fantastique.

Alexandre ASTRUC

Le langage est aux postes de commande de l'imagination.

Gaston BACHELARD

Pour qui connaît la rêverie écrite, pour qui sait vivre, pleinement vivre, au courant de la plume, le réel est si loin ! Ce qu'on avait à dire est si vite supplanté par ce qu'on se surprend à écrire, qu'on sent bien que le langage écrit crée son propre univers.

Gaston BACHELARD

La multiplication des écritures institue une Littérature nouvelle dans la mesure où celle-ci n'invente son langage que pour être un projet : la Littérature devient l'Utopie du langage.

Roland BARTHES

L'écrivant est celui qui croit que le langage est un pur instrument de la pensée, qui voit dans le langage seulement un outil. Pour l'écrivain, au contraire, le langage est un lieu dialectique où les choses se font et se défont, où il immerge et défait sa propre subjectivité.

Roland BARTHES

Tout langage est un écart de langage.

Samuel BECKETT

Le langage reproduit le monde, mais en le soumettant à son organisation propre.

Émile BENVENISTE

On ne parle pas au nom de l'enfance, il faudrait parler son langage. Et c'est ce langage oublié, ce langage perdu que je cherche de livre en livre – imbécile ! – comme si un tel langage pouvait s'écrire, s'était jamais écrit.

Georges BERNANOS

LE LANGAGE

Il faut que la phrase se soulève, quitte ce terrain impur du langage puisque le langage est né pour s'entendre, puis pour faire des échanges, puis pour faire du commerce, puis pour toutes sortes de choses... La littérature utilise un instrument qui sert dans beaucoup de situations. Ce n'est pas comme la musique, la peinture ou les autres arts.

Hector BIANCIOTTI

J'aurais voulu que le langage, grâce à moi, découvrît sa fonction réelle. J'apprenais tous les jours qu'il se révélait comme une forme de la vie à lui seul.

Joë BOUSQUET

La littérature devient [...] cette chance provisoire, cette possibilité de distribuer (par surprise) la vraie richesse de l'univers. Encore faut-il utiliser un langage de feu. Brûler pour adorer. Retrouver, comme dans une terre de silex, les mots enfouis qui recèlent l'étincelle, les mots qui appartiennent à cette matière animée, et non ceux, pauvres ersatz, produits de la célébrité.

André BRINCOURT

Travailler sur le langage, c'est le faire fermenter.

Michel BUTOR

Unir le langage populaire, le plus populaire, à une atmosphère inexprimable, à une imagerie aiguë ; annexer des domaines qui, même de nos jours, paraissent incompatibles avec le satané « langage noble » qui renaît sans cesse des langues arrachées du cerbère galeux qui défend l'entrée du domaine poétique, voilà qui me paraît besogne souhaitable...

Robert DESNOS

Les infirmités du langage, qu'il soit écrit ou parlé, répondent toujours à quelque infirmité de l'esprit.

Georges DUHAMEL

La faute première, dans ce débat et dans beaucoup d'autres, consiste à traiter le langage comme un jardin, passible des tondeuses, des sécateurs, des tuteurs, alors qu'il est une forêt. Tout y est particulier, à la fois solidaire de l'ensemble et original.

Georges Dumézil

Les erreurs de langage sont des crimes.

Marguerite Duras

L'homme a le respect du langage et le culte de la pensée ; s'il ouvre la bouche, on voit sa langue sous globe et la naphtaline de son cerveau empeste l'air.

Paul Éluard

La langage est de la poésie fossile.

Ralph Waldo Emerson

Notre époque ne demande plus à l'homme de lettres des œuvres – la rue et la cour sont pleines de ce mobilier désaffecté – elle lui réclame surtout un langage.

Jean Giraudoux

Mon langage tente de se construire à la limite de l'écrire et du parler, de signaler un tel passage, ce qui est certes bien ardu dans toute approche littéraire.

Édouard Glissant

Le langage : véhicule antédiluvien, surtout dans ses vocables abstraits, jamais révisé dans son ensemble, rafistolé au long des siècles de bric et de broc, toujours farci de pièces détachées d'importation qui s'ajustent plutôt mal que bien avec sa structure générale.

Julien Gracq

L'aptitude au langage est ce qui nous distingue des singes. Et nos langues sont ce que nous avons de plus humain.

Claude Hagège

LE LANGAGE

Privé de langage, l'homme ne serait qu'un chimpanzé sans poils.
>   Aldous Huxley

Là réside donc le but, peut-être principal, de l'art : rendre au langage sa virginité.
>   Eugène Ionesco

L'activité de l'esprit ne s'exerce jamais consciemment sur le langage écrit sans un certain concours de l'intelligence.
>   René Lacôte

Je n'imagine pas une révolution par les mots, factice, inefficace. Le langage est toujours une approximation de notre désir de clarté et de puissance.
>   Georges Lambrichs

On sent bien la différence qu'il y a entre le langage écrit et le langage littéraire, entre un langage professionnel écrit et le langage littéraire : l'un a sa technique, sa routine particulière, son utilité immédiate, et s'adresse à l'activité logique de ses auditeurs ; l'autre est invention, construction de l'imagination, bonheur, trouvaille, création personnelle, et s'adresse à l'activité de ses auditeurs. L'un est instrument d'un *métier*, l'autre est la matière première et la fin dernière d'un *art*.
>   Valery Larbaud

J'aime assez l'idée selon laquelle le langage ne sert qu'à soi-même pour se bercer...
>   J.-M. G. Le Clézio

Une monstrueuse aberration fait croire aux hommes que le langage est né pour faciliter leurs relations mutuelles.
>   Michel Leiris

La beauté littéraire peut se trouver dans le camouflage d'un nom, la structure d'une phrase, dans une émotion retenue, dans la création d'une image ou le montage d'éléments musicaux dans le langage.

Muhammad Mandur

L'artifice du langage représente à mes yeux un symptôme majeur du mal dont souffre l'Occident.

François Mitterrand

C'est pusillanimité de se vouloir marquer par quelque façon particulière et inusitée : de même au langage, la recherche des phrases nouvelles et des mots peu connus vient d'une ambition scolastique et puérile. Puissé-je ne me servir que de ceux qui servent aux Halles à Paris !

Michel Eyquem de Montaigne

Le langage ne nous a pas été donné pour communiquer nos sentiments, on s'en rend compte à ce fait que tous les hommes simples ont honte de chercher des mots pour leurs émotions profondes : ils ne les communiquent que par des actes et rougissent de voir que les autres semblent deviner leurs motifs. Parmi les poètes, à qui généralement la divinité refuse ce mouvement de pudeur, les plus nobles sont monosyllabiques dans le langage du sentiment et laissent deviner la contrainte : tandis que les véritables prêtres du sentiment sont le plus souvent insolents dans la vie pratique.

Friedrich Nietzsche

C'est le langage qui a besoin d'être simple, et les opinions un peu compliquées.

Jean Paulhan

Telle est l'étrange condition du langage : il n'existe pas un mot qui ne porte dans ses articulations la raison de sa ruine, et comme une machine à renverser sa première acceptation.

Jean Paulhan

Le langage contient la clé de tous les problèmes qui nous préoccupent [...]. J'ai toujours pensé que, s'il m'était donné de connaître le langage, tout le reste me serait donné par surcroît.

Jean Paulhan

LE LANGAGE

Cette activité d'écriture pour moi est une manière continuelle de me définir par rapport au monde dans lequel je suis, en essayant de le comprendre, en essayant de jouer avec, en essayant de l'interpréter, de le dominer par la parole. Je ne suis pas le langage, j'essaie de le contourner, ou de me réfugier dedans pour produire des choses qui m'amusent, qui font que je décris des choses avec jouissance.

Georges Perec

Les tableaux pensent. Le langage travaille.

Georges Perros

Langage. Ce qu'on a trouvé de mieux pour honorer le silence.

Georges Perros

L'art doit chercher son langage dans le langage et contre le langage.

Gaétan Picon

Le langage ne se refuse qu'à une chose, c'est à faire aussi peu de bruit que le silence.

Francis Ponge

Les plaintes de la souffrance sont à l'origine du langage.

Raymond Queneau

Le langage est l'équivalent pour la bouche vide du rêve pour les yeux fermés.

Pascal Quignard

Le langage, qui donna un nom au néant même.

Antoine de Rivarol

Nous disposons [...] d'une arme singulière, qui est le corps de la parole de l'écriture, *le langage*.

Alain Robbe-Grillet

C'est un crime de lèse-majesté d'abandonner le langage de son pays, vivant et florissant, pour vouloir déterrer je ne sais quelle cendre des anciens.
    Pierre de Ronsard

Le langage, comme le désir, n'existe qu'en fonction du néant.
    Dominique de Roux

Puisque la matière et l'outil de l'écrivain, c'est le langage, il est normal qu'il revienne aux auteurs de nettoyer leur instrument.
    Jean-Paul Sartre

Pour avoir découvert le monde à travers le langage, je pris longtemps le langage pour le monde.
    Jean-Paul Sartre

Quiconque se mêle d'écrire entre d'emblée dans un autre jeu. Il devient responsable du langage, qui est la forme, à lui confiée, de l'honneur national. À côté de l'intérêt de son œuvre, il y a celui de ce bien commun, qu'il ne lui est pas permis de dégrader.
    Jean Schlumberger

Le langage est notre corps et notre air, notre monde et notre pensée, notre perception et notre inconscient même.
    Philippe Sollers

Le langage est l'instrument privilégié du refus de l'homme d'accepter le monde tel qu'il est.
    George Steiner

Le langage travestit la pensée. Et notamment de telle sorte que d'après la forme extérieure du vêtement l'on ne peut conclure à la forme de la pensée travestie ; pour la raison que la forme extérieure du vêtement vise à tout autre chose qu'à permettre de reconnaître la forme du corps.
    George Steiner

LE LANGAGE

Le langage ne pourra être compris, que si on apprend à penser sa manifestation essentielle, la littérature.

Tzvetan TODOROV

Le langage relève d'une façon fondamentale de cet univers *peuplé* où les autres sont comme autant de phares créant autour d'eux un îlot lumineux à l'intérieur duquel tout est – sinon connu – du moins connaissable.

Michel TOURNIER

Écrire devant être, le plus solidement et le plus exactement qu'on le puisse, de construire cette machine de langage où la détente de l'esprit excité se dépense à vaincre des résistances *réelles*, il exige de l'écrivain qu'il se divise contre lui-même. C'est en quoi seulement et strictement l'homme tout entier est *auteur*.

Paul VALÉRY

Mais un langage est une création statistique et continuée. Chacun y met un peu de soi, l'estropie, l'enrichit, le reçoit et le donne à sa guise, moyennant quelques égards... La nécessité de la compréhension mutuelle est la seule loi qui modère et retarde son altération...

Paul VALÉRY

Les mots

Les mots, ces gardiens du sens, ne sont pas immortels, invulnérables. Ils sont revêtus d'une chair saignante et sans défense. Comme les hommes, les mots souffrent.

    Arthur ADAMOV

Je ne crois qu'au fleuve vie, je ne veux être que les flots de ce fleuve. Je ne veux pas de formules ; rien que des mots qui suivent pas à pas dans ses moindres détours, retours et rencontres, la marche complexe de la vie.

    ALAIN-FOURNIER

Ne créons pas, crois-moi, de ces verbes nouveaux
Pour peindre avec des mots l'extase et le délire,
Regarde-moi, ma sœur, car les mots les plus beaux
Sont ceux que l'on ne sait pas dire.

    Pierre ALBERT-BIROT

Je suis comme vous les uns les autres
J'écris et je lis sans comprendre d'où

Me viennent où vont ces mots formés
Il faudrait peut-être expliquer cette étrange manie...
>   Louis ARAGON

Je suis comme pas un sensible à ces pauvres mots merveilleux laissés dans notre nuit par quelques hommes que je n'ai pas connus.
>   Louis ARAGON

C'est comme si les mots pensés ou prononcés
Exerçaient pour toujours un pouvoir de chantage
Qui leur donne sur moi ce terrible avantage
Que je ne puisse pas de la main les chasser.
>   Louis ARAGON

Cette écorce de mots qui tombe, il ne faut pas s'imaginer que l'âme n'y soit pas impliquée.
>   Antonin ARTAUD

Il ne me faudrait qu'un seul mot parfois, un simple petit mot sans importance, pour être grand, pour parler sur le ton des prophètes, un mot témoin, un mot précis, un mot subtil, un mot bien macéré dans mes moelles, sorti de moi, qui se tiendrait à l'extrême bout de mon être.
>   Antonin ARTAUD

Méfions-nous des mots qui disent d'avance, pour ainsi dire, ce qu'ils veulent dire, et qui le tuent dans l'Œuf, des mots qui sont une musique, une propagande, une fumée.
>   Jacques AUDIBERTI

En réalité, il n'y a pas de littérature classique, ni de littérature romantique. Il y a, d'une part, la littérature saine, intelligible, dont les mots restent dans un rapport fidèle avec les objets qu'ils désignent, et d'autre part la littérature viscérale, qui s'est donnée aux femmes et où le respect des mots, de la valeur propre a fait place au culte du flou, du vague, de l'étrange.
>   Marcel AYMÉ

Les mots sont comme des mouches qui bourdonnent autour de la vérité sans jamais pouvoir se poser dessus.
   Michel BALFOUR

Mais les mots disent difficilement ce qu'ils ont pour fin de nier.
   Georges BATAILLE

C'est hors du travail de la conscience que se font les véritables rencontres, découvertes, assemblées et incendies de mots...
   Henry BAUCHAU

Rature. Excellent exercice. Dix mots se présentent-ils ? Il n'y en a qu'un bon. Plusieurs phrases sont capables d'exprimer une idée : une seule prend le raccourci. Ce qui semble couler de source a, justement comme la source, été longuement filtré. J'essaie. Je biffe. Je reprends. Littérature ! Le Mot même contient cet amendement.
   Hervé BAZIN

La vie citadine finit par enlever à notre langue une richesse incroyable pour tout ce qui concerne les animaux, les plantes, les termes de métier. Pourquoi est-on en train de faire du français une langue réduite au lexique du béton, un idiome de bureaucrate ? Défenseur du style, je le suis aussi des mots.
   Hervé BAZIN

Voilà le privilège de la littérature [...]. Les images se déforment, elles pâlissent. Les mots, on les emporte avec soi.
   Simone DE BEAUVOIR

Les mots les molosses me molestent...
   Béatrix BECK

Les mots collent les mots racolent sur le trottoir des lignes...
   Béatrix BECK

Plus la peine de faire le procès aux mots. Ils ne sont pas plus creux que ce qu'ils charrient.

Samuel Beckett

J'ai l'amour du mot, les mots ont été mes seules amours, quelques-uns.

Samuel Beckett

Ce n'est point chose vicieuse, mais grandement louable, emprunter d'une langue étrangère les sentences et les mots, et les approprier à la sienne.

Joachim du Bellay

Les mots sont
Les lents éclats blancs d'une
Terrible explosion qui
S'appelle vie.

Rachid Bey

L'écriture est la sœur cadette de la parole. L'écriture est la sœur tardive de la parole où un individu, voyageant de sa solitude à la solitude de l'autre, peuple l'espace entre les deux solitudes d'une Voie lactée de mots.

Christian Bobin

Dans le monde, on ne dit rien, avec beaucoup de mots. Dans les livres on n'en dit pas plus, mais avec d'autres mots.

Christian Bobin

Je place un papier blanc sur la table et j'attends que les mots, attirés par la luminosité, viennent s'y prendre.

Christian Bobin

Il est certains esprits dont les sombres pensées
Sont d'un nuage épais toujours embarrassées ;
Le jour de la raison ne le saurait percer.
Avant donc que d'écrire apprenez à penser.

LES MOTS

Selon que notre idée est plus ou moins obscure,
L'expression la suit, ou moins nette, ou plus pure.
Ce que l'on conçoit bien s'énonce clairement,
Et les mots pour le dire arrivent aisément.
   Nicolas BOILEAU

Mais mon esprit, tremblant sur le choix de ses mots,
N'en dira jamais un s'il ne tombe à propos. [...]
Ainsi, recommençant un ouvrage vingt fois,
Si j'écris quatre mots, j'en effacerai trois.
   Nicolas BOILEAU

Je ne sais pas si le monde peut être exprimé avec des mots, mais peut-être l'écrivain en dresse-t-il la carte ?
   Jorge Luis BORGES

Les mots sont des symboles qui postulent une mémoire partagée.
   Jorge Luis BORGES

Des mots bien usés, des mots utiles qui sentaient l'assiette, le pain, l'huile, le linge et le feu de bois.
   Henri BOSCO

Des mots, des mots ont pris la place de ma chair.
   Alain BOSQUET

Écrire, c'est arracher aux mots leurs secrets.
   François BOTT

Si tous les mots qu'emporte le vent retombaient et germaient, il en résulterait des ronces.
   Léonce BOURLIAGUET

Les mots, du reste, ont fini de jouer, les mots font l'amour.
   André BRETON

L'œuvre la plus volumineuse ne pèse guère plus qu'une phrase et parfois même (s'il se laisse découvrir) qu'un simple mot.

André Brincourt

La langue est un théâtre dont les mots sont les acteurs.

Ferdinand Brunetière

Les défauts, les erreurs, les imperfections, les sottises d'une œuvre littéraire sont un aspect de nous-mêmes, le reflet de ce que nous sommes. Les mots révèlent notre personnalité, l'œuvre littéraire exprime inexorablement notre moi. C'est pourquoi il est tellement plus facile d'écrire un chef-d'œuvre avec des notes qu'avec des mots.

Anthony Burgess

Les mots, les couleurs, la lumière, les sons, la pierre, le bois, le bronze appartiennent à l'artiste vivant. Ils appartiennent à qui veut les utiliser. Pillez le Louvre ! À bas l'originalité, le moi servile et stérile qui emprisonne autant qu'il crée. Vive le vol, pur, éhonté, total. Nous ne sommes pas responsables. Volez tout ce qui se présente.

William Burroughs

Chaque mot écrit est une victoire contre la mort.

Michel Butor

Je ne crois pas que quoi que ce soit d'important puisse s'exprimer en mots de plus de quatre syllabes.

Roger Caillois

Le mot est avant tout un cri. C'est par un cri que nous nous manifestons au monde. *Expression !* C'est-à-dire besoin incontrôlable de faire entendre sa voix. Les mots sont faits pour scintiller de tout leur éclat. Il n'y a pas de limite concevable à leur agencement parce qu'il n'y a pas de limite à la couleur, à la lumière. Il n'y a pas de mesure à la mesure des mots.

Louis Calaferte

LES MOTS

Je n'ai pas peur des mots, ce sont les mots qui ont peur de moi.
   Henri Calet

À des temps nouveaux, il faut, sinon des mots nouveaux, du moins des dispositions nouvelles de mots. Ces arrangements, il n'y a que le cœur pour les dicter, et le respect que donne le véritable amour.
   Albert Camus

Il est vrai peut-être que les mots nous cachent davantage les choses invisibles qu'ils ne nous révèlent les visibles.
   Albert Camus

Comment pourrais-je m'ennuyer tant que je connais des mots ?
   Elias Canetti

On voudrait écrire juste assez pour que les mots se prêtent vie les uns aux autres, et juste assez peu pour pouvoir encore les prendre soi-même au sérieux.
   Elias Canetti

Il attend un mot qui, pour lui, réhabiliterait et justifierait tous les autres.
   Elias Canetti

Les mots sont comme des sacs ; ils prennent la forme de ce qu'on met dedans.
   Alfred Capus

Lorsque moi j'emploie un mot, répliqua Humpty Dumpty d'un ton de voix quelque peu dédaigneux, il signifie exactement ce qu'il me plaît qu'il signifie... ni plus, ni moins. – La question, dit Alice, est de savoir si vous avez le pouvoir de faire que les mots signifient autre chose que ce qu'ils veulent dire. – La question, riposta Humpty Dumpty, est de savoir qui sera le maître... un point, c'est tout.
   Lewis Carrol

L'affaiblissement du vocabulaire nourri par souci idéologique – opposer la bonté naturelle de l'homme à la société injuste qui l'a perverti – traduit en réalité un affaiblissement de l'esprit critique et du sens moral.

    Hélène Carrère d'Encausse

Il y a des mots à chapeaux à plumes, des mots à falbalas, des mots à béquilles et à dentiers, des mots ruisselants de bijoux, des mots pleins de rocailles et de trucs piquants, des mots à parapluie...

    François Cavanna

Les mots, la matière formelle de la littérature, n'ont pas la même valeur à chaque instant, et les concepts et les situations, au service desquels les mots se mettent, ne sont pas non plus des pierres inertes qui se laissent mesurer et peser et décrire avec rigueur.

    Camilio José Cela

Avec les mots on ne se méfie jamais suffisamment, ils ont l'air de rien les mots, pas l'air de dangers bien sûr, plutôt de petits vents, de petits sons de bouche, ni chauds, ni froids et facilement repris dès qu'ils arrivent par l'oreille par l'énorme ennui gris et mou du cerveau. On ne se méfie pas d'eux les mots et le malheur arrive.
Des mots il y en a des cachés parmi les autres comme des cailloux. On les reconnaît pas spécialement et puis les voilà qui vous font trembler pourtant toute la vie qu'on possède et tout entière, et dans son faible et dans son fort... C'est la panique alors... Une avalanche... On en reste là comme un pendu au-dessus des émotions... C'est une tempête qui est arrivée, qui est passée, bien trop forte pour vous, si violente qu'on l'aurait jamais crue possible rien qu'avec des sentiments... Donc on ne se méfie jamais assez des mots, c'est ma conclusion.

    Louis-Ferdinand Céline

Et l'homme devient livre,
Qui fait un enfant aux mots.

    Romano Celli

Je pardonnerais à un écrivain ses mots inutiles, s'il y mettait beaucoup d'art. Mais peut-il y avoir beaucoup d'art où sont des mots inutiles ?
Maurice CHAPELAN

Si nous pensons, les mots pensent aussi, certains avec entêtement, et il n'est pas toujours commode d'accorder leur pensée avec la nôtre.
Maurice CHAPELAN

Les mots sont des pièges, où il s'agit de prendre sans être pris.
Maurice CHAPELAN

Ce que j'ai découvert en analyse, disait Françoise Dolto, c'est que tout se répare avec des mots.
Madeleine CHAPSAL

Les mots savent ce que nous ignorons d'eux.
René CHAR

Je ne voudrais pas qu'on pût voir mes mots. Je voudrais que la nuance des êtres fût dans mon écriture comme le degré du thermomètre sous le tube de verre. Car les mots ne sont rien, s'ils ne nous font pas toucher le fond des choses...
Alphonse DE CHÂTEAUBRIANT

Le style, si je m'y suis tant intéressé, c'est que j'y ai vu un défi au néant : faute de pouvoir composer avec le monde, il a bien fallu composer avec le mot.
Emil Michel CIORAN

L'écrivain, c'est sa fonction, dit toujours plus qu'il n'a à dire : il dilate sa pensée et la recouvre de mots. Seuls subsistent d'une œuvre deux ou trois *moments* : des éclairs dans du fatras. Vous dirais-je le fond de ma pensée ? Tout mot est un mot de trop. Il s'agit pourtant d'écrire : écrivons..., dupons-nous les uns les autres.
Emil Michel CIORAN

Je rêve d'une langue dont les mots, comme les poings, fracasseraient les mâchoires.
    Emil Michel CIORAN

Les mots que j'emploie,
Ce sont les mots de tous les jours, et ce ne sont point les mêmes !
    Paul CLAUDEL

Je n'allais pas chercher les mots, au contraire, c'est eux qui me talonnaient, qui me poussaient. Il y a comme ça des choses qui brûlent en vous, que vous ne pouvez pas hésiter à écrire, de ces choses que l'écrivain doit avoir le courage d'exprimer.
    Bernard CLAVEL

Aimer les mots : on n'écrit qu'à ce prix.
    Bernard CLAVEL

Il se prépara un grand vocabulaire et attendit toute sa vie une idée.
    Natalie CLIFFORD-BARNEY

On a tendance à glisser sur les mots, à ne pas comprendre que la manière dont ils s'imbriquent est indispensable pour exprimer ce qu'ils expriment. Le sens d'une phrase n'est pas tout. C'est l'essence qui compte. Le sens intime ne peut venir que de la manière de peindre, et non de ce que représente le tableau.
    Jean COCTEAU

Un poète a toujours trop de mots dans son vocabulaire, un peintre a toujours trop de couleurs sur sa palette, un musicien trop de notes sur son clavier.
    Jean COCTEAU

J'enroule l'autre dans mes mots, je le caresse, je le frôle, j'entretiens ce frôlage, je me dépense à faire durer le commentaire auquel je soumets la relation... Ayant atteint le bout du langage, là où il ne peut que répéter son dernier mot, à la façon d'un disque rayé, je me soûle de son affirmation.

    Albert COHEN

Un mot n'est rare que lorsqu'il a la chance de rencontrer un autre mot qui le renouvelle.

    Sidonie Gabrielle COLETTE

Mes mots se tiennent comme la lumière entre le monde et vous.

    Jacques COUDOL

Je sais, et vous aussi, une vieille chanson d'où sont absents le sujet, le complément et le verbe, et qui n'en est pas moins charmante, pleine d'évocation et de rêve :
Orléans, Beaugency,
Notre-Dame de Cléry,
Vendôme.
Ici, les mots parlent, sont poètes. Mettez-en d'autres à la place ; ceux-ci, par exemple :
Gien, Gannat, Montdidier,
Privas, Guéret, Pithiviers,
Roanne.
et cela ne veut plus rien dire ; c'est devenu idiot.

    Georges COURTELINE

C'est un art que d'avoir un beau style ; c'en est un aussi que de faire oublier qu'on s'exprime avec des mots.

    Benjamin CRÉMIEUX

Où que nous en soyons je vous invite
À traiter prudemment les mots :
Ils peuvent exploser.

    Sigfus DADASON

Les mots sont comme des allumettes : il y en a qui prennent, d'autres pas.

    Pierre DANINOS

Les mots, c'est trop dangereux. Ça vous part dans la gueule au moment où on ne s'y attend pas... Ça fait mal... Ça laisse des traces !
    Frédéric DARD (SAN-ANTONIO)

Qui pourrait nous éduquer, sinon la pâle éducation des images et des mots ?
    Régis DEBRAY

La saveur de la pensée n'est pas dans les idées mais dans les mots.
    Pierre DEHAYE

Les mots ne peuvent tout décrire.
Le message du cœur ne peut être délivré dans les mots.
Si quelqu'un entend littéralement les mots, il sera perdu.
S'il tente d'expliquer avec les mots, il n'atteindra pas l'illumination dans cette vie.
    Maître Taisen DESHIMARU

Les mots sont nos esclaves.
    Robert DESNOS

Les mots sont à la pensée les barreaux de la cage.
    Jacques DEVAL

On ne retient presque rien sans le secours des mots, et les mots ne suffisent presque jamais pour rendre précisément ce que l'on sent.
    Denis DIDEROT

Un mauvais mot, une expression bizarre m'en a quelquefois plus appris que dix belles phrases.
    Denis DIDEROT

Peut-être qu'un écrivain fait d'abord cela : ramener toujours ce qui est enterré, ce qui est enfermé, l'ombre si longtemps engloutie, l'ombre si longtemps engloutie dans les mots de la langue... Ramener l'obscur à la lumière.

Assia DJEBAR

Ce que je cherche dans les mots, c'est leur sonorité mentale, la résonance, l'écho, le volume. Le chant, pour simplifier.

Philippe DJIAN

L'écrivain partage avec le politicien cet ignoble secret : on peut faire n'importe quoi avec des mots.

Jean-Marie DOMENACH

Il est des mots si forts qu'un écrivain bien inspiré ne les prononcera qu'une seule fois dans toute sa vie.

Georges DUHAMEL

Les mots n'ont pas seulement une sonorité mais également un visage, c'est-à-dire une existence visuelle.

Georges DUHAMEL

J'ai peur quand j'écris comme si tout s'écroulait autour de moi. Les mots sont dangereux, chargés physiquement de poudre, de poison. Ils empoisonnent.

Marguerite DURAS

Les mots furent inventés pour combattre le désespoir.

Lawrence DURRELL

Les mots ne sont que les miroirs de nos mécontentements ; ils renferment tous les œufs énormes non encore éclos de tous les chagrins du monde.

Lawrence DURRELL

[S'il] nous faut peu de mots pour exprimer l'essentiel, il nous faut tous les mots pour le rendre réel.

Paul ÉLUARD

Le bon écrivain est celui qui enterre un mot chaque jour.

    Léon-Paul FARGUE

Trop de mots. Ne laisse se lever de leur place que les chefs de file.

    Léon-Paul FARGUE

Je ne prétends pas que les mots ne vivent pas par eux-mêmes. Mais une combinaison heureuse de mots donne naissance à une chose vivante, de même que le sol, le climat et un gland, convenablement conjugués, produiront un arbre. Les mots sont comme les glands. [...] Chacun d'eux ne donne pas un chêne, mais si vous en plantez un nombre suffisant, vous obtiendrez sûrement un chêne tôt ou tard.

    William FAULKNER

Des mots oui des mots comme le Nouveau Monde
Des mots venus de l'autre côté de la rive
Des mots tranquilles comme mon chien qui dort
Des mots chargés des lèvres constellées dans le dictionnaire des constellations de mots
Et c'est le Bonnet Noir que nous mettrons sur un vocabulaire.

    Léo FERRÉ

La xénophobie commence par la grammaire. La purification linguistique préfigure le nettoyage ethnique. L'expulsion des mots pas de chez nous annonce les pogroms, soyons donc accueillants à tous les noms, propres ou communs, à consonance étrangère !

    Alain FINKIELKRAUT

Tout le talent d'écrire ne consiste après tout que dans le choix des mots.

    Gustave FLAUBERT

Le style est autant *sous* les mots que *dans* les mots. C'est autant l'âme que la chair d'une œuvre.

    Gustave FLAUBERT

Les hommes le plus souvent se querellent pour des mots. C'est pour des mots qu'ils tuent et se font tuer le plus volontiers.

Anatole FRANCE

Avant de prononcer le mot juste qui lui ouvrira la grotte de ses livres, l'écrivain crache une ribambelle de faux mots de passe.

Bernard FRANK

Les mots finissent toujours par construire le contraire d'eux-mêmes.

Carlos FUENTES

Il faut enfoncer les mots dans la réalité jusqu'à les faire délirer comme elle.

José GALVAN

La vraie révolution est celle du verbe. Je mets la barre très haut pour arracher mes frères au langage misérable auquel ils sont condamnés par la société. La maîtrise des mots est subversion et insolence.

Armand GATTI

Je ne veux pas déjà me méfier des mots
– ce sont eux qui m'écrivent...

Daniel GÉLIN

Je ne connais d'autre critère de la beauté d'un acte, d'un objet ou d'un être, que le chant qu'il suscite en moi et que je traduis par des mots afin de vous le communiquer : c'est le lyrisme.

Jean GENET

J'aime un peu trop les mots, c'est vrai, quand je les aime...
Mais c'est avec les mots qu'on fait les Paradis.

Paul GÉRALDY

Tous nos mots ne sont que miettes qui tombent du festin de notre esprit.

Khalil GIBRAN

Les phrases que nous formons ne « revêtent » point tant notre pensée qu'elles ne la contournent. Chacun des mots de la guirlande reste en deçà ou s'aventure au delà de ce qu'il prétend exprimer de nousmême, à la manière dont une liane s'enroule autour d'une branche mais ne peut l'épouser étroitement. Toujours, par quelque côté, notre moi reste dévêtu : toujours revêtu par quelque autre.

    André GIDE

Quand les adjectifs sortent du mot à la queue leu leu..., c'est que le mot vogue à sa perte.

    Jean GIRAUDOUX

Suivre le conseil de Paul Valéry : de deux mots, choisir le moindre. Et le moindre ne signifie pas le plus mou, le plus plat mais celui qui a... comment dire... la taille la plus fine.

    Françoise GIROUD

L'encre nous a donné la science, mais elle dépite, quand elle n'est pas à sa place : un mot écrit est comme une perle, une tache d'encre est une sottise.

    Johann Wolfgang VON GŒTHE

J'ai vu naître un mot ; c'est voir naître une fleur.

    Remy DE GOURMONT

On ne pense pas sans mots, et cependant les mots trahissent la pensée. Toute expression verbale d'un fait concret devient de la métaphysique.

    Remy DE GOURMONT

Le goût quasi charnel qu'un écrivain (sinon il n'est qu'à peine un écrivain) a pour les mots, pour leur corpulence ou leur carrure, pour leur poids de fruits ronds qui tombent de l'arbre un à un, ou au contraire pour la vertu qu'ils ont de changer « en délice leur absence », de s'évanouir à mesure au seul profit de leur sillage élargi, il arrive qu'il se transforme peu à peu sans se renier tout au long d'une vie.

    Julien GRACQ

L'écriture comme la lecture est mouvement, et le mot s'y comporte en conséquence comme un mobile dont la masse, à si peu qu'elle se réduise, ne peut jamais être tenue pour nulle.

    Julien GRACQ

Quand j'ai commencé à écrire, c'était l'ébranlement vibratile, le coup d'archet sur l'imagination que je leur demandais d'abord et surtout. Plus tard, beaucoup plus tard, j'ai préféré souvent la succulence de ces mots compacts, riches en dentales et en fricatives, que l'oreille happe un à un comme le chien les morceaux de viande crue.

    Julien GRACQ

La pensée vole et les mots vont à pied. Voilà tout le drame de l'écrivain.

    Julien GREEN

Les mots, les mots
Ne se laissent pas faire
Comme des catafalques
Et toute langue
Est étrangère.

    Eugène GUILLEVIC

C'est toujours la même histoire : j'emploie trop de mots, ensuite, je vois le bavardage. Ça me fait souffrir. Mon premier jet est toujours un peu bourbeux. Mais vient le travail de relecture, les ajouts dans les marges, « le travail en rosace » (Proust).

    Louis GUILLOUX

Les mots qui font fortune appauvrissent la langue.

    Sacha GUITRY

L'ineffable, c'est la pensée obscure. Le mot donne à sa pensée son existence la plus haute.

    Friedrich HEGEL

Tous les mots que nous employons, à force d'avoir servi, ont perdu leur tranchant.

    Ernest HEMINGWAY

La première vertu d'un écrivain est la propriété du vocabulaire.

    Abel HERMANT

Si tout le monde se ressemble, tout le monde a fait, au moins une fois dans sa vie, l'expérience de la peur sans nom liée à l'opacité totale d'un mot. C'est comme être brusquement devenu aveugle ou se trouver quelque part et soudain ne pas du tout savoir où l'on est. Être perdu.

    Emmanuel HOCQUARD

Les mots ne conserveront pas un éclat et un crédit éternel. Beaucoup renaîtront, qui ont aujourd'hui disparu, beaucoup tomberont, qui sont actuellement en honneur, si le veut l'usage, ce maître absolu, légitime, régulier de la langue.

    HORACE

Les mots de qualité, les syllabes marquises,
Vivaient ensemble au fond de leurs grottes exquises,
Faisant la bouche en cœur et ne parlant qu'entre eux.
J'ai dit aux mots d'en bas : Manchots, boiteux, goitreux,
Redressez-vous, planez, et mêlez-vous, sans règles...

    Victor HUGO

Et sur l'Académie, aïeule et douairière,
Cachant sous ses jupons les tropes effarés,
Et sur les bataillons d'alexandrins carrés,
Je fis souffler un vent révolutionnaire.
Je mis un bonnet rouge au vieux dictionnaire.
Plus de mot sénateur ! Plus de mot roturier !
Je fis une tempête au fond de l'encrier,
Et je mêlai, parmi les ombres débordées,
Au peuple noir des mots l'essaim blanc des idées ;
Et je dis : Pas de mot où l'idée au vol pur
Ne puisse se poser, tout humide d'azur !

    Victor HUGO

Car le mot, qu'on le sache, est un être vivant.
    Victor HUGO

Les mots sont les passants mystérieux de l'âme.
    Victor HUGO

Invente des mondes nouveaux : pèse tes mots ;
L'adjectif tue s'il ne donne la vie !
    Vicente HUIDOBRO

Les mots peuvent ressembler aux rayons X, si l'on s'en sert convenablement, ils transpercent n'importe quoi.
    Aldous HUXLEY

Le mot ne montre plus. Le mot bavarde. Le mot est littéraire. Le mot est une fuite. Le mot empêche le silence de parler. Le mot assourdit. Au lieu d'être action, il vous console comme il peut de ne pas agir. Le mot use la pensée. Il la détériore. Le silence est d'or. La garantie du mot doit être le silence. Hélas ! c'est l'inflation.
    Eugène IONESCO

C'est même à cause de la littérature que je n'arrive plus à comprendre quoi que ce soit. C'est comme si en faisant de la littérature j'avais usé tous les symboles sans les pénétrer. Ils ne me parlent plus de façon vivante. Les mots ont tué les images ou ils les cachent. Une civilisation de mots, une civilisations égarée. Les mots créent la confusion. Les mots ne sont pas la parole.
    Eugène IONESCO

L'écrivain est à l'écoute des mots qui tracent son avenir.
    Edmond JABÈS

Je crois à la mission de l'écrivain. Il la reçoit du verbe qui porte en lui sa souffrance et son espoir. Il interroge les mots qui l'interrogent, il accompagne les mots qui l'accompagnent. L'initiative est commune et comme spontanée. De les servir – de s'en servir –, il donne un sens profond à sa vie et à la leur dont elle est issue.

Edmond Jabès

J'aimerais que les mots, qui sont bien la chose la plus souillée de notre monde, puissent ne plus servir qu'à émerveiller, à exalter ; hors de quoi serait bienvenu le silence.

Philippe Jaccottet

Aimer les mots. Aimer un mot. Le répéter, s'en gargariser. Comme un peintre aime une ligne, une forme, une couleur. (TRÈS IMPORTANT).

Max Jacob

Les mots sont magiques, ils portent en eux la vérité des hommes, mais on les prononce trop vite pour s'en apercevoir encore.

Andrea H. Japp

Qu'on pèse donc les mots, polyèdres d'idées, avec des scrupules comme des diamants à la balance de ses oreilles, sans demander pourquoi telle et telle chose, car il n'y a qu'à regarder, et c'est écrit dessus.

Alfred Jarry

Avant d'employer un beau mot, faites-lui une place.

Joseph Joubert

Il n'y a que deux sortes de beaux mots, ceux qui ont une grande plénitude de son, de sens, d'âme, de chaleur et de vie, et ceux qui ont une grande transparence. [...] Les mots sont comme des verres qui obscurcissent tout ce qu'ils n'aident pas à mieux voir.

Joseph Joubert

Les mots sont les corps et le lieu extérieur des pensées.

Joseph Joubert

Les mots ne peuvent pas s'inscrire dans l'esprit et n'y sont d'aucun secours ; on ne peut s'appuyer sur aucuns, ils n'aident pas, on ne les sait jamais.
    Louis JOUVET

Car les mots sont de mauvais alpinistes et de mauvais mineurs ! Ils ne vont chercher ni les trésors des sommets ni ceux du fond de la mine !
    Franz KAFKA

Chaque mot, retourné dans la main des esprits – ce tour de main est leur geste caractéristique – se transforme en lance dirigée contre celui qui parle.
    Franz KAFKA

Le mot a par conséquent deux sens, un sens immédiat et un sens intérieur. Il est la pure matière de la poésie et de l'art, la seule matière dont cet art peut se servir et grâce à laquelle il parvient à toucher l'âme.
    Wassily KANDINSKY

Les mots sont la plus puissante drogue utilisée par l'humanité.
    Rudyard KIPLING

En régime de tyrannie, le mot est un acte.
    Édouard KOUTNETZOV

Plus on considère un mot de près, plus il vous regarde de loin.
    Karl KRAUS

Employer des mots inusités est une inconvenance littéraire. On ne doit présenter au public que des embûches intellectuelles.
    Karl KRAUS

Les mots sont pris dans toutes les images corporelles qui captivent le sujet ; ils peuvent engrosser l'hystérique, s'identifier à l'objet du penis-neid, représenter le flot d'urine de l'ambition orétrale, ou l'excrément retenu de la jouissance avaricieuse.

   Jacques LACAN

Enfin s'il faut à tes propos
pouvoir plus éclatant
surtout n'aie recours qu'AUX MOTS
qui lavent toujours...
toujours plus blanc.

   Jean L'ANSELME

Pour qu'un mot comprenne ce qu'il veut dire, il doit tout d'abord s'extraire du dictionnaire. Ensuite, il doit se frotter à d'autres mots, négocier avec des adjectifs et des synonymes, s'aboucher à un verbe, trouver sa place dans une phrase...

   Gilles LAPOUGE

Je postule qu'on laisse aux mots la licence de rêver, comme nous, durant de longues nuits.

   Jacques LAURENT

Ce sont les mots qui conservent les idées et qui les transmettent, il en résulte qu'on ne peut perfectionner le langage sans perfectionner la science, ni la science sans le langage.

   Antoine Laurent DE LAVOISIER

Aucun monde ne résiste à la conjuration des mots.

   Annie LE BRUN

C'est l'instant de l'après-midi que je préfère quand, penché sur la page blanche de mon cahier, tenant la plume à la main, j'attends que vienne la voix de Mam, inventant les mots un à un, très lentement, comme si elle nous les donnait, comme si elle les dessinait avec les inflexions des syllabes. Il y a les mots difficiles, qu'elle a choisis avec soin, car c'est elle qui invente les textes de nos dictées : « charrette », « soupirail », « arc-en-ciel », « cavalcade », « attelle », « gué », « apercevoir », et bien sûr, de temps en temps, pour nous faire rire, les « poux », les « choux », les « hiboux » et les « bijoux ».

LES MOTS

J'écris sans me presser, le mieux que je peux, pour faire durer le temps où raisonne la voix de Mam dans le silence de la feuille blanche, dans l'attente aussi du moment où elle me dira, avec un petit signe de tête, comme si c'était la première fois qu'elle le remarquait : « Tu as une jolie écriture. »
    J.-M. G. Le Clézio

Si on entendait les mots éclater en l'air les uns après les autres, on pourrait fermer ses oreilles, ou bien envoyer des missiles contre eux. Mais le langage des Maîtres traverse les hommes avant qu'ils l'aient entendu, il frappe, brise et détruit sans laisser de traces.
    J.-M. G. Le Clézio

Les idées s'usent vite. Les mots pourrissent plus vite encore. Et quand la pensée se trouve elle-même viciée, elle corrompt à mesure tous les mots auxquels on recourt dans l'espoir de la redresser.
    Henri de Lubac

Les mots sont plus mystérieux que les faits.
    Pierre Mac Orlan

Ce n'est pas avec des idées qu'on fait des vers, c'est avec des mots.
    Stéphane Mallarmé

Le mot écrit sort du plan sonore pour une vie de mutisme apparent, mais il n'assume qu'ainsi le retentissement dû.
    Stéphane Mallarmé

Des mots nouveaux prennent le large
ils abordent triomphalement
sur des îles désertes
qu'ils peuplent...
    Robert Mallet

Moi je demeure avec les mots
D'une exigence de chef d'orchestre.
    Jean Marcenac

LES MOTS & LA LANGUE

L'usage est le tyran des mots, non des images. Nous n'avons point de bon écrivain qui n'en ait risqué, et c'est à ces hardiesses que toutes les langues ont dû leur embellissement.

Jean-François Marmontel

Où qu'il soit, où qu'il aille, l'homme continue à penser avec les mots, avec la syntaxe de son pays.

Roger Martin du Gard

Quelle que soit la chose qu'on veut dire, il n'y a qu'un mot pour l'exprimer, qu'un verbe pour l'animer et qu'un adjectif pour la qualifier. Il faut donc chercher jusqu'à ce qu'on les ait découverts, ce mot, ce verbe et cet adjectif, et ne jamais se contenter de l'à peu près, ne jamais avoir recours à des supercheries, même heureuses, à des clowneries de langage pour éviter la difficulté.

Guy de Maupassant

Faites-moi voir, par un seul mot, en quoi un cheval de fiacre ne ressemble pas aux cinquante autres qui le suivent et le précèdent.

Guy de Maupassant

La plupart de nos douleurs morales viennent de ce que nous avons les mots pour les décrire.

André Maurois

Je crois que la vraie littérature, c'est l'exactitude du mot et de la chose. Je préfère celui qui sait exactement dire ce qu'il a vu et ressenti à celui qui vaticine en inventant ses propres impressions.

François Mitterrand.

Je veux qu'on soit sincère, et qu'en homme d'honneur,
On ne lâche aucun mot qui ne parte du cœur.

Molière

Rares sont les mots qui valent mieux que le silence. Comparés à lui, les mots les plus doux, les plus douces musiques sont discordants comme les cris des sourds-muets.

Henry de Montherlant

On a bouleversé la terre avec des mots.

Alfred DE MUSSET

On n'écrit pas un mot que tout l'être ne vibre.

Alfred DE MUSSET

Ce sont les mots qui chantent. Je me prosterne devant eux. Une idée se modifie parce qu'un mot que la phrase n'attendait pas est venu se placer comme un petit roi parmi les autres et que les autres lui ont obéi.

Pablo NERUDA

Je ne suis pas écrivain, moi. Pour moi, les mots ont un sens. Ils sont suivis d'effet.

Éric NEUHOFF

Le mot nouveau-né n'offre point de défense. Il importe de veiller sur lui, de le protéger contre les empiètements, contre les déformations. Il ne faut pas se contenter de l'employer avec rigueur ; il faut exiger des autres qu'ils en usent de même.

Charles NICOLLE

Quel mot a jamais dit, de l'homme, sa Vérité ?

Marie NOËL

Combien d'écrivains auront-ils embrassé cette carrière dans l'unique but d'accéder un jour à l'au-delà des topos, sorte de no man's land où la parole est toujours vierge. C'est peut-être ça, l'Immaculée Conception : dire les mots les plus proches du mauvais goût en restant dans une sorte de miraculeux état de grâce, à jamais au-dessus de la mêlée, au-dessus des criailleries dérisoires.

Amélie NOTHOMB

La force des mots,
moins que rien,
moins que des pétales écrasés
dans une salle de bal,

et cependant
si j'appelais,
qui parmi les hommes
m'entendrait
sans mots ?

    Carlos DE OLIVEIRA

L'éternité, c'est ce qu'il y a de plus fragile, c'est du papier. Qu'est-ce qui reste de tout le passé ? Non pas les idées, parce qu'elles s'envolent, mais des mots écrits.

    Jean D'ORMESSON

Les mots sont les petits moteurs de la vie

    Érik ORSENNA

Tous les mots sont des outils. Ni plus ni moins. Des outils de communication. Comme les voitures. Des outils techniques, des outils utiles. Quelle idée de les adorer comme des dieux !

    Érik ORSENNA

Les chats sont des mots à fourrure. Comme les mots, ils rôdent autour des humains sans jamais se laisser apprivoiser. Il est aussi difficile de faire rentrer un chat dans un panier, avant de prendre le train, que d'attraper dans sa mémoire le mot juste et le convaincre de prendre sa place sur la page blanche. Mots et chats appartiennent à la race des insaisissables.

    Érik ORSENNA

Les mots qui ont un son noble contiennent toujours de belles images.

    Marcel PAGNOL

Tout vient se perdre dans les mots et y ressusciter.

    Brice PARRAIN

Les mots sont des pistolets chargés.

    Brice PARRAIN

Ceux qui font les antithèses en forçant les mots sont comme ceux qui font de fausses fenêtres pour la symétrie : leur règle n'est pas de parler juste, mais de faire des figures justes.
   Blaise PASCAL

Les mots diversement rangés font un divers sens, et les sens diversement rangés font différents effets.
   Blaise PASCAL

Tout a été dit. Sans doute. Si les mots n'avaient changé de sens, et les sens, de mots.
   Jean PAULHAN

Il est difficile de parler des mots de façon détachée, comme un peintre décrit le broyage des couleurs ; ils se mêlent de si près à notre souci de les faire servir que l'on ne distingue jamais très bien où le souci commence et où finit le mot.
   Jean PAULHAN

Le verbalisme c'est toujours la pensée des autres. L'on appelle mots les idées dont on ne veut pas.
   Jean PAULHAN

La conscience des mots amène à la conscience de soi : à se connaître, à se reconnaître.
   Octavio PAZ

Un mot n'est pas le même dans un écrivain et dans un autre. L'un se l'arrache du ventre. L'autre le tire de la poche de son pardessus.
   Charles PÉGUY

Que tous ces bâtons, ces boucles, ces ronds et ces petits ponts assemblés fissent des lettres, c'était beau ! Et ces lettres ensemble, des syllabes et ces syllabes, bout à bout, des mots, il n'en revenait pas. Et que certains de ces mots lui fussent si familiers, c'était magique !
   Daniel PENNAC

L'écriture me protège. J'avance sous le rempart de mes mots, de mes phrases, de mes paragraphes habilement enchaînés, de mes chapitres astucieusement programmés. Je ne manque pas d'ingéniosité.
Ai-je encore besoin d'être protégé ? Et si le bouclier devient un carcan ?
Il faudra bien, un jour, que je commence à me servir des mots pour démasquer le réel, pour démasquer ma réalité.

    Georges P<small>EREC</small>

La lecture, résurrection de Lazare, soulever la dalle des mots.

    Georges P<small>ERROS</small>

Ce qui m'a le plus frappé, c'est la puissance des « mots ». C'est le commerce, l'échange, rendu possible, grâce à un vocabulaire pour tous, pris au sérieux. Quand je pense qu'on peut séduire une femme, acquérir une situation, faire du mal, de la peine, du bien, du plaisir, avec des phrases bien assemblées, cela me confond.

    Georges P<small>ERROS</small>

Les mots sont les fantômes des imaginations malades, au-dessus desquels il y a la vie qu'il faut vivre sans penser aux mots.

    Charles-Louis P<small>HILIPPE</small>

Ce sont les mots qui existent, ce qui n'a pas de nom n'existe pas. Le mot lumière existe, la lumière n'existe pas.

    Francis P<small>ICABIA</small>

J'écris avec des mots qui boxent, car je n'ai pas de santé.

    Henri P<small>ICHETTE</small>

Et souvent c'est à un mot, à une explication, à une « raison » que nous devons sans doute d'aimer une œuvre, de voir se dissiper la brume qui nous empêchait de l'aimer.

    Gaétan P<small>ICON</small>

Nous n'aurons jamais fini de déplanter, d'arracher, de jeter au fumier des racines grecques, si nous voulons que notre prose ne ressemble pas à un jardin de curé janséniste.

André Pieyre de Mandiargues

Ceux qui ont créé les mots croyaient au délire.

Platon

L'amour des mots est en quelque façon nécessaire à la jouissance des choses.

Francis Ponge

Je suis amoureux des mots
Des vieux mots roturiers de la langue française,
Ils disent le ciel et l'eau
Et les lents peupliers alignés sur la berge.

Jacques Prado

Il n'y a pas une idée qui ne porte en elle sa réfutation possible, un mot le mot contraire.

Marcel Proust

Prends ces mots dans tes mains et vois comme ils sont faits.

Raymond Queneau

Bien placés bien choisis
Quelques mots font une poésie
Les mots il suffit qu'on les aime...

Raymond Queneau

Tout mot retrouvé est une merveille

Pascal Quignard

Les mots, qui désignent des choses absentes, relaient bien piètrement ce qui lui fait défaut [à l'écrivain] et qui l'a poussé assez malencontreusement à s'adresser à eux : ils préservent au bout du compte le manque quand il cherchait par leur moyen à se protéger contre le vide et les appels à la mort, à se soustraire à l'abandon, et à s'abriter vainement de la longueur des nuits et de l'effroi. Sans doute a-t-il plutôt mal choisi sa pelote de ficelle.

    Pascal QUIGNARD

Écrire, trouver le mot, c'est éjaculer soudain.

    Pascal QUIGNARD

Ils me font dire aussi des mots longs d'une toise,
De grands mots qui tiendraient d'ici jusqu'à Pontoise.

    Jean RACINE

Un mot si joli qu'on le voudrait avec des joues, pour l'embrasser.

    Jules RENARD

Il voudrait donner à manger aux mots, dans le creux de sa main.

    Jules RENARD

Le mot juste ! Le mot juste ! Quelle économie de papier le jour où une loi obligera les écrivains à ne se servir que du mot juste !

    Jules RENARD

Mon cerveau. Un gaufrier de mots.

    Jules RENARD

Le mot est l'excuse de la pensée.

    Jules RENARD

Les mots : la monnaie d'une phrase. Il ne faut pas que ça encombre. On a toujours trop de monnaie.

    Jules RENARD

Ne pas confondre esprit libre et mots en liberté...

    Pierre REVERDY

LES MOTS

Un mot est ce qui a plusieurs sens et qui peut en acquérir de nouveaux.

Paul RICŒUR

Puis j'expliquai mes sophismes magiques avec l'hallucination des mots !

Arthur RIMBAUD

La parole est un don de Dieu. Les mots sont des inventions de l'homme.

Adjutor RIVARD

Les mots, comme les hommes, ne valent autant qu'ils sont à leur place.

Antoine DE RIVAROL

Les mots nous trompent comme des filles.

Romain ROLLAND

Les choses sont souvent plus petites que les mots dont on les nomme.

Jean ROSTAND

Le mot sonore plaqué au milieu des nuages lourds du verbe, le beau vers qui s'enroule sur lui-même et se mord la queue, comme le serpent à plumes, sans avoir rien dit, que sa propre beauté...

Jean ROUSSELOT

Il faut [...] se fier aux mots. Ils en savent plus que nous sur les choses. Ils en savent plus que nous sur nous.

Claude ROY

[Les mots] ne sont la plupart du temps que les véhicules d'une vérité partielle, c'est-à-dire l'équivalent d'une fausseté.

Adolf RUDNICKI

Les mots sont des vertus réclamant des outrages...
   Robert SABATIER

Écrire, c'est moins accueillir des mots qu'en mettre à la porte.
   Robert SABATIER

Frotter les mots les plus nus jusqu'à l'étincelle.
   Robert SABATIER

Les mots sont devenus dans les langues humaines ce que la pensée est devenue dans l'esprit des hommes. Ces mots sont devenus comme autant de morts qui enterrent des morts, et qui souvent même enterrent des vivants, ou ceux qui auraient le désir de l'être. Aussi l'homme s'enterre-t-il lui-même journellement avec ses propres mots altérés qui ont perdu tout leur sens.
   Claude DE SAINT-MARTIN

En France particulièrement, les mots ont plus d'empire que les idées.
   George SAND

Quoiqu'on écrive, il y a toujours quelque chose qui va choquer quelqu'un. On peut dire qu'il n'y a pas un seul mot écrit par les hommes qui ne soit blasphématoire du point de vue de quelqu'un.
   José SARAMAGO

[Les mots], ces lutins curieux, excités, impatients.
   Nathalie SARRAUTE

Les mots boivent notre pensée avant que nous ayons eu le temps de la reconnaître ; nous avions une vague intention, nous la précisons par des mots et nous voilà en train de dire tout autre chose que ce que nous voulions dire.
   Jean-Paul SARTRE

Le mot redevient berceau pour que nous apprenions la spontanéité du dire.

Joseph SAYEGH

Levés dans une syntaxe cistercienne, lavés de leurs boues, dégagés de leur gangue, les mots se feront pierres, cintres et contreforts, parés de la nudité irrévocable du nécessaire, évidence palpable, sans autre ciment entre eux qu'une stéréotomie parfaite, qu'un accord aérien, lumineux entre l'architecte et la vision, sa mathématique et la matière.

Pierre SEGHERS

Le souffle froid des mots glace les flammes de l'action.

William SHAKESPEARE

Les mots qu'on prononce charrient beaucoup plus de savoir, une charge affective beaucoup plus intense que n'en possède la conscience claire ; les échos s'y multiplient. La signification est fonction d'un passé socio-historique et réflexes partagés.

George STEINER

Certains mots sont tellement élimés que l'on peut voir le jour au travers.

Jean TARDIEU

Les mots sont ces quelques feuilles qui créent l'illusion d'un arbre avec toutes ses feuilles, l'illusion de tout dire.

Elsa TRIOLET

Je continue à penser qu'une prose où chaque mot vaut son pesant d'or est illisible.

Elsa TRIOLET

Entre deux mots, il faut choisir le moindre.

Paul VALÉRY

Un écrivain est quelqu'un qui ne trouve pas ses mots. Ne les trouvant pas, il les cherche. Les cherchant, il trouve mieux.

    Paul VALÉRY

Les mots font partie de nous plus que les nerfs. Nous ne connaissons notre cerveau que par ouï-dire.

    Paul VALÉRY

Le luxe des mots est pour les écrivains pauvres d'idées ce que sont, pour les femmes maigres, les toilettes bouffantes.

    VALTOUR

Nous vivons une époque où l'on se figure qu'on pense dès qu'on emploie un mot nouveau. On ne sait pas le tiers du quart des mots de la langue française et on va en chercher dans des modes prétentieuses...

    Alexandre VIALATTE

Il y a des moments où je me demande si je ne suis pas en train de jouer avec les mots. Et si les mots étaient faits pour cela ?

    Boris VIAN

Le dernier mot est le bon. Le dernier mot de Phèdre est : pureté. Le dernier mot de Chimène est : paternel. Le dernier mot d'Auguste est : oublier. Le dernier mot d'Hamlet-le-Bavard est : silence. Le dernier mot du Prince de Hombourg est : Brandebourg, ou, si l'on veut bien, patrie. Le dernier mot d'Harpagon est : cassette. Le dernier mot de Macbeth est : enough ! Le dernier mot d'Œdipe-Roi est : arracher. Le dernier mot de Prométhée est : j'endure. Le dernier mot d'Œdipe à Colonne est : heureux à jamais. Et les derniers mots de Roméo sont : Thus with a kiss I die. Le poète a toujours le dernier mot.

    Jean VILAR

N'employez jamais un mot nouveau, à moins qu'il n'ait ces trois qualités : être nécessaire, intelligible et sonore.

    VOLTAIRE

Il faudrait des volumes, non pas pour commencer à s'éclaircir, mais pour commencer à s'entendre. Il faudrait bien savoir quelle idée nette on attache à chaque mot qu'on prononce. Ce n'est pas encore assez : il faudrait savoir quelle idée ce mot fait passer dans la tête de votre adverse partie. Quand tout cela est fait, on peut disputer pendant toute sa vie sans convenir de rien.

Voltaire

Loué sois-tu silence qui entoures la pensée
Le mot ne vient qu'après. Mais entre lui et la pensée
Qu'il exprime, il y a cette bande suave de silence
Comme un jardin entre la maison et la haie-vive.

Ilarie Voronca

Un homme de lettres porte avec soi, dans sa tête, une collection d'outils tranchants : son vocabulaire.

Herbert George Wells

Les actions sont la première tragédie de la vie, les mots en sont la deuxième. Les mots sont sans doute la pire tragédie. Les mots sont sans pitié.

Oscar Wilde

On ne doit plus craindre les mots lorsqu'on a consenti aux choses.

Marguerite Yourcenar

Manier les mots, les soupeser, en explorer le sens, est une manière de faire l'amour...

Marguerite Yourcenar

La phrase

L'intensité de la phrase est faite des mots qui manquent.
    Anne-Marie ALBIACH

Toute phrase doit être en soi un monument bien coordonné, l'ensemble de tous ces monuments formant la ville qui est le Livre.
    Charles BAUDELAIRE

Toute phrase est vouée au musée dans la mesure où persiste un vide littéraire.
    Georges BATAILLE

La phrase, c'est le rythme. Le rythme, c'est le souffle, et le souffle c'est l'âme non entravée dans sa capacité de jouir.
    Christian BOBIN

Il est des phrases qui ne jettent leur poison que des années après.
    Elias CANETTI

Une phrase est pure tant qu'elle est seule. Déjà la suivante lui retire quelque chose.

    Elias CANETTI

Foncer dans le système nerveux du lecteur... Tordre la langue... Forcer les phrases à sortir de leurs gonds...

    Louis-Ferdinand CÉLINE

Les belles phrases sauvent moins d'œuvres qu'elles n'en tuent.

    Maurice CHAPELAN

Dans le style le plus simple que la phrase soit vierge. On veut une neige fraîche où personne n'a encore marché.

    Jacques CHARDONNE

Une phrase courte ou longue, cela ne doit pas se voir, ni la ponctuation. Quand on ne sait pas comment cela est fait, quand on ne voit pas que la page est faite avec des phrases, et les phrases avec des mots, c'est une bonne page.

    Jacques CHARDONNE

Éviter la musique d'une phrase pour ne lui communiquer que le rythme. Laisser à ce rythme l'irrégularité d'une pulsation.

    Jean COCTEAU

Il faut que l'esprit s'amuse. L'agencement des mots et des phrases peut vous faire pénétrer dans des histoires invraisemblables, de l'autre côté du miroir. Mais pour qu'il échappe aux lois du réel, le texte doit être rigoureusement structuré et écrit dans une langue très simple. Il suffit que le spectateur – ou le lecteur – ne comprenne pas un mot pour que la magie soit rompue.

    Raymond DEVOS

Plus une idée est belle, plus la phrase est sonore.

    Gustave FLAUBERT

LA PHRASE

Si des phrases ont leurs *orages* pour tout dire, —
elles doivent aussi avoir leur *arc-en-ciel* de convenances.

Xavier FORNERET

J'attends trop souvent que la phrase ait achevé de se former en moi, pour l'écrire. Le mieux est de la prendre par le bout qui se présente d'abord, tête ou pied, sans connaître aussitôt le reste ; puis de tirer ; le reste suit.

André GIDE

La phrase est une excroissance de l'idée.

André GIDE

J'ai voulu faire de ma phrase un instrument si sensible que le simple déplacement d'une virgule suffise à en détériorer l'harmonie.

André GIDE

Écrire c'est choisir entre plusieurs phrases qui se proposent à vous. Montesquieu disait : Bien écrire, c'est savoir sauter les phrases intermédiaires. Dans l'immense majorité des livres d'aujourd'hui, manque la phrase principale. En revanche les phrases intermédiaires y sont toutes.

Julien GREEN

On peut faire l'idiot avec une phrase. S'affirmer à l'aide d'une phrase contre d'autres. Nommer tout ce qu'on rencontre devant soi et l'écarter de son chemin. Se familiariser avec tous les objets. Faire de tous les objets une phrase dans la phrase. Avec cette phrase, tous les objets vous appartiennent. Avec cette phrase, tous les objets sont à vous.

Peter HANDKE

Je crois pour ma part que la phrase écrite, méditée, livre son homme plus intimement que la phrase parlée, improvisée.

Pierre HENRI SIMON

La beauté d'une construction, soit d'un édifice ou d'une phrase, résulte d'abord, ou peut-être uniquement, des proportions, de l'harmonie et d'un équilibre dont l'apparence inspire un sentiment de sécurité.

    Abel HERMANT

Suggérer au lieu de dire, faire dans la route des phrases un carrefour de tous les mots.

    Alfred JARRY

Une phrase heureuse parfois, où affleure le sacré, peut tenir lieu de ce qu'on a vainement cherché ailleurs...

    Marcel JOUHANDEAU

En littérature, on se gardera des charlatans de la construction des phrases. Leurs maisons ont d'abord des fenêtres, et puis seulement des murs...

    Karl KRAUS

La phrase doit être entière, d'une seule ligne, je veux dire non coupée par des points et virgules, ponctuation qui ne correspond à rien : autant commencer par une autre phrase.

    Paul LÉAUTAUD

Ce qui me tue, dans l'écriture, c'est qu'elle est trop courte. Quand la phrase s'achève, que de choses sont restées au-dehors !

    J.-M. G. LE CLÉZIO

Une seule phrase compte dans un livre, et il n'est pas donné à celui qui écrit de savoir laquelle.

    Françoise LEFEVRE

C'est aberrant de vouloir exprimer par des phrases ce que l'on pense et comprend. Il suffit de demeurer ouvert, en état d'accueil ; liées entre elles, les choses forment alors cette longue procession que l'on fait entrer en soi comme dans une arche de Noé.

    Gertrud VON LE FORT

LA PHRASE

Une page bien écrite est celle dont on ne saurait enlever une syllabe sans fausser la mesure de la phrase.
   Pierre LOUŸS

Il n'est pas besoin du vocabulaire bizarre, compliqué, nombreux et chinois, qu'on nous impose aujourd'hui sous le nom d'écriture artiste pour fixer toutes les nuances de la pensée [...]. Ayons moins de noms, de verbes et d'adjectifs aux sens presque insaisissables, mais plus de phrases différentes, diversement construites, ingénieusement coupées, pleines de sonorités et de rythmes savants. Efforçons-nous d'être des stylistes excellents plutôt que des collectionneurs de termes rares.
   Guy DE MAUPASSANT

Et comment aimerais-je mourir ? Pardi... au milieu d'une phrase !
   Hubert NYSSEN

[...] une phrase, pour un mot, c'est une prison.
   Érik ORSENNA

La phrase ne naît pas d'une phrase : elle émerge du silence, c'est-à-dire d'une profondeur intérieure qui ne vient à la surface que par une brusque et décisive explosion.
   Gaétan PICON

Il couchait sur ses phrases, mais il y dormait.
   Jules RENARD

Une phrase qui vibre court, comme un fil de fer trop tendu.
   Jules RENARD

L'homme se dépeint par quelques mots qu'il laisse échapper. Dès qu'il fait une phrase entière, il ment.
   Jules RENARD

On a le sentiment que la matière sur laquelle on travaille, la pensée, est une substance délicate et divine, comme la lumière ; et on est, pour la manier, un pauvre homme aux doigts grossiers et lourds. Que de mots il nous faut, que de phrases, avec leur lente logique, que de pages, pour faire le tour d'une âme...

    Romain ROLLAND

J'aime les phrases qu'on dirait détachées de quelque invisible contexte.

    Jean ROSTAND

Essayer de ne pas dégoûter des mots avec les phrases.

    Jean ROSTAND

Le style

Le style est la poésie dans la prose, je veux dire une manière d'exprimer que la pensée n'explique pas.
> Émile Chartier, dit ALAIN

Le style est autant *sous* les mots que *dans* les mots. C'est autant l'âme que la chair d'une œuvre.
> Henri-Frédéric AMIEL

Le style me fait horreur, et je m'aperçois que quand j'écris j'en fais toujours, alors je brûle tous mes manuscrits et je ne garde que ceux qui me rappellent une suffocation, un halètement, un étranglement dans je ne sais quel bas-fonds, parce que ça c'est vrai.
> Antonin ARTAUD

Ce siècle, autre en ses mœurs, demande un autre style.
> Agrippa D'AUBIGNÉ

Le style se juge comme le vin : il suffit d'avoir du goût.
> Claude AVELINE

Il n' y a jamais de faute de style dans une prairie.

Honoré de Balzac

Il faut que tu saches que la préoccupation principale d'un écrivain, c'est le style. Alors, la première phrase est importante. Primordiale. C'est elle qui donne le ton. D'elle dépend toute la suite. Et quelquefois, toute une carrière. Par conséquent, toute une vie. Et dans le meilleur des cas, toute une postérité.

Franz Bartelt

Le style est d'autant plus décent que les idées sont moins décentes.

Charles Baudelaire

Bizarrerie des tournures de phrases n'est pas mystère. Le mystère réel est celui que la clarté de l'exposé ne détruit pas. Le mystère en pleine lumière.

Marcel Béalu

Exiger de soi une littérature profonde et sincère, en veillant à ce que le style ne soit ni un masque ni un voile, n'est pas chose aisée...

Tahar Ben Jelloun

Il faut inventer des catachrèses qui empalent, des métonymies qui grillent les pieds, des synecdoques qui arrachent les ongles, des ironies qui déchirent les sinuosités du râble, des litotes qui écorchent vif, des périphrases qui émasculent et des hyperboles de plomb fondu.

Léon Bloy

Un style trop égal et toujours uniforme
En vain brille à nos yeux, il faut qu'il nous endorme.

Nicolas Boileau

Se découvrir un style, c'est tout simplement avoir le courage de noter les mouvements de son *moi*.

Paul Bourget

Le style, c'est l'homme.
Les ouvrages bien écrits seront les seuls qui passeront à la postérité ; la quantité des connaissances, la singularité des faits, la nouveauté même des découvertes, ne sont pas de sûrs garants de l'immortalité ; si les ouvrages qui les contiennent ne roulent que sur de petits objets, s'ils sont écrits sans goût, sans noblesse et sans génie, ils périront, parce que les connaissances, les faits et les découvertes s'enlèvent aisément, se transportent, et gagnent même à être mises en œuvre par des mains plus habiles. Ces choses sont hors de l'homme, le style est l'homme même.

    Georges Louis Leclerc, comte DE BUFFON

Le style n'est pas l'outil du forgeron mais l'âme de la forge.

    René Guy CADOU

Donner une forme à ce qui n'en a pas, c'est le but de toute œuvre. Il n'y a donc pas seulement création, mais correction... D'où l'importance de la *forme*. D'où nécessité d'un style pour chaque sujet non tout à fait différent parce que la langue de l'auteur est à lui. Mais justement elle fera éclater non pas *l'unité* de tel ou tel livre mais celle de l'œuvre tout entière.

    Albert CAMUS

Le lecteur s'attend à un mot et moi, je lui en colle un autre. C'est ça, le style.

    Louis-Ferdinand CÉLINE

Ce que je cherche, c'est pas de faire du verbe, d'enfiler des mots, c'est de faire passer des émotions. Le verbe empêche l'émotion. Faut le tuer.

    Louis-Ferdinand CÉLINE

Le style doit être à la pensée comme les barreaux aux montants d'une échelle.

    Maurice CHAPELAN

Et vive la pudeur dans le style, tout ce qui gaze, voile, suggère, donne à deviner ou laisse entrevoir : le livre autant que le lit y fourbit ses armes les plus sûres.

    Maurice CHAPELAN

Une œuvre a l'âge de son style.

    Maurice CHAPELAN

Où la pensée s'affermit, l'épithète se raréfie.

    Maurice CHAPELAN

Pas d'adjectifs, ils affaiblissent le style. L'adjectif, c'est comme les bijoux. Une femme élégante ne porte pas de bijoux.

    Jacques CHARDONNE

L'on ne vit que par le style...
L'ouvrage le mieux composé, orné de portraits d'une bonne ressemblance, rempli de mille autres perfections, est mort-né si le style manque. Le style, et il y en a de mille sortes, ne s'apprend pas ; c'est le don du ciel, c'est le talent.

    François-René DE CHATEAUBRIAND

Il vaut mieux un style ferme et vide qu'un style mou et grouillant de pensées.

    Emil Michel CIORAN

L'idéal serait d'écrire sans style ; je m'y efforce, et j'y arriverai. Seule importe la pensée. Le reste est pour les littérateurs.

    Emil Michel CIORAN

Le véritable écrivain ne pense pas au style ni à la littérature : il *écrit* – tout simplement, c'est-à-dire qu'il voit des réalités et non pas des mots.

    Emil Michel CIORAN

LE STYLE

Quand on écrit en français, c'est pour se faire comprendre.
   Paul Claudel

Le style est une qualité naturelle comme le son de la voix.
   Paul Claudel

C'est cette manière d'épauler, de viser, de tirer vite et juste, que je nomme le style.
   Jean Cocteau

Le seul style possible, c'est la pensée faite chair.
   Jean Cocteau

Le style est une façon très simple de dire des choses compliquées.
   Jean Cocteau

Le style n'est pas une danse, c'est une démarche.
   Jean Cocteau

Je propose l'absence d'un style. Avoir du style au lieu d'avoir un style...
   Jean Cocteau

Je ne crois pas avoir d'angoisses de style. Tout ce qui est ressenti n'a pas à être raturé, et les chutes de phrases, je ne m'en préoccupe guère. Je ne corrige, mais j'ajoute, c'est mon délice. [...] Oui, joie d'ajouter et non d'enlever, joie de découvrir de nouveaux détails vrais, crépitants, vivants. Et c'est alors une prolifération glorieusement cancéreuse.
   Albert Cohen

Écrire propre, net, bien torché, avec du style, c'est à la portée de tout le monde. [...] En revanche, croyez-moi, il est très difficile de mal écrire. Il faut distordre la langue, faire flèche de tout bois, trouver des gaudrioles, des contrepèteries, des jeux de mots, tremper sa plume dans la gauloiserie, saouler le lecteur, et surtout ne jamais se répéter, y compris dans les scènes les plus torrides, qui sont pour moi les plus poétiques.

Frédéric Dard (San-Antonio)

Plus qu'une manière d'écrire, le style est une morale.

Michel Del Castillo

Un style c'est arriver à bégayer dans sa propre langue. C'est difficile, parce qu'il faut qu'il y ait nécessité d'un tel bégaiement. Non pas être bègue dans sa parole, mais être bègue du langage lui-même. Être comme un étranger dans sa propre langue. Faire une ligne de fuite.

Gilles Deleuze

J'aime entendre parler de la « pauvreté du style » chez un écrivain. Ça m'amuse beaucoup. D'autant qu'une telle remarque suppose qu'il existe un style riche. Comme il existe une nourriture riche. Si c'était sérieux, ce serait une imbécillité insupportable.

Philippe Djian

Si les voies de Dieu sont impénétrables, celles de la littérature n'ont rien à leur envier. Elles sont même dans certains cas miséricordieuses à l'égard des indigents. Des plus faibles. De ceux qui passeraient pour des nécessiteux de la syntaxe, des pauvres du style, des sous-développés de la belle langue. Car la force est quelquefois dans la faiblesse apparente.

Philippe Djian

Si tout le monde écrivait bien, il devrait y avoir autant de styles que d'individus.

Ximénès Doudan

L'esprit doit se sauver par l'esprit. L'écriture doit se sauver par l'écriture. Le verbe doit suffire à défendre le verbe.

Georges Duhamel

Je ne me préoccupe pas de savoir si j'écris bien ou mal, s'il y a un style qui doive être adopté uniformément à tous les sujets sous le nom de beau style, comme les sauces des restaurants qui vont à tous les plats. Je sais que je ne dis que ce que je pense et que je m'efforce de le dire le plus clairement possible. Le plus beau style du monde ne me fera pas avaler une banalité ou un mensonge...

Alexandre DUMAS fils

Il en est de l'art comme de l'amitié ou de l'antipathie : c'est une question de peau, et le style est la peau de l'écrivain.

Jean DUTOURD

Et le langage déplaisant qui suffit aux bavards, langage aussi mort que les couronnes à nos fronts semblables, réduisons-le, transformons-le en un langage charmant, véritable, de commun échange entre nous.

Paul ÉLUARD

Coupe les cheveux à ton lyrisme. Coupe-lui même un peu les ailes. Laisse voir tes yeux entre tes doigts. Scalpe l'emphase. Une grande phrase est un cri de mondaine. Un mot, rien qu'un mot bien placé, je t'en supplie.

Léon-Paul FARGUE

Mais il n'y a pas en littérature de bonnes intentions : *le style est tout*.

Gustave FLAUBERT

Il faut lire, méditer beaucoup, toujours penser au style et écrire le moins qu'on peut, uniquement pour calmer l'irritation de l'idée qui demande à prendre une forme et qui se retourne en nous jusqu'à ce que nous lui en ayons trouvé une exacte, précise, adéquate à elle-même.

Gustave FLAUBERT

[Un style] qui serait rythmé comme le rêve, précis comme le langage des sciences, et avec des ondulations, des ronflements de violoncelle, des aigrettes de feu ; un style qui vous entrerait dans l'idée comme un coup de stylet, et où votre pensée enfin voguerait sur des surfaces lisses.

    Gustave FLAUBERT

Un bon style, enfin, est comme ce rayon de lumière qui entre par ma fenêtre au moment où j'écris et qui doit sa clarté pure à l'union intime des sept couleurs dont il est composé. Le style simple est semblable à la clarté blanche.

    Anatole FRANCE

Le style, c'est ce qui arrache une idée au ciel où elle se mourait d'ennui.

    Bernard FRANK

Le style d'un écrivain dénonce le double chéri qui le hante. Dire d'un écrivain qu'il a du style, c'est une autre façon de dire qu'il triche, qu'il transporte en même temps qu'il écrit un passager clandestin.

    Bernard FRANK

L'exigence de mon oreille, jusqu'à ces dernières années, était telle, que j'aurais plié la signification d'une phrase à son nombre.

    André GIDE

La platitude du style vient de l'âme.

    Edmond et Jules DE GONCOURT

« Fraîcheur » est un mot de peinture. Il n'est pas moins heureux en littérature.

    Bernard GRASSET

On sent, dans vos phrases, quelque chose de votre régime respiratoire, ce qui est toujours une grande chose, mais, de plus, quelque chose de très mystérieux qui est l'allusion à un son intérieur, qui donne comme un écho de l'existence la plus cachée en vous. Ces deux points constituent l'essentiel d'un *style*.

    Louis GUILLOUX

LE STYLE

J'essaie de ne pas avoir de style ; idéalement, l'écriture devrait pouvoir suivre l'auteur dans la variété de ses états mentaux, sans se cristalliser dans des figures ou des tics. Il reste que certains états mentaux semblent m'être assez spécifiques ; en particulier celui qui se traduit par l'énoncé de propositions anodines, dont la juxtaposition produit un effet absurde.

Michel HOUELLEBECQ

Les vrais grands écrivains sont ceux dont la pensée occupe tous les recoins de leur style.

Victor HUGO

C'est le style qui fait la durée de l'œuvre et l'immortalité du poète. La belle expression embellit la belle pensée et la conserve ; c'est tout à la fois une parure et une armure. Le style sur l'idée, c'est l'émail sur la dent.

Victor HUGO

L'adjectif, c'est la graisse du style.

Victor HUGO

Le bon style, c'est la spiritualité par en bas. Il y a une pureté du ventre qui est rare et excellente.

Max JACOB

Le style est la volonté de s'extérioriser par des moyens choisis.

Max JACOB

On reconnaît souvent un excellent auteur, quoi qu'il dise, au mouvement de sa phrase et à l'allure de son style comme on peut reconnaître un homme bien élevé à sa démarche, quelque part qu'il aille.

Joseph JOUBERT

La difficulté d'écrire en prose vient de la facilité qu'a M. Jourdain pour en faire.

Roger JUDRIN

Le style se fonde, en dernière analyse, sur la justice. Seul l'homme juste peut aussi savoir comment on doit peser le mot, la phrase. Pour cette raison, on ne verra jamais les meilleures plumes au service de la mauvaise cause.

    Ernst Jünger

On a dû faire du style ce qu'on a fait de l'architecture : on a entièrement abandonné l'ordre gothique que la barbarie avait introduit pour les palais et pour les temples ; on a rappelé le dorique, l'ionique et le corinthien ; ce qu'on ne voyait plus dans les ruines de l'ancienne Rome et de la vieille Grèce, devenue moderne, éclate dans nos portiques et dans nos péristyles. De même on ne saurait, en écrivant, rencontrer le parfait, et, s'il se peut, surpasser les Anciens que par leur imitation.

    Jean de La Bruyère

Je me méfie des auteurs qui écrivent trop bien, c'est qu'ils n'ont rien à dire ou que le souci de la phrase les empêche de rien dire. Le beau langage est l'ennemi de la précision ; un écrivain n'écrit jamais mieux que lorsqu'il écrit pour le plaisir des livres sans matière. Le meilleur style est celui qui parle le mieux à l'intelligence.

    René Lacôte

Quand le style se retient c'est qu'il va faire un malheur.

    Jean Lagrolet

L'unique style qui compte pour moi, celui que je mets au plus haut point, c'est le style de la conversation, celui qui consiste à écrire une page comme on écrit une lettre, en courant, sans y revenir, ou comme on tient une conversation, – la conversation, naturellement, de gens qui ont quelque chose dans la tête. Trois fois le même mot, dans une même phrase, cela ne me gêne nullement : c'est venu ainsi. J'ai horreur du travail.

    Paul Léautaud

Le style en littérature c'est la coupe de l'habit.

    Félix Leclerc

C'est la pensée toute vivante qui dicte le style immortel. Dès qu'elle a trouvé ce qu'elle cherche, elle n'est plus.
   Pierre LOUŸS

Le style de celui-là dit qu'il sait s'habiller, et de celui-ci qu'il n'a pas besoin d'habit.
   Robert MALLET

Un style n'est pas seulement son écriture, ne se réduit à son écriture que lorsqu'il cesse d'être conquête pour devenir convention.
   André MALRAUX

Unir l'extrême audace à l'extrême pudeur, c'est une question de style.
   François MAURIAC

Le style n'est que le mouvement de l'âme.
   Jules MICHELET

De toutes les prières exprimées jamais par des écrivains, aucune, je crois, ne me touche autant que celle de Tolstoï, dans une page de son journal de jeunesse : « Mon Dieu, donnez-moi la simplicité du style. »
   Henry DE MONTHERLANT

La force du style n'est que la force du caractère.
   Henry DE MONTHERLANT

La pensée est de tous les pays ; seul, le style est national.
   Paul MORAND

Le style, je vous le rappelle, est la manière d'un auteur, sa manière particulière, qui le distingue de tout autre auteur.
   Vladimir NABOKOV

L'impression qui se dégage d'un livre est due à son style plus qu'à son contenu. Un livre écrit allègrement peut dégager une impression d'allégresse qui n'était pas dans le propos.
   François NOURISSIER

Le style ne constitue pas le contenu, mais il est la lentille qui concentre le contenu en un foyer ardent.
   Jacob PALUDAN

Quand on voit le style naturel, on est tout étonné et ravi, car on s'attendait de voir un auteur, et on trouve un homme. Au lieu que ceux qui ont le goût bon, et qui en voyant un livre croient trouver un homme, sont tout surpris de trouver un auteur.
   Blaise PASCAL

Le jour viendra où nous aurons mis en lumière tout notre mystère et alors nous ne saurons plus écrire, c'est-à-dire inventer un style.
   Cesare PAVESE

Pour écrire bien en prose il faut être poète, car quoi qu'il écrive, tout homme doit être poète pour écrire bien.
   Fernando PESSOA

Répétons-le : d'être adossé à une transcendance, à un univers reconnaissable, à un style puissant, vaut tous les visas pour la postérité.
   Bertrand POIROT-DELPECH

Le style, pour l'écrivain aussi bien que pour le peintre, est une question non de technique mais de vision.
   Marcel PROUST

J'écrirai des poèmes sur le lait le beurre la crème
j'écrirai des odes en vers heptasyllabiques
sur les vaches les brebis les biques
j'écrirai des myriades de myriades de sonnets
sur le vent qui couche les lourds épis de blé
j'écrirai des chansons

sur les mouches et les charançons
j'écrirai des sextines
sur les fonds de jardin où se mussent les latrines
j'écrirai des phrases obscures
sur l'agriculture
j'utiliserai des métonymies et des métaphores
pour parler de la vie des porcs et de leur mort
j'utiliserai l'assonance et la rime
pour parler des prés, de la forêt, de la campagne
j'écrirai des poèmes
la main sur la charrue du vocabulaire.

    Raymond Queneau

Le style, c'est la part de l'homme dans l'interprétation des choses.

    Charles-Ferdinand Ramuz

On ne peut nier que le soin du style n'entraîne certains sacrifices de la pensée. Bien écrire en français est une opération singulièrement compliquée, un compromis perpétuel où l'originalité et le goût, l'exactitude scientifique et le purisme, tirent l'esprit en sens inverse. Un bon écrivain est obligé de ne dire à peu près que la moitié de ce qu'il pense, et s'il est, avec cela, un esprit consciencieux, il est obligé d'être sans cesse sur ses gardes pour ne pas être entraîné par les nécessités de la phrase à dire bien des choses qu'il ne pense pas.

    Ernest Renan

Le style, c'est l'oubli de tous les styles.

    Jules Renard

On devrait écrire comme on respire. Un souffle harmonieux, avec ses lenteurs et ses rythmes précipités, toujours naturel, voilà le symbole du beau style.

    Jules Renard

La clarté est la politesse de l'homme de lettres.

    Jules Renard

Il faut bien laisser refroidir sa prose, comme une crème avant d'y goûter.

    Jules RENARD

J'ai quelquefois pensé que, plus tard, lorsqu'on ne saura plus écrire, lorsque les outrances de la littérature et de l'alittérature auront détérioré jusqu'aux fondements du langage, on irait prendre des leçons de netteté, de rectitude, d'appropriation verbale dans les écrits des gens de science.

    Jean ROSTAND

Il faudrait que, même éteint, le style rayonnât encore.

    Jean ROSTAND

Ma première règle, à moi qui ne me soucie nullement de ce qu'on pensera de mon style, est de me faire entendre. Toutes les fois qu'à l'aide de dix solécismes, je pourrai m'exprimer plus fortement ou plus clairement, je ne balancerai jamais.

    Jean-Jacques ROUSSEAU

Le style met les mots en prison pour qu'ils s'en évadent.

    Robert SABATIER

Je veux que tout soit nécessaire, que la phrase soit entièrement au service de l'histoire. Je n'ai aucun brio, mon style est terne, mais j'ai mis des années et des années à n'avoir aucun brio et à ternir mon style.

    Georges SIMENON

Le style doit être comme un vernis transparent : il ne doit pas altérer les couleurs, ou les faits et pensées sur lesquels il est placé.

    STENDHAL

Je ne vois qu'une règle : être clair. Si je ne suis pas clair, tout *mon monde* est anéanti.

    STENDHAL

LE STYLE

L'originalité d'un auteur dépend moins de son style que de sa manière de penser.
    Anton Tchekhov

Le style n'est pas le vêtement mais la peau d'un roman. Il fait partie de son anatomie comme ses entrailles.
    Elsa Triolet

Derrière la perfection du style d'un homme doit se trouver la passion de l'âme d'un homme.
    Oscar Wilde

Orthographe et grammaire

Il annonça un jour à ses lecteurs, en 1893, qu'il faisait partie de la « Ligue pour la Quomplykasiont deu l'Aurthaugraphes » et qu'il écrirait d'orénavent un feuilleton intitulé « le cleph du mystère ».

Alphonse ALLAIS

La géométrie est aux arts plastiques ce que la grammaire est à l'art de l'écrivain.

Guillaume APOLLINAIRE

L'orthographe légalisée empêche le scripteur de jouir de l'écriture.

Roland BARTHES

La grammaire sera bientôt une chose aussi oubliée que la raison, et, au train dont nous marchons vers les ténèbres, il y a lieu d'espérer qu'en l'an 1900 nous serons plongés dans le noir absolu.

Charles BAUDELAIRE

On crie contre les règles quand on n'a pas le génie qu'il faut pour s'en servir.

    Émile BERNARD

Les fautes d'orthographe et les coquilles font mon bonheur
Il y a des jours où j'en ferais exprès.

    Blaise CENDRARS

Les écrivains doivent connaître la grammaire comme les escrocs le code.

    Maurice CHAPELAN

— Vous ne respectez rien !
— Si, la syntaxe.

    Maurice CHAPELAN

Dans tous les moments de vide, de néant intérieur, de sécheresse sans appel, je m'accroche au langage, pis : à la grammaire. [...] La grammaire guérit de la mélancolie.

    Emil Michel CIORAN

Les grands écrivains n'ont jamais été faits pour subir la loi des grammairiens, mais pour imposer la leur et non pas seulement leur volonté, mais leur caprice.

    Paul CLAUDEL

La grammaire ne devrait pas être autre chose qu'une recommandation prudente du meilleur usage et le musée des formes les plus délicates de l'idiome. Rien ne lui donne le droit de s'arroger l'autorité d'un code.

    Paul CLAUDEL

La solitude grammaticale est la vraie, l'inévitable solitude des poètes.

    Jean COCTEAU

ORTHOGRAPHE ET GRAMMAIRE

Je regarde la grammaire comme la première partie de l'art de penser.
 Étienne Bonnot DE CONDILLAC

Une langue se compose de mots, qui s'agencent en phrases. Le vocabulaire, c'est le matériel du langage, dont la grammaire est l'architecture.
 Albert DAUZAT

La syntaxe est l'ensemble des détours nécessaires chaque fois créés pour révéler la vie dans les choses.
 Gilles DELEUZE

La grammaire est un assez bon miroir de notre vie sociale, avec ses hautes raisons, ses erreurs et ses caprices.
 Georges DUHAMEL

Il y a autant de grammaires que de grammairiens, et même davantage.
 ÉRASME

Le génie est une question de muqueuses. L'art est une question de virgules.
 Léon-Paul FARGUE

Je tiens pour un malheur public qu'il y ait des grammaires françaises. Apprendre dans un livre aux écoliers leur langue natale est quelque chose de monstrueux, quand on y pense. Étudier comme une langue morte la langue vivante : quel contre-sens ! Notre langue, c'est notre mère et notre nourrice, il faut boire à même. Les grammaires sont des biberons. Et Virgile a dit que les enfants nourris au biberon ne sont dignes ni de la table des dieux ni du lit des déesses.
 Anatole FRANCE

Je mettrais l'orthographe même sous la main du bourreau.
 Théophile GAUTIER

J'ai peur que mes phrases ne deviennent grammaticalement incorrectes. C'est toujours la lutte entre le raisonnable et ce qui ne l'est pas...
   André GIDE

Elle m'avait dit un jour : « Chéri, est-ce que tu savais qu'oroscope, idrogène, ipocrite et arpie ne sont pas dans le dictionnaire ? »
   Sacha GUITRY

L'orthographe est en France un puissant héritage, mieux, une institution, sinon même une religion. C'est ce qui peut expliquer qu'en dépit des incohérences et des scories qu'y a accumulées une histoire capricieuse, elle exerce indéfiniment son pouvoir de fascination.
   Claude HAGÈGE

Silence ! et je criai dans la foudre et le vent :
Guerre à la rhétorique et paix à la syntaxe !
   Victor HUGO

Toute langue est une prison, mais la grammaire, c'est la liberté.
   Monique LARUE

Manifestement, le jugement veut que l'orthographe aille en se simplifiant, et le système doit être de combiner les simplifications de manière qu'elles soient graduelles.
   Émile LITTRÉ

La grammaire, qui sait régenter jusqu'aux rois,
Et les fait la main haute obéir à ses lois...
   MOLIÈRE

Ceux qui veulent combattre l'usage par la grammaire se moquent.
   Michel Eyquem DE MONTAIGNE

ORTHOGRAPHE ET GRAMMAIRE

Certaines incorrections grammaticales, dans un style solide, ont le charme un peu pervers d'une pointe de strabisme dans un joli visage.

Henry DE MONTHERLANT

On reconnaît tout de suite un homme de jugement à l'usage qu'il fait du point et virgule.

Henry DE MONTHERLANT

Le langage des grammairiens, même dans mon enfance, m'a toujours paru incompréhensible. Que dire de leur jargon actuel ! Il faudrait que je me décide à les entendre, à apprendre enfin la grammaire. J'hésite, certain de me réveiller ne sachant plus écrire. Je *sens* le français, je ne le *sais* pas.

Paul MORAND

Si la conjugaison n'existait pas, nous n'aurions même pas conscience d'être des individus distincts, et cette sublime conversation serait impossible.

Amélie NOTHOMB

La grammaire est une rude école d'arbitraire ; et, en cela, de vie en société. En y glissant plus de logique qu'au temps de l'encre violette, où des maîtres têtus l'enfonçaient de force dans les mémoires, la rendrait-on plus attrayante et formatrice ?

Bertrand POIROT-DELPECH

C'est assez singulier qu'aucun de nous ne sache sa grammaire et, pour être écrivain, ne veuille apprendre à écrire.

Jules RENARD

Un écrivain, c'est l'accord entre sa douleur et la grammaire, voilà tout.

Angelo RINALDI

La grammaire est l'art de lever les difficultés d'une langue ; mais il ne faut pas que le levier soit plus lourd que le fardeau.

Antoine DE RIVAROL

La faute de français anémie une langue.
>   Claude Roy

Un grammairien est un codificateur de caprices.
>   Robert Sabatier

L'orthographe est le commencement de la littérature.
>   Charles Augustin Sainte-Beuve

L'orthographe ne fait pas le génie.
>   Stendhal

La syntaxe est un système d'habitudes à prendre qu'il est bon de raviver quelquefois et de rajuster en pleine conscience. En ces matières, comme en toutes, il faut se soumettre aux règles du jeu, mais les prendre pour ce qu'elles sont, ne point y attacher une autorité excessive.
>   Paul Valéry

Il est bien permis de faire des fautes d'orthographe mais non d'en inventer de nouvelles.
>   Geert Van Bruaene

Et pourtant la grammaire... la grammaire, comment dire ? C'est comme le parapluie, c'est comme les progrès de l'industrie, c'est ce qu'on appelle la civilisation. Il faut y croire ; malgré les apparences. Où serait le plaisir ? Mais c'est comme l'horizon ; elle recule à mesure qu'on avance. On y tend, on n'y touche jamais.
>   Alexandre Vialatte

Je me demande ce que dirait un garagiste si on lui mettait sous un globe sa pince ou sa clef à molette ! C'est ce qu'on veut faire pour l'orthographe. On la fera visiter comme un vieux monument. Du coup, nul ne pourra plus lire Descartes, Montaigne ou Pascal. Est-ce qu'on se doute que ce sont des outils ? On relègue tout au grenier sous prétexte de neuf. Ensuite, quand on veut se mettre à table on s'aperçoit qu'il manque de chaises.

Alexandre VIALATTE

Je suis un de ces téméraires que vous accusez de vouloir changer l'orthographe. Il m'a toujours semblé qu'on doit écrire comme on parle, pourvu qu'on ne choque pas trop l'usage, pourvu que l'on conserve les lettres qui font sentir l'étymologie et la vraie signification du mot.

VOLTAIRE

L'alphabet
et ses lettres

Tout homme qui possède son alphabet est un auteur qu'il ne faut pas méconnaître.
    Louis-Ferdinand Céline

Il est vertigineux de penser que tous les chefs-d'œuvre littéraires sont implicitement contenus dans les vingt-six lettres de l'alphabet.
    Maurice Chapelan

N'abîmez pas les mots, disait-elle, ne touchez pas aux *h*, aux *y*. Mettez-en partout ! Ce sera plus beau !
    Sidonie Gabrielle Colette

C'est une misère, quand on y songe, que ces petits signes dont sont formés les syllabes, les mots, les phrases. Que devient l'idée, la belle idée, sous ces méchants hiéroglyphes à la fois communs et bizarres ? Qu'est-ce qu'il en fait, le lecteur, de ma page d'écriture ? Une suite de faux sens, de contre-sens et de non-sens.
    Anatole France

Avec les vingt-deux consonnes de la tribu, je voulais extraire la parole enfouie dans l'homme. En tout cas, la calculer. Une sorte d'algèbre, mais pas dans l'espace, pas la clef des constellations. Une algèbre avec mouvement, le langage de la tribu à l'état pur.

    Jean GROSJEAN

J'ai fait couler l'encre dans le corps deviné de chaque lettre afin qu'elle vive et meure de sa propre sève.

    Edmond JABÈS

La majuscule est un coup de chapeau calligraphique.

    Henri JEANSON

La musique a sept lettres, l'écriture a vingt-cinq notes.

    Joseph JOUBERT

La lettre se dresse, fière, sur le livre,
mais ce qu'elle signifie, c'est l'énigme.

    Jón OSKAR

Il ne suffit pas d'avoir de Belles-Lettres
pour écrire un vrai alphabet.

    Jacques PRÉVERT

Ils cachaient leurs jolis mots sous des lettres comme un nid dans des broussailles.

    Jules RENARD

J'inventai la couleur des voyelles ! – A noir, E blanc, I rouge, O bleu, U vert. – Je réglai la forme et le mouvement de chaque consonne, et, avec des rythmes instinctifs, je me flattai d'inventer un verbe poétique accessible, un jour ou l'autre, à tous les sens. Je réservais la traduction.
Ce fut d'abord une étude. J'écrivais des silences, des nuits, je notais l'inexprimable. Je fixais des vertiges.

    Arthur RIMBAUD

On cherche un mot qui contienne toutes les lettres de l'alphabet plus une.

    Robert SABATIER

Dictionnaires et encyclopédies

Oui, voici maintenant le seul usage auquel puisse servir désormais le langage, un moyen de folie, d'élimination de la pensée, de rupture, de dédale des déraisons, et non pas un DICTIONNAIRE où tels cuistres des environs de la Seine canalisent leurs rétrécissements spirituels.

Antonin ARTAUD

Un dictionnaire est un objet parfaitement paradoxal, vertigineux, à la fois structuré et indéfini, ce qui en fait un très grand exemple, car il est une structure infinie décentrée puisque l'ordre alphabétique dans lequel il est présenté n'implique aucun centre.

Roland BARTHES

Je crois que l'encyclopédie est l'un des meilleurs genres littéraires.

Jorge Luis BORGES

Qui n'a rien à penser recourt au dictionnaire.

Elias CANETTI

Les dictionnaires sont pleins de mots oubliés, qu'on ne rencontre jamais que là, amené à les lire par voisinage avec le mot qu'on cherche. Mais il se trouve parfois un écrivain pour réveiller, toujours jeune, l'un de ces mots-au-dictionnaire-dormant.

    Maurice CHAPELAN

Un chef-d'œuvre de la littérature n'est jamais qu'un dictionnaire en désordre.

    Jean COCTEAU

Un dictionnaire, c'est l'univers par ordre alphabétique ; c'est le livre par excellence. Tous les autres sont dedans : il ne s'agit plus que de les en tirer.

    Anatole FRANCE

Écrire un livre de vers ou d'histoires imaginaires est à la portée de bien des gens, mais un dictionnaire...

    Julien GREEN

Je n'ai pas de dictionnaire, je n'ai pas besoin de chercher un mot. Les faiseurs de beau style, les précieux, les maniérés qui avalent leur canne pour écrire me font pitié.

    Paul LÉAUTAUD

La seule foi qui me reste, et encore ! c'est la foi dans les dictionnaires.

    Paul LÉAUTAUD

Les deux plus informes productions de l'esprit humain sont l'Encyclopédie et la Constitution française.

    Joseph DE MAISTRE

Si les hommes comprenaient mieux les dangers que comporte l'emploi de certains mots, les dictionnaires aux devantures des libraires seraient enveloppés d'une bande rouge : « Explosif... à manier avec soin. »

    André MAUROIS

DICTIONNAIRES ET ENCYCLOPÉDIES

Et ce que je cherche, à travers l'écriture, c'est de laisser des traces de ma mémoire, d'où, peut-être, ma passion pour les dictionnaires ; car les dictionnaires, c'est la mémoire des hommes.
   Georges PEREC

Il suffit d'un lexique pour contenir tous les mots. Mais à la pensée, il faut l'infini.
   Alexandre POUCHKINE

Lire le dictionnaire dans une perspective musicale, c'est parcourir un vaste continent où brillent quelques feux de joie dans la nuit. Le mot est un campement, la note de musique, son feu, sa chaleur, sa lumière.
   Jean RACINE

Chacun a ses armes : au lieu de faire des chansons à mes ennemis, je leur fais des articles de dictionnaire : l'un vaudra bien l'autre et durera plus longtemps.
   Jean-Jacques ROUSSEAU

Tout est prédit par le dictionnaire.
   Paul VALÉRY

Les dictionnaires sont de bien belles choses. Ils contiennent tout. C'est l'univers en pièces détachées. Dieu lui-même, qu'est-ce, au fond, qu'un Larousse plus complet ?
   Alexandre VIALATTE

Index
des auteurs cités

AB, Reb, 159, 295
ADAMOV, Arthur, 383, 475, 527
AJALBERT, Jean, 383
ALAIN, Émile Chartier, dit, 43, 87, 245, 271, 295, 317, 383, 411, 449, 475, 483, 487, 495, 505, 517, 569
ALAIN-FOURNIER, 527
ALBALAT, Antoine, 271
ALBANY, comtesse, d', 43
ALBERT-BIROT, Pierre, 411, 527
ALBERTI, Rafael, 383
ALBIACH, Anne-Marie, 563
ALCÉ, Reb, 43
ALEIXANDRE, Vicente, 412
ALEMBERT, Jean Lerond d', 159, 295
ALLAIS, Alphonse, 296, 585
ALLARD, Roger, 44
ALTOLAGUIRRE, Manuel, 412
AMADE, Louis, 384
AMADO, Jorge, 483
AMETTE, Jacques-Pierre, 87, 159

AMIEL, Henri-Frédéric, 211, 412, 569
AMIS, Martin, 159
AMPÈRE, Jean-Jacques, 44
ANDERSON, Sherwood, 245
ANGOT, Christine, 87
ANOUILH, Jean, 87, 476
APOLLINAIRE, Guillaume, 87, 337, 384, 412, 517, 585
ARAGON, Louis, 15, 44, 88, 160, 211, 271, 296, 317, 349, 350, 373, 384, 412, 499, 528
ARISTOTE, 476
ARLAND, Marcel, 15, 505
ARLT, Roberto, 44
ARNAUDET, Didier, 88
ARON, Raymond, 449
ARRABAL, Fernando, 88, 160
ARTAUD, Antonin, 44, 45, 88, 384, 413, 476, 517, 528, 569, 595
ASTRUC, Alexandre, 350, 518
ATTALI, Jacques, 88
AUBIGNÉ, Agrippa d', 45, 569
AUDIARD, Michel, 296

INDEX DES AUTEURS CITÉS

AUDIBERTI, Jacques, 88, 384, 413, 528
AUDISIO, Gabriel, 413
AVELINE, Claude, 45, 413, 569
AYMÉ, Marcel, 15, 89, 160, 161, 211, 272, 296, 317, 385, 413, 528

BACHELARD, Gaston, 16, 212, 272, 350, 385, 413, 414, 518
BACON, Francis, 45
BADRÉ, Frédéric, 161
BAILLARGEON, Pierre, 317
BAINVILLE, Jacques, 467
BALFOUR, Michel, 529
BALZAC, Honoré de, 45, 89, 161, 162, 212, 245, 318, 337, 350, 385, 414, 505, 570
BALZAC, Jean-Louis Guez de, 212
BARBEY D'AUREVILLY, Jules, 89, 246, 350, 449
BARJAVEL, René, 272
BARRAULT, Jean-Louis, 476
BARRÈS, Maurice, 46, 89, 212, 296
BARTELT, Franz, 570
BARTHES, Roland, 16, 46, 89, 90, 162, 246, 296, 297, 318, 351, 495, 505, 506, 518, 585, 595
BATAILLE, Georges, 16, 46, 90, 351, 385, 414, 477, 529, 563
BAUCHAU, Henry, 529
BAUDELAIRE, Charles, 16, 162, 212, 213, 257, 297, 385, 414, 415, 506, 563, 570, 585
BAZIN, Hervé, 16, 90, 91, 162, 213, 246, 272, 297, 318, 351, 373, 457, 467, 487, 529
BÉALU, Marcel, 246, 385, 570
BEAUMARCHAIS, Pierre Augustin, Caron de, 46, 477
BEAUVOIR, Simone de, 17, 91, 163, 257, 297, 529
BECK, Béatrix, 529
BECKETT, Samuel, 461, 518, 530
BECQUE, Henry, 46
BEIGBEDER, Frédéric, 17
BELLAY, Joachim du, 385, 530
BELLOC, Hilaire, 47

BELVAL-DELAHAYE, 213
BEN JELLOUN, Tahar, 17, 91, 337, 338, 373, 506, 570
BENDA, Julien, 17, 213
BÉNÉZET, Mathieu, 17
BENOÎT, Pierre, 272
BENVENISTE, Émile, 518
BERBEROVA, Nina, 47, 163
BERGER, Yves, 17, 163
BERGSON, Henri, 163
BÉRIMONT, Luc, 415
BERL, Emmanuel, 47, 91, 213, 246
BERNANOS, Georges, 17, 18, 91, 92, 164, 214, 246, 297, 450, 461, 518
BERNARD, Émile, 586
BERNARD, Tristan, 164
BERNHARD, Thomas, 18, 47, 93, 273, 298, 338, 415, 487, 491
BERNIS, Cardinal de, 93
BESSE, Jacques, 386
BESSON, Patrick, 47, 93, 164, 165, 338
BETJEMAN, John, 450
BEY, Rachid, 530
BIANCIOTTI, Hector, 247, 467, 519
BIELINSKI, Vissarion, 214
BILLY, André, 318
BIROT, Pierre-Albert, 386
BJÖRLING, Gunnar, 415
BLAINE, Julien, 415
BLANCHOT, Maurice, 18, 48, 93, 165, 273, 318, 386, 415, 461, 462
BLANCO-FOMBONA, Rufino, 386
BLANQUI, Auguste, 165
BLED, Édouard, 94
BLIER, Bertrand, 247
BLIXEN, Karen, 374
BLOCH, Jean-Richard, 298
BLOCH, Marc, 450
BLONDIN, Antoine, 165, 273
BLOY, Léon, 48, 165, 214, 273, 351, 386, 570
BLUM, Léon, 166, 351
BOBIN, Christian, 48, 49, 94, 95, 166, 257, 273, 298, 318, 416, 462, 506, 530, 563

INDEX DES AUTEURS CITÉS

BOILEAU, Nicolas, 95, 166, 215, 247, 257, 273, 298, 319, 506, 531, 570
BÖLL, Heinrich, 18, 166, 298, 351, 386, 506
BONALD, Louis de, 18, 49, 167
BONNARD, Abel, 215
BONNEFOY, Yves, 351, 386, 416
BONSANTI, Alessandro, 258
BORDEAUX, Henry, 167
BORGES, Jorge Luis, 18, 19, 49, 95, 167, 215, 258, 274, 299, 338, 374, 386, 450, 487, 531, 595
BORY, Jean-Louis, 19
BOSCHÈRE, Jean de, 387
BOSCO, Henri, 531
BOSQUET, Alain, 95, 96, 167, 387, 416, 531
BOTT, François, 96, 215, 531
BOUCHARD, Serge, 338
BOUFFLERS, Stanislas, de, 274
BOUIN, Yves-Jacques, 416
BOUJUT, Pierre, 416
BOULANGER, Daniel, 96
BOURBON BUSSET, Jacques de, 19, 215
BOURDET, Édouard, 19, 96, 374
BOURGET, Paul, 319, 352, 570
BOURLIAGUET, Léonce, 215, 531
BOUSQUET, Joë, 416, 519
BRADBURY, Ray, 19, 167
BRANDES, Georg, 19
BRÉMOND, Abbé Henri, 417
BRETON, André, 19, 49, 96, 167, 168, 247, 258, 319, 387, 417, 483, 531
BRINCOURT, André, 19, 20, 49, 50, 96, 417, 519, 532
BRISEBOIS, Robert, 274
BRISVILLE, Jean-Claude, 96
BROCHIER, Jean-Jacques, 319
BRODSKY, Joseph, 20, 387
BROWNING, Elisabeth, 50
BRUCKBERGER, Raymond-Léopold, 50, 97, 168, 467, 507
BRUNETIÈRE, Ferdinand, 532
BUFFON, Georges Louis Leclerc, comte de, 97, 571

BUKOWSKI, Charles, 97
BULTEAU, Michel, 388
BURGESS, Anthony, 168, 532
BURROUGHS, William, 97, 532
BURUCOA, Christiane, 417
BUTLER, Samuel, 151, 450
BUTOR, Michel, 20, 50, 97, 265, 274, 299, 352, 374, 388, 418, 462, 468, 519, 532
BYRON, Lord, 418

CABANIS, José, 168
CADOU, René Guy, 388, 418, 571
CAILLEUX, Roland, 169
CAILLOIS, Roger, 98, 418, 532
CALAFERTE, Louis, 169, 274, 275, 532
CALET, Henri, 50, 98, 533
CALINESCU, Gheorghe, 320
CALVINO, Italo, 20, 50, 169, 215, 275, 339
CAMUS, Albert, 20, 50, 51, 98, 169, 216, 275, 299, 320, 352, 418, 477, 495, 507, 533, 571
CANETTI, Elias, 51, 98, 151, 216, 275, 299, 353, 388, 468, 533, 563, 564, 595
CAPUS, Alfred, 98, 533
CARCO, Francis, 388
CARLONI, J.-C., 320
CARRÈRE D'ENCAUSSE, Hélène, 534
CARROL, Lewis, 51, 533
CASANOVA, de SEINGALT, Giovanni Giacomo, 98, 353, 507
CASTELLANOS, Rosario, 418
CASTILLO, Michel del, 98
CAUVIN, Patrick, 457
CAUWELAERT, Didier van, 216
CAVANNA, François, 99, 534
CAYROL, Jean, 20, 99, 419
CAZAJOUS, René, 419
CELA, Camilio José, 20, 169, 534
CELAYA, Gabriel, 388, 419
CÉLINE, Louis-Ferdinand, 21, 51, 99, 170, 216, 258, 265, 299, 353, 389, 419, 507, 534, 564, 571, 593
CELLI, Romano, 217, 389, 534

INDEX DES AUTEURS CITÉS

Cendrars, Blaise, 99, 100, 170, 339, 353, 389, 419, 586
Ceronetti, Guido, 217
Cervantès, Miguel de, 100, 419, 484
Césaire, Aimé, 419, 420
Cesaric, Dobrisa, 300
Cesbron, Gilbert, 170
Chamfort, Nicolas, 51, 52, 217, 300, 340, 499
Champion, Jeanne, 374
Chandernagor, Françoise, 248
Channing, William E., 457
Chapelan, Maurice, 52, 100, 170, 217, 248, 258, 275, 300, 320, 340, 353, 389, 420, 462, 495, 507, 535, 564, 571, 572, 586, 593, 596
Chapsal, Madeleine, 52, 100, 171, 276, 535
Char, René, 52, 100, 389, 420, 535
Chardonne, Jacques, 21, 52, 100, 101, 171, 248, 300, 320, 353, 389, 495, 564, 572
Chateaubriand, François-René de, 101, 171, 218, 276, 321, 389, 572
Châteaubriant, Alphonse de, 420, 535
Chaulot, Paul, 420
Chazal, Malcolm de, 101, 421
Chedid, Andrée, 52, 101, 421
Cheng, François, 101
Chénier, André, 389
Chessex, Jacques, 218
Chesterton, Gilbert Keith, 52, 218
Cicéron, 340
Cingria, Charles Albert, 101
Cioran, Emil Michel, 21, 52, 53, 101, 102, 151, 152, 171, 172, 218, 219, 248, 258, 276, 277, 300, 301, 321, 390, 421, 457, 458, 462, 487, 488, 496, 507, 535, 536, 572, 586
Citashe, I.W.W., 102
Cixous, Hélène, 102
Clancier, Georges-Emmanuel, 421

Claudel, Paul, 21, 53, 102, 103, 152, 172, 301, 390, 421, 422, 499, 536, 573, 586
Clavel, Bernard, 53, 103, 173, 219, 259, 353, 354, 374, 536
Clément d'Alexandrie, 53
Clifford-Barney, Natalie, 536
Cluny, Claude-Michel, 103
Cocteau, Jean, 53, 54, 103, 104, 152, 173, 219, 248, 301, 302, 321, 375, 390, 422, 484, 499, 536, 564, 573, 586, 596
Cohen, Albert, 104, 173, 375, 537, 573
Colette, Sidonie Gabrielle, 104, 173, 248, 277, 508, 537, 593
Comte-Sponville, André, 104
Condillac, Étienne Bonnot, de, 587
Confucius, 277
Constant, Paule, 174, 354, 375, 500
Corneille, Pierre, 477
Cortazar, Julio, 259
Corti, José, 54, 105, 174, 219, 265, 321, 463, 468
Cotin, Charles, 500
Coudol, Jacques, 537
Courier, Paul-Louis, 54, 219
Courteline, Georges, 174, 220, 537
Courtot, Claude, 21, 105
Cravan, Arthur, 174
Crémazie, Octave, 152
Crémieux, Benjamin, 302, 537
Crevel, René, 422
Cummings, Edward Estlin, 423
Curtis, Jean-Louis, 22, 277

Dadason, Sigfus, 537
Dafoe, John W., 458
Dali, Salvador, 390
Dalle Nogare, Pierre, 105
Daninos, Pierre, 537
Dante Alighieri, 302
Dard, Frédéric (San-Antonio), 105, 220, 391, 538, 574
Darien, Georges, 174

INDEX DES AUTEURS CITÉS

Dario, Rubén, 423
Darrieussecq, Marie, 105
Daudet, Alphonse, 340, 450, 508
Daudet, Léon, 322
Daumal, René, 277, 322, 391, 423
Dauzat, Albert, 587
Debray, Régis, 538
Debré, Robert, 174
Decaunes, Luc, 391
Decaux, Alain, 450
Decoin, Didier, 277
Decourcelle, Pierre-Adrien, 322, 340
Deguy, Michel, 423
Dehaye, Pierre, 538
Del Castillo, Michel, 22, 105, 220, 463, 574
Del Vasto, Lanza, 220
Delacroix, Eugène, 22, 175, 302
Delerm, Philippe, 340
Deleuze, Gilles, 22, 105, 106, 278, 574, 587
Delteil, Joseph, 175
Demarcq, Jacques, 152
Déon, Michel, 302, 508
Derème, Tristan, 423
Derrida, Jacques, 278
Des Forêts, Louis-René, 175
Descartes, René, 106, 278
Deschamps, Émile, 423
Deshimaru, Maître Taisen, 538
Desnos, Robert, 302, 322, 354, 423, 519, 538
Desplechin, Marie, 106
Destouches, 322
Deval, Jacques, 54, 220, 496, 538
Devos, Raymond, 564
Dib, Mohammed, 508
Dickens, Charles, 508
Diderot, Denis, 106, 153, 175, 220, 259, 322, 340, 341, 391, 423, 508, 538
Diego, Gerardo, 423
Djebar, Assia, 22, 55, 106, 175, 468, 508, 539
Djian, Philippe, 22, 55, 107, 175, 176, 220, 221, 302, 322, 539, 574

Dodat, François, 391
Domenach, Jean-Marie, 107, 303, 539
Donnay, Maurice, 107
Donner, Christophe, 107, 108, 354
Dorgelès, Roland, 55, 221
Dormann, Geneviève, 55
Dos Passos, John, 22, 108
Dostoïevski, Fedor, 221
Doudan, Ximénès, 574
Drachline, Pierre, 221
Drieu La Rochelle, Pierre, 108, 221
Druon, Maurice, 55, 108, 176, 354, 491
Du Bellay, Joachim, 108, 391
Du Bos, Charles, 23
Du Camp, Maxime, 55
Dubuffet, Jean, 108
Duby, Georges, 450
Ducharme, Réjean, 56, 278
Duhamel, Georges, 23, 56, 109, 176, 177, 221, 248, 278, 303, 341, 355, 375, 392, 424, 451, 484, 509, 519, 539, 574, 587
Dumas, fils Alexandre, 278, 303, 451, 477, 575
Dumézil, Georges, 109, 520
Durán, Jorge Gaitán, 23
Duras, Marguerite, 23, 56, 109, 177, 178, 222, 259, 278, 323, 355, 469, 520, 539
Durrell, Lawrence, 539
Dutourd, Jean, 23, 56, 109, 110, 178, 222, 259, 323, 375, 424, 575
Duvert, Tony, 56

Echenoz, Jean, 178
Eco, Umberto, 57, 110, 178, 278, 303, 355, 375
Ehrenbourg, Ilya, 23, 178
Einstein, Albert, 279
Ekelund, Vilhelm, 424
Eliot, Thomas Stearns, 392, 424
Éluard, Paul, 110, 392, 424, 425, 520, 539, 575
Emerson, Ralph Waldo, 57, 222, 279, 520

INDEX DES AUTEURS CITÉS

ÉRASME, 587
ESCARPIT, Robert, 23, 279
ESTRADA, Ezequiel Martinez, 279
ÉTIEMBLE, René, 110
ÉTIENNE, Charles-Guillaume, 110
ÉZINE, Jean-Louis, 303

FABRE, Lucien, 425
FAGUET, Émile, 178, 279, 303, 323, 355, 376
FAGUS, 425
FALLET, René, 24, 179, 222, 249
FARGUE, Léon-Paul, 24, 57, 110, 222, 279, 304, 425, 488, 540, 575, 587
FAULKNER, William, 111, 259, 540
FAURE, Élie, 392
FAYE, Jean-Pierre, 24
FÉNELON, François de Salignac de La Mothe-, 111, 179, 304, 509
FERRÉ, Léo, 392, 426, 540
FIELDING, Henry, 223
FILLOUX, J.-C., 320
FINKIELKRAUT, Alain, 24, 540
FITZGERALD, Francis Scott, 179
FLAUBERT, Gustave, 24, 57, 111, 179, 223, 249, 280, 323, 342, 376, 426, 540, 564, 575, 576
FLEURET, Fernand, 57
FOIX, Joseph Vincens, 342
FOLLAIN, Jean, 393
FOMBEURE, Maurice, 426
FONTANE, Theodor, 355
FORNERET, Xavier, 111, 565
FORRESTER, Viviane, 111
FORT, Paul, 111
FOUCAULT, Michel, 111
FOURNIER, Roger, 179
FRANCE, Anatole, 24, 57, 58, 112, 180, 223, 249, 280, 304, 323, 324, 356, 393, 451, 492, 500, 509, 541, 576, 587, 593, 596
FRANCK, Dan, 249
FRANK, Bernard, 25, 58, 112, 180, 223, 224, 260, 266, 280, 324, 541, 576
FRÊNE, Roger, 426
FREUD, Sigmund, 393, 458

FRISCH, Max, 180
FROCHAUX, Claude, 25
FUENTES, Carlos, 25, 304, 541
FURETIÈRE, Antoine, 356
FURLAN, Pierre, 112

GALLIMARD, Gaston, 180
GALVAN, José, 541
GARCIA LORCA, Federico, 393, 426, 477
GARCIA MARQUEZ, Gabriel, 58, 112, 180, 181, 356
GARY, Romain, 112
GATTI, Armand, 113, 541
GAUGUIN, Paul, 25
GAULLE, Charles de, 113, 181, 224
GAUTIER, Théophile, 181, 324, 393, 426, 587
GÉLIN, Daniel, 541
GENESTET, Petrus Augustus, 426
GENET, Jean, 58, 113, 478, 541
GENETTE, Gérard, 324
GENEVOIX, Maurice, 113, 356
GÉRALDY, Paul, 426, 541
GHÉON, Henri, 427
GIBRAN, Khalil, 113, 181, 249, 427, 541
GIDE, André, 25, 58, 59, 113, 114, 181, 182, 224, 249, 250, 260, 280, 304, 305, 324, 356, 427, 463, 469, 488, 496, 500, 542, 565, 576, 588
GILLIARD, Edmond, 393
GIONO, Jean, 114, 115, 182, 250, 305, 357, 376, 393, 394, 427
GIRAUDOUX, Jean, 25, 26, 182, 224, 250, 266, 357, 478, 492, 500, 520, 542
GIROUD, Françoise, 115, 542
GIROUX, Roger, 427
GLISSANT, Édouard, 451, 520
GLUCKSMANN, André, 280
GODARD, Jean-Luc, 26
GOETHE, Johann Wolfgang von, 26, 59, 115, 281, 324, 357, 427, 428, 451, 496, 542
GOMEZ DE LA SERNA, Ramon, 59
GOMMERT ELBURG, Jan, 394

INDEX DES AUTEURS CITÉS

Goncourt, Edmond de, 358
Goncourt, Edmond et Jules de, 59, 182, 224, 225, 357, 451, 500, 576
Gontcharov, Ivan, 428
Gordimer, Nadine, 428
Gorki, Maxime, 182
Gourmont, Remy de, 115, 183, 225, 325, 469, 542
Gracq, Julien, 26, 59, 60, 116, 183, 184, 260, 281, 325, 358, 428, 509, 520, 542, 543
Grass, Günther, 376
Grasset, Bernard, 469, 576
Graves, Robert, 116
Green, Julien, 60, 116, 250, 281, 305, 342, 376, 428, 463, 469, 488, 543, 565, 596
Greene, Graham, 116
Greene, Thomas, 429
Gregh, Fernand, 429
Grenier, Jean, 116, 117, 305
Greshoff, Jan, 117
Groethuysen, Bernard, 458
Grosjean, Jean, 60, 153, 509, 594
Guedj, Denis, 117, 342
Guégan, Gérard, 184
Guéhenno, Jean, 60, 184
Guette, Georges, 478
Guillen, Alberto, 60
Guillevic, Eugène, 429, 543
Guilloux, Louis, 60, 117, 225, 358, 543, 576
Guitry, Sacha, 60, 153, 225, 281, 325, 478, 484, 488, 500, 543, 588
Guitton, Jean, 117, 226, 281
Guizot, François, 250

Haedens, Kleber, 226, 266, 358, 359
Hagège, Claude, 520, 588
Hamsun, Knut, 118
Handke, Peter, 565
Hardellet, André, 118, 492
Hebbel, Friedrich, 226, 429
Hébert, Anne, 429
Hegel, Friedrich, 543

Heidegger, Martin, 394, 429
Heine, Heinrich, 60, 451
Hemingway, Ernest, 61, 118, 184, 185, 260, 359, 376, 544
Hennig, Jean-Luc, 501
Henri Simon, Pierre, 565
Henriot, Émile, 61, 226, 326
Heredia, José Maria de, 61
Hermant, Abel, 544, 566
Herriot, Édouard, 185, 478
Herzen, Alexandre, 27
Hocquard, Emmanuel, 281, 282, 544
Holbach, Paul Henri Thiry, baron d', 326
Hölderlin, Friedrich, 394
Honnert, Robert, 118
Horace, 118, 260, 544
Houdetot, Comte d', 496
Houellebecq, Michel, 27, 119, 359, 377, 469, 577
Hugo, Victor, 27, 61, 119, 153, 185, 226, 250, 282, 326, 342, 394, 429, 430, 509, 510, 544, 545, 577, 588
Huidobro, Vicente, 545
Huston, Nancy, 119
Huxley, Aldous, 226, 521, 545
Huysmans, Joris-Karl, 27, 61, 451

Ibsen, Henrik, 119
Ionesco, Eugène, 27, 119, 185, 251, 305, 326, 470, 479, 484, 510, 521, 545
Iqbal, Muhammad, 430
Iwaszkiewicz, Jaroslaw, 120

Jabès, Edmond, 62, 120, 185, 282, 545, 546, 594
Jaccottet, Philippe, 62, 546
Jacob, Max, 62, 120, 185, 226, 251, 377, 394, 430, 546, 577
Jaloux, Edmond, 186, 326
James, Henry, 261
Jammes, Francis, 430
Janin, Jules, 342
Japp, Andrea H., 546
Jardin, Alexandre, 186

INDEX DES AUTEURS CITÉS

Jarnes, Benjamin, 458
Jarry, Alfred, 62, 546, 566
Jean-Paul, 326, 377
Jeanson, Henri, 594
Jimenez, Juan Ramon, 62, 430
Johnson, Samuel, 488
Joly, Maurice, 452
Joubert, Joseph, 62, 120, 186, 227, 251, 282, 305, 327, 359, 430, 496, 510, 546, 577, 594
Jouhandeau, Marcel, 121, 186, 227, 305, 566
Jouve, Pierre Jean, 394, 395, 431
Jouvet, Louis, 479, 547
Judrin, Roger, 227, 452, 577
Juliet, Charles, 121, 186
Jullian, Marcel, 186, 395
Julliard, René, 62
Jünger, Ernst, 63, 187, 282, 306, 464, 578

Kadaré, Ismail, 187, 251
Kafka, Franz, 28, 63, 121, 187, 227, 283, 343, 395, 431, 464, 470, 547
Kaïr-Eddine, Mohammed, 395
Kandinsky, Wassily, 547
Kanters, Robert, 327
Karr, Alphonse, 187, 283
Keats, John, 63
Kemp, Robert, 28
Kendall, Paul Murray, 458
Kessel, Joseph, 187
Kierkegaard, Sören, 122
Kimitake, Hiraoka, 122, 261
Kipling, Rudyard, 327, 547
Klee, Paul, 122
Kœstler, Arthur, 470
Kosovel, Srecko, 395
Koutnetzov, Édouard, 547
Kraus, Karl, 122, 153, 228, 283, 484, 501, 510, 547, 566
Kundera, Milan, 28, 188, 283, 306, 359, 360, 377, 458

La Bruyère, Jean de, 28, 122, 188, 228, 283, 306, 327, 431, 578
La Cour, Paul, 431

La Fontaine, Jean de, 64, 123, 501, 510
Labiche, Eugène, 501
Laborit, Henri, 63
Lacan, Jacques, 548
Lacarrière, Jacques, 123
Laclavetine, Jean-Marie, 64, 123, 188, 228, 327
Lacôte, René, 64, 123, 521, 578
Lacretelle, Jacques de, 123, 189, 360, 377
Lagrolet, Jean, 123, 189, 228, 360, 578
Lamartine, Alphonse de, 431
Lamb, Charles, 283
Lambrichs, Georges, 521
L'Anselme, Jean, 124, 431, 548
Lanson, Gustave, 28, 284, 484
Lanzmann, Jacques, 124
Laporte, René, 189
Lapouge, Gilles, 548
Larbaud, Valery, 28, 64, 124, 153, 189, 228, 284, 395, 431, 458, 510, 521
Larue, Monique, 588
Laurens, Camille, 29
Laurent, Jacques, 29, 190, 251, 306, 360, 378, 548
Lautréamont, 229, 306, 361, 432, 496, 501
Lavoisier, Antoine Laurent de, 284, 548
Lawrence d'Arabie, 64, 65
Le Bon, Gustave, 452
Le Bris, Michel, 125
Le Brun, Annie, 548
Le Clézio, J.-M. G., 29, 65, 125, 191, 284, 307, 361, 470, 521, 549, 566
Le Fort, Gertrud von, 566
Le Goff, Jacques, 452
Lê, Linda, 124
Le Quintrec, Charles, 65, 229, 284, 378, 396, 432
Le Roy-Ladurie, Emmanuel, 452
Léautaud, Paul, 29, 65, 124, 125, 190, 229, 266, 284, 306, 307, 327, 361, 395, 479, 497, 566, 578, 596

INDEX DES AUTEURS CITÉS

Lebey, André, 432
Lec, Stanislaw Jerzy, 190
Léca, Reb, 125
Leclerc, Félix, 396, 432, 578
Lefebvre, Henri, 29
Lefevre, Françoise, 566
Leiris, Michel, 126, 521
Lemaire, Jean-Pierre, 126
Lemaitre, Jules, 432
Lenormand, Henri-René, 191
Léotard, Philippe, 126
Lévinas, Emmanuel, 30
Lévis, François Gaston duc de, 328
Lévi-Strauss, Claude, 66, 126
Lévy, Bernard-Henri, 126
Leyris, Pierre, 153
Lichtenberg, Georg Christoph, 66, 127, 229, 230, 284, 343, 501
Linze, Georges, 432
Littré, Émile, 588
Lochac, Emmanuel, 492
Lodge, David, 127
Loti, Pierre, 66, 127
Lottman, Herbert R., 459
Louÿs, Pierre, 328, 567, 579
Lovichi, Jacques, 510
Lowell, James Russel, 328
Lowry, Malcolm, 191
Lubac, Henri de, 307, 549
Luchini, Fabrice, 489

Maalouf, Amin, 127
Mac Orlan, Pierre, 191, 230, 470, 549
Machado, Antonio, 251, 396, 464
Maeterlinck, Maurice, 361, 378
Magny, Claude-Edmonde, 285, 328
Magre, Maurice, 396
Maïakovski, Vladimir, 66, 433
Mailer, Norman, 127
Maistre, Joseph de, 66, 596
Makine, Andreï, 30, 66, 127, 361, 511
Malebranche, Nicolas de, 285
Malesherbes, 328
Malet, Léo, 191, 362
Malherbe, François de, 511

Mallarmé, Stéphane, 30, 66, 67, 127, 128, 396, 433, 479, 511, 549
Mallea, Eduardo, 30
Mallet, Robert, 549, 579
Malraux, André, 30, 67, 192, 261, 307, 362, 396, 433, 459, 470, 511, 579
Mandur, Muhammad, 522
Manguel, Alberto, 285, 307, 343, 489
Manifeste du futurisme (1909), 30
Mann, Klaus, 31
Mann, Thomas, 67, 192, 397
Manoll, Michel, 433
Mansfield, Katherine, 128, 192, 252, 285, 511
Marceau, Félicien, 128, 261, 362, 378
Marcenac, Jean, 549
Marinetti, Filippo Tommaso, 434
Marivaux, Pierre Carlet de Chamblain de, 67, 328
Markale, Jean, 397
Marmontel, Jean-François, 550
Marot, Clément, 308
Martet, Jean, 261
Marti, José, 434
Martin du Gard, Maurice, 378
Martin du Gard, Roger, 67, 230, 550
Martínez, Manuel Díaz, 434
Masson, Georges-Armand, 497
Masson, Loÿs, 397
Masson, Paul, 31, 230
Matignon, Renaud, 31
Matzneff, Gabriel, 128, 285, 343, 464
Maugham, William Somerset, 192
Maulnier, Thierry, 67, 128, 192, 230, 231, 285, 434
Maunick, Édouard, 397
Maupassant, Guy de, 68, 129, 192, 193, 231, 329, 362, 434, 511, 550, 567
Mauriac, Claude, 464
Mauriac, François, 68, 129, 193, 194, 231, 252, 261, 285, 286,

INDEX DES AUTEURS CITÉS

308, 329, 343, 363, 379, 397, 398, 435, 465, 471, 579
Maurois, André, 194, 286, 459, 550, 596
Maurras, Charles, 435
Menendez Ypelayo, Marcelino, 286
Mérimée, Prosper, 452
Meunier, Jacques, 129
Michaux, Henri, 129, 194, 252, 308
Michelet, Jules, 68, 286, 363, 452, 511, 579
Mikhailovski, Stoyan, 308
Miller, Henry, 68, 130, 286, 435
Milosz, O. V. de L., 398, 435
Milton, John, 69
Mirbeau, Octave, 194
Miron, Gaston, 435
Mishima, Yukio, 363
Mitterrand, François, 522, 550
Modiano, Patrick, 130
Moerman, Ernst, 69
Molière, 479, 550, 588
Monnier, Thyde, 130, 436
Montaigne, Michel Eyquem de, 69, 130, 231, 261, 522, 588
Montesquieu, Charles de Secondat, baron de, 130, 194, 231, 262, 286, 329
Montherlant, Henry de, 31, 69, 130, 131, 154, 194, 195, 232, 308, 309, 329, 363, 364, 379, 436, 452, 471, 480, 497, 550, 579, 589
Morand, Paul, 31, 69, 131, 195, 232, 252, 262, 286, 309, 330, 364, 379, 459, 465, 471, 489, 511, 579, 589
Morante, Elsa, 512
Moréas, Jean, 436
Morgan, Claude, 70
Morin, Edgar, 436
Mounin, Georges, 512
Munier, Roger., 512
Mussa, Salamah, 32
Musset, Alfred de, 70, 330, 398, 436, 437, 501, 551

Nabokov, Vladimir, 32, 154, 195, 287, 309, 459, 579
Nadeau, Maurice, 364
Naudé, Gabriel, 489
Neruda, Pablo, 131, 309, 437, 551
Nerval, Gérard de, 132, 233, 364, 398
Neuhoff, Éric, 262, 364, 551
Neveu, Gérard, 437
Nicolle, Charles, 551
Nietzsche, Friedrich, 70, 132, 195, 233, 252, 309, 330, 398, 453, 459, 497, 522
Nin, Anaïs, 32, 70, 132, 195, 365, 399, 437, 465
Nizan, Paul, 32
Nizon, Paul, 132
Noailles, Anna de, 71
Nodier, Charles, 502
Nöel, Marie, 233, 399, 551
Noguez, Dominique, 512
Norge, Géo, 437
Norwid, Cyprian, 437
Nothomb, Amélie, 32, 71, 133, 196, 233, 287, 309, 365, 379, 551, 589
Nourissier, François, 32, 71, 133, 134, 196, 252, 266, 287, 310, 330, 365, 465, 471, 512, 580
Novalis, Friedrich, 399, 437
Nyssen, Hubert, 567

O'Brien, Edna, 72, 134
O'Connor, Flannery, 365
Oliveira, Carlos de, 552
Orcel, Michel, 154
Ormesson, Jean d', 72, 134, 196, 552
Orsenna, Érik, 72, 134, 154, 197, 344, 465, 489, 552, 567
Ortega Ygasset, José, 365, 438
Orwell, George, 72
Oskar, Jón, 594
Ovide, 134
Oz, Amos, 287

Page, Martin, 489
Pagnol, Marcel, 233, 330, 480, 552

INDEX DES AUTEURS CITÉS

PAILLERON, Édouard, 197
PALACIO VALDES, Armando, 233
PALUDAN, Jacob, 580
PAMUK, Orhan, 287
PAPINI, Giovanni, 32
PARRAIN, Brice, 552
PASCAL, Blaise, 134, 135, 234, 252, 287, 553, 580
PASOLINI, Pier Paolo, 399
PASTERNAK, Boris, 438
PAULHAN, Jean, 33, 72, 135, 252, 331, 399, 438, 522, 553
PAUWELS, Louis, 135, 197
PAVESE, Cesare, 33, 72, 135, 197, 262, 331, 365, 379, 399, 438, 580
PAWLOWSKI, G. de, 485
PAZ, Octavio, 135, 399, 438, 553
PÉGUY, Charles, 72, 135, 197, 253, 288, 400, 453, 553
PENNAC, Daniel, 33, 72, 73, 234, 288, 310, 344, 365, 553
PEREC, Georges, 33, 136, 523, 554, 597
PÉRET, Benjamin, 400, 438
PERGAUD, Louis, 366
PERROS, Georges, 33, 34, 73, 136, 198, 234, 253, 266, 288, 289, 331, 366, 465, 480, 485, 497, 523, 554
PESSOA, Fernando, 400, 580
PÉTRARQUE, François, 73, 289, 310
PEYRAMAURE, Michel, 453
PHILIPPE, Charles-Louis, 366, 380, 554
PICABIA, Francis, 234, 253, 471, 554
PICHETTE, Henri, 438, 554
PICON, Gaétan, 34, 74, 136, 137, 198, 289, 310, 331, 400, 439, 523, 554, 567
PIEYRE DE MANDIARGUES, André, 198, 289, 400, 439, 555
PINGAUD, Bernard, 366
PINGET, Robert, 234
PINTER, Harold, 137
PIVOT, Bernard, 74, 344
PLATON, 400, 401, 555

PLINE L'ANCIEN, 74
POE, Edgar, 439
POIROT-DELPECH, Bertrand, 74, 137, 198, 199, 234, 262, 289, 331, 344, 366, 439, 471, 512, 580, 589
POMMIER, Jean, 401
PONGE, Francis, 290, 310, 401, 439, 472, 492, 512, 523, 555
PONS, Maurice, 137
PONSON DU TERRAIL, Pierre Alexis, vicomte, 380
POPE, Alexander, 235
PORCHÉ, François, 34
POUCHKINE, Alexandre, 597
POULET, Georges, 310
POUND, Ezra, 34, 74, 311
POURRAT, Henri, 439
POZZI, Antonia, 439
PRADO, Jacques, 555
PRÉVERT, Jacques, 35, 74, 75, 199, 235, 311, 440, 594
PRÉVOST, André, 331
PRITCHETT, Victor Sawdon, 199
PROUST, Marcel, 35, 75, 137, 138, 199, 235, 253, 263, 290, 311, 367, 401, 453, 502, 513, 555, 580
PUEL, Gaston, 401, 440
PUTNAM, Hilary, 155

QUEFFÉLEC, Yann, 138
QUENEAU, Raymond, 138, 401, 402, 440, 453, 485, 513, 523, 555, 581
QUIGNARD, Pascal, 35, 75, 138, 155, 199, 200, 290, 311, 513, 523, 555, 556
RACINE, Jean, 311, 480, 556, 597
RAMUZ, Charles-Ferdinand, 138, 200, 380, 402, 440, 581
RENAN, Ernest, 138, 235, 453, 581
RENARD, Jules, 35, 75, 76, 139, 155, 200, 236, 253, 254, 263, 290, 291, 311, 331, 332, 344, 367, 380, 402, 440, 453, 459, 480, 485, 492, 497, 513, 556, 567, 581, 582, 589, 594

INDEX DES AUTEURS CITÉS

REVEL, Jean-François, 36, 236
REVERDY, Pierre, 139, 236, 312, 402, 441, 556
REY, Étienne, 453
REZA, Yasmina, 139, 140
RICARDOU, Jean, 367
RICHAUD, André de, 403
RICHEPIN, Jean, 237, 441
RICŒUR, Paul, 557
RIGAUT, Jacques, 140
RILKE, Rainer Maria, 76, 140, 403, 441
RIMBAUD, Arthur, 36, 200, 403, 404, 557, 594
RINALDI, Angelo, 36, 76, 140, 201, 237, 312, 332, 367, 460, 589
RIVARD, Adjutor, 557
RIVAROL, Antoine de, 76, 77, 237, 312, 345, 513, 523, 557, 589
RIVIÈRE, Jacques, 77
ROBBE-GRILLET, Alain, 36, 77, 140, 201, 237, 332, 368, 472, 523
ROLIN, Olivier, 36, 77, 201
ROLLAND, Romain, 141, 201, 202, 254, 263, 291, 312, 332, 333, 454, 557, 568
ROMAINS, Jules, 441
RONSARD, Pierre de, 524
ROSTAND, Jean, 36, 37, 77, 78, 141, 202, 237, 238, 254, 263, 266, 291, 312, 333, 466, 472, 489, 490, 498, 557, 568, 582
ROTH, Philip, 37, 78, 404, 472
ROUART, Jean-Marie, 368
ROUBAUD, Jacques, 441, 442
ROUSSEAU, Jean-Jacques, 78, 142, 202, 238, 312, 333, 368, 480, 498, 582, 597
ROUSSEAUX, André, 404, 442
ROUSSELOT, Jean, 442, 514, 557
ROUX, Dominique de, 404, 524
ROY, Claude, 37, 142, 202, 291, 313, 333, 345, 368, 404, 442, 493, 557, 590
ROY, Jules, 37, 142, 238, 254, 333, 466
ROZE, Pascale, 37, 78
RUDNICKI, Adolf, 557

SABATIER, Robert, 37, 78, 142, 155, 203, 239, 254, 291, 313, 333, 368, 380, 404, 442, 454, 466, 472, 485, 502, 558, 582, 590, 594
SADE, marquis de, 203
SAINT ROBERT, Philippe, de, 514
SAINTE-BEUVE, Charles Augustin, 37, 142, 203, 239, 254, 334, 368, 590
SAINT-EXUPÉRY, Antoine de, 142, 239
SAINT-JOHN PERSE, 38, 78, 79, 143, 405, 443
SAINT-MARTIN, Claude de, 558
SAINT-POL ROUX, 143, 405, 443
SAINT-SIMON, Duc de, 454
SALINAS, Pedro, 405
SALMON, Christian, 38
SAN-ANTONIO (DARD Frédéric), 105, 220, 391, 538, 574
SAND, George, 79, 203, 239, 240, 313, 466, 472, 558
SARAMAGO, José, 143, 255, 292, 558
SARCEY, Francisque, 334
SARRAUTE, Nathalie, 143, 292, 313, 334, 368, 369, 380, 443, 558
SARTRE, Jean-Paul, 38, 79, 143, 204, 263, 292, 313, 345, 369, 381, 405, 524, 558
SAUSSURE, Ferdinand de, 514
SAYEGH, Joseph, 559
SCHLUMBERGER, Jean, 524
SCHMITT, Éric-Emmanuel, 38, 204, 240, 334
SCHNEIDER, Michel, 79, 369
SCHNITZLER, Arthur, 472
SCHOLL, Aurélien, 240
SCHWARZ-BART, André, 204
SCUTENAIRE, Louis, 144, 334, 485, 502
SEGHERS, Pierre, 405, 406, 443, 559
SEMPRUN, Jorge, 38, 144
SÉNAC, Jean, 406
SÉNÈQUE, 144
SENGHOR, Léopold Sédar, 443
SERGE, Victor, 144
SÉVIGNÉ, Marie de Rabutin-Chantal, marquise de, 466

INDEX DES AUTEURS CITÉS

SEVRAN, Pascal, 144
SHAKESPEARE, William, 559
SHAW, George Bernard, 313
SHELLEY, Percy Bysshe, 406, 443
SIGNOL, Christian, 144
SIMENON, Georges, 205, 369, 381, 582
SNOW, Charles Percy, 240
SOLJENITSYNE, Alexandre, 38, 240, 460
SOLLERS, Philippe, 38, 79, 144, 145, 155, 205, 240, 292, 335, 369, 466, 514, 524
SOUAMI, Lakhdar, 79
SOUPAULT, Philippe, 205
STAËL, Madame de, 240, 314, 444
STEIN, Reb, 79
STEINBECK, John, 370
STEINER, George, 39, 155, 156, 514, 524, 559
STENDHAL, 145, 205, 206, 240, 241, 292, 314, 345, 370, 444, 466, 582, 590
STEPHANE, Roger, 473
STEVENSON, Robert Louis, 80
STRINDBERG, August, 80
STYRON, William, 145, 206
SUARÈS, André, 444, 454
SUÈDE, Catherine de, 80
SULLY PRUDHOMME, 145
SUPERVIELLE, Jules, 206, 406, 407
SÜSKIND, Patrick, 293
SYNGE, John Millington, 481

TADIÉ, Jean-Yves, 370
TALLEMENT DES RÉAUX, Gédéon, 80, 407
TANIZAKI, Junichiro, 39
TARDE, Alfred de, 514
TARDIEU, Jean, 407, 559
TCHEKHOV, Anton, 39, 145, 146, 206, 241, 335, 583
TER BRAAK, Menno, 514
THARAUD, Jérôme, 146
THÉRIVE, André, 241, 370
THIBAUDET, Albert, 80, 146, 314, 473
THIERRY, Augustin, 241

THOMAS D'AQUIN, saint, 80
THOMAS, Henri, 206, 444, 493
THOREAU, Henry David, 146, 206
TIECK, Ludwig, 407
TILMAN, Pierre, 444
TISSOT, Samuel, 206
TODOROV, Tzvetan, 525
TOESCA, Maurice, 345
TOLSTOÏ, Léon, 146, 207, 255, 381, 515
TOULET, Paul-Jean, 207, 498
TOURAINE, Alain, 241
TOURGUENIEV, Ivan, 207
TOURNIER, Achille, 498
TOURNIER, Michel, 80, 146, 207, 241, 255, 293, 314, 345, 444, 525
TRIOLET, Elsa, 147, 241, 315, 370, 454, 559, 583
TROYAT, Henri, 147
TRUFFAUT, François, 293, 381
TSVETAIEVA, Marina, 407
TWAIN, Mark, 263
TZARA, Tristan, 445, 473
UNAMUNO, Miguel de, 208, 315, 371
VAILLAND, Roger, 371
VALDÈS, Palacio, 407
VALÉRY, Paul, 39, 81, 147, 148, 208, 242, 255, 264, 293, 315, 335, 346, 371, 407, 445, 454, 455, 473, 485, 502, 515, 525, 559, 560, 590, 597
VALLÈS, Jules, 255
VALTOUR, 560
VAN BRUAENE, Geert, 590
VAN SCHENDEL, Arthur, 81
VANDÉREM, Fernand, 498
VARGAS LLOSA, Mario, 208, 264, 371
VAUVENARGUES, Luc de Clapiers, marquis de, 81, 148, 242, 498
VEBER, Pierre, 148
VÈDRES, Nicole, 81
VERCORS, 148
VERHAEREN, Émile, 81, 445
VERLAINE, Paul, 82, 315, 408, 446
VERNE, Jules, 255

INDEX DES AUTEURS CITÉS

Verny, Françoise, 267
Véry, Pierre, 446
Veuillot, Louis, 148
Vialatte, Alexandre, 148, 242, 293, 560, 590, 591, 597
Vian, Boris, 148, 149, 208, 209, 242, 255, 335, 485, 560
Viau, Théophile de, 149
Vigny, Alfred de, 82, 149, 242, 243, 256, 408, 446
Vila-Matas, Enrique, 209
Vilar, Jean, 481, 560
Villiers de l'Isle-Adam, Auguste de, 408
Vinci, Léonard de, 446
Viollet Le Duc, Eugène, 39
Vitoux, Frédéric, 371
Vitrac, Roger, 82
Voltaire, 82, 156, 209, 243, 256, 293, 335, 371, 446, 455, 485, 490, 560, 561, 591

Von Keyserling, Hermann, 408
Voronca, Ilarie, 408, 561

Weil, Simone, 149, 447
Wells, Herbert George, 409, 561
Wenders, Wim, 149
Weyergans, François, 150, 346
Wilde, Oscar, 39, 82, 150, 243, 294, 335, 336, 381, 409, 447, 473, 561, 583
Williams, Tennessee, 409
Winckler, Martin, 150
Wolfromm, Georges, 294
Woolf, Virginia, 243, 294

Yourcenar, Marguerite, 82, 83, 209, 244, 294, 315, 316, 381, 382, 409, 455, 561

Zola, Émile, 39, 83, 156, 210, 244, 336, 346, 372, 447, 515

Bibliographie

Les noms de certains auteurs apparaissent parfois, dans l'abécédaire suivant, suivis d'un astérisque (*) : les citations qui leur sont imputées sont, dans ces cas-là, extraites d'ouvrages de références généraux (anthologies, encyclopédies, florilèges...) dont on trouvera la liste à la fin de cette bibliographie.

AB Reb : cité par Edmond Jabès, in *Le Livre des questions*, Gallimard, 1963 / ADAMOV Arthur (1908-1970) : *Ici et maintenant*, Gallimard, 1964 – *L'Aveu*, Le Sagittaire, 1946 / AJALBERT Jean (1863-1947) : *Lettre à G. Walch*, Delagrave / ALAIN Émile Chartier, dit (1868-1951) : *Avec Balzac*, Gallimard, 1937 – *Éléments de philosophie*, Gallimard, 1941 – *Histoire de mes pensées*, Gallimard, 1936 – *Préliminaires à l'esthétique*, Gallimard, 1939 – *Propos de littérature*, Gallimard, 1934 – *Propos II*, Gallimard, 1970 – *Propos sur l'éducation*, Presses Universitaires de France, 1986 – *Propos sur l'esthétique*, Presses Universitaires de France, 1923 / ALAIN-FOURNIER Henri Alban Fournier, dit (1886-1914) : *Lettres d'Alain Fournier à sa famille*, 7 février 1906 / ALBALAT Antoine : *L'Art d'écrire*, Armand Colin, 1992 / ALBANY comtesse d' (1753-1824) : *Correspondance* / ALBERT-BIROT Pierre (1876-1967)* : *Cent nouvelles gouttes de poésie*, 1967 / ALBERTI Rafael (1902-1999) : *Ballade pour les poètes andalous d'aujourd'hui*, in *La Poésie espagnole des origines à nos jours*, Seghers, 1963 / ALBIACH Anne-Marie (1937) : *Arpentage de la poésie contemporaine*, 1987 / ALCÉ Reb : cité par Edmond Jabès, in *Le Livre des questions*, Gallimard, 1963 / ALEIXANDRE Vicente (1898-1984) : in *Insula*, in *La Litté-*

rature espagnole d'aujourd'hui, Nathan, 1972 / ALEMBERT Jean Lerond d'Alembert dit d'(1717-1783) : *Éloges des Académiciens – Essai sur la société des gens de Lettres et des grands*, *Mélanges de littérature, d'histoire et de philosophie* / ALLAIS Alphonse (1855-1905) : *Œuvres complètes*, La Table Ronde, 1966-1970 – cité par Nina Catach, in *Les Délires de l'orthographe*, Plon, 1989 / ALLARD Roger (1885-1961) : Préface au catalogue des Éditions Gallimard, in *Almanach des lettres françaises et étrangères*, juin 1924 / ALTOLAGUIRRE Manuel (1904-1959) : in *La Poésie espagnole des origines à nos jours*, Seghers, 1963 / AMADE Louis (1915-1992) : *Chef-lieu : la Terre, Cette Lumière que je vois*, Seghers, 1959 / AMADO Jorge (1912-2001)* / AMETTE Jacques-Pierre (1943) : *Jeunesse dans une ville normande*, Le Seuil, 1981 – Entretien avec André Rollin, in *Ils écrivent*, Mazarine, 1986 / AMIEL Henri-Frédéric (1821-1881) : *Fragments d'un journal intime – Journal Inédit* et *Réflexions*, in *Almanach des lettres françaises et étrangères*, 1924 / AMIS Martin (1949) : in *Lire*, février 1997 / AMPÈRE Jean-Jacques (1800-1864) : *Mélanges littéraires*, *De l'histoire de la littérature française* / ANDERSON Sherwood (1876-1941)* / ANGOT Christine (1959) : in *Télérama*, 4 avril 2001 / ANOUILH Jean (1910-1987) : *Antigone*, La Table Ronde, 1943 – *La Répétition ou l'amour puni*, La Table ronde, 1951 – *Nouvelles pièces noires*, La Table ronde, 1946 / APOLLINAIRE Wilhem Apollinaris de Kostrowitzky, dit Guillaume (1880-1918) : *Alcools*, Gallimard, 1920 – *La Femme assise*, Gallimard, 1920 – *La Victoire*, 1917, in *Calligrammes*, Mercure de France, 1918 – *Le Flâneur des deux rives*, Gallimard, 1928 – *L'Esprit nouveau et les poètes*, Gallimard – *Les Peintres cubistes, Méditations esthétiques*, 1913, Hermann, 1980 – *Œuvres poétiques complètes*, Gallimard, 1956 – *Œuvres en prose*, Gallimard, 1977 / ARAGON Louis (1897-1982) : *Arma virumque cano*, *Les Yeux d'Elsa*, Seghers, 1942 – *Blanche ou l'Oubli*, Gallimard, 1967 – *Chronique du Bel Canto*, Skira, 1947 – *En français dans le texte*, Ides et calendes, 1943 – *J'abats mon jeu*, Stock, 1997 – *Je n'ai jamais appris à écrire ou les « incipit »*, Skira, 1969 – *Le Paysan de Paris*, Gallimard, 1926 – *Les Chambres*, Stock, 1997 – *Les Cloches de Bâle*, Gallimard, 1968 – *Pour expliquer ce que j'étais*, Gallimard, 1989 – *Traité du style*, Gallimard, 1928 – Préface aux *Cloches de Bâle*, *Œuvres romanesques croisées*, Laffont, 1964-1974 – in *La Littérature en France depuis 1945*, Bordas, 1970 / ARISTOTE (384-322 av J.-C.)* / ARLAND Marcel (1899-1986) : *Essai et nouveaux essais critiques*, Gallimard, 1952 – *La Grâce d'écrire*, Gallimard, 1955 – *La Route obscure*, Gallimard, 1924 – *Sur une terre menacée*, Delamain et Boutilleau, 1941 / ARLT Roberto (1900-1942) : cité par Philippe Djian, in *Entre nous soit dit*, Conversations avec Jean-Louis Ezine, Plon, 1996 / ARNAUDET Didier : *Till l'Espiègle éclaté*, J. Millas-Martin, 1977 / ARON Raymond (1905-1983) : *Dimensions de la conscience historique*, Plon, 1961 / ARRABAL Fernando (1932) : *La Pierre de la folie*, Bourgois, 1970 / ARTAUD Antonin (1896-1948) : *Ci-gît*, Gallimard, 1947 – *Fragments d'un Journal d'enfer – L'Art et la mort*, Gallimard, 1956 – *Le Pèse-nerf*, Gallimard, 1956 – *Le Théâtre et son double*, Gallimard, 1938 – *Lettres de Rodez*, in *Œuvres complètes*, tome IX, Gallimard, 1979 – *L'Homme contre le destin*, Conférence du 27 février 1936 – *L'Ombilic des Limbes*, Gallimard, 1956 – *Œuvres complètes*,

BIBLIOGRAPHIE

tomes I à XXV, Gallimard, 1976-1990 – *Textes de la période surréaliste*, Gallimard, 1956 – *Théâtre de la cruauté*, N.R.F., 1932 – *Van Gogh, le suicidé de la société*, Gallimard, 1947 / ASTRUC Alexandre (1923) : *Signification de Sartre*, in *Domaine français*, Trois Collines, 1943 / ATTALI Jacques (1943) : in *Le Bonheur, la Vie, la Mort, Dieu...*, textes réunis par Jean-Yves Boulic, Le Cerf, 1981 / AUBIGNÉ Agrippa d' (1552-1630) : *Les Tragiques*, in *Œuvres*, Gallimard, 1969 / AUDIARD Michel (1920-1985) : in *Audiard par Audiard*, René Chateau, 1995 / AUDIBERTI Jacques (1899-1965)* : *La Nouvelle origine*, Gallimard, 1942 – *Le Mal court*, Gallimard, 1948 – *Théâtre*, tomes I à V, Gallimard, 1948-1962 / AUDISIO Gabriel (1900-1978) : *Misères de notre poésie*, Seghers, 1943 / AVELINE Claude (1901-1993) : *Avec toi-même*, Émile-Paul, 1944 – *Les Réflexions de Monsieur F.A.T.*, Mercure de France, 1963 / AYMÉ Marcel (1902-1967) : *Le Confort intellectuel*, Flammarion, 1949 – *Silhouette du scandale*, Grasset, 1973 – *Uranus*, Gallimard, 1948 – *Œuvres romanesques complètes*, Gallimard, 1988.

BACHELARD Gaston (1884-1962) : *La Psychanalyse du feu*, Introduction, Gallimard, 1938 – *La Poétique de l'espace*, Presses Universitaires de France, 1957 – *La Terre et les Rêveries de la volonté*, Corti, 1948 – *L'Image littéraire*, in *Domaine français*, Trois Collines, 1943 / BACON Francis (1561-1626) : *Conseil à sir George Villiers – Essais – Proposition concernant l'amendement des lois* / BADRÉ Frédéric : cité par François Nourissier, in *Mauvais genre, conversations*, Gallimard, 1996 / BAILLARGEON Pierre (XXe siècle) : *Commerce*, Montréal, 1947 / BAINVILLE Jacques (1879-1936) : *Lectures, Définition de l'Utopie*, Arthème-Fayard, 1937 / BALFOUR Michel (XXe siècle) : *Traits et Réflexions*, 1958 / BALZAC Honoré de (1799-1850) : *Des artistes*, 1830 – *Ferragus – Illusions perdues*, Gérard et C°, 1961 – *La Comédie humaine*, Avant-propos, Gallimard, 1976-1981 – *La Cousine Bette*, Flammarion, 1977 – *La Peau de chagrin*, préface – *Le Cabinet des Antiques*, préface – *Monographie de la presse parisienne*, Jean-Jacques Pauvert, 1965 – *Une fille d'Ève* / BALZAC Jean-Louis Guez de (1594-1654) : *Socrate chrétien*, Discours cinquième / BARBEY d'AUREVILLY Jules Amédée (1808-1889) : *Goethe et Diderot*, Œuvres complètes, Slatkine Reprints, 1979 – *Lettres à Trébutien*, P. Bernouard, 1927, Œuvres complètes, Slatkine Reprints, 1979 – *Une page d'histoire*, Œuvres complètes, Slatkine Reprints, 1979 – in *Le Magazine littéraire*, juillet-août 1997 / BARJAVEL René (1911-1985) : *La Charrette bleue*, Denoël, 1980 / BARRAULT Jean-Louis (1910-1994) : *Nouvelles réflexions sur le théâtre*, Flammarion, 1959 / BARRÈS Maurice (1862-1923) : *Cahiers – La Grande pitié des églises de France*, Émile-Paul, 1914 – *Stanislas de Guaita*, Chamuel, 1898 – Préface aux *Contes pour les assassins* de Maurice Beaubourg, in *Almanach des lettres françaises et étrangères*, mai 1924 / BARTELT Franz (1949) : *Simple*, Mercure de France, 1999 / BARTHES Roland (1915-1980) : *Fragments d'un discours amoureux*, Le Seuil, 1977 – *La Réponse de Kafka – Le Degré zéro de écriture*, Le Seuil, 1953 – *Le Plaisir du texte*, Le Seuil, 1973 – *Littérature et discontinu – Qu'est-ce que la critique ? – Œuvres complètes*, Le Seuil, 1995 – in *Barthes*, Le Seuil, 1975 – in *Écrire, lire et en parler*, interviews de Bernard Pivot, Laffont, 1985 – in *L'Express*, 25 mai 1970 – in *Roland Barthes par lui-même* / BATAILLE Georges (1897-1962) : *La Haine de la Poésie*, Minuit, 1947 – *La Littérature et le Mal*, avant-propos, Gallimard, 1957 – *La Mère-Tragédie*, article paru en 1937 – *La Somme athéologique II, Sur Nietzsche*, Gallimard 1973 – *L'Abbé C.*, Gallimard, 1972 – *Le Bleu du ciel*, Avant-propos – *Le Petit, Un peu plus tard*, 1934 – *Œuvres complètes*, tomes I à XII, Gallimard, 1970-1988 / BAUCHAU Henry (1913) : *La Sourde Oreille*, Éditions de l'Aire, 1981 / BAUDELAIRE Charles (1821-1867) : *Conseils aux jeunes littérateurs*, P. Hazan, 1929 – *Curiosités esthétiques, Salon de 1846, Aux bourgeois – Dédicace à Arsène Houssaye, Petits Poèmes en prose – L'Art romantique – Les Fleurs du mal, L'Albatros*, 1857, Flammarion, 1991 – *Les Paradis artificiels – Lettre à Poulet-Malassis*, août 1860 – *Mon cœur mis à nu*, Mille et une nuits, 1997 – *Œuvres complètes*, Le Seuil, 1970 / BAZIN Jean-Pierre Hervé-Bazin, dit Hervé (1911-1996) : *Abécédaire*, Grasset, 1984 – in *Lire*, octobre 1978 / BÉALU Marcel (1908-1993) : in *La Bibliothèque idéale*, Albin Michel, 1988 / BEAUMARCHAIS Pierre Augustin Caron de (1732-1799)* : *Le Mariage de Figaro, Œuvres complètes*, Firmin-Didot, 1865 / BEAUVOIR Simone de (1908-1986) : *La Femme rompue*, Gallimard, 1967 – *La Force de l'âge*, Gallimard, 1960 – *La Force des choses*, Gallimard, 1963 – *Le Deuxième sexe*, Gallimard, 1949 – *Le Roman moderne*, in *L'art du roman*, Stock – *Les Mandarins*, Gallimard, 1954 – *Mémoires d'une jeune fille rangée*, Gallimard, 1958 – *Tout compte fait*, Gallimard, 1972 – citée par Thyde Monnier, in *Entre Parenthèses*, Grasset, 1961 / BECK Béatrix : *Langue L'Angoisse*, in *Mots couverts*, 1975 / BECKETT Samuel (1906-1989)* : *Malone meurt*, Minuit, 1951 – *Molloy*, Minuit, 1951 – *Têtes-mortes*, 1967 / BECQUE Henry (1837-1899) : *Notes d'album*, Crès / BEIGBEDER Frédéric (1965) : Propos recueillis par Hélène de Gasquet, France Loisirs, octobre 2001 / BELLAY Joachim du (1522-1560) : *Défense et Illustration de la langue française* / BELLOC Hilaire (1870-1953) : cité par Robert Sabatier, in *Dictionnaire de la mort*, Albin Michel, 1967 / BELVAL-DELAHAYE : *À quoi rêvent les jeunes gens*, Champion, 1913 / BENDA Julien (1867-1956) : *Belphégor*, I, Émile-Paul, 1918 – *La France byzantine ou le Triomphe de la littérature pure*, Gallimard, 1945 / BÉNÉZET Mathieu (1946) : *Le Roman de la langue*, Union Générale d'Édition, 1977 / BEN JELLOUN Tahar (1944) : *Éloge de l'amitié*, Arléa, 1996 – Entretien avec Catherine Argand, in *Lire*, mars 1999 – in *Le Magazine littéraire*, mars 1988 / BENOÎT Pierre (1886-1962) : *Œuvres complètes*, Albin Michel / BENVENISTE Émile (1902-1976) : *Problèmes de linguistique générale*, Gallimard, 1966 / BERBEROVA Nina (1901-1993) : cité par Hubert Nyssen, in *L'Éditeur et son double*, Actes Sud, 1990 / BERGER Yves (1934) : *Que peut la littérature ?*, U.G.E / BERGSON Henri (1859-1941) : *Les Deux Sources de la morale et de la religion*, Presses universitaires de France, 1932 / BÉRIMONT Luc (1915-1983)* / BERL Emmanuel (1892-1976) : *Tant que vous penserez à moi*, Entretiens avec Jean d'Ormesson, Grasset, 1992 / BERNANOS Georges (1888-1948) : *À mi chemin de ma vie*, in *Le Figaro*, 8 mai 1937 – *Correspondance inédite 1904-1934*, Plon – *Français si vous saviez...*, Gallimard, 1961 – *Journal d'un curé de campagne*, Plon, 1936 – *La Croix-des-Âmes*,

BIBLIOGRAPHIE

1943, in *Bernanos*, Le Seuil, 1954 – *La France contre les robots*, Plon – *La Liberté pour quoi faire ?*, Gallimard, 1953 – *Le Chemin de la Croix-des-Âmes*, Gallimard – *Les Enfants humiliés, Journal 1939-1940*, Gallimard, 1949 – *Les Grands cimetières sous la lune*, préface, Plon, 1938 – *Lettre aux Anglais*, Gallimard, 1948 – *Textes non rassemblés par Bernanos*, © Jean-Loup Bernanos – *Un mauvais rêve*, Plon – *Œuvres romanesques*, Gallimard, 1961 – *Essais et écrits de combat*, Gallimard, 1972 – in *Témoins de l'homme*, Armand Colin, 1960 / BERNARD Émile (1868-1941)* / BERNARD Paul, dit Tristan (1866-1947)* / BERNHARD Thomas (1931-1989) : *Le Naufragé*, Gallimard, 1986 – *Le Neveu de Wittgenstein*, Gallimard, 1985 – *Maîtres anciens*, Gallimard, 1971 – *Perturbation*, Gallimard, 1971 / BERNIS Cardinal de (1715-1794) : *Épîtres, Sur la paresse* / BESSE Jacques : *Psychanalyse*, I, *Est-ce un enfant ?* / BESSON Patrick (1956) : *Le Sexe fiable*, Michalon, 1998 – Entretien avec Catherine Argand, in *Lire*, juin 2001 – in *Paris-Première*, janvier 1996 / BETJEMAN John (1906-1984) : *Premières et dernières amours*, 1952 / BEY Rachid (1946) : in *Anthologie de la nouvelle poésie algérienne*, Saint-Germain-des-Près, 1971 / BIANCIOTTI Hector (1930) : Entretien avec André Rollin, in *Ils écrivent*, Mazarine, 1986 – in *Le Magazine littéraire*, septembre 1995 / BIELINSKI Vissarion (1811-1848) : *Lettre à Gogol*, 1847, in *Textes philosophiques choisis*, 1948 / BILLY André (1882-1971) : *Propos du samedi*, Mercure de France, 1969 / BIROT Pierre-Albert (1876-1967) : *Trente et un poèmes de poche, Poésie 1916-1920*, Éditions Rougerie / BJÖRLING Gunnar (1887-1960) : *Pensées* / BLAINE Julien (1942) : *13427 Poèmes métaphysiques*, 1986 / BLANCHOT Maurice (1907) : *Après coup*, Minuit, 1983 – *Faux pas*, Gallimard, 1943 – *La Part du feu*, Gallimard, 1949 – *La Solitude essentielle*, in *La Nouvelle Revue Française*, 1er janvier 1953 – *Le Livre à venir*, Gallimard, 1959 – *L'Écriture du désastre*, Gallimard, 1980 – *L'Espace littéraire*, Gallimard, 1955 / BLANCO-FOMBONA Rufino (1874-1943) : *Petit opéra lyrique, Explication* / BLANQUI Auguste (1805-1881) : *Critique sociale*, tome II, X, *La Propriété intellectuelle* / BLED Édouard (1899-1996) : *Mes Écoles*, Laffont, 1977 / BLIER Bertrand (1939) : *Existe en blanc*, Laffont, 1998 / BLIXEN Karen (1885-1962) : *Contes d'hiver*, Gallimard, 1960 / BLOCH Jean-Richard (1884-1947) : *Naissance d'une culture*, Rieder, 1936 / BLOCH Marc (1886-1944) : *Apologie de l'histoire ou Métier d'historien*, introduction, Armand Colin, 1974 / BLONDIN Antoine (1922-1991) : *Ma Vie entre des lignes, Œuvres*, Laffont, 1991 – cité par Christian Millau, in *Au galop des Hussards*, de Fallois, 1999 / BLOY Léon (1846-1917) : *Belluaires et Porchers*, Stock, 1905 – *Exégèse des lieux communs*, Mercure de France, 1968 – *Le Mendiant ingrat*, Mercure de France – *Le Vieux de la montagne*, Mercure de France, 1963 – *Mon Journal*, Mercure de France, 1956 – *Propos d'un entrepreneur de démolitions*, Paris, Tresse, 1984 – *Quatre ans de captivité à Cochons-sur-Marne*, Mercure de France, 1969 / BLUM Léon (1872-1950) : *Nouvelles conversations de Gœthe avec Eckermann*, 1897 / BOBIN Christian (1951) : *Autoportrait au radiateur*, Gallimard, 1997 – *La Folle allure*, Gallimard, 1995 – *La Merveille et l'obscur*, Paroles d'Aube, 1996 – *La Part manquante*, Gallimard, 1989 – *La Plus que vive*, Gallimard, 1996 – *Le Huitième jour de la semaine*, Éditions Lettres Vives, 1986 – *L'Épuisement*,

BIBLIOGRAPHIE

Le Temps qu'il fait, 1994 – *Lettres d'or*, Fata Morgana, 1987 – *Mozart et la pluie*, Lettres vives, 1997 – *Ressusciter*, Gallimard, 2001 – *Souveraineté du vide*, Gallimard, 1995 – *Une Petite robe de fête*, Gallimard, 1991 – in *Le Figaro*, 1er septembre 1995 – in *Lire*, octobre 1998 / BOILEAU-DESPRÉAUX Nicolas Boileau, dit (1636-1711)* : *Épître*, préface – *L'Art poétique*, 1669 – *Satires* / BÖLL Heinrich (1917-1985)* : *Une Mémoire allemande*, Le Seuil, 1978 / BONALD Louis de (1754-1840) : *Mélanges littéraires, politiques et philosophiques* – *Œuvres complètes*, tome III, J-P Migne, 1859 – *Pensées sur divers sujets* / BONNARD Abel (1883-1968) : *L'Argent*, Hachette, 1928 / BONNEFOY Yves (1923)* : *Entretiens sur la poésie*, Mercure de France, 1992 – *L'Improbable*, Mercure de France, 1980 – in *La Quinzaine littéraire*, 1972 – in *Le Monde de l'éducation*, septembre 1999 / BONSANTI Alessandro (1904-1984) : *La Nouvelle Gare de Florence*, 1965 / BORDEAUX Henry (1870-1963)* / BORGES Jorge Luis (1899-1986) : *Entretiens avec J. P. Bernès*, in *Œuvres complètes*, Gallimard, 1993 – *Entretiens sur la poésie et la littérature*, Gallimard, 1990 – *Evaristo Carriego*, 1930, Le Seuil, 1969 – *Kafka et ses précurseurs*, in *Enquêtes*, 1951-1953 – *La Bibliothèque de Babel*, in *Fictions*, Gallimard, 1951 – *La Quête d'Averroès*, in *Sucre, Borges*, Seghers, 1971 – *L'Auteur et autres textes*, Gallimard, 1965 – *Le Livre de Sable*, Gallimard, 1978 – *Livre de préfaces* suivi d'*Essai d'autobiographie*, Gallimard, 1980 – *Leçons au Collège de France*, 1983 – *Œuvres complètes*, Préface, Gallimard, 1993 – Entretien, in *Sucre, Borges*, Seghers, 1971 – in *Écrire, lire et en parler*, interviews de Bernard Pivot, Laffont, 1985 – in *L'Express*, 21 février 1963 – in *Poésie 1*, n° 11, Cherche Midi, septembre 1997 – Préface à la traduction en vers du *Cimetière marin* de Paul Valéry, in *Œuvres complètes*, Gallimard, 1993 / BORY Jean-Louis (1919-1979) : *Ma Moitié d'orange*, Julliard, 1972 / BOSCHÈRE Jean de (1878-1953) : *Dressé, actif, j'attends*, Éditions La Différence / BOSCO Henri (1888-1976) : *Le Jardin d'Hyacinthe*, Gallimard, 1946 / BOSQUET Anatole Bisk dit Alain (1919-1998) : *Entretien*, in *Poésie 1*, Cherche Midi, septembre 1997 – *Le Gardien des rosées*, *Aphorismes*, Gallimard, 1990 – *Le Verbe est un navire*, in *Poésie 1*, n° 11, Cherche Midi, septembre 1997 / BOTT François (1935) : *Journées intimes*, Albin Michel, 1984 – in *Le Monde*, octobre 2001 / BOUCHARD Serge (1947) : *Les Bibliothécaires*, in *Du pipi, du gaspillage et sept autres lieux communs*, Boréal, 2001 / BOUFFLERS Stanislas de (1738-1815) : *Le Rat bibliothécaire* / BOUIN Yves-Jacques (1951) : *Une passée de parole*, L'Épi de seigle éditeur, 1997 / BOUJUT Pierre (XXe siècle)* / BOULANGER Daniel (1922) : Entretien avec André Rollin, in *Ils écrivent*, Mazarine, 1986 / BOURBON BUSSET Jacques de (1912) : *Tu ne mourras pas*, Gallimard, 1978 / BOURDET Édouard (1887-1945) : *Vient de paraître*, Librairie Théâtrale, 1928 / BOURGET Paul (1852-1935)* : *Essais de psychologie contemporaine*, Plon – cité par J.-C. Carloni et Jean-C. Filloux, in *La Critique littéraire*, Presses Universitaires de France, 1955 / BOURLIAGUET Léonce (1895-1965) : *De sel et de poivre*, Magnard, 1963 / BOUSQUET Joë (1897-1950) : in *La Littérature en France depuis 1945*, Bordas, 1970 / BRADBURY Ray (1920) : in *Le Figaro littéraire*, 7 janvier 1999 / BRANDES Georg (1842-1927) : *Principaux courants de la littérature du XIXe siècle* / BRÉMOND

BIBLIOGRAPHIE

Abbé Henri (1865-1933) : *La Poésie pure*, Grasset, 1926 / BRETON André (1896-1966) : *Anthologie de l'humour noir*, Pauvert, 1966 – *Arcane 17*, 1945, Pauvert, 1971 – *Les Pas perdus*, Gallimard, 1924 – *Les Vases communicants*, Gallimard, 1955 – *Manifeste du Surréalisme*, Pauvert, 1962 – *Nadja*, Gallimard, 1964 – *Point du jour*, Gallimard, 1970 – *Sur la route de San Romano*, in *Signe ascendant*, Gallimard, 1949 – *Œuvres complètes*, tome I, Gallimard, 1988 – in *André Breton en son temps*, Le Soleil Noir, 1976 – in revue surréaliste *Littérature* / BRINCOURT André : *Les Écrivains du XXe siècle – Un musée imaginaire de la littérature mondiale*, Retz, 1979 / BRISEBOIS Robert : *L'Amour c'est tout, le hasard c'est autre chose*, Éditions Stanké / BRISVILLE Jean-Claude : inédit, in *Le Grand dictionnaire des citations françaises*, Belfond, 1982 / BROCHIER Jean-Jacques (1937) : in *Le Magazine littéraire*, décembre 1996 / BRODSKY Joseph (1940-1996) : *Strophes vénitiennes*, in *Conversations avec Joseph Brodsky* de Solomon Volkov, Anarolia/Le Rocher, 2002 / BROWNING Elisabeth Barrett (1806-1861) : *Aurora Leigh*, 1855, Savine, 1890 / BRUCKBERGER Raymond-Léopold (1907-1998) : *À l'heure où les ombres s'allongent*, Albin Michel, 1989 – *Ce que je crois*, Grasset, 1981 / BRUNETIÈRE Ferdinand (1849-1906)* / BUFFON George Louis Leclerc, comte de (1707-1788)* : *Discours sur le style*, prononcé à l'Académie française le jour de sa réception, le 25 août 1753 / BUKOWSKI Charles (1920-1994) : en 1986, cité par Philippe Sollers, in *L'Année du tigre, Journal de l'année 1998*, Le Seuil, 1999 / BULTEAU Michel (XXe siècle)* / BURGESS Anthony (1917-1993) : in *Écrire, lire en parler*, interviews de Bernard Pivot, Laffont, 1985 / BURROUGHS William (1914-1997) : *Folds-ins – Les Voleurs*, manifeste, in *Essais*, Bourgois, 1981 / BURUCOA Christiane (1909)* / BUTLER Samuel (1835-1902) : *Nouveaux voyages en Erewhon*, III, Gallimard, 1924 – *Carnets*, Gallimard, 1936 / BUTOR Michel (1926) : *Entretiens avec Georges Charbonnier*, Gallimard, 1967 – *Le Critique et son public*, in *Répertoire*, Minuit, 1960 – *Portrait de l'artiste en jeune singe*, 1967 – *Répertoire*, Minuit, 1960 – in *Écrire, lire en parler*, interviews de Bernard Pivot, Laffont, 1985 – in *Michel Butor Qui êtes-vous ?*, La Manufacture, 1988 – in *Poésie 1*, Cherche Midi, septembre 1998 / BYRON George Gordon Noel, 6° baron, dit Lord (1788-1824) : *Lettres et journaux intimes*, Albin Michel, 1987.

CABANIS José (1922) : *Le Crime de Torcy* suivi de *Fausses nouvelles*, Gallimard, 1990 / CADOU René Guy (1920-1951) : *Usage interne*, 1951 / CAILLEUX Roland : *Saint-Genès ou La Vie brève*, Gallimard, 1943 / CAILLOIS Roger (1913-1978)* : *Approches de l'imaginaire*, Gallimard, 1974 – cité par Robert Goffin, in *Fil d'Ariane pour la poésie*, Nizet 1964 / CALAFERTE Louis (1928-1994) : *Septentrion*, Denoël, 1984 / CALET Henri (1904-1956) : *Acteur et témoin*, Mercure de France, 1959 – *Peau d'ours, notes pour un roman*, préface, Gallimard, 1958 / CALINESCU Gheorghe (1899-1965) : in *La Vie roumaine*, 1965 / CALVINO Italo (1923-1985) : *Si par une nuit d'hiver un voyageur*, Le Seuil, 1982 – in *Écrire, lire et en parler*, interviews de Bernard Pivot, Laffont, 1985 / CAMUS Albert (1913-1960) : *Caligula*, Gallimard, 1958 – *Carnets*, tomes I à III,

BIBLIOGRAPHIE

1942-1951, Gallimard, 1962-1989 – *Le Mythe de Sisyphe*, Gallimard, 1942 – *L'Été*, Gallimard, 1954 – *Lettre à Pierre Moinot*, in *Le Magazine littéraire*, avril 1990 – Préface aux *Poésies posthumes de René Leynaud*, Gallimard, 1947 – cité par Hervé Bazin, in *Abécédaire*, Grasset, 1984 – in *Écrire aujourd'hui*, 1998 / CANETTI Elias (1905-1994) : *Le Cœur secret de l'horloge*, Albin Michel, 1989 – *Le Territoire de l'homme*, réflexions 1942-1972, Albin Michel, 1978 / CAPUS Alfred (1858-1922) : *Les Pensées*, Cherche Midi, 1988 / CARCO François Carcopino-Tusoli, dit Francis (1886-1958) : cité par François Mauriac, in *Mémoires intérieurs*, Flammarion, 1959 / CARLONI J.-C. et FILLOUX Jean-C. : *La Critique littéraire*, Presses Universitaires de France, 1955 / CARRÈRE d'ENCAUSSE Hélène (1929) : *Au secours du français*, séance publique annuelle du 5 décembre 2002 à l'Académie française / CARROL Lewis (1832-1898) : *Alice au pays des merveilles*, 1865, Aubier, 1970 – in *Lectures interdites*, Albin Michel 1995 / CASANOVA de SEINGALT Giovanni Giacomo (1725-1798) : *Histoire de ma vie*, Plon, 1960 / CASTELLANOS Rosario (1925-1973) : *Une Palmeraie*, in *Poèmes*, 1957, *Les Poésies mexicaines*, Seghers, 1961 / CASTILLO Michel del (1933) : in *La Croix*, 31 mai 1996 / CAUVIN Patrick (1932) : *Torrentera*, Albin Michel, 2000 / CAUWELAERT Didier Van : *Corps étranger*, Albin Michel, 1998 / CAVANNA François (1923) : *Les Ritals*, Belfond, 1978 – Entretien avec Rémi Coignet, in *Lire*, décembre 2001-janvier 2002 / CAYROL Jean (1911) : *Écrire*, I, Le Seuil – *Par tous les temps*, Le Seuil – Entretien avec André Rollin, in *Ils écrivent*, Mazarine, 1986 – in revue *Tel quel*, n° 13 / CAZAJOUS René : in *Paroles des poètes*, Albin Michel, 1997 / CELA Camilio José (1916-2002) : *La Ruche*, Gallimard, 1958 – Introduction à l'*Œuvre complète*, 1960 / CELAYA Rafael Mugico dit Gabriel (1911-1991) : *Ballades et dits basques*, Seghers / CÉLINE Louis-Ferdinand Destouches, dit (1894-1961) : *À Milton Hindus*, in *Céline tel que je l'ai vu* par Milton Hindus, L'Herne, 1969 – *Féerie pour une autre fois*, Gallimard, 1952 – *L'Église*, Gallimard, 1952 – *Lettres à Albert Paraz*, Cahiers de l'Herne – *Voyage au bout de la nuit*, Gallimard, 1932 – cité par Christian Millau, in *Au galop des Hussards*, de Fallois, 1999 – cité par Philippe Djian, in *Entre nous soit dit, Conversations avec Jean-Louis Ezine*, Plon, 1996 – Interview parue dans *Le Meilleur livre du mois*, Cahiers de l'Herne / CELLI Romano (1949-1995) : *Petites miettes de Dieu*, in revue *Generazione*, Venise, 1993 / CENDRARS Frédéric Sauser, dit Blaise (1887-1961) : *Bourlinguer*, 1948, Gallimard, 1974 – *Feuilles de route*, 1947, in *Poésies complètes 1924-1929*, Gallimard, 1968 – *L'Homme foudroyé*, Denoël, 1945 – cité par Dan Franck, in *Bohèmes*, Calmann-Lévy, 1998 – cité par R.-L. Bruckberger, in *À l'heure où les ombres s'allongent*, Albin Michel, 1989 – in *La Muse française*, 1924 / CERONETTI Guido (1927) : *Le Silence du corps*, Albin Michel, 1984 / CERVANTÈS Miguel de (1547-1616) : *Don Quichotte de la Manche*, Flammarion, 1981 – *La Petite gitane*, Aubier, 1994 / CÉSAIRE Aimé (1913) : *Sur la poésie*, Seghers / CESARIC Dobrisa (1902) : *La Chanson du poète mort*, in *La Poésie croate*, Seghers, 1972 / CESBRON Gilbert (1913-1979) : *Journal sans date*, Laffont, 1963 / CHAMFORT Sébastien Roch Nicolas, dit (1740-1794) : *Maximes, Pensées, Caractères et Anecdotes*, Flammarion, 1987 / CHAMPION Jeanne

BIBLIOGRAPHIE

(1931) : Entretien avec André Rollin, in *Ils écrivent*, Mazarine, 1986 / CHANDERNAGOR Françoise (1945) : *La Première épouse*, Éditions de Fallois, 1998 / CHANNING William E. (1780-1842) : *Thoreau*, 1873 / CHAPELAN Maurice (1906-1992) : *Amoralités familières*, Grasset, 1964 – *Amours Amour*, Grasset, 1967 – *Lire et écrire*, Grasset, 1960 – *Main courante*, Grasset, 1957 / CHAPSAL Madeleine (1925) : *Oser écrire*, Fayard, 1993 / CHAR René (1907-1988) : *Chants de la Balandrane*, Gallimard, 1977 – *La Parole en archipel*, Gallimard, 1962 – *Le Poème pulvérisé*, Paris, 1972 – *Pour un Prométhée saxifrage, La Parole en archipel*, Gallimard, 1962 – *Sur la poésie*, 1968 – *Œuvres complètes*, introduction de Jean Roudaut, Gallimard, 1983 / CHARDONNE Jacques Boutelleau, dit Jacques (1884-1968) : *Ce que je voulais vous dire aujourd'hui*, Grasset, 1970 – *Claire*, Grasset, 1984 – *L'Amour c'est beaucoup plus que l'amour*, Albin Michel, 1936 – *Le Ciel dans la fenêtre*, Albin Michel, 1959 – *Lettre à Kléber Haedens*, in *L'Air du pays*, Albin Michel, 1963 – *Lettres à Roger Nimier*, Grasset, 1954 – *Œuvres complètes*, tomes I à VI, Albin Michel, 1951-1955 – *Propos comme ça*, Grasset, 1966 – *Vivre à Madère, Œuvres complètes*, Albin Michel / CHATEAUBRIAND François-René de (1768-1848) : *Le Génie du christianisme*, 1802 – *Mémoires d'Outre-tombe*, Gallimard, 1946 / CHÂTEAUBRIANT Alphonse de (1877-1951) : in *Poésie 1*, Cherche Midi, septembre 1997 – Lettre à Romain Rolland, 7 mars 1911, in *L'Un et l'autre*, Albin Michel, 1983 / CHAULOT Paul (1914-1969)* / CHAZAL Malcolm de (1902-1981) : *La Vie filtrée*, Gallimard, 1949 / CHÉDID Andrée (1920) : *Néfertiti et le rêve d'Akhenaton*, Flammarion, 1988 – *Terre et poésie* – in *Lire*, octobre 1998 / CHENG François* / CHÉNIER André (1764-1811) : *Élégies*, 1819 / CHESSEX Jacques (1934) : *Dernier été indien*, in *La Nouvelle Revue Française*, janvier 1999 / CHESTERTON Gilbert Keith (1874-1936)* / CICÉRON (106-43 av. J.-C.)* / CINGRIA Charles Albert (1883-1954) : *Florides helvètes*, Les Portes de France, Suisse, 1983 / CIORAN Emil Michel (1911-1995) : *Aveux et anathèmes, Œuvres*, Gallimard, 1995 – *Cahiers 1957-1972*, Gallimard, 1997 – *De l'Inconvénient d'être né, Œuvres*, Gallimard, 1995 – *Des Larmes et des saints, Œuvres*, Gallimard, 1995 – *Écartèlement, Œuvres*, Gallimard, 1995 – *La Tentation d'exister*, Gallimard, 1956 – *Le Mauvais Démiurge*, Gallimard, 1970 – *Syllogismes de l'amertume*, Gallimard, 1952 / CITASHE I.W.W. : *L'Arme*, in *Trésor africain*, Seghers, 1962 / CIXOUS Hélène (1937) : *Dedans*, Grasset, 1969 / CLANCIER Georges-Emmanuel (1914)* / CLAUDEL Paul (1868-1955) : *Accompagnements*, Gallimard, 1949 – *Cinq grandes Odes, Les Muses*, Gallimard, 1913 – *Connaissance de l'Est, Religion du signe*, Gallimard, 1974 – *Correspondance Jacques Rivière et Paul Claudel 1907-1914*, Plon, 1926 – *Feuilles de saints*, Gallimard, 1925 – *Journal*, Gallimard, 1968-1969 – *La Ville*, Mercure de France, 1901 – *Le Soulier de satin*, Gallimard, 1929 – *Lettre à Arthur Fontaine*, cité par Pierre-Henri Simon, in *Témoins de l'homme*, Armand Colin, 1960 – *L'Oiseau noir dans le soleil levant*, Gallimard, 1929 – *Positions et Propositions*, Gallimard, 1928-1934 – *Tête d'Or*, in *Œuvres complètes*, tome VI, Gallimard, 1954 – *Œuvres complètes*, Gallimard, 1950-1986 – cité par André Gide, in *Journal*, 1905, Gallimard, 1939 / CLAVEL Bernard (1923) : Entretien, in *Les Extraits – magazine littéraire*, juin 2000 – in *Ber-*

nard Clavel, qui êtes-vous ?, Pocket, 2000 – in *La Vie*, 12 avril 2001 / CLÉMENT d'Alexandrie (v.150-215) : *Les Stromates*, Le Cerf, 1981 / CLIFFORD-BARNEY Natalie (1876-1972) : *Pensées d'une amazone*, Émile-Paul, 1921 / CLUNY Claude-Michel (1930) : in *Le Magazine littéraire*, mai 1995 / COCTEAU Jean (1889-1963) : *25 Dessins d'un dormeur*, Mermod – *Discours de réception à l'Académie française*, Gallimard, 1955 – *Essai de critique indirecte*, Grasset, 1932 – *Journal d'un inconnu*, Grasset, 1953 – *La Difficulté d'être*, Le Rocher, 1953 – *La Fin du Potomak*, Gallimard, 1940 – *La Lampe d'Aladin* – *Le Coq et l'Arlequin*, Stock, 1916 – *Le Coq Parisien* – *Le Cordon ombilical*, 1962 – *Le Greco*, Au Divan – *Le Mystère laïc*, Grasset – *Le Potomak*, Stock, 1919 – *Le Rappel à l'ordre*, Stock, 1926 – *Le Requiem*, Gallimard, 1962 – *Le Secret professionnel*, Stock – *Opium*, Stock, 1983 – *Secrets de beauté*, Marguerat – *Oeuvres complètes*, Marguerat – in *Tel Quel*, 1960 / COHEN Albert (1895-1981) : *Belle du Seigneur*, Gallimard, 1968 – Entretien avec Jacques Buenzod, in *Journal de Genève*, 20-21 décembre 1969 – in *Albert Cohen ou le pouvoir de vie*, L'Âge d'Homme, 1981 – in *Le Nouvel Observateur*, mai 1981 / COLETTE Sidonie Gabrielle (1873-1954) : *Journal à rebours*, *Œuvres complètes*, tome XII, Flammarion – *La Vagabonde*, Albin Michel, 1926 – *Le Fanal bleu*, *Œuvres complètes*, tome XIV, Flammarion – *Souvenirs d'un écrivain qui ne voulait pas écrire*, in *Le Figaro*, 9 décembre 1939 – cité par Nina Catach, in *Les Délires de l'orthographe*, Plon, 1989 / COMTE-SPONVILLE André (1952) : *Impromptus*, Presses Universitaires de France, 1996 – *L'Amour la solitude*, Paroles d'Aube, 1996 / CONDILLAC Étienne Bonnot, abbé de (1715-1780) : *Cours d'étude pour l'instruction du prince de Parme*, Grammaire, Parme, 1775 / CONFUCIUS (v.550-480 av. J.-C.) : *Entretiens*, in *La Chine*, Mazenod, 1970 / CONSTANT Paule (1944) : in *Lire*, avril 1998 / CORNEILLE Pierre (1606-1684)* / CORTAZAR Julio (1914-1984) : *Quelques aspects du conte*, in *Casa de las Américas*, 1963 / CORTI José (1895-1984) : *Souvenirs désordonnés (...-1965)*, José Corti, 1983 / COTIN Charles (1604-1682) : *Pédants*, épigramme / COUDOL Jacques : *Le Voyage d'hiver*, in *Tel Quel*, 1960 / COURIER Paul-Louis (1772-1825) : *Pamphlets*, 1815-1824 / COURTELINE Georges Moinaux, dit Georges (1858-1929) : *La Philosophie de Georges Courteline*, Flammarion, 1929 / COURTOT Claude (1939) : *Bonjour Monsieur Courtot*, Ellebore – in *Discours*, ouvrage collectif des surréalistes, Plasma / CRAVAN Fabian Lloyd, dit Arthur (1887-1920) : cité par Dan Franck, in *Bohèmes*, Calmann-Lévy, 1998 / CRÉMAZIE Octave (1827-1879) : *Lettre à M. l'abbé Casgrain*, 1867, in *Littérature de langue française hors de France*, FIPF, 1976 / CRÉMIEUX Benjamin (1888-1944)* / CREVEL René (1900-1935) : *L'Esprit contre la raison*, 1927, Pauvert, 1986 / CUMMINGS Edward Estlin (1894-1962) : *Poème*, in *Panorama de la littérature contemporaine aux Etats-Unis*, Gallimard, 1971 / CURTIS Jean-Louis (1917-1995)* : *Une éducation d'écrivain*, Flammarion, 1985.

DADASON Sigfus (1928) : *Les Lettres nouvelles*, 1974 / DAFOE John Wesley : *Laurier*, 1922 / DALI Salvador (1904-1989) : *Métamorphose de Narcisse*, Corti / DALLE NOGARE Pierre (1934-1984) : *Mal Être*, Belfond, 1985 / DANINOS Pierre (1913) : *Nouveaux Carnets du major Thompson*, Hachette, 1979 / DANTE ALIGHIERI (1265-1321) : *Le Paradis*, in *La Poésie italienne*, Seghers, 1964 / DARD Frédéric – SAN-ANTONIO (1921-2000) : *Les Pensées de San-Antonio*, Cherche Midi, 1996 – *Réflexions passionnées sur l'amour*, Fleuve noir, 1999 – in *Écrire, lire et en parler*, interviews de Bernard Pivot, Laffont, 1985 – in *Le Nouvel Observateur*, 11 mars 1999 / DARIEN Georges Adrien, dit Georges (1862-1921) : *L'En-dehors* / DARIO Rubén (1867-1916) : *Chants de vie et d'espérance, Mélancolie* / DARRIEUSSECQ Marie : in *Les Inrockuptibles*, 19 mars 2002 / DAUDET Alphonse (1840-1897) : *La Dernière classe, Contes du lundi* – *Les Rois en exil, Souvenirs d'un homme de lettres* / DAUDET Léon (1867-1942) : *Écrivains et Artistes*, Le Capitole, 1929 / DAUMAL René (1908-1944) : *Chaque fois que l'aube paraît*, Gallimard, 1953 – *Les Pouvoirs de la Parole*, Gallimard, 1972 – *Mesures*, 5 avril 1938 – *Poésie noire, poésie blanche*, Gallimard, 1954 / DAUZAT Albert (1877-1955) : *Le Génie de la langue française*, Payot, 1943 / DEBRAY Régis (1941) : *Révolution dans la révolution ?*, Maspero, 1967 / DEBRÉ Robert (1882-1978) : cité par Georges Duhamel, in *Journal Inédit*, 1916-1958 / DECAUNES Luc (XXe siècle)* / DECAUX Alain (1925) : in *Écrire, lire et en parler*, interviews de Bernard Pivot, Laffont, 1985 / DECOIN Didier (1945) : in *Lire*, avril 2000 / DECOURCELLE Pierre-Adrien (1821-1891) : *Les Formules du Docteur Grégoire*, J. Hetzel, 1868 / DEGUY Michel (1930) : *Ouï dire*, Gallimard, 1966 / DEHAYE Pierre (1921) : *Naître est une longue patience*, Albin Michel, 1979 / DELACROIX Eugène (1798-1863) : *Journal 1822-1863*, Plon, 1980 – *Lettre à Balzac*, 1832 – *Œuvres littéraires, Questions sur le beau* / DEL CASTILLO Michel (1933) : *L'Adieu au siècle*, Le Seuil, 2000 / DELERM Philippe (1950) : *La Première gorgée de bière et autres plaisirs minuscules*, L'Arpenteur/Gallimard, 1997 / DELEUZE Gilles (1925-1995), Claire PARNET : *Dialogues*, Flammarion, 1996 / DELTEIL Joseph (1894-1978)* / DEL VASTO Lanza (1901-1981)* / DEMARCQ Jacques (XXe siècle) : préface à *95 Poèmes* de E.E. Cummings, Flammarion, 1983 / DÉON Michel (1919)* : *Lettre à un jeune Rastignac*, Fasquelle / DERÈME Tristan (1889-1941) : in *La Muse française*, 1924 / DERRIDA Jacques (1930) : cité par Arnaud Malgorn, in *Jean Genet Qui êtes-vous ?*, La Manufacture, 1988 / DESCARTES René (1596-1650) : *Discours de la méthode*, Bordas, 1985 – *Lettre à Chanut*, 21 février 1648 / DESCHAMPS Émile (1791-1871) : cité par Claude Gagnière, in *Entre guillemets*, Laffont, 1997 / DES FORÊTS Louis-René (1918-2000) : *La Littérature aujourd'hui*, in *Tel Quel* n° 10, 1962 / DESHIMARU Maître Taisen (1914-1982) : in *Paroles zen*, Albin Michel, 1994 / DESNOS Robert (1900-1945) : *Cinéma*, Gallimard, 1966 – *Corps et biens*, Gallimard, 1930 – *Fortunes*, Gallimard, 1942 – *Réflexions sur la Poésie*, 1944 – in *Desnos*, Cahier de l'Herne – in *La Bibliothèque idéale*, Albin Michel, 1988 / DESPLECHIN Marie : *Sans moi*, L'Olivier/Le Seuil, 1998 / DESTOUCHES Philippe Néribault dit (1680-1754) : *Le Glorieux*, Claude-Charles Thibast Éditeur, 1754 / DEVAL Jacques (1890-1972) : *Afin de vivre bel et bien*, Albin Michel, 1970 / DEVOS Raymond (1922) : Entretien avec Alexie Lorca, in *Lire*, septembre 1998 / DIB Mohammed (1920) : in *La Vie*, 12 avril 2001 / DICKENS Charles

(1812-1870) : *Lettre à John Forster*, 7 juillet 1850 (lettre en français) / **DIDEROT** Denis (1713-1784) : *De la poésie dramatique, XVIII – Discours sur la poésie dramatique – Éloge de Térence – Entretiens sur le Fils naturel II – Jacques le Fataliste*, 1796 – *La Propriété littéraire au XVIIIe siècle, Lettre sur le commerce de la librairie – Le Neveu de Rameau – Les Salons, salon de 1763, Boucher : une bergerie – Lettre sur les sourds et les muets*, Droz, 1965 – *Lettres à Sophie Volland*, 1755-1774 – *Pensées détachées sur la peinture, la sculpture et la poésie, Du goût – Principes de politique des souverains – Œuvres complètes*, Hermann, 1982 / **DIEGO** Gerardo (XXe siècle) : *Poésie espagnole, Anthologie 1915-1931*, 1932 / **DJEBAR** Assia (1936) : *Ces voix qui m'assiègent*, Albin Michel, 1999 / **DJIAN** Philippe (1949) : *Entre nous soit dit, Conversations avec Jean-Louis Ezine*, Plon, 1996 – *Lent dehors*, Bernard Barrault, 1991 – *Sainte-Bob*, Gallimard, 1998 – *Vers chez les blancs*, Gallimard, 2000 / **DODAT** François (1908-1996)* / **DOMENACH** Jean-Marie (1922-1997) : *Ce que je crois*, Grasset, 1978 – *Ce qu'il faut enseigner*, 1989 / **DONNAY** Maurice (1859-1945) : cité par Marcel Pagnol, in *Discours de réception à l'Académie française* / **DONNER** Christophe (XXe siècle) : *Rimbaud c'est moi, entre autres*, in *La Nouvelle Revue Française*, janvier 1999 / **DORGELÈS** Roland (1886-1973) : *Sur la route mandarine*, Albin Michel, 1925 / **DORMANN** Geneviève (1933) : Entretien avec André Rollin, in *Ils écrivent*, Mazarine, 1986 / **DOS PASSOS** John (1896-1971) : *Trois soldats*, 1921, Plon, 1948 – Interview, 1938, in *Dictionnaire des citations du monde entier*, Le Robert, 1990 / **DOSTOÏEVSKI** Fedor (1821-1881) : *Journal d'un écrivain*, 1876, Gallimard, 1972 / **DOUDAN** Ximénès (1800-1872) : *Pensées et fragments*, Littérature, C. Lévy, 1881 / **DRACHLINE** Pierre (1948) : *Fin de conversation*, Cherche Midi, 1996 / **DRIEU LA ROCHELLE** Pierre (1893-1945) : *Journal 1939-1945*, Gallimard, 1992 – *Le Jeune Européen*, Gallimard, 1927 – cité par Léon-Pierre Quint, in *Marcel Proust*, Simon Kra, 1925 / **DRUON** Maurice (1918) : *Remarques*, Julliard, 1952 / **DU BELLAY** Joachim (1522-1560) : *Défense et illustration de la langue française* / **DU BOS** Charles (1882-1939) : *Approximations*, Corrêa / **DU CAMP** Maxime (1822-1894)* / **DUBUFFET** Jean (1901-1985) : *Asphyxiante culture*, Minuit, 1986 – *Prospectus aux amateurs de tout genre*, Gallimard, 1946 / **DUBY** Georges (1919-1996) : in *Écrire, lire et en parler*, interviews de Bernard Pivot, Laffont, 1985 / **DUCHARME** Réjean (1942) : *L'Avalée des avalés*, Gallimard, 1967 – *Le Nez qui voque*, Gallimard, 1967 / **DUHAMEL** Georges (1884-1966) : *Biographie de mes fantômes*, Paul Hartmann Éditeur, 1944 – *Chronique au temps des Pasquier*, Mercure de France, 1933-1945 – *Chronique des saisons amères*, 1940-1943, Mercure de France, 1944 – *Défense des Lettres*, Mercure de France, 1937 – *Délibérations*, 1925 – *Discours de réception à l'Académie française*, Mercure de France, 1936 – *Essai sur le roman*, Mercure de France, 1925 – *Le Temps de la recherche*, Mercure de France, 1947 – *Les Confessions sans pénitence*, Mercure de France – *Les Espoirs et les épreuves*, 1919-1928, Mercure de France, 1953 – *Les Poètes et la poésie*, Mercure de France, 1922 – *Manuel du protestataire*, Mercure de France, 1952 – *Paul Claudel – Propos critiques*, Mercure de France, 1919 – *Refuges de la lecture*, Mercure de France, 1954 – *Semailles au vent*, Éditions du Rocher, 1947 – Préface au *Discours sur l'universalité de*

BIBLIOGRAPHIE

la langue française de Rivarol / DUMAS fils Alexandre (1824-1895)★ : *Correspondance*, Lettre à Émile Cottinet, 6 octobre 1882 – *La Revue encyclopédique* – *Le Père Prodigue*, préface / DUMÉZIL Georges (1898-1986) : à Michel Foucault, cité par Bernard-Henri Lévy, in *Le Point*, 27 octobre 2000 – cité par Nina Catach, in *Les Délires de l'orthographe*, Plon, 1989 / DURÁN Jorge Gaitán (1925-1962) : *Si demain je m'éveille*, 1961 / DURAS Marguerite (1914-1996) : *C'est tout*, POL, 1995 –*Les Petits Chevaux de Tarquinia*, Gallimard, 1953 – *Flaubert c'est...*, in *Le Monde extérieur*, Outside II, POL, 1993 – Archives IMEC – cité par Alain Vircondelet, in *Marguerite Duras*, Le Chêne, 1997 – in *Le Magazine littéraire*, juin 1990 – in *Le Ravissement de la parole*, coffret Radio France, Jean-Marc Turine, 1996 – in *Libération*, 5 janvier 1983, 8 mai 1986 – in *Marguerite Duras*, Gallimard, 1998 / DURRELL Lawrence (1912-1990)★ : *Cléa* / DUTOURD Jean (XXe siècle) : *Carnet d'un émigré*, Flammarion, 1973 – *De la France considérée comme une maladie*, Flammarion, 1982 – *Dutouriana*, Plon, 2002 – *Le Déjeuner du lundi*, Laffont, 1947, Gallimard, 1980 – *L'École des jocrisses*, Flammarion / DUVERT Tony (1946) : *Journal d'un innocent*, Minuit, 1976.

ECHENOZ Jean (1947)★ / ECO Umberto (1932) : *Apostille au Nom de la rose*, Grasset, 1985 – *Croire en quoi ?*, entretiens avec Carlo Maria Martini, Rivages, 1998 – in *Le Nouvel Observateur*, 20 novembre 1997 / EHRENBOURG Ilya (1891-1967) : *À la rencontre de Tchekhov*, Didier, 1962 / EINSTEIN Albert (1879-1955) : *Comment je vois le monde*, Flammarion, 1979 / EKELUND Vilhelm (1880-1949) : *Aphorismes* – *Le Défunt*, 1906, in *Suède moderne, terre de poésie*, Aubier Montaigne, 1962 / ELIOT Thomas Stearns (1888-1965)★ : in *Essais choisis*, Le Seuil, 1950 / ÉLUARD Eugène Grindel, dit Paul (1895-1952) : Conférence à l'Institut français de Prague, 9 avril 1946, in revue tchèque *Les Feuilles* – *Développement Dada*, in *Littérature*, mai 1920 – *Donner à voir*, Gallimard, 1939 – *L'Évidence poétique*, Gallimard, 1967 – *Notes sur la poésie*, in *La Révolution surréaliste*, n° 12, 1929 – *Ralentir Travaux*, préface, Éditions surréalistes, 1930 – Préface aux *Animaux et leurs Hommes*, Gallimard, 1937 / EMERSON Ralph Waldo (1803-1882) : *Essais*, Michel Houdiard, 1997 – cité par Alberto Manguel, in *Une Histoire de la lecture*, Actes Sud, 1998 / ÉRASME (1469-1536) : *Éloge de la folie*, Flammarion, 1964 / ESCARPIT Robert (1918) : *Le Littéraire et le Social*, Presses Universitaires de France, 1978 – *Lettre ouverte au diable*, Albin Michel, 1972 / ESTRADA Ezequiel Martinez (1895-1964) : *Leer y escribir*, Mexico, 1969 / ÉTIEMBLE René (1909-2002) : Entretien avec Jacques Chancel, décembre 1976 / ÉTIENNE Charles-Guillaume (1777-1845) : *Bruïs et Pulaprat*, Montebourg, 1930 / ÉZINE Jean-Louis : in *Le Nouvel Observateur*, 5 avril 2001.

FABRE Lucien (1889-1952) : cité par Frédéric Lefèvre, in *Une heure avec...*, N.R.F., 1924 / FAGUET Émile (1847-1916) : *L'Art de lire*, Hachette, 1912 / FAGUS Georges-Eugène Faillet dit : in *La Muse française*, 1924 / FALLET René : in *Splendeurs et misères de René Fallet*, Entretiens et témoignages, Denoël, 1978 / FARGUE Léon-Paul (1876-1947) :

BIBLIOGRAPHIE

Le Piéton de Paris, Mon quartier, Gallimard, 1932 – *Refuges*, Gallimard, 1966 – *Suite familière*, in *Sous la lampe*, Gallimard, 1929 / **FAULKNER** William (1897-1962) : *L'Invaincu*, 1938, Gallimard, 1962 – *Moustiques*, Minuit, 1948 – cité par Albert Camus, in *Carnets II*, 1942-1951, Gallimard, 1964 / **FAURE** Élie (1873-1937) : *L'Esprit des formes*, Pauvert, 1927 / **FAYE** Jean-Pierre (1925) : *Que peut la littérature ?* / **FÉNELON** François de Salignac de La Mothe (1651-1715) : *Lettre à l'Académie* / **FERRÉ** Léo (1916-1993) : *Le Chien*, © 2001 La Mémoire et la Mer – *Les Poètes*, 1960 – Préface, in *Amour Anarchie*, 1970-1973 / **FIELDING** Henry (1707-1754) : *Les Aventures de Joseph Andrews*, N.E.L / **FINKIELKRAUT** Alain (1949) : *L'Ingratitude. Conversations sur notre temps*, Gallimard, 1999 – in *Marianne*, 17 novembre 1997 / **FITZGERALD** Francis Scott (1896-1940) : cité par Éric Neuhoff, in *Histoire de Frank*, Fayard, 2003 / **FLAUBERT** Gustave (1821-1880) : *Bibliomanie*, 1836 – *Correspondance, À Louise Colet*, Gallimard, 1973 – *Correspondance*, Gallimard, 1973 – *Dictionnaire des idées reçues – Notes et pensées intimes – Œuvres*, Gallimard, 1936 / **FLEURET** Fernand (1883-1945) : *Somptuaire* / **FOIX** Josep Vicenç (1893-1987) : *Poésie, prose*, Le Temps qu'il fait, 1986 / **FOLLAIN** Jean (1903-1971) : *L'Histoire*, in *Exister*, Gallimard, 1947 / **FOMBEURE** Maurice (1906-1981) : in *Anthologie de la poésie française*, Fixot, 1989 / **FONTANE** Theodor (1819-1898) : *Effi Briest*, Gallimard, 1989 / **FORNERET** Xavier (1809-1884) : *Sans Titres et autres textes*, Thot, 1978 / **FORRESTER** Viviane (1925) : *La Violence du calme*, Le Seuil, 1980 / **FORT** Paul (1872-1960) : cité par Georges Duhamel, in *Journal Inédit*, 1916-1958 / **FOUCAULT** Michel (1926-1984) : *L'Archéologie du savoir*, Gallimard, 1969 / **FOURNIER** Roger (1929) : *À nous deux*, Cercle du Livre de France, Montréal / **FRANCE** Anatole-François Thibault, dit Anatole (1844-1924) : *La Vie en fleur*, Calmann-Lévy, 1922 – *La Vie littéraire*, Calmann-Lévy, 1892 – *Le Crime de Sylvestre Bonnard*, Calmann-Lévy, 1881 – *Le Jardin d'Épicure*, Calmann-Lévy, 1895 – *Le Lys Rouge*, in *Pensées*, Calmann-Lévy, 1925 – *Le Mannequin d'osier*, 1897 – *L'Île des pingouins*, in *Pensées*, Calmann-Lévy, 1925 – *Pierre Nozière*, in *Pensées*, Calmann-Lévy, 1925 – *Œuvres*, tomes I et II, Gallimard, 1984-1987 – cité par Hervé Bazin, in *Ce que je crois*, Grasset, 1977 / **FRANCK** Dan (1952) : *Bohèmes*, préface, Calmann-Lévy, 1998 / **FRANK** Bernard (1929) : *La Panoplie littéraire*, Flammarion, 1978 – *Portraits et aphorismes*, Cherche Midi, 2001 – in *Écrire, lire et en parler*, interviews de Bernard Pivot, Laffont, 1985 – in *Le Nouvel Observateur*, 14 janvier 1999, 6 mars 2003 / **FRÊNE** Roger (1878-1940)* / **FREUD** Sigmund (1856-1939)* : *Essais de psychanalyse appliquée*, Gallimard, 1933 – Lettre à sa fiancée, 28 avril 1885, *Correspondance*, Gallimard, 1966 / **FRISCH** Max (1911-1991)) : in *Le Monde*, 23 mars 1979 / **FROCHAUX** Claude (1935)* / **FUENTES** Carlos (1928)* : *La Tête de l'hydre*, Gallimard, 1978 / **FURETIÈRE** Antoine (1619-1688) : *Le Roman bourgeois*, Paris, 1666 / **FURLAN** Pierre : cité par Hubert Nyssen, in *L'Éditeur et son double*, Actes Sud, 1990.

GALLIMARD Gaston (1881-1975) : cité par Georges Duhamel, in *Journal Inédit*, 1916-1958 / **GALVAN** José : cité par Juan Gelman, in *Le Silence*

BIBLIOGRAPHIE

des yeux, Le Cerf, 1981 / **GARCIA LORCA Federico (1898-1936)** : *Causerie sur le théâtre*, in *Conférences, interviews, correspondances*, Gallimard, 1960 – *Le Poète à New York*, in *La Poésie espagnole des origines à nos jours*, Seghers, 1963 – *Théâtre*, Gallimard, 1955 –in *Écrire, lire et en parler*, interviews de Bernard Pivot, Laffont, 1985 – in *Lire*, novembre 1979 / **GARCIA MARQUEZ Gabriel (1928)** : *Une odeur de goyave*, in *Œuvres complètes*, tomes I et II, Gallimard, 1981-1996 – in *Écrire, lire et en parler*, interviews de Bernard Pivot, Laffont, 1985 / **GARY Romain (1914-1980)** : in *Romain Gary/Émile Ajard*, Belfond, 1990 / **GATTI Dante, dit Armand (1924)** : in *Le Monde*, février 2001 / **GAUGUIN Paul (1848-1903)** : *Oviri, écrits d'un sauvage*, Gallimard, 1974 / **GAULLE Charles de (1890-1970)** : *Mémoires de guerre, Le Salut, L'Ordre*, Plon, 1954-1959 – cité par André Malraux, in *Les Chênes qu'on abat*, Gallimard, 1971 – cité par Georges Duhamel, in *Journal Inédit*, 1916-1958 / **GAUTIER Théophile (1811-1872)** : *Le Pin des Landes, España* – *Mademoiselle de Maupin* – cité par Charles Baudelaire, in *Journaux intimes* – cité par Paul Morand, in *Journal inutile*, 1973-1976, Gallimard, 2001 / **GÉLIN Daniel (1921)*** / **GENESTET Petrus Augustus (1829-1861)** : *Petit intérieur néo-hollandais*, in *Derniers des premiers*, 1861 / **GENET Jean (1910-1986)** : *Journal du voleur*, Gallimard, 1949 – *L'étrange mot...*, *Œuvres complètes*, Gallimard, 1979 – in *Jean Genet Qui êtes-vous ?*, La Manufacture, 1988 / **GENETTE Gérard (1930)** : *Figure III*, Le Seuil, 1972 / **GENEVOIX Maurice (1890-1980)** : cité par Georges Duhamel, in *Journal Inédit*, 1916-1958 / **GÉRALDY Paul (1885-1949)*** : Préface à *Travaux* par Georges Navel, Stock, 1969 / **GHÉON Henri Vangeon, dit Henri (1875-1944)*** / **GIBRAN Khalil (1883-1931)** : *Le Sable et l'écume*, 1926, Albin Michel, 1990 – *L'Œil du prophète*, Albin Michel, 1991 / **GIDE André (1869-1951)** : *Cahiers d'André Walter*, préface, Gallimard, 1952 – *Dostoïevski, Conférences*, IV, Gallimard, 1981 – *Journal des Faux-Monnayeurs*, Gallimard, 1927 – *Journal*, 1889-1939, Gallimard, 1939 – *La Porte étroite*, Mercure de France, 1909 – *Les Nourritures terrestres*, Gallimard, 1917 – *Les Nouvelles nourritures*, Gallimard, 1935 – *Paludes*, Gallimard, 1958 – cité par Carlo Rim, in *Le Grenier d'Arlequin, Journal 1916-1940*, Denoël, 1981 – cité par Claude Mauriac, in *Conversations avec André Gide*, Albin Michel, 1990 – cité par Jacques de Lacretelle, in *L'Écrivain public*, Gallimard, 1936 / **GILLIARD Edmond** : *Sur Baudelaire et le poète*, in *Domaine français*, Trois Collines, 1943 / **GIONO Jean (1895-1970)** : *Aux sources même de l'espérance*, in *L'Eau vive*, Gallimard, 1943 – *Entretien avec Robert Ricatte*, septembre 1966, *Œuvres complètes*, préface, Gallimard, 1971 – *Entretiens avec Jean Amrouche et Taos Amrouche*, Gallimard, 1990 – *Jean le Bleu*, Grasset, 1932 – *Le Poids du ciel, Les Grandeurs libres*, Gallimard, 1938 – *Noé*, 1947, Gallimard, 1961 – *Rencontres Taos-Amrouche*, 1953, *Œuvres complètes*, préface, Gallimard, 1971 – *Voyage en Italie*, Gallimard, 1954 – cité par Christian Millau, in *Au galop des Hussards*, de Fallois, 1999 – cité par Jean Carrière, in *Jean Giono*, La Manufacture, 1991 / **GIRAUDOUX Jean (1882-1944)** : *De siècle à siècle*, conférence de 1930 – *Épigraphe d'Elpénor*, Émile-Paul – *Juliette au pays des hommes*, Grasset, 1949 – *La Folle de Chaillot*, in *Théâtre complet*, Gallimard, 1982 – *L'Auteur au théâtre*, Littérature, Grasset, 1943 – *L'École des indifférents*, Grasset, 1911 –

Littérature, Grasset, 1943 – *Passage*, publié dans *Entracte*, 1928 – *Siegfried*, 1928, Grasset, 1959 – cité par Paul Morand, in *Journal inutile*, Gallimard, 2001 / GIROUD Françoise (1916-2003) : *Gais-z-et-contents, Journal d'une Parisienne 3*, Le Seuil, 1997 – *Profession journaliste*, Conversations avec Martine de Rabaudy, Hachette littératures, 2001 / GIROUX Roger (1925-1975)* / GLISSANT Édouard (1928) : *L'Intention poétique*, Le Seuil, 1969 / GLUCKSMANN André (1937) : in *Écrire, lire et en parler*, interviews de Bernard Pivot, Laffont, 1985 / GODARD Jean-Luc (1930) : Entretien avec Pierre Assouline, in *Lire*, mai 1997 / GŒTHE Johann Wolfgang von (1749-1832) : *Conversations avec Eckermann*, Gallimard, 1949 – *Les Poèmes*, Corrêa – *Maximes et réflexions*, Brokhauss et Avenarius, 1842 – *Pensées de Gœthe*, Bibliotheca Magna, 1936 – cité par Thomas Mann, in *Noblesse de l'esprit*, Albin Michel, 1960 / GOMEZ de LA SERNA Ramon : *Les Greguerias*, 1917, Cent pages, 1992 / GOMMERT ELBURG Jan (1919) : *Trident*, 1960 / GONCOURT Edmond (1822-1896) et Jules (1830-1870) de : *Idées et Sensations*, 1864, Flammarion – *Journal*, Laffont, 1989 / GONTCHAROV Ivan (1812-1891) : *Le Précipice*, 1869 / GORDIMER Nadine (1923) : in *Poètes noirs de l'Afrique du Sud*, Présence africaine, 1975 / GORKI Maxime (1868-1936) : *Les Buts de notre revue* – in *Les Écrivains ont de l'humour*, Cherche Midi, 1985 / GOURMONT Remy de (1858-1915) : *Des pas sur le sable*, Société littéraire de France – *Esthétique de la langue française*, Mercure de France, 1899 – *Le Livre des masques*, préface – *Promenades littéraires*, 1904-1928, Mercure de France, 1963 – *Promenades philosophiques 1*, Mercure de France, 1931 – cité par Robert Goffin, in *Fil d'ariane pour la poésie*, Nizet 1964 / GRACQ Julien (1910) : *En lisant en écrivant*, Corti, 1980 – *Journal de Gérard, Un beau ténébreux*, Corti, 1945 – *Lettrines*, Corti, 1967 – *Préférences, La littérature à l'estomac*, Corti, 1950 – *Un écrivain au travail*, in *Magazine littéraire*, décembre 1981 – cité par G. Perros, in *Papiers collés*, II, Gallimard, 1973 / GRASS Günther (1927) : *Le Tambour*, Le Seuil, 1979 / GRASSET Bernard (1881-1955) : *Les Chemins de l'écriture* – *Remarques sur l'action*, Gallimard, 1928 / GRAVES Robert (1895-1985) : *À propos de la poésie anglaise* / GREEN Julien (1900-1998) : *Devant la porte sombre*, Plon – *Discours de réception à l'Académie française*, Plon, 1972 – *Journal*, 1922-1993, Plon – *Julien Green en liberté avec Marcel Jullian*, Atelier M. Jullian – *La Bouteille à la mer*, Plon, 1976 – *Les Années faciles*, Plon, 1970 – *Suite anglaise, Samuel Johnson*, Plon, 1972 – in *Le Magazine littéraire*, juin 1998 / GREENE Graham (1904-1991) : cité par Jean Puyo, in *Dieu les a séduits*, Desclée de Brouwer, 1994 / GREENE Thomas : *Poésie et magie*, in *Conférences, essais et leçons du Collège de France*, Julliard, 1991 / GREGH Fernand (1873-1960)* / GRENIER Jean (1898-1971) : *Albert Camus*, Gallimard, 1968 – *Lexique*, Gallimard, 1955 – *Nouveau Lexique*, Gallimard / GRESHOFF Jan (1888-1971) : *Pétards*, 1932 / GROETHUYSEN Bernard (1880-1946) : *Mythes et portraits*, Gallimard, 1947 / GROSJEAN Jean (1912)* : in *La Vie*, 30 mars 1995 / GUEDJ Denis : *Le Théorème du perroquet*, Le Seuil, 1998 / GUÉGAN Gérard (1942) : Entretien avec André Rollin, in *Ils écrivent*, Mazarine, 1986 / GUÉHENNO Jean (1890-1978) : *Changer la vie*, Grasset, 1961 – *Journal des années noires*, Gallimard, 1947 / GUETTE Georges :

BIBLIOGRAPHIE

cité par Jules Roy, in *Les Années cavalières, Journal 2 : 1966-1985*, Albin Michel, 1998 / GUILLEN Alberto* / GUILLEVIC Eugène (1907-1997) : *Terraqué*, Gallimard, 1942 – *Vivre en poésie*, entretiens, Stock, 1980 / GUILLOUX Louis (1899-1980) : *Carnets 1921-1944*, Gallimard, 1978 – *Carnets 1944-1974*, Gallimard, 1982 – *La Mer au plus près*, in *L'Été* – in *Écrire, lire et en parler*, interviews de Bernard Pivot, Laffont, 1985 / GUITRY Sacha (1885-1957) : *Elles et toi*, Solar, 1947 – *Les Femmes et l'Amour, Cinquante ans d'occupations*, Presses de la Cité, 1993 – *Mémoires d'un tricheur*, Gallimard, 1935 – *Toutes réflexions faites*, L'Élan, 1946 / GUITTON Jean (1901-1999) : *Le Temps de l'Église*, février 1993 – *Nouvel Art de Penser*, Aubier, 1954 – cité par Vincent Lucci, *L'Orthographe des Français*, Nathan, 1989 / GUIZOT François (1787-1874) : cité par M. du Camp, in *Souvenirs littéraires*, Hachette.

HAEDENS Kleber* : *L'Air du pays*, Albin Michel, 1963 / HAGÈGE Claude (1936)* : in *L'Express*, 2 novembre 2000 / HAMSUN Knut Pedersen, dit Knut (1859-1952) : cité par Gérard Legrand, in *André Breton en son temps*, Le Soleil Noir, 1976 / HANDKE Peter (1942) : cité par Alberto Manguel, in *Une histoire de la lecture*, Actes Sud, 1998 / HARDELLET André (1911-1974) : *Donnez-moi le temps*, Julliard, 1973 – *L'Essuyeur de tempêtes*, Plasma, 1979 / HEBBEL Friedrich (1813-1864)* / HÉBERT Anne (1916-2000) : *Poésie, solitude rompue, Poèmes*, Le Seuil, 1960 / HEGEL Georg Wilhelm Friedrich (1770-1831)* : *Esthétique*, 1832, Flammarion, 1979 / HEIDEGGER Martin (1889-1976)* : *Qu'est-ce que la métaphysique ?*, in *Questions*, tome I, Gallimard, 1968 – cité par Gaëtan Picon, in *L'Écrivain et son ombre (Introduction à une esthétique de la littérature I)*, Gallimard, 1953 / HEINE Heinrich (1797-1856) : *Pensées choisies* / HEMINGWAY Ernest (1899-1961) : *Les Aventures de Nick Adams*, Gallimard, 1977 – *Mort dans l'après-midi*, Gallimard, 1938 – cité par Philippe Sollers, in *L'Année du tigre, Journal de l'année 1998*, Le Seuil, 1999 – in *Préface à Ernest Hemingway, Œuvres Complètes*, Gallimard, 1966 – cité par Bernard Clavel, in *Bernard Clavel, qui êtes-vous ?*, Pocket, 2000 / HENNIG Jean-Luc : *Apologie du plagiat*, Gallimard, 1997 / HENRI SIMON Pierre (XXe siècle) : in *Cahiers de la Nouvelle journée n° 38*, Bloud & Gay, 1937 / HENRIOT Émile (1889-1961) : *Au bord du temps*, Plon, 1958 – *Les Romantiques*, Albin Michel, 1953 – *Maîtres d'hier et Contemporains*, Albin Michel, 1955 – *Naissances*, Plon, 1945 / HEREDIA José Maria de (1842-1905) : *Dans les Lettres et les Arts*, Notice sur le sculpteur Ernest Christophe, 1886 / HERMANT Abel (1862-1950) : *Lettres à Xavier sur l'art d'écrire*, Hachette, 1925 / HERRIOT Édouard (1872-1957) : *Créer*, Payot, 1919 / HERZEN Alexandre (1812-1870) : *Du développement des idées révolutionnaires en Russie*, Paris, A. Franck, 1851 / HOCQUARD Emmanuel (1940) : *Tout le monde se ressemble*, P.O.L, 1995 / HOLBACH Paul Henri Dietrich, baron d' (1723-1789) : *La Politique naturelle*, Londres, 1773 / HÖLDERLIN Johann Christian Friedrich (1770-1843) : *Souvenirs* / HONNERT Robert (1901-1939) : *Après la mortelle aventure*, in *Les Désirs*, Gallimard, 1930 / HORACE (65-8 av. J.-C.) : *Art poétique*, Garnier-Flammarion, 1967 / HOUDETOT Adolphe Comte d' (1799-1869) : *Dix épines*

BIBLIOGRAPHIE

pour une fleur, 1853 / HOUELLEBECQ Michel (1958) : *Approches du désarroi*, in *Rester vivant et autres textes*, Paris EJL, 1999 – *C'est ainsi que je fabrique mes livres*, entretien avec Frédéric Martel, in *La Nouvelle Revue Française*, janvier 1999 – *Comment imaginez-vous le siècle prochain ?*, in *Lire*, janvier 2000 – *Extension du domaine de la lutte*, Maurice Nadeau, 1994 – *Rester vivant, La Poursuite du bonheur*, Flammarion, 1997 – Entretien avec Catherine Argand, in *Lire*, septembre 1998 – Entretien avec Didier Sénécal, in *Lire*, septembre 2001 / HUGO Victor (1802-1885) : *Actes et Paroles, Depuis l'exil* – *Carnets, Albums et Journaux*, 1839 – *Cromwell*, Préface – *Faits et croyances*, in *Œuvres complètes*, Laffont, 1989 – *La Légende des siècles*, 1859 – *Le Tas de pierres*, Club Français du Livre, 1967-1970 – *Les Chants du crépuscule*, Gallimard, 1983 – *Les Contemplations*, 1856, Bordas, 1985 – *Les Misérables*, Garnier, 1963 – *Les Rayons et les Ombres, Œuvres poétiques*, Gallimard, 1964 – *Littérature et philosophie mêlées, Critique, Œuvres complètes*, Laffont, 1985 – *Odes et Ballades*, préface, 1826 / HUIDOBRO Vicente (1893-1948) : *Art poétique*, in *Anthologie de la poésie ibéro-américaine*, Nagel, 1956 / HUSTON Nancy (1953) : in *Télérama*, 4 avril 2001 / HUXLEY Aldous (1894-1963) : *Contrepoint*, Plon, 1930 – *Le Meilleur des mondes*, Plon, 1933 – cité par André Thérive, in *Procès de langage*, Stock, 1962 / HUYSMANS Georges Charles dit Joris-Karl (1848-1907) : *À Rebours, préface écrite vingt ans après le roman* – *Là-bas*, Stock – Lettre, 2 mars 1901 – *Œuvres complètes*, Crès, 1934.

IBSEN Henrik (1828-1906) : *Lettre à Passarge*, 1880, Perrin, 1906 / IONESCO Eugène (1912-1994) : *Découvertes*, Skira, 1969 – *Journal en miettes*, Mercure de France, 1967 – *Notes et Contre-Notes*, Gallimard, 1962 – in *Écrire, lire et en parler*, interviews de Bernard Pivot, Laffont, 1985 / IQBAL Muhammad (1873-1938) : in *Iqbal*, Seghers, 1964 / IWASZKIEWICZ Jaroslaw (1894-1980) : *Les Demoiselles de Wilko*, 1933, Le Sagittaire, 1938.

JABÈS Edmond (1912-1991) : *Colloque de Saint-Hubert*, Payot – *Du désert au livre*, entretien avec M. Cohen, Belfond, 1980 – *Le Livre des questions*, Gallimard, 1963 – *Les Cahiers du double, L'Autobiographie* – in *Le Monde*, 4 novembre 1989 / JACCOTTET Philippe (1925) : *Paysages avec figures absentes*, cité par J. de Bourbon Busset, in *Complices*, Gallimard, 1974 – in *Tel Quel*, 1960 / JACOB Max (1876-1944) : *Art poétique*, Émile-Paul frères, 1922 – *Conseils à un jeune poète*, Gallimard, 1945 – *La Défense de Tartuffe*, Gallimard, 1964 – *Le Cornet à dés, Le Coq et la perle*, Stock, 1917 – cité par Louis Guilloux, in *Carnets*, Gallimard, 1982 / JALOUX Edmond (1878-1949) : *À quoi rêvent les jeunes gens*, Champion, 1913 – *L'Esprit des Livres*, Plon-Nourrit et Cie, 1923 / JAMES Henry J. (1843-1916) : *Carnets*, Denoël, 1954 / JAMMES Francis (1868-1938) : *Jeunes Filles*, Mercure de France, 1964 / JANIN Jules (1804-1874) : *Le Bibliophile*, 1867 / JAPP Andrea H. (1957) : *Le Ventre des lucioles*, Flammarion, 2001 / JARDIN Alexandre (1965) : in *Paris-Match*, 26 mars 1998 / JARNES Benjamin (1888-1949) : *Biographie et Roman*, in *Revista de las Indias*, 1946 / JARRY Alfred (1873-1907) : *Les Minutes de sable mémorial*, Fasquelle, 1932 /

BIBLIOGRAPHIE

JEAN-PAUL Johann Paul Friedrich Richter dit (1763-1825) : *Être là dans l'existence*, Éd. Payot et Rivages, 1998 – *Pensées de Jean-Paul*, Firmin Didot, 1829 / JEANSON Henri (1900-1970) : Dialogues du film *Copie conforme*, 1947 / JIMENEZ Juan Ramon (1881-1958) : *Le Courant infini*, in *Juan Ramon Jiménez*, Seghers, 1963 – *Seconde anthologie poétique*, 1923, in *Juan Ramón Jiménez*, Seghers, 1963 – in *La Poésie espagnole des origines à nos jours*, Seghers, 1963 / JOHNSON Samuel (1709-1784) : in *Vie de Samuel Johnson*, Gallimard, 1954 / JOLY Maurice (1829-1878) : *Recherches sur l'art de parvenir*, Amyot, 1868 / JOUBERT Joseph (1754-1824) : *Carnets*, Gallimard, 1938-1994 – *Pensées, Maximes et Essais*, 1842 / JOUHANDEAU Marcel (1888-1979) : *Arts – Carnets de l'écrivain*, Gallimard, 1957 – *Essai sur moi-même*, Gallimard, 1947 – *La Mort d'Élise, Journaliers XXV*, Gallimard, 1978 – in *Tel Quel*, 1960 / JOUVE Pierre Jean (1887-1976) : *En miroir*, Mercure de France, 1970 – *Sueur de sang*, 1933-1935, Gallimard, 1966 / JOUVET Louis (1887-1951) : *Le Comédien désincarné*, 1943, Flammarion, 1954 / JUDRIN Roger (XXe siècle) : *La Malle de l'Inde*, in *La Nouvelle Revue Française*, mai 1956 – *Ténèbres d'Or*, L'Aire, 1979 / JULIET Charles (1934) : *Ténèbres en terre froide, Journal 1*, 1957-1964, P.O.L., 2000 / JULLIAN Marcel (1922) : *Mémoire buissonnière*, Albin Michel, 2000 – Préface à l'*Anthologie de la poésie française*, Fixot, 1989 / JULLIARD René (XXe siècle)* / JÜNGER Ernst (1895-1998) : *Journal I*, 1941-1943, Julliard, 1951 – *L'Auteur et l'Écriture*, Bourgois, 1995.

KADARÉ Ismail (1936) : *Invitation à l'atelier de l'écrivain*, Fayard, 1991 – in *Lire*, octobre 1998 / KAFKA Franz (1883-1924) : *Journal*, Grasset, 1954 – *Lettre à Oskar Pollak*, 27 janvier 1904, in *Correspondance 1902-1924*, Gallimard, 1965 – *Lettres à sa famille et à ses amis*, Gallimard, 1957 – *Notes de voyage*, Grasset, 1954 – *Œuvres complètes*, Gallimard, 1984 – cité par Gustav Janouch, in *Kafka m'a dit*, 1952, *Les Lettres Nouvelles*, M. Nadeau – cité par Violaine Massenet, in *François Mauriac*, Flammarion, 2000 / KANDINSKY Wassily (1866-1944) : *Du spirituel dans l'art et dans la peinture en particulier*, Denoël, 1969 / KANTERS Robert (1910-1976) : in *L'Express*, 7 décembre 1956 / KARR Alphonse (1808-1890) : *En fumant*, M. Lévy frères, 1862 – *Menus Propos, les Guêpes* / KEATS John (1795-1821) : *Poésies*, Sonnet / KEMP Robert (1879-1959) : *La Vie des livres*, Albin Michel, 1962 – *Lectures dramatiques*, Pairs, M. Daubin, 1947 / KENDALL Paul Murray (1911) : *The Art of Biography*, G. Allen & Unwin, 1965 / KESSEL Joseph (1898-1979)* / KIERKEGAARD Sören (1813-1855) : *Journal*, 1834-1846, Gallimard, 1950 / KHAIR-EDDINE Mohammed (1941-1995) : *Soleil Arachnide*, poèmes, Le Seuil, 1969 / KIMITAKE Hiraoka (1925-1970) : *Correspondance*, Lettre à Yasunari Kawabata, 18 juillet 1945, Albin Michel, 2000 / KIPLING Rudyard (1865-1936) : *Discours*, 1923 – *Souvenirs, Sept ans de travaux forcés*, Hartmann / KLEE Paul (1879-1940) : cité par Georges Jean, in *L'Écriture mémoire des hommes*, Gallimard, 1987 / KŒSTLER Arthur (1905-1983) : in *L'Express*, février 1979 / KOSOVEL Srecko (1904-1926) : in *Kosovel*, Seghers, 1965 / KOUZNETSOV Édouard : *Lettre de Mordovie*, Gallimard,

1981 / **KRAUS Karl (1874-1936)** : *Aphorismes*, Mille et une nuits, 1998 – *Dits et contredits*, Livréa, 1993 / **KUNDERA Milan (1929)** : *L'Art du roman*, Gallimard, 1986 – *Le Livre du rire et de l'oubli*, Gallimard, 1979 – *Les Testaments trahis*, Gallimard, 1993 – *L'Insoutenable légèreté de l'être*, Gallimard, 1984 – in *Écrire, lire et en parler*, interviews de Bernard Pivot, Laffont, 1985 – in *Le Monde*, 19 janvier 1979.

LA BRUYÈRE Jean de (1645-1696) : *Les Caractères*, 1688 / **LA COUR Paul (1902-1956)** : *Fragments d'un journal*, 1950 / **LA FONTAINE Jean de (1621-1695)** : *Épître à Huet* – *Le Bûcheron et Mercure* – *Le Rieur et les poissons* – *Les Amours de Psyché et de Cupidon*, préface – *Les Lapins* – *Fables*, *Œuvres complètes*, Gallimard, 1991 / **LABICHE Eugène (1815-1888)*** / **LABORIT Henri (1914-1995)** : *Éloge de la fuite*, Laffont, 1976 / **LACAN Jacques (1901-1981)** : *Écrits*, Le Seuil, 1970 / **LACARRIÈRE Jacques (1925)** : in *Le Magazine littéraire*, mai 1993 / **LACLAVETINE Jean-Marie (1954)** : *Première ligne*, Gallimard, 1999 / **LACÔTE René (1913-1971)** : *Lieux communs et contradictions*, in *Domaine français*, Trois Collines, 1943 / **LACRETELLE Jacques de (1888-1985)** : *Idées dans un chapeau*, *Le roman, transposition de la vie*, Le Rocher, 1946 – *Journal de bord*, Grasset, 1974 – *L'Écrivain public*, Gallimard, 1936 / **LAGROLET Jean (XXe siècle)** : in *Tel Quel*, 1960 / **LAMARTINE Alphonse de (1790-1869)** : in *La Muse française*, 1924 / **LAMB Charles (1775-1834)** : *Detached Thoughts on Books and Reading*, in *Essais of Elia*, Londres, 1833 / **LAMBRICHS Georges (1917-1992)** : *Notes pour un traité d'existence*, in *Domaine français*, Trois Collines, 1943 / **L'ANSELME Jean (1919)** : *Conseils à un jeune poète en 1996*, cité par JeanOrizet, in *Les Poètes et le rire*, Cherche Midi, 1998 – *Pensées et proverbes de Maxime Dicton*, Mortemart, 1991 / **LANSON Gustave (1857-1934)** : *Histoire de la littérature française*, Hachette, 1895 – *L'Art de la prose*, Librairies des « Annales politiques et littéraires », 1909 / **LANZMANN Jacques (1927)** : *Le Têtard*, Laffont, 1976 / **LAPORTE René (1905-1954)** : *Le Silence Zola*, in *Domaine français*, Trois Collines, 1943 / **LAPOUGE Gilles (1923)** : *En étrange pays*, Albin Michel, 2003 / **LARBAUD Valery (1881-1957)** : *Ce vice impuni, la lecture*, Gallimard, 1941 – *Europe*, in *Œuvres*, Gallimard, 1957 – *L'Art et le métier* – *Mon plus secret conseil*, Gallimard, 1923 – *Sous l'invocation de saint Jérôme*, Gallimard, 1946 – in *Valery Larbaud*, Flammarion – cité par André Gide, in *Journal*, 1940 / **LARUE Monique (1948)** : *La Gloire de Cassiodore*, Boréal, 2002 / **LAURENS Camille (XXe siècle)** : *L'avenir*, P.O.L., 1998 / **LAURENT Jacques (1919-2000)** : *Ce mourant érotisme...*, in *La Parisienne*, juin 1956 – *Mauriac et le feu des autres*, in *La Parisienne*, mai 1956 – in *Écrire, lire et en parler*, interviews de Bernard Pivot, Laffont, 1985 – cité par Frédéric Vitoux, in *Discours de réception à l'Académie française*, 25 mars 2003 / **LAUTRÉAMONT Isidore Ducasse, dit le comte de (1846-1870)** : *Exergue*, *Poésies*, Corti, 1953 – *Les Chants de Maldoror*, Corti, 1953 – *Poésies*, Flammarion, 1990 / **LAVOISIER Antoine Laurent de (1743-1794)** : *Réflexions sur l'instruction publique présentées à la Convention nationale* – *Traité élémentaire de chimie* / **LAWRENCE d'ARABIE, Lawrence Thomas Edouard dit (1888-1935)** : cité par Paul Morand, in *Journal inutile*, 1973-1976,

BIBLIOGRAPHIE

Gallimard, 2001 / LÊ Linda (1963) : in *Lire*, avril 1999 / LÉAUTAUD Paul (1872-1956) : *Entretiens avec Robert Mallet*, Gallimard, 1951 – *In memoriam*, in *Les Cahiers d'aujourd'hui*, 1924 – *Journal littéraire*, Mercure de France, 1986 – *Passe-Temps*, Mercure de France, 1929 – *Propos d'un jour*, Mercure de France, 1947 – cité par Paul Morand, in *Journal inutile*, 1968-1972, Gallimard, 2001 – in *Entretiens avec Robert Mallet*, Gallimard, 1951 – in *Léautaud*, Artefact, 1986 / LEBEY André (1877-1938)* / LE BON Gustave (1841-1931)* / LE BRIS Michel (1944) : *Les Flibustiers de la Sonore*, Flammarion, 1998 / LE BRUN Annie : in revue surréaliste *L'Archibras* / LEC Stanislaw Jerzy (1909-1966) : *Nouvelles Pensées échevelées*, Éd. Payot & Rivages, 2000 / LÉCA Reb : cité par Edmond Jabès, in *Le Livre des questions*, Gallimard, 1963 / LECLERC Félix (1914-1988) : *Carcajou ou le Diable des bois*, Laffont, 1972 – *Rêves à vendre*, Nouvelles éditions de l'arc, 1984 / LE CLÉZIO Jean-Marie Gustave (1940) : *La Fièvre*, avant-propos, Gallimard, 1965 – *Le Chercheur d'or*, Gallimard, 1985 – *Le Livre des fuites*, Gallimard, 1969 – *Le Procès-verbal*, Gallimard, 1963 – *Les Géants*, Gallimard, 1973 in *Écrire, lire et en parler*, interviews de Bernard Pivot, Laffont, 1985 – in *Le Magazine littéraire*, février 1998 – in *Le Nouvel Observateur*, 5 février 2003 / LEFEBVRE Henri (1901-1991) : *Critique de la vie quotidienne*, L'Arche, 1958 / LEFEVRE Françoise (1942) : *L'Or des chambres*, Pauvert, 1976 / LE FORT Gertrud von (1876-1971) : *Klein et Wagner*, in *Le Dernier Été de Klingsor*, Clamann-Lévy, 1973 / LE GOFF Jacques (1924) : in *La Bibliothèque idéale*, Albin Michel, 1988 / LEIRIS Michel (1901-1990)* : *Brisées, La Vie aventureuse de Jean-Arthur Rimbaud*, Mercure de France, 1966 – *L'Âge d'homme*, précédé de *De la littérature considérée comme une tauromachie*, Gallimard, 1946 / LEMAIRE Jean-Pierre (1948) : in *La Croix*, 28 janvier 1996 / LEMAITRE Jules (1853-1914) : *Les Contemporains, Le symbolisme et Paul Verlaine*, S.F.I.L. – *Texte autographe*, in *Anthologie des poètes français contemporains*, Delagrave / LENORMAND Henri-René (1882-1951) : *Les Confessions d'un auteur dramatique, Fantômes et mirages*, Albin Michel, 1949-1953 / LÉOTARD Philippe (1940-2002) : *Larvatus Prodeo*, © 1990, Gorgone Productions / LE QUINTREC Charles (1926) : *Stances du verbe amour*, Albin Michel, 1966 / LE ROY-LADURIE Emmanuel (1929) : in *L'Express*, septembre 1973 / LÉVINAS Emmanuel (1905-1995) : *Sur Maurice Blanchot*, Fata Morgana, 1976 / LÉVIS François Gaston duc de (1720-1787) : *Maximes et Réflexions sur divers sujets*, 1808 / LÉVI-STRAUSS Claude (1908) : *Les Structures élémentaires de la parenté*, Mouton, 1949 – *Tristes tropiques*, Plon, 1955 / LÉVY Bernard-Henri (1949) : in *Écrire, lire et en parler*, interviews de Bernard Pivot, Laffont, 1985 / LEYRIS Pierre (1907-2001) : in *Le Monde*, 2 août 1974 / LICHTENBERG Georg Christoph (1742-1799) : *Aphorismes*, Collection Corps 16 — Éditions Findakly, 1996 – *Le Miroir de l'âme*, Corti, 1997 / LINZE Georges (XXe siècle) : *Poème énigme des objets et du temps*, 1980 / LITTRÉ Émile (1801-1881) : in *L'École nouvelle*, revue hebdomadaire de l'enseignement primaire, Delagrave, 24 juin 1905 / LOCHAC Emmanuel (1886-1956) : *Le Dimanche des malades* / LODGE David (1935) : *Les Quatre vérités*, Rivages, 2000 / LOTI Pierre (1850-1923) : *Le Roman d'un enfant*, LIX, Calmann-Lévy,

1890 – *Les Désenchantées*, Calmann-Lévy / **LOTTMAN** Herbert R. (1927) : *Albert Camus*, Le Seuil, 1978 / **LOUŸS** Pierre (1870-1925) : *Lettres à divers*, septembre 1929 – *Poétique*, Mercure de France, 1916 / **LOVICHI** Jacques (1937) : *Fractures du silence*, Marseille, « Sud », 1986 / **LOWELL** James Russel (1819-1891) : *Une fable pour les critiques*, 1848 / **LOWRY** Malcolm (1909-1957) : *Au-dessous du volcan*, Le Club français du livre, 1971 / **LUBAC** Henri de (1896-1991) : *Paradoxes* suivi de *Nouveaux paradoxes*, Le Seuil, 1959 / **LUCHINI** Fabrice (1951) : in *Le Figaro*, 26 avril 2000.

MAALOUF Amin (1949) : Entretien avec Catherine Argand, in *Lire*, juin 2000 / **MACHADO** Antonio (1875-1939) : *Juan de Mairena*, Gallimard, 1955 – *Nouvelles Chansons* – *Poésies*, Gallimard, 1973 / **MAC ORLAN** Pierre Dumarchais, dit Pierre (1882-1970) : *Chansons pour accordéon*, Gallimard, 1953 – *La Petite Cloche de Sorbonne*, Gallimard, 1959 – *Le Bal du pont du nord*, Gallimard, 1984 – *Œuvres complètes*, Cercle du bibliophile / **MAETERLINCK** Maurice (1862-1949) : *Devant Dieu*, Fasquelle, 1955 – *Personnages de roman*, in *Le Figaro*, 23 août 1935 / **MAGNY** Claude-Edmonde (1913-1966) : *Histoire du roman français depuis 1918*, Le Seuil, 1971 – *Les Sandales d'Empédocle*, Payot, 1968 / **MAGRE** Maurice (1877-1941) : *La Chanson des hommes*, 1898 / **MAÏAKOVSKI** Vladimir (1893-1930) : *Comment faire les vers*, 1926, in *Maïakovski*, Éditeurs français réunis, 1963 – *Les Ouvriers et les paysans ne vous comprennent pas*, 1928, in *Maïakovski*, Éditeurs français réunis, 1963 – in *La Poésie*, Belin, 1992 / **MAILER** Norman (1923) : Entretien avec Isabelle Fiemeyer, in *Lire*, novembre 1995 / **MAISTRE** Joseph de (1753-1821) : *Fragments sur la France*, 1883 – *Les Soirées de Saint-Pétersbourg* / **MAKINE** Andreï (1957)* / **MALEBRANCHE** Nicolas de (1638-1715) : *De la recherche de la vérité*, in *Œuvres*, Gallimard, 1979 / **MALESHERBES** Chrétien Guillaume de Lamoignon de (1721-1794) : in *Lectures interdites*, Albin Michel, 1995 / **MALET** Léo (1909-1996) : in *Écrire, lire et en parler*, interviews de Bernard Pivot, Laffont, 1985 / **MALHERBE** François de (1555-1628) : *Œuvres poétiques*, Flammarion, 1972 / **MALLARMÉ** Stéphane (1842-1898) : *Correspondance 1862-1871*, Gallimard, 1959 – *Crayonné au théâtre*, *Solennité* – *Enquête sur l'évolution littéraire*, 1891 – *La Musique et les lettres* – *Le Parnasse contemporain*, 1869 – *Le Tombeau d'Edgar Poe*, *Poésies*, Flammarion, 1989 – *Poésies*, *Brise marine*, Gallimard – *Propos sur la poésie* – *Réponse à des enquêtes*, *Sur l'évolution littéraire* – *Variations sur un sujet*, *Crise de vers* – *Villiers de L'Isle-Adam*, *Quelques médaillons et Portraits en pied* – *Œuvres complètes*, Gallimard, 1945 – cité par Alain Peyrefitte, in *Discours de réception à l'Académie française*, 1977 / **MALLEA** Eduardo (1903) : *Notes d'un romancier*, 1954 / **MALLET** Robert (1915-2002)* : *Apostilles*, Gallimard, 1972 / **MALRAUX** André (1901-1976) : *Antimémoires*, Gallimard, 1967 – *La Voie royale*, Grasset, 1930 – *Les Voix du silence*, Gallimard, 1951 – cité par Françoise Giroud, in *Profession journaliste*, Hachette littératures, 2001 / **MANDUR** Muhammad (1907-1965) : in *Anthologie de la littérature arabe contemporaine*, Le Seuil, 1965 / **MANGUEL** Alberto (1948) : *La Bibliothèque de Robinson*, L'Écritoire-Leméac, 2000 – *Une Histoire de la lecture*, Actes

BIBLIOGRAPHIE

Sud, 1998 / MANN Klaus (1906-1949) : *Le Tournant*, Éditions Solin, 1984 / MANN Thomas (1875-1955)* : *La Mort à Venise*, Mermod, Lausanne, 1947 / MANOLL Michel (1911-1984) : *Armes et bagages*, Paris, R. Debresse, 1942 / MANSFIELD Kathleen Mansfield Beauchamp, dite Katherine (1888-1923) : *Cahier de notes*, Stock, 1944 – *Journal*, Stock, 1973 / MARCEAU Louis Carette, dit Félicien (1913) : *Existe-t-il un style littéraire de droite ?*, in *La Parisienne*, juin 1955 – in *Écrire, lire et en parler*, interviews de Bernard Pivot, Laffont, 1985 / MARCENAC Jean (1913-1984)* / MARINETTI Filippo Tommaso (1876-1944) : *Manifeste du Futurisme*, in *Le Figaro*, 20 février 1909 / MARIVAUX Pierre Carlet de Chamblain de (1688-1763) : *La Vie de Marianne* – in *L'Art de lire dans les esprits des gens*, Jacqueline Chambon / MARKALE Jean (1928) : Propos recueillis par Françoise Rico, France Loisirs, mars 1999 / MARMONTEL Jean-François (1723-1799) : *Du style et des détails*, in *Œuvres complètes*, Slatkine, 1968 / MAROT Clément (1496-1544) : *Épîtres, du coq à l'âne, à Lyon Jamet* / MARTET Jean (1886-1940) : *Au Pense-Petit...*, Crès, 1919 / MARTI José (1853-1895) : in *Pages choisies*, Nagel, 1953 / MARTIAL (40-104) : *Livre VI*, Épigramme 61 / MARTIN DU GARD Maurice : *Caractères et Confidences*, Flammarion, 1936 / MARTIN DU GARD Roger (1881-1958) : *Correspondance avec André Gide*, Gallimard, 1968 – *Devenir !*, Gallimard, 1922 – *Les Thibault, L'Été*, 1914, Gallimard, 1922 / MARTÍNEZ Manuel Díaz (1936) : *Bref discours à propos du Poète, du Mot et de la Poésie*, in *La Nouvelle Revue Française*, n° 548, janvier 1999 / MASSON Georges-Armand (XXe siècle)* / MASSON Loys (1915-1969)* / MASSON Paul : *Regards littéraires d'un Yoghi*, in *La Plume*, 1896 – in *Le Gaulois*, 8 juillet 1891 / MATIGNON Renaud (XXe siècle) : *Flaubert et la sensibilité moderne*, in *Tel Quel*, 1960 / MATZNEFF Gabriel (1936) : *Élie et Phaéton*, La Table ronde, 1991 – *Le Taureau de Phalaris*, La Table ronde, 1987 – *Vénus et Junon*, La Table ronde, 1982 – in *Filigrane n° 1, Question de littérature*, Albin Michel, 1988 – in *La Bibliothèque idéale*, Albin Michel, 1988 – in *Le Quotidien de Paris*, 4 novembre 1988 / MAUGHAM William Somerset (1874-1965) : *Pensées* / MAULNIER Thierry (1909-1988) : *Le Dieu masqué*, Gallimard, 1985 – in *Anthologie de la poésie française*, Fixot, 1989 / MAUNICK Édouard (1931) : *Les Manèges de la mer*, Présence africaine, 1964 / MAUPASSANT Guy de (1850-1893) : *Le Roman*, préface de Pierre et Jean, P. Ollendorff, 1903 – *Pierre et Jean*, préface – in *La Vogue*, 1886 – in *Manifeste du 17 janvier 1877* / MAURIAC Claude (1914-1996) : *Le Temps accompli*, Grasset, 1991 / MAURIAC François (1885-1970) : *Dieu et Mammon*, Grasset, 1958 – *Journal*, Flammarion – *La Vie de Jean Racine*, Plon, 1928 – *Le Bâillon dénoué, Autour d'un verdict* – *Le Roman*, Giraud-Badin, 1929 – *Le Romancier et ses personnages*, Gallimard, 1990 – *Mauriac avant Mauriac*, Flammarion, 1977 – *Mémoires intérieurs*, Flammarion, 1959 – *Préséances*, Émile-Paul frères, 1921 – *Inédit*, Fonds François Mauriac, Bibliothèque Jacques-Doucet – cité par Jean Lacouture, in *François Mauriac*, Le Seuil, 1980 – in *La Jeune Parque éveillée*, 2 novembre 1947 – in *Le Cadavre de Dieu bouge encore*, entretien avec Georges Suffert, 4 mai 1970, Grasset, 1975 – in *Le Figaro*, 22 décembre 1935 – in *Mauriac par lui-même*, Le Seuil, 1953 / MAUROIS André (1885-

1967) : *Aspects de la biographie*, Grasset, 1928 – *La Conversation*, Hachette, 1964 – *Le Cercle de famille*, Grasset – *L'Instinct de bonheur*, in *André Maurois. Romans*, Gallimard, 1961 / MAURRAS Charles (1868-1952) : cité par Frédéric Lefèvre, in *Une heure avec...*, N.R.F., 1924 / MENENDEZ Y PELAYO Marcelino (1856-1912) : *Origines du roman*, 1905-1910 / MÉRIMÉE Prosper (1803-1870) : *Chronique du temps de Charles IX*, préface / MERLEAU-PONTY Maurice (1908-1961) : *Phénoménologie de la perception*, Gallimard, 1945 / MEUNIER Jacques : Entretien avec André Rollin, in *Ils écrivent*, Mazarine, 1986 / MICHAUX Henri (1899-1984)* : *Passages*, Gallimard, 1963 – *Plume*, postface, Gallimard, 1938 – cité par Alain Bosquet, in *Les Fruits de l'an dernier*, Grasset, 1996 / MICHELET Jules (1798-1874) : *Bible de l'Humanité*, II, 6 – *Histoire de France*, préface de 1869 – *Introduction à l'histoire universelle*, Hachette, 1831 – *Journal*, tomes I à IV, Gallimard, 1959-1976 / MIKHAILOVSKI Stoyan (1856-1927) : *Au sujet de la nouvelle œuvre de M. X...* / MILLER Henry (1891-1980) : *Correspondance passionnée*, Stock, 1989 – *Lire ou ne pas lire*, Stock, 1976 – *The Books in my life*, New York, 1952 – Lettre à Lawrence Durrell, juillet 1937, in *Une correspondance privée*, Buchet/Chastel, 1963 / MILOSZ Oscar Vladislas de Lubicz-Milosz, dit O. V. de L. (1877-1939) : *Les Éléments, Le Jugement*, Bibliothèque de l'Occident – *Maximes et Pensées*, Éditions André Silvaire, 1967 / MILTON John (1608-1674)* / MIRBEAU Octave (1848-1917) : *Les Écrivains*, tome II, *Propos galants sur les femmes*, Flammarion, 1925-1926 / MIRON Gaston (1928-1996) : *Courtepointes*, Université d'Ottawa, 1975 / MISHIMA Yukio (1925-1970) : cité par Louis d'Armonville et Anne-Marie Garcia, in *Les Citations dans l'essai littéraire*, Albin Michel, 1995 / MITTERRAND François (1916-1996) : *L'Abeille et l'Architecte*, Flammarion, 1978 – in *Le Quotidien de Paris*, 26 octobre 1977 / MODIANO Patrick (1945) : in *Écrire, Lire et en Parler*, Laffont, 1985 – in *Lire*, 1974 / MOERMAN Ernst (1897-1944) : *Vie imaginaire de Jésus-Christ*, 1935 / MOLIÈRE Jean-Baptiste Poquelin dit (1622-1673) : *La Critique de « L'École des femmes »* – *Le Misanthrope* – *Les Femmes savantes* / MONNIER Thyde (1887-1967) : *Entre parenthèses*, Grasset, 1961 / MONTAIGNE Michel Eyquem de (1533-1592) : *Essais*, 1580 / MONTESQUIEU Charles de Secondat, baron de (1689-1755) : *Cahiers, Sur les ouvrages de l'esprit* – *Cahiers, Sur l'homme* – *De l'esprit des Lois*, Garnier Flammarion, 1979 – *Essai sur les causes qui peuvent affecter les esprits et les caractères* – *Lettres persanes*, 1721, Bordas, 1973 – *Mes Pensées* / MONTHERLANT Henry Millon de (1895-1972) : *Carnets*, 1930-44, Gallimard, 1957 – *Carnets*, La Table Ronde, 1956 – *Essais critiques*, Gallimard, 1995 – *La Marée du soir*, Gallimard, 1972 – *Notes de théâtre*, Gallimard, 1955 – *Textes sous une occupation*, in *Essais*, Gallimard, 1963 – *Va jouer avec cette poussière*, Gallimard, 1966 – cité par Georges Duhamel, in *Journal Inédit*, 1916-1958 – cité par Paul Morand, in *Journal inutile*, 1968-1972, Gallimard, 2001 / MORAND Paul (1888-1976) : *Journal inutile*, 1968-1972, Gallimard, 2001 – *Journal inutile*, 1973-1976, Gallimard, 2001 – *Venises*, Gallimard, 1971 – cité par Frédéric Lefèvre, in *Une heure avec...*, N.R.F., 1924 / MORANTE Elsa (1912-1985) : *Journal*, 1986 / MORÉAS Jean (1856-1910)* : in *La Vogue*, 1886 / MORGAN Claude Leconte, dit

BIBLIOGRAPHIE

Claude (1898-1980) : *Réalité de Maupassant*, in *Domaine français*, Trois Collines, 1943 / MORIN Edgar (1921) : *Amour, poésie, sagesse*, Le Seuil, 1997 / MOUNIN Georges* / MUNIER Roger (1923) : *L'Ordre du jour*, Fata Morgana, 1982 / MUSSA Salamah (1887-1958) : in *Anthologie de la littérature arabe contemporaine*, Le Seuil, 1965 / MUSSET Alfred de (1810-1857) : *Nuit de Mai – Poésies nouvelles – Premières poésies, À quoi rêvent les jeunes filles – Premières poésies, La Coupe et les Lèvres – Spectacle dans un fauteuil – Œuvres complètes*, Kraus reprint, 1970.

NABOKOV Vladimir (1899-1977)* : *Lettres choisies 1940-1977*, Gallimard, 1992 – *Littératures I*, Fayard, 1983 – *Partis pris*, Laffont, 1999 – cité par Bernard-Henri Lévy, in *Le Point*, 27 octobre 2000 – *Cours de littérature*, cité par Michel Del Castillo, in *L'Adieu au siècle*, Le Seuil, 2000 / NADEAU Maurice* / NAPOLÉON Ier (1769-1821) : à Cambacérès, Strasbourg, 24 janvier 1806 / NAUDÉ Gabriel (1600-1653)* / NERUDA Pablo (1904-1973) : *Discours au congrès de Santiago*, Seghers, 1975 – *Je suis*, in *Le Chant général*, 1950, Éditeurs français réunis, 1950 – *Résidence sur la terre*, 1935, Gallimard, 1972 – in *Le Magazine littéraire*, septembre 1995 – in *L'Express*, 13 septembre 1971 / NERVAL Gérard de (1808-1855) : *Aurélia – La Bohème galante – Les Nuits d'octobre – Souvenirs du Valois, Autres Chimères – Les Illuminés – Œuvres*, Garnier, 1987 / NEUHOFF Éric (1956) : *Un Bien fou*, Albin Michel, 2001 / NEVEU Gérard (1921-1960) : *Lettre de sincérité pour ne pas mourir*, 1946, in *Anthologie des poètes maudits du XXe siècle*, Belfond, 1985 / NICOLLE Charles (1866-1936) : *Responsabilités de la médecine*, in *Leçons du Collège de France*, Librairie Félix Alcan, 1935 / NIETZSCHE Friedrich (1844-1900) : *Ecce Homo*, Gallimard, 1974 – *Écrits de jeunesse*, in *Almanach des lettres françaises et étrangères*, mars 1924 – *Le Gai Savoir*, Gallimard, 1950 – *Lettres choisies*, Gallimard, 1950 – *Zarathoustra*, 1884, Mercure de France, 1912 – cité par Georges Bataille, in *La Somme athéologique, Mémorandum*, Gallimard 1973 / NIN Anaïs (1903-1977) : *Correspondance passionnée*, Stock, 1989 – *Journal 1939-1944*, Stock, 1971 – *Journal 1944-1947*, Stock, 1972 / NIZAN Paul (1905-1940)* / NIZON Paul (1929) : *Canto*, 1963, J. Chambon, 1991 / NOAILLES Anna de (1876-1933) : *Les Éblouissements, IV, Offrande*, Calmann-Lévy, 1907 / NODIER Charles (1780-1844) : *La Fée aux miettes : au lecteur qui lit les préfaces* / NOËL Marie Rouget, dite Marie (1883-1967) : *Notes intimes*, Stock, 1959 / NOGUEZ Dominique (1942) : in *Lire*, avril 1999 / NORGE George Mogin dit Géo (1898-1990) : *La Langue verte*, Gallimard, 1954 / NORWID Cyprian (1821-1883) : in *Rebelles et rêveurs, quatorze poètes polonais contemporains*, La Pensée sauvage / NOTHOMB Amélie (1968) : *Hygiène de l'assassin*, Albin Michel, 1992 – *Les Combustibles*, Albin Michel – in *Paris-Match*, 26 mars 1998 / NOURISSIER François (1927) : *À défaut de génie*, Gallimard, 2000 – *Le Musée de l'homme*, Grasset, 1978 – *Mauvais genre, conversations*, Gallimard, 1996 – *Un petit bourgeois*, Grasset, 1963 – *Les Chiens à fouetter*, 1956, in *Marianne*, 6 octobre 1997 – in *Écrire aujourd'hui*, 1998 – in *Le Figaro littéraire*, février 1999 – in *Le Nouvel Observateur*, 9 avril 1998 / NOVALIS Friedrich, baron von Hardenberg (1772-1801) : *Henri d'Ofterdingen*, Aubier, 1942

BIBLIOGRAPHIE

– *Les Disciples à Saïs*, in *Œuvres complètes*, Gallimard, tome I, 1974 / NYSSEN Hubert (1925) : *L'Éditeur et son double*, Actes Sud, 1990.

O'BRIEN Edna (1932) : in *Le Monde des livres*, juin 2001 / O'CONNOR Flannery (1925-1964) : *L'Habitude d'être*, Gallimard, 1984 / OLIVEIRA Carlos de (1921-1980) : *Collage avec des vers de Desnos*, in *Anthologie de la poésie portugaise*, Gallimard, 1971 / ORCEL Michel (1952) : *Les Larmes du traducteur*, Grasset, 2001 / ORMESSON Jean d' (1925) : *La Gloire de l'empire*, Gallimard, 1971 – in *Paris-Match*, 16 janvier 1981, 27 novembre 1997 – in *Lire*, juin 1978 / ORSENNA Érik (1947) : *Deux étés*, Fayard, 1997 – *L'Exposition coloniale*, Le Seuil, 1988 / ORTEGA Y GASSET José (1883-1955) : *La Déshumanisation de l'art*, 1925, in *Ortega y Gasset*, Seghers, 1969 – *Méditations du Quichotte*, 1914 – *Œuvres complètes*, I, Klincksieck, 1988 / ORWELL Eric Blair, dit George (1903-1950)* / OSKAR Jón (1921) : *Pensée et Parole*, in *Les Lettres nouvelles*, 1974 / OVIDE (43 av. J.-C., 18 ap. J.-C.) : *Tristes*, livre I, Poème I, 13 / OZ Amos (1939) : *L'Histoire commence*, Petite Bibliothèque européenne du XXe siècle, Calmann-Lévy, 2003.

PAGE Martin (1975) : *Comment je suis devenu stupide*, Le Dilettante, 2001 / PAGNOL Marcel (1895-1974) : *Confidences*, © Marcel Pagnol – *Critique des critiques*, Nagel – *La Gloire de mon père*, © Marcel Pagnol, 1976 / PAILLERON Édouard (1834-1899)* / PALACIO VALDES Armando (1853-1938) : *Les Papiers du docteur Angélico* / PALUDAN Jacob (1896-1975) : *Les Artistes du style*, 1938, in *Anthologie de la littérature danoise*, Aubier Montaigne, 1964 / PAMUK Orhan (1952) : *The White Castle*, Manchester, 1990 / PAPINI Giovanni (1881-1956) : *Visages découverts*, Dessart, 1942 / PARRAIN Brice (1897-1971)* : *Recherches sur la nature et les fonctions du langage*, introduction, Gallimard, 1942 / PASCAL Blaise (1623-1662) : *Pensées*, 1670 – *Œuvres complètes*, Le Seuil, 1963 – cité par Georges Jean, in *L'Écriture mémoire des hommes*, Gallimard, 1987 / PASOLINI Pier Paolo (1922-1975) : *Au Prince*, in *La Religion de mon temps*, 1958, in *La Poésie italienne*, Seghers, 1964 / PASTERNAK Boris (1890-1960) : au Congrès international des écrivains, à La Mutualité, Paris, 21 juin 1935 / PAULHAN Jean (1884-1968) : *Clef de la poésie*, Gallimard, 1944 – *De la paille et du grain*, Gallimard, 1948 – *Éléments* – *Entretien sur des faits divers*, Gallimard, 1945 – *Le Bonheur dans l'esclavage*, préface à *Histoire d'O*, Pauvert – *Le Don des langues*, Gallimard, 1996 – *Le Marquis de Sade et sa complice* ou *les Revanches de la pudeur*, Cercle du Livre précieux – *Les Fleurs de Tarbes*, Gallimard, 1941 – *Les Incertitudes du langage*, Gallimard, 1970 / PAUWELS Louis (1920-1997) : *Ce que je crois*, Grasset, 1974 – *Le Métier de vivre*, Gallimard, 1958 / PAVESE Cesare (1908-1950) : *Le Métier de vivre*, Gallimard, 1958 / PAWLOWSKI G. de (1874-1933) : in *Les Nouvelles littéraires*, janvier 1924 / PAZ Octavio (1914-1998) : *Poésie et poème*, in *L'Arc et la Lyre*, Gallimard, 1965 – cité par Catherine Singer, in *Du bon usage des crises*, Albin Michel, 1996 – in *Octavio Paz*, Seghers, 1965 / PÉGUY Charles (1873-1914) : *Lettres et entretiens*, Cahiers de la quinzaine, 17 septembre 1910 – *Pensées*, *La Recherche de la vérité*, *Clio*, Gallimard,

BIBLIOGRAPHIE

1934 / PENNAC Daniel (1944) : *Comme un roman*, Gallimard, 1992 – *La Petite marchande de prose*, Gallimard, 1989 / PEREC Georges (1936-1982) : *Je suis né*, Le Seuil, 1990 – *Les Gnocchis de l'automne, ou réponse à quelques questions me concernant – Pour une littérature réaliste* – Entretien avec Ewa Pawlikowska – in *Écrire aujourd'hui*, 1998 / PÉRET Benjamin (1889-1959) : *Le Déshonneur des poètes*, 1945 – cité par Éric Losfeld, in *Endetté comme une mule*, Belfond, 1979 / PERGAUD Louis (1882-1915) : *La Guerre des boutons*, préface, Mercure de France, 1912 / PERROS Georges (1923-1978) : *Echancrures*, Calligrammes, 1978 – *En vue d'un éloge de la paresse — Lettre préface*, Le Passeur, 1995 – *Notes inédites*, in *Le Nouveau Commerce*, 1939-1978 – *Papiers collés*, Gallimard, 1960 – *Une Vie ordinaire*, Gallimard, 1967 – cité par François Nourissier, in *Mauvais genre, conversations*, Gallimard, 1996 / PESSOA Fernando (1888-1935) : *Autopsychographie*, in *Je ne suis personne*, Bourgois, 1994 – *Érostrate* (fragments), in *Je ne suis personne*, Bourgois, 1994 – *Le Gardeur de troupeaux*, in *Poèmes païens*, Bourgois, 1989 / PÉTRARQUE François (1304-1374) : *Familiares – Lettres* / PEYRAMAURE Michel (1922) : Propos recueillis par Françoise Rico, France Loisirs, mars 1999 / PHILIPPE Charles-Louis (1874-1909) : *Bubu-de-Montparnasse*, Grasset, 1986 – *Gil Blas*, 13 novembre 1904. cité par Georges Le Cardonnel et Charles Vellay, in *La Littérature contemporaine*, 1905 / PICABIA Francis (1879-1953) : *Écrits*, Belfond, 1978 – *Lettes à Christine : 1945-1951*, Ivrea, 1988 / PICHETTE Harry Paul Pichette, dit Henri (1924) : *Apoèmes – Les Épiphanies*, Gallimard, 1969 / PICON Gaétan (1915-1976) : *L'Écrivain et son ombre (Introduction à une esthétique de la littérature I)*, Gallimard, 1953 – *Les Lignes de la main*, Gallimard, 1969 – *L'Œil double*, Gallimard, 1970 – *Panorama de la nouvelle littérature française*, Gallimard, 1960 / PIEYRE de MANDIARGUES André (1909-1991) : *Deuxième Belvédère.*, Grasset, 1962 – *L'Âge de craie*, Gallimard, 1961 – *Le Cadran lunaire*, Gallimard, 1972 – *Ruisseau des solitudes*, Gallimard, 1968 / PINGAUD Bernard (1923)* / PINGET Robert (1919-1997) : cité par Alain Robbe-Grillet, in *Pour un nouveau roman*, Minuit, 1963 / PINTER Harold (1930) : Discours, 1970, in *Harold Pinter*, Seghers, 1973 / PIVOT Bernard (1935) : *La Bibliothèque idéale*, préface, Albin Michel, 1988 / PLATON (427-347 av. J.-C.)* : *Le Phédon* – cité par Shoshana Felman, in *La Folie ou la chose littéraire*, Le Seuil, 1978 / PLINE L'Ancien (23-79)* / POE Edgar Allan (1809-1849) : *La Philosophie et la composition*, 1846, in *Œuvres choisies*, 1884 / POIROT-DELPECH Bertrand (1929) : *Diagonales*, Gallimard, 1995 – Entretien avec André Rollin, in *Ils écrivent*, Mazarine, 1986 / POMMIER Jean (1893-1973) : *Le Spectacle intérieur*, Denoël, 1970 / PONGE Francis (1899-1988) : *Entretiens de Francis Ponge avec Philippe Sollers*, Gallimard/Seuil, 1970 – *Il n'y a pas à dire*, *Proêmes*, Gallimard, 1966 – *Le Grand Recueil*, Gallimard, 1961 – *Les Mûres*, in *La Poésie*, Belin, 1992 – *Natare piscem doces*, *Proêmes*, Gallimard, 1966 – *Notes d'un poème sur Mallarmé*, *Proêmes*, Gallimard, 1966 / PONS Maurice : in *Le Nouvel Observateur*, 20 mars 2003 / PONSON DU TERRAIL Pierre Alexis, vicomte (1829-1871) : cité par Yves Olivier-Martin, in *Histoire du roman populaire en France*, Albin Michel, 1980 / POPE Alexander (1688-1744) : *La Dunciade*, 1728 / PORCHÉ François (1877-

1943) : *L'amour qui n'ose pas dire son nom,* Grasset, 1927 / **POUCHKINE** Alexandre (1799-1837)* / **POULET** Georges (1902-1991) : *La Conscience critique,* Corti, 1971 / **POUND** Ezra (1885-1972) : *L'ABC de la lecture,* L'Herne, 1934 – cité par Philippe Sollers, in *Le Nouvel Observateur,* 5 avril 2001 / **POURRAT** Henri (1887-1959) : in *La Muse française,* 1924 / **POZZI** Antonia (1912-1938) : *Légère offrande,* in *Italie poétique contemporaine,* Éditions du Dauphin, 1968 / **PRADO** Jacques (1889-1928)* / **PRÉVERT** Jacques (1900-1977) : *Choses et autres,* Gallimard, 1972 – *Diurnes,* in *Fatras,* Gallimard, 1966 – *Hebdomadaires,* Gallimard, 1980 – *Intermède,* in *Spectacle,* Gallimard, 1949 – *La Pluie et le beau temps, Tant de forêts,* Gallimard, 1955 – *Les Chiens ont soif,* in *Fatras,* Gallimard, 1966 – Extrait du *Souvenir d'Adrienne Monnier,* n° spécial du *Mercure de France,* 1ᵉʳ janvier 1956 – in *Grand Bal du printemps,* poèmes, Gallimard, 1976 – in *Panorama Hebdomadaire européen,* 20 janvier 1944, in *Bruits de coulisse,* in *Spectacle,* Gallimard, 1949 / **PRÉVOST** André (1884-1964) : *Réflexions et Dialogues /* **PRITCHETT** Victor Sawdon (XXᵉ siècle) : *Pourquoi j'écris,* Le Seuil, 1950 / **PROUST** Marcel (1871-1922) : *Albertine disparue,* Gallimard, 1925 – *Chroniques, Vacances de Pâques,* in *Le Figaro,* 25 mars 1913 – *Clio,* Gallimard, 1932 – *Contre Sainte Beuve,* Gallimard, 1954 – *Correspondance* – *La Prisonnière,* Gallimard, 1923 – *Le Temps retrouvé,* Gallimard, 1927 – *La Nouvelle Revue française,* Gallimard, 1ᵉʳ janvier 1920 – *Sodome et Gomorrhe,* Gallimard, 1921 – *Sur la lecture,* Mille et une nuits, 1994 / **PUEL** Gaston (XXᵉ siècle)* / **PUTNAM** Hilary (1926) : *Raison, vérité et histoire,* 1981, Minuit, 1984.

QUEFFÉLEC Yann (1949)* / **QUENEAU** Raymond (1903-1976) : *Bâtons, chiffres et lettres,* Gallimard, 1950 – *Battre la campagne, La Main à la plume,* Gallimard, 1968 – *Le Chien à la mandoline,* Gallimard, 1965 – *L'Instant fatal,* Gallimard, 1948 – *Odile,* Gallimard, 1937 – *Une histoire modèle,* Gallimard, 1966 – cité par Eugène Ionesco, in *Journal en miettes,* Mercure de France, 1967 – in *La Poésie,* Belin, 1992 / **QUIGNARD** Pascal (1948) : *Le Salon de Wurtemberg,* Gallimard, 1986 – *Les Ombres errantes,* Grasset, 2002 – *Petits traités I,* Maeght, 1990 – *Vie secrète,* Gallimard, 1998 – Entretien avec Catherine Argand, in *Lire,* septembre 2002.

RACINE Jean (1639-1699) : *Épigrammes, Sur Chapelain,* in *Anthologie de la poésie de langue française,* Hachette, 1994 – *Les Plaideurs* – *Œuvres complètes,* Le Seuil, 1970 / **RACINE** Robert (XXᵉ siècle) : *Le Dictionnaire,* suivi de *La Musique des mots,* Hexagone, 1999 / **RAMUZ** Charles-Ferdinand (1878-1947) : *Journal,* Grasset, 1945 – *Les Signes parmi nous,* 1919, Lausanne, 1941 – *Remarques,* Âge d'homme, 1987 – cité par Frédéric Lefèvre, in *Une heure avec...,* La Nouvelle Revue française, 1924 / **RENAN** Ernest (1823-1892) : *Essais de morale et de critique,* M. Cousin, *Œuvres complètes,* tome II, Calmann-Lévy, 1948 – *La Vie de Jésus,* préface de la 13ᵉ édition – *L'Avenir de la science,* Flammarion, 1973 – *Souvenirs d'enfance et de jeunesse,* préface, Flammarion, 1973 / **RENARD** Jules (1864-1910) : *Journal,* 1887-1910, Gallimard, 1960 – *Lettres inédites,* Gallimard, 1957 / **REVEL** Jean-François (1924) : *Contrecensures,* Laffont, 1997 – *Pourquoi des philosophes,*

BIBLIOGRAPHIE

Laffont, 1997 / REVERDY Pierre (1889-1960) : *Cette émotion appelée poésie*, Flammarion, 1989 – *Le Gant de crin*, Plon, 1977 – *Le Livre de mon bord*, Mercure de France, 1948 – *Les Épaves du ciel*, Gallimard, 1924 / REY Etienne (1873-1940)★ / REZA Yasmina (1959) : *Conversations après un enterrement*, in *Théâtre*, Albin Michel, 1998 – Entretien avec Catherine Argand, septembre 1999 / RICARDOU Jean (1932)★ / RICHAUD André de (1907-1968) : in *Anthologie des poètes maudits du XX*^{e} *siècle*, Belfond, 1985 / RICHEPIN Jean (1849-1926) : *La Chanson des gueux*, Fasquelle / RICŒUR Paul (1913) : *La Métaphore vive*, Le Seuil, 1975 / RIGAUT Jacques (1898-1929) : *Écrits*, Gallimard, 1970 – *Écrits, publications posthumes*, Le Miroir / RILKE Rainer Maria (1875-1926) : *Lettres à un jeune poète*, Le Seuil, 1992 / RIMBAUD Arthur (1854-1891) : *Correspondance – L'Alchimie du verbe* – Lettre à Paul Demeny, dite *La Lettre du voyant*, 15 mai 1871 – *L'Orgie parisienne ou Paris se repeuple* – *Une saison en enfer* – *Œuvres complètes*, Gallimard, 1972 / RINALDI Angelo (1940) : Entretien avec André Rollin, in *Ils écrivent*, Mazarine, 1986 – in *L'Express*, 20 août 1998 – in *Marianne*, 5 octobre 1998 – in *Écrire, lire et en parler*, interviews de Bernard Pivot, Laffont, 1985 – in *Lire*, octobre 1998 – *Julien Gracq*, in *L'Express*, 7 mars 1981 / RIVARD Adjutor (1868-1945) : *Contes et propos divers*, Garueau, Québec / RIVAROL Antoine dit le comte de (1753-1801) : *Anecdotes et bons mots – Fragments et Pensées littéraires*, Mercure de France – *Lettre critique sur le poème des Jardins* suivi du *Chou et du Navet* (à propos de l'abbé Delille) – *Littérature – L'Universalité de la langue française*, Arléa, 1998 – *Maximes, pensées et paradoxes*, Le Livre Club du Libraire, 1962 – *Politique*, Paris, 1808 – cité par Paul Morand, in *Journal inutile*, 1968-1972, Gallimard, 2001 / RIVIÈRE Jacques (1886-1925) : *Correspondance Jacques Rivière et Paul Claudel 1907-1914*, Plon, 1926 / ROBBE-GRILLET Alain (1922)★ : *Pour un nouveau roman*, Minuit, 1963 / ROLIN Olivier (1947) : *Méroé*, Le Seuil, 1998 / ROLLAND Romain (1866-1944) : *Journal*, 1er janvier 1896, 1898 – *L'Éclair de Spinoza* – Lettre à E.R. Curtius, 27 février 1926 – *Mémoires*, Albin Michel, 1956 – *Quinze ans de combat*, Rieder, 1935 – in *Romain Rolland par lui-même*, Le Seuil, 1955 – Lettre à Alphonse de Châteaubriant, 9 août 1910, in *L'Un et l'autre*, Albin Michel, 1983 / ROMAINS Jules (1885-1972) : *Les Hommes de bonne volonté, Province*, Flammarion / RONSARD Pierre de (1524-1585) : *Œuvres complètes*, P. Laumonier, 1914-1975 / ROSTAND Jean (1894-1977) : *Carnet d'un biologiste*, Stock, 1959 – *De la vanité*, Fasquelle, 1925 – *Hommes de vérité*, Stock, 1968 – *Inquiétudes d'un biologiste*, Stock, 1967 – *Pages d'un moraliste*, Fasquelle, 1952 – *Pensées d'un biologiste*, Stock, 1954 / ROTH Philip (1933) : *Tromperie* (traduction de *Déception*), Gallimard, 1993 – *Ma Vie d'homme*, Gallimard, 1976 – *Professeur de désir*, Gallimard, 1979 / ROUART Jean-Marie (1943) : in *Le Figaro littéraire*, 7 janvier 1999 / ROUBAUD Jacques (1932)★ / ROUSSEAU Jean-Jacques (1712-1778) : *Correspondance*, Lettre à Mme de Warens, 17 janvier 1749 – *Émile ou De l'éducation*, Flammarion, 1966 – *La Nouvelle Héloïse*, Flammarion, 1967 – *Les Confessions* – *Lettre à d'Alembert sur le spectacle*, 1758 – *Œuvres complètes*, Le Seuil, 1971 – cité par Nina Catach, in *Les Délires de l'orthographe*, Plon, 1989 / ROUSSEAUX André : *Sur trois manuscrits de Gérard de*

Nerval, in *Domaine français*, Trois Collines, 1943 / **ROUSSELOT** Jean (1934-1974)* / **ROUX** Dominique de (1935-1977) : *Immédiatement*, L'Âge d'homme, 1980 – in *Filigrane n° 1, Question de littérature*, Albin Michel, 1988 / **ROY** Claude Orland, dit Claude (1915-1997) : *Défense de la littérature*, Gallimard, 1968 – *Descriptions critiques*, Gallimard, 1958 – *Le Commerce des classiques*, 1953 – *Les Rencontres des jours*, 1922-1993, Gallimard – *Un seul poème*, Gallimard, 1954 – Préface à l'*Anthologie de la poésie française du XXe siècle*, Gallimard, 1983 / **ROY** Jules (1907-2000) : *Les Années cavalières, Journal 2 : 1966-1985*, Albin Michel, 1998 / **ROZE** Pascale (1957) : *Ferraille*, Albin Michel, 1999 / **RUDNICKI** Adolf (1912-1990)) : *Baguette*, Gallimard, 1971.

SABATIER Robert (1923) : *Dédicace d'un navire*, Albin Michel, 1959 – *Le Livre de la déraison souriante*, Albin Michel, 1991 – *Les Années secrètes de la vie d'un homme*, Albin Michel, 1984 – *Diogène*, Albin Michel, 2001 / **SADE** Alphonse Donatien, marquis de (1740-1814) : *Justine ou les Malheurs de la vertu*, Librairie Générale Française, 1973 / **SAINT ROBERT** Philippe de (XXe siècle) : *Lettre ouverte à ceux qui en perdent leur français*, Albin Michel, 1986 / **SAINTE-BEUVE** Charles Augustin (1804-1869) : *Causeries du lundi*, Garnier frères, 1851-1862 – *Chateaubriand et son groupe littéraire*, Calmann-Lévy, 1913 – *Chateaubriand jugé par un ami intime en 1803, Nouveaux Lundis – Critiques et portraits littéraires*, Paris, E. Renduel, 1832 – *En guise de préface, Mes Poisons*, Corti, 1989 – *Les Cahiers – Pensées et maximes*, Grasset – *Port-Royal*, tome IV, Hachette 1908 – cité par J.-C. Carloni et Jean-C. Filloux, in *La Critique littéraire*, Presses Universitaires de France, 1955 / **SAINT-EXUPÉRY** Antoine de (1900-1944) : *Lettres à sa mère*, 1924, in *Œuvres complètes*, Gallimard, 1974 / **SAINT-JOHN PERSE** Alexis Saint-Léger, dit (1887-1975) : *Amers*, Gallimard, 1957 – *Correspondance*, Gallimard, 1972 – *Allocution au Banquet Nobel du 10 décembre 1960*, Gallimard, 1961 – *Réponse à un questionnaire sur les raisons d'écrire*, Gallimard – *Vents*, Gallimard, 1946 – *Œuvres complètes*, Gallimard, 1972 / **SAINT-MARTIN** Claude de (1743-1803) : *Le Ministère de l'Homme-Esprit* / **SAINT-POL ROUX** Paul Roux, dit (1861-1940) : *Images et verbe*, in *La Repoétique*, Rougerie – cité par Charles Le Quintrec, in *Danses et chants pour Élisane*, Albin Michel, 1998 / **SAINT-SIMON** duc de (1675-1755) : *Mémoires* / **SALINAS** Pedro (1892-1951) : *Estimation et défense du langage*, 1944 / **SALMON** Christian* / **SAND** George Aurore Dupin baronne Dudevant, dite George (1804-1876) : *Correspondance*, à Mme d'Agoult, mai 1835 – *François le Champi*, avant-propos – *Histoire de ma vie*, in *Œuvres autobiographiques*, tome I, Gallimard, 1970 – *Impressions et Souvenirs, À Charles Edmond*, 1871 – *Indiana*, J.-P. Roret, édition de 1832 – *Mauprat*, Paris, F. Bonnaire, 1837 – *Œuvres complètes*, Slatkine, 1978 / **SARAMAGO** José (1922)* : *La Caverne*, Le Seuil, 2002 – in *Le Monde*, 30 mars 1990 – in *Le Monde*, 8 octobre 1993 / **SARCEY** Francisque (1827-1899) : *Quarante ans de Théâtre, Évolutions de l'art dramatique*, 1900 / **SARRAUTE** Nathalie (1900-1999)* : *Ici*, Gallimard, 1995 – *L'Ère du soupçon*, Gallimard, 1956 – in *Écrire, lire en en parler*, interviews de Bernard Pivot, Laffont, 1985 – in *Tel Quel n° 9*, printemps 1962 / **SARTRE**

BIBLIOGRAPHIE

Jean-Paul (1905-1980) : *Les Carnets de la Drôle de guerre*, Gallimard, 1983 – *La Nausée*, Gallimard, 1948 – *Les Mots*, Gallimard, 1963 – *L'Existentialisme est un humanisme*, 1946, Nagel, 1960 – *Qu'est-ce que la littérature ?*, Gallimard, 1947 – *Situations*, Gallimard, 1947-1976 – cité par Gaëtan Picon, in *L'Écrivain et son ombre (Introduction à une esthétique de la littérature I)*, Gallimard,1953 – in *André Breton en son temps*, Le Soleil Noir, 1976 – in *Jean Genet Qui êtes-vous ?*, La Manufacture, 1988 / SAUSSURE Ferdinand de (1857-1913) : *Cours de linguistique générale*, Lausanne, Payot, 1916 / SAYEGH Joseph (1929) : *Anne Koline*, 1973 / SCHLUMBERGER Jean (1877-1968) : *Propos sur le langage*, in *Domaine français*, Trois Collines, 1943 / SCHMITT Éric-Emmanuel (1960) : *La Part de l'autre*, Albin Michel, 2001 – *Variations énigmatiques*, Albin Michel, 1996 / SCHNEIDER Michel (1943) : in *Le Point*, 3 janvier 1998 / SCHNITZLER Arthur (1862-1931)* / SCHOLL Aurélien* / SCHWARZ-BART André (1928) : in *Le Nouvel Observateur*, 20 mars 2003 / SCUTENAIRE Louis (1905-1987) : *Mes Inscriptions*, Gallimard, 1945 / SEGHERS Pierre (1906-1987) : *Anthologie des poètes maudits du XXe siècle*, Introduction, Belfond, 1985 / SEMPRUN Jorge (1923) : *L'Écriture ou la vie*, Gallimard, 1994 / SÉNAC Jean (1926-1973) : *Citoyens de beauté*, La Bartavelle éditeur, 1997 / SÉNÈQUE (2-68 ap. J.-C.) : in *Écrire aujourd'hui*, 1998 / SENGHOR Léopold Sédar (1906-2001) : *Éthiopiques*, postface, Le Seuil, 1956 / SERGE Victor Lvovitch Kibaltchichk, dit Victor (1890-1947) : *Mémoires d'un révolutionnaire*, Le Seuil, 1978 / SÉVIGNÉ Marie de Rabutin-Chantal, marquise de (1626-1696)* / SEVRAN Pascal : *Lentement, place de l'église*, Albin Michel, 2003 / SHAKESPEARE William (1564-1616) : *Hamlet – Macbeth* / SHAW George Bernard (1856-1950) / SHELLEY Percy Bysshe (1792-1822) : *Défense de la poésie*, Giraud / SIGNOL Christian (1947) : *Bonheurs d'enfance*, Albin Michel, 1996 / SIMENON Georges (1903-1989) : in *Conversations avec Simenon*, La Sirène/Alpen, 1990 – in *Paris-Match*, 21 septembre 1989 / SNOW Charles Percy (1905-1981) : *Les Deux Cultures*, supplément, Pauvert, 1968 / SOLJENITSYNE Alexandre (1918)* : *Les Droits de l'écrivain*, Le Seuil, 1969 – in *Lire*, avril 1998 / SOLLERS Philippe (1936) : *Carnet de nuit*, Plon, 1989 – *L'Année du tigre, Journal de l'année 1998*, Le Seuil, 1999 – *Le Défi*, Le Seuil, 1957 – *Logiques*, Le Seuil, 1968 – *Théorie d'ensemble* – in *Filigrane n° 1, Question de littérature*, Albin Michel, 1988 – in *La Bibliothèque idéale*, Albin Michel, 1988 – in *Le Nouvel Observateur*, 20 février 2003, 5 avril 2001 – in *L'Express*, 20 août 1998 – in *Paris-Match*, 26 mars 1998 / SOUAMI Lakhdar : *Le Cadi et la Mouche*, Sinbab, 1988, cité par Denis Guedj, in *Le Théorème du perroquet*, Le Seuil, 1998 / SOUPAULT Philippe (1897-1990) : *Situation de Labiche*, in *Domaine français*, Trois Collines, 1943 / STAËL Germaine Necker, baronne de Staël-Holstein, dite Madame de (1766-1817) : *Corinne ou l'Italie*, Gallimard, 1985 – *De l'Allemagne*, 1810 – citée par Françoise Giroud, in *Profession journaliste*, Hachette littératures, 2001 / STEIN Reb : cité par Edmond Jabès, in *Le Livre des questions*, Gallimard, 1963 / STEINBECK John (1900-1968) : *À l'Est d'Éden*, L.G.F., 1963 / STEINER George (1929) : *Après Babel*, Albin Michel, 1998 / STENDHAL Henri Beyle, dit (1783-1842) : *Correspondance, Lettre à Honoré de*

BIBLIOGRAPHIE

Balzac, 30 octobre 1840 – *De l'Amour* – *Journal*, *Œuvres intimes I*, Gallimard, 1981 – *La Chartreuse de Parme* – *Le Rouge et le noir*, Flammarion, 1964 – *Lettre à M. de Balzac*, 30 octobre 1840 –*Racine et Shakespeare* – *Souvenirs d'égotisme*, *Œuvres intimes II*, Gallimard, 1982 – *Vie de Henry Brulard*, *Œuvres intimes II*, Gallimard, 1982 – *Œuvres complètes*, Slatkine, 1985 / STEPHANE Roger (Roger Worms 1919-1994) : *Toutes choses ont leur saison*, Fayard, 1979 / STEVENSON Robert Louis (1850-1894) : *Virginibus Puerisque*, Londres, 1895 / STRINDBERG August (1849-1912) : *Plaidoyer d'un fou*, 1887-1888, Langen, 1895 / STYRON William (1925) : in *Écrire, lire et en parler*, interviews de Bernard Pivot, Laffont, 1985 – in *Le Nouvel Observateur*, 20 mars 2003 / SUARÈS André (1868-1948) : *Le Voyage du Condottiere*, Émile-Paul, 1911-1932 – *Temples grecs, maisons des dieux*, Granit, 1980 / SUÈDE Catherine de* / SULLY PRUDHOMME René François Armand Prudhomme, dit (1839-1907) : *Journal Intime*, 27 juin 1868 / SUPERVIELLE Jules (1884-1960) : *Chercher sa pensée*, in *La Nouvelle Revue Française*, avril 1959 – *Les Poèmes de l'humour triste*, Gallimard, 1956 – in *Supervielle*, Gallimard, 1960 / SÜSKIND Patrick (1949) : *Amnésie littéraire*, in *Un combat et autres récits*, Fayard, 1996 / SYNGE John-Millington (1871-1909) : *Le Baladin du monde occidental*, préface, Librairie Théâtrale.

TADIÉ Jean-Yves (1936) : *Le Roman au XXe siècle*, Belfond, 1990 / TALLEMANT des RÉAUX Gédéon (1619-1690) : *Historiettes*, Paris, 1834 – *Malherbe* / TANIZAKI Junichiro (1886-1965) : *Éloge de l'ombre*, Presses Universitaires de France, 1977 / TARDE Alfred de (1880-1925) : *À quoi rêvent les jeunes gens*, Champion, 1913 / TARDIEU Jean (1903-1995) : *Jours pétrifiés*, Gallimard, 1947 – *Une voix sans personne*, Gallimard, 1954 / TCHEKHOV Anton (1860-1904) : *Correspondance*, Éditeurs français réunis, 1967 – cité par Irène Némirovsky, in *La Vie de Tchekhov*, Albin Michel, 1946 – cité par Louis Guilloux, in *Carnets*, Gallimard, 1982 / TER BRAAK Menno (1902-1940) : *Comment apprécier la forme*, in *Propria Cures*, 2 juin 1923 / THARAUD Jérôme (1874-1953) et Jean (1877-1952) : Préface de *Diato, roman de l'homme noir qui eut trois femmes et en mourut* d'André Demaison, Albin Michel, 1923 / THÉRIVE Roger Puthoste, dit André (1891-1967) : *Moralistes de ce temps*, Amiot-Dumont – *Tableau de la littérature française*, Furetière / THIBAUDET Albert (1874-1936) : *Réflexions sur la critique*, Gallimard, 1938 – *Réflexions sur le roman*, Gallimard, 1938 / THIERRY Augustin (1795-1856) : *Dix ans d'études historiques*, Paris, J. Tessier, 1835 / THOMAS d'AQUIN Saint (1225-1274)* / THOMAS Henri (1912-1993)* : *La Chasse aux trésors*, Gallimard, 1961 – *La Grande paix des anthologies*, in *La Nouvelle Revue Française*, 1er janvier, 1953 / THOREAU Henry David (1817-1862) : *Journal 1837-1861*, Les Presses d'aujourd'hui, 1981 / TIECK Ludwig (1773-1853) : *La Coupe d'or*, Denoël et Steele, 1933 / TILMAN Pierre (1944)* / TISSOT Samuel (1728-1797) : *De la santé des gens de lettres*, 1768, Grasset / TODOROV Tzvetan (1939) : *Théorie de la littérature*, Le Seuil, 1965 / TOESCA Maurice (1905) : *Le Libraire amoureux*, 1975 / TOLSTOÏ Léon Nikolaïevitch, comte de (1828-1910) : *Correspondance inédite*, cité par Romain Rolland, in *Vie de*

Tolstoï, Albin Michel, 1978 – cité par Golden Weiser, in *Près de Tolstoï*, 1959 – cité par Tatiana Tolstoï, in *Avec Léon Tolstoï, Souvenirs*, Albin Michel, 1975 / TOULET Paul-Jean (1867-1920) : *Le Carnet de monsieur du Paur, Œuvres complètes*, Laffont, 1986 / TOURAINE Alain (1925) : *La Société invisible*, Le Seuil, 1977 / TOURGUENIEV Ivan (1818-1883) : *Lettre à Mme Viardot*, Charpentier, 1926 / TOURNIER Achille (XIXe siècle) : *Pensées d'automne*, Gray, 1888 / TOURNIER Michel (1924) : *Des clés et des serrures*, Le Chêne, 1979 – *Journal extime*, La Musardine, 2002 – *Le Miroir des idées*, Mercure de France, 1994 – *Le Vol du vampire*, Gallimard, 1983 – *Vendredi ou les Limbes du Pacifique*, Gallimard, 1967 – in *Écrire, lire et en parler*, interviews de Bernard Pivot, Laffont, 1985 – in *Le Magazine littéraire*, décembre 1981 – in *Le Nouvel Observateur*, 12 mars 1998 / TRIOLET Elsa (1896-1970) : *La Mise en mots*, Skira, 1969 – *L'Âme*, postface à l'édition des *Œuvres romanesques croisées* – *Le Grand Jamais*, Gallimard, 1965 – *Ouvertures*, Laffont / TROYAT Lev Tarassov, dit Henri (1911) : in *Écrire, lire et en parler*, interviews de Bernard Pivot, Laffont, 1985 / TRUFFAUT François (1932-1984) : in *Écrire, lire et en parler*, interviews de Bernard Pivot, Laffont, 1985 – in *La Bibliothèque idéale*, Albin Michel, 1988 / TSVETAIEVA Marina (1892-1941) : in *Anthologie de la poésie russe*, Aubier-Flammarion, 1970 / TWAIN Mark (1835-1910) : *La Disparition de la littérature* – *Les Aventures d'Huckleberry Finn*, Notice, 1884 – *Œuvres*, Laffont, 1990 / TZARA Samy Rosenstock, dit Tristan (1896-1963) : *L'Avant-garde est d'un seul tenant* – *Pour faire un poème dadaïste*, in *La Revue surréaliste n° 1* – *Sept manifestes dada*, Pauvert, 1963.

UNAMUNO Miguel de (1864-1936) : *Brouillard*, Séguier, 1990 – *Le Roman de Don Sandalio, joueur d'échecs*, Éditions du Rocher.

VAILLAND Roger (1907-1965) : *La Fête*, Gallimard, 1960 / VALDÈS Palacio* / VALÉRY Paul (1871-1945) : *Cahiers*, 1894-1914, Gallimard, 1987-1990 – *Introduction à la méthode de Léonard de Vinci*, in *Variétés*, N.R.F., 1934 – *La Jeune Parque*, avertissement, Gallimard, 1974 – *Mauvaises pensées et autres*, Gallimard, 1942 – *Mélange*, Gallimard, 1941 – *Propos me concernant*, in *Présence de Valéry*, Plon, 1944 – *Regards sur le monde actuel*, Gallimard, 1945 – *Tel Quel*, Gallimard, 1941-1971 – *Variété*, 1924-1944, Gallimard, 1978 – *Œuvres*, Gallimard, 1957-1960 – cité par Paul Léautaud, in *Journal Littéraire*, Mercure de France, 1955 – cité par Paul Morand, in *Journal inutile*, 1968-1972, Gallimard, 2001 – cité par Pierre-Henri Simon, in *Témoins de l'homme*, Armand Colin, 1960 / VALLÈS Jules (1832-1885) : Préface au livre : *Le Nouveau parti*, de Benoît Malon, Paris, Derveaux, 1881 / VALTOUR (1819-1906) : *L'Homme et la vie* / VAN BRUAENE Geert (XXe siècle) : *Ole Kom bove*, inscription du cabaret *La Fleur de papier doré*, à Bruxelles / VAN SCHENDEL Arthur (1874-1946) : *Fratilamur*, 1928 / VANDÉREM Fernand (1864-1939) : *Gens de qualité*, Plon, 1938 / VARGAS LLOSA Mario (1936) : *Le Romancier et ses démons*, in *Revue libre*, 1971 – in *La Bibliothèque idéale*, Albin Michel, 1988 / VAUVENARGUES Luc de Clapiers, marquis de (1715-1747) : *Réflexions et*

BIBLIOGRAPHIE

Maximes, Paris, 1829 / VEBER Pierre (1869-1942)* / VÈDRES Nicole Rais dite Nicole (1911-1965) : *Paris 6ᵉ*, Mercure de France, 1965 / VERCORS (1902-1991) : *Ce que je crois*, Grasset, 1975 / VERHAEREN Émile (1855-1916) : *Un matin*, in *Les Forces tumultueuses*, Mercure de France, 1902 / VERLAINE Paul (1844-1896) : *Bonheur*, Gallimard, 1975 – *Jadis et Naguère, Art poétique*, Messein, 1903 – *Poèmes saturniens*, prologue, Nizet, 1967 – *Œuvre poétique complète*, Laffont, 1992 / VERNE Jules (1828-1905)* / VERNY Françoise (1928) : *Le Plus beau métier du monde*, Olivier Orban, 1990 / VÉRY Pierre (1900-1960) : cité par Pierre Berger, in *Almanach des lettres 1947*, Éditions de Flore, 1946 / VEUILLOT Louis (1813-1883) : *Les Libres Penseurs*, deuxième édition / VIALATTE Alexandre (1901-1971) : *Et c'est ainsi qu'Allah est grand*, Julliard, 1979 – cité par Ferny Besson, in *Dernières nouvelles de l'homme*, préface, Julliard, 1978 / VIAN Boris (1920-1959) : *Je voudrais pas crever*, Bourgois – *L'Écume des jours*, avant-propos, Pauvert, 1947 – *L'Équarrissage pour tous*, Pauvert, 1965 – *Les Bâtisseurs d'empire*, L'Arche, 1965 / VIAU Théophile de (1590-1626) : *Élégie à une dame*, 1661, in *XVIIᵉ siècle*, Bordas, 1988 / VIGNY Alfred de (1797-1863) : *Chatterton* – *Journal d'un poète* – *Œuvres complètes*, tome II, Gallimard, 1948 / VILA-MATAS Enrique (1948) : in *Le Monde des livres*, février 1999 / VILAR Jean (1912-1971) : *De la tradition théâtrale*, L'Arche, 1963 / VILLIERS DE L'ISLE-ADAM Auguste de (1838-1889) : *Les Filles de Milton*, 1887 – *L'Ève future*, fragments inédits / VINCI Léonard de (1452-1519) : *Traité de la peinture*, Delagrave, 1910 / VIOLLET-LE-DUC Eugène Emmanuel (1814-1879)* / VITOUX Frédéric (1944) : *Discours de réception à l'Académie française*, 25 mars 2003 / VITRAC Roger (1899-1952) : *Madrigal* / VOLTAIRE François Marie Arouet, dit (1694-1778) : *Conseils à un journaliste* – *Correspondance* – *Dictionnaire philosophique*, Garnier, 1967 – *Épitaphe de Monsieur de Sardières* – *Épîtres, au roi de la Chine sur son recueil de vers qu'il a fait imprimer* – *Essai sur les mœurs* – *Le Sottisier*, Alinéa, 1992 – *Lettres philosophiques*, Garnier, 1988 – *L'Ingénu* – *Mémoires pour servir à la vie de M. de Voltaire écrits par lui-même* – *Poème sur la loi naturelle* – *Sémiramis, Dissertation sur la tragédie ancienne et moderne* – *Sept discours en vers sur l'homme*, sixième discours – *Œuvres complètes*, Krauss Reprint, 1877-1885 / VON KEYSERLING Hermann (1880-1946) : *Analyse spectrale de l'Europe, L'Allemagne*, Stock, 1930 / VORONCA Ilarie (1903-1946) : *Éloge du silence*, in *Contre-solitude*, Bordas, 1946 – in *Anthologie des poètes maudits du XXᵉ siècle*, Belfond, 1985.

WEIL Simone (1909-1943) : *Attente de Dieu*, Fayard, 1969 – *La Pesanteur et la Grâce*, Plon, 1947 / WELLS Herbert George (1866-1946) : *Enfants des étoiles*, Gallimard, 1939 – *Le Joueur de croquet*, Gallimard, 1938 – *Une Fâcheuse histoire d'amour*, in *Effrois et fantasmagories*, Gallimard / WENDERS Wim (1945) : scénario du film *Faux Mouvement*, 1987 / WEYERGANS François (1941) : in *Le Nouvel Observateur*, 20 mars 2003 – *Franz et François*, Gallimard / WILDE Oscar (1854-1900) : *Aphorismes*, Mille et une nuits, 1995 – *Le Portrait de Dorian Gray*, Stock, 1924 – *Œuvres*, Gallimard, 1996 – cité par Alberto Manguel, in *Une histoire de la lecture*, Actes Sud / WILLIAMS Tennessee (1914-1983) : *Soudain l'été dernier*, 1958, in

BIBLIOGRAPHIE

Théâtre, Laffont, 1962 / WINCKLER Martin (1955) : *En soignant, en écrivant*, Indigène Éditions, 2000 / WOLFROMM Georges (1883) : *Courts-circuits*, Stock, 1960 / WOOLF Virginia (1882-1941) : *Journal d'un écrivain*, Le Rocher, 1958 – *La Mort de la phalène*, 1942, Le Seuil, 1968 – *Lettre à un jeune poète*, Mille et Une Nuits, 1998.

YOURCENAR Marguerite de Crayencour, dite Marguerite (1903-1987) : *Alexis ou le Traité du vain combat*, Plon, 1929 – *Les Yeux ouverts*, entretiens avec Matthieu Galley, 1980 – *L'Improvisation sur Innsbruck, En pèlerin et en étranger – Mémoires d'Hadrien*, Gallimard, 1951 – *Varius multiplex multiformis, Mémoires d'Hadrien*, Gallimard, 1971 – citée par Jules Roy, in *Les Années cavalières, Journal*, Albin Michel, 1998 – citée par Josiane Savigneau, in *Marguerite Yourcenar*, 1990 – in *Écrire, lire et en parler*, interviews de Bernard Pivot, Laffont, 1985.

ZOLA Émile (1840-1902) : *Documents littéraires – Le Roman expérimental*, Fasquelle – *Livres d'aujourd'hui et de demain – Nouvelle campagne*, 1897, Le Solitaire – *Proudhon et Courbet, Mes Haines*, Fasquelle – *Son excellence Eugène Rougon*, Laffont, 1991 – in *Le Figaro*, 11 avril 1896 – in *Les droits du critique*, in *Œuvres complètes, Chroniques et polémiques II*, Tchou, 1969.

Ouvrages de références

* *Almanach des Lettres françaises et étrangères 1924 – Anthologie de la poésie française du XIXe siècle de Chateaubriand à Baudelaire*, édition de Bernard Leuilliot, Gallimard, 1984 – *Anthologie de la poésie française du XXe siècle de Paul Claudel à René Char*, édition de Michel Décaudin, Gallimard, 1983 – *Dictionnaire de citations françaises*, tomes I et II, sous la direction de Pierre Ostier, Dictionnaires Le Robert, 1990 – *Dictionnaires des littératures*, sous la direction de Jacques Demougin, Larousse, 1992 – *Histoire des littératures*, tomes I à III, sous la direction de Raymond Queneau, Gallimard, 1956-1978 – *Journaux intimes et carnets*, numéros spéciaux de *La Nouvelle Revue Française* (n° 274), Gallimard, 1975 – *La Langage*, collectif, Gallimard, 1968 – *Littérature, Textes et documents*, sous la direction de Henri Mitterrand, Nathan, 1986 – *Romanciers au travail*, collectif, Gallimard, 1967 – *Tableau de la littérature française*, collectif, tomes I à III, Gallimard, 1962-1974 – BRINCOURT André : *Les Écrivains du XXe siècle – Un musée imaginaire de la littérature mondiale*, Retz, 1979 – CALVET Louis-Jean : *Histoire de l'écriture*, Plon, 1996 – CARLONI J.-C. et FILLOUX Jean-C. : *La Critique littéraire*, Presses Universitaires de France, 1955 – DUHAMEL Georges : Archives privées 1917-1959 – DUHAMEL Jérôme : *Dictionnaire des citations du XXe siècle*, Albin Michel, 1999 – GENEST Émile : *Les Belles citations de la littérature française*, Nathan, 1939 – GRATELOUP Léon-Louis : *Dictionnaire philosophique de citations*, Hachette, 1990 – HAGÈGE Claude : *Le Français et les siècles*, Points Seuil, 1989 – LARNAC Jean : *Histoire de la littérature féminine en France*, Kra (Paris), 1929 – LAROUSSE Pierre : *Grand Dictionnaire universel du XIXe siècle* – LE

BIBLIOGRAPHIE

BERQUIET Edmond : *Pensées des autres*, Librairie Hachette et Cie, 1912 – ROUSSELOT Jean : *Panorama critique des nouveaux poètes français — Histoire de la poésie française — Mort ou survie du langage* – SABATIER Robert : *Histoire de la poésie française*, tomes I à IX, Moyen âge au XXe siècle, Albin Michel, 1975-1988.

Cet ouvrage a été imprimé par la
SOCIÉTÉ NOUVELLE FIRMIN-DIDOT
Mesnil-sur-l'Estrée
pour le compte des Éditions Albin Michel
en octobre 2003

Ouvrage composé
par Nord Compo (Villeneuve-d'Ascq)

Imprimé en France

Dépôt légal : octobre 2003
N° d'édition : 21920 – N° d'impression : 65395